中華古籍保護計劃

ZHONG HUA GU JI BAO HU JI HUA CHENG GUO

·成果·

嵊州市圖書館古籍普查登記目録

全國古籍普查登記目録・浙江紹興

國家圖書館出版社
National Library of China Publishing House

圖書在版編目(CIP)數據

嵊州市圖書館古籍普查登記目録/嵊州市圖書館編. --北京:國家圖書館出版社,2018.11
(全國古籍普查登記目録)
ISBN 978-7-5013-6587-6

Ⅰ.①嵊… Ⅱ.①嵊… Ⅲ.①公共圖書館—古籍—圖書館目録—嵊州市 Ⅳ.①Z838

中國版本圖書館CIP數據核字(2018)第223911號

書　　名　嵊州市圖書館古籍普查登記目録
著　　者　嵊州市圖書館　編
責任編輯　趙　嫄

出　　版　國家圖書館出版社(100034　北京市西城區文津街7號)
　　　　　(原書目文獻出版社　北京圖書館出版社)
發　　行　010-66114536　66126153　66151313　66175620
　　　　　66121706(傳真)　66126156(門市部)
E-mail　nlcpress@nlc.cn(郵購)
Website　www.nlcpress.com→投稿中心
經　　銷　新華書店
印　　裝　河北三河弘翰印務有限公司
版　　次　2018年11月第1版　2018年11月第1次印刷

開　　本　787×1092(毫米)　1/16
印　　張　18
字　　數　350千字

書　　號　ISBN 978-7-5013-6587-6
定　　價　180.00圓

《全國古籍普查登記目録》

工作委員會

主　任： 周和平

副主任： 張永新　詹福瑞　劉小琴　李致忠　張志清

委　員（按姓氏筆畫排序）：

于立仁　王水喬　王　沛　王紅蕾　王筱雯
方自今　尹壽松　包菊香　任　競　全　勤
李西寧　李　彤　李忠昊　李春來　李　培
李曉秋　吴建中　宋志英　努　木　林世田
易向軍　周建文　洪　琰　倪曉建　徐欣禄
徐　蜀　高文華　郭向東　陳荔京　陳紅彦
張　勇　湯旭岩　楊　揚　賈貴榮　趙　嫄
鄭智明　劉洪輝　歷　力　鮑盛華　韓　彬
魏存慶　鍾海珍　謝冬榮　謝　林　應長興

《全國古籍普查登記目録》

序　言

全國古籍普查登記工作是“中華古籍保護計劃”的首要任務，是全面開展古籍搶救、保護和利用工作的基礎，也是有史以來第一次由政府組織、參加收藏單位最多的全國性古籍普查登記工作。

2007 年國務院辦公廳發布《關於進一步加强古籍保護工作的意見》（國辦發[2007]6 號），明確了古籍保護工作的首要任務是對全國公共圖書館、博物館和教育、宗教、民族、文物等系統的古籍收藏和保護狀況進行全面普查，建立中華古籍聯合目録和古籍數字資源庫。2011 年 12 月，文化部下發《文化部辦公廳關於加快推進全國古籍普查登記工作的通知》（文辦發[2011]518 號），進一步落實了全國古籍普查登記工作。根據文化部 2011 年 518 號文件精神，國家古籍保護中心擬訂了《全國古籍普查登記工作方案》，進一步規範了古籍普查登記工作的範圍、内容、原則、步驟、辦法、成果和經費。目前進行的全國古籍普查登記工作的中心任務是通過每部古籍的身份證——“古籍普查登記編號”和相關信息，建立古籍總臺賬，全面瞭解全國古籍存藏情況，開展全國古籍保護的基礎性工作，加强各級政府對古籍的管理、保護和利用。

《全國古籍普查登記工作方案》規定了全國古籍普查登記工作的三個主要步驟：一、開展古籍普查登記工作；二、在古籍普查登記基礎上，編纂出版館藏古籍普查登記目録，形成《全國古籍普查登記目録》；三、在古籍普查登記工作基本完成的前提下，由省級古籍保護中心負責編纂出版本省古籍分類聯合目録《中華古籍總目》分省卷，由國家古籍保護中心負責編纂出版《中華古籍總目》統編卷。

在黨和政府領導下，在各地區、各有關部門和全社會共同努力下，古籍普查登記工作得以扎實推進。古籍普查已在除臺、港、澳之外的全國各省級行政區域開展，普查内容除漢文古籍外，還包括各少數民族文字古籍，特别是於 2010 年分别啓動了新疆古籍保護和西藏古籍保護專項，因地制宜，開展古籍普查登記工作；國家古籍保護中心研製的“全國古籍普查登記平臺”已覆蓋到全國各省級古籍保護中心，并進一步研發了“中華古籍索引庫”，爲及時展現古籍普查成果提供有力支持；截至目前，已有 11375 部古籍進入《國家珍貴古籍名録》，浙江、江蘇、山東、河北等省公布了省級《珍貴古籍名録》,古籍分級保護機制初步形成。

《全國古籍普查登記目録》是古籍普查工作的階段性成果,旨在摸清家底,揭示館藏,反映古籍的基本信息。原則上每申報單位獨立成册,館藏量少不能獨立成册者,則在本省範圍内幾個館目合并成册。無論獨立成册還是合并成册,均編製獨立的書名筆畫索引附於書後。著録的必填基本項目有:古籍普查登記編號、索書號、題名卷數、著者(含著作方式)、版本、册數及存缺卷數。其他擴展項目有:分類、批校題跋、版式、裝幀形式、叢書子目、書影、破損狀况等。有條件的收藏單位多著録的一些擴展項目,也反映在《全國古籍普查登記目録》上。目録編排按古籍普查登記編號排序,内在順序給予各古籍收藏單位較大自由度,可按分類排列古籍普查登記編號,也可按排架號、按同書名等排列古籍普查登記編號,以反映各館特色。

此次全國古籍普查登記工作,克服了古籍數量多、普查人員少、普查難度大等各種困難,也得到了全國古籍保護工作者的極大支持。在古籍普查登記過程中,國家古籍保護中心、各省古籍保護中心爲此舉辦了多期古籍普查、古籍鑒定、古籍普查目録審校等培訓班,全國共1600餘家單位參加了培訓,爲古籍普查登記工作培養了大量人才。同時在古籍普查登記工作中,也鍛煉了普查員的實踐能力,爲將來古籍保護事業發展奠定了良好的基礎。

《全國古籍普查登記目録》的出版,將摸清我國古籍家底,爲古籍保護和利用工作提供依據,也將是古籍保護長期工作的一個里程碑。

國家古籍保護中心

2013年10月

《全國古籍普查登記目録》

編纂凡例

一、收録範圍爲我國境内各收藏機構或個人所藏，産生於 1912 年以前，具有文物價值、學術價值和藝術價值的文獻典籍，包括漢文古籍和少數民族文字古籍以及甲骨、簡帛、敦煌遺書、碑帖拓本、古地圖等文獻。其中，部分文獻的收録年限適當延伸。

二、以各收藏機構爲分册依據，篇幅較小者，適當合并出版。

三、一部古籍一條款目，複本亦單獨著録。

四、著録基本要求爲客觀登記、規範描述。

五、著録款目包括古籍普查登記編號、索書號、題名卷數、著者、版本、册數、存缺卷等。古籍普查登記編號的組成方式是：省級行政區劃代碼—單位代碼—古籍普查登記順序號。

六、以古籍普查登記編號順序排序。

《浙江省古籍普查登記目録》

工作委員會

主　任：金興盛

副主任：葉　菁

委　員：倪　巍　徐曉軍　賈曉東　雷祥雄　劉曉清

徐　潔　李儉英　孫雍容　張愛琴　張純芳

樓　婷　金琴龍　陳泉標　鍾世杰　應　雄

陸深海　吕振興　徐兼明

《浙江省古籍普查登記目録》

編纂委員會

主　編： 徐曉軍

副主編： 童聖江　曹海花　褚樹青　莊立臻　徐益波

胡海榮　劉　偉　沈紅梅　王以儉　孫旭霞

占　劍　孫國茂　毛　旭　季彤曦

統校和編纂工作小組組長： 曹海花（浙江圖書館）

統校和編纂工作小組成員： 秦華英（浙江圖書館）

呂　芳（浙江圖書館）

干亦鈴（寧波市圖書館）

劉　雲（寧波市天一閣博物館）

周慧惠（寧波市天一閣博物館）

馬曉紅（餘姚市文物保護管理所）

陳瑾淵（温州市圖書館）

王　昉（温州市圖書館）

沈秋燕（嘉興市圖書館）

丁嫻明（嘉興市圖書館）

唐　微（紹興圖書館）

丁　瑛（紹興圖書館）

毛　慧（衢州市博物館）

《浙江省古籍普查登記目録》

序　言

浙江文化底蕴深厚,書籍刻印歷史悠久,前賢留下的著述浩如烟海,藏書雅閣及私人藏書爲數衆多,古籍資源十分豐富,幾乎縣縣有古籍,是全國古籍藏量較多的省份之一,是中華文化中具有獨特地域特色的重要一脉。保護好這些珍貴的古籍,對促進文化傳承、弘揚民族精神、維護國家統一及社會穩定具有重要作用。同時,加强古籍保護工作,也是加快建設文化大省、文化强省,努力推動文化浙江建設和社會主義文化大發展大繁榮的必然要求。

(一)

爲搶救、保護我國的珍貴古籍,繼承和弘揚優秀傳統文化,國務院辦公廳印發了《關於進一步加强古籍保護工作的意見》(國辦發[2007]6號),全國古籍普查登記工作是瞭解全國古籍存藏情况、建立古籍總臺賬、開展全國古籍保護的基礎性工作。爲認真貫徹落實"國辦發[2007]6號"文件精神,切實加强全省古籍的搶救、保護,浙江省人民政府辦公廳印發《關於進一步加强古籍保護工作的意見》(浙政辦發[2009]54號),提出2009年起要在全省範圍内開展古籍普查登記工作。2012年,浙江省古籍保護工作聯席會議下發《關於印發〈浙江省"中華古籍保護計劃"實施方案〉的通知》(浙文社[2012]30號),提出在"十二五"末基本完成全省古籍普查工作的目標。

試點先行、摸底調查、制定方案,建立制度、統籌指揮,引進人員、有效培訓、壯大隊伍,配置設備、補助經費、保障到位,編製手冊、明確款目、統一規則,著録完整、審核到位、保證質量,設立項目、表揚先進,在省委省政府的高度重視及其各部門的大力支持下,在國家古籍保護中心的積極指導和省文化廳的正確領導下,通過以上種種措施,"秉持浙江精神,幹在實處、走在前列、勇立潮頭",全省公共圖書館、文物、教育、檔案、衛生五大系統共計95家公藏單位通力合作,到2017年4月底基本完成了全省的古籍普查登記工作。

通過普查,摸清了全省古籍文化遺産家底,揭示了全省各地區文化脉絡,形成了統一的古籍信息數據庫,建立了一支遍布全省的古籍保護隊伍,爲下一步有針對性地開展古籍保護工作奠定堅實的基礎。鑒於全省在古籍普查和其他古籍保護工作中的突出表現,2014年,浙江圖書館、嘉興市圖書館、雲和縣圖書館獲得"全國古籍保護工作先進單位"稱號,浙江圖書館徐曉軍和曹海花、温州市圖書館王妍、紹興圖書館唐微、平湖市圖書館馬慧、衢州市博物館程勤等6人獲得“全國古籍保護工作先進個人”稱號。

(二)

全國古籍普查登記範圍爲1912年以前産生的文獻典籍。由於近代以來浙江私人藏書相當發達,民國期間也刻印了大量典籍,民國文獻在各藏書單位(尤其是基層單位)所藏歷史文獻中占據了相當大的比重。這些文獻形成了浙江文獻典藏的重要特色,是浙江傳統文化的重要組成部分。爲更加全面地掌握本省歷史文獻文化遺産現狀,浙江省將民國時期傳統裝幀書籍也納入普查範圍。

按照《全國古籍普查登記手册》要求,登記每部古籍的基本項目,必登項目有索書號、題名卷數、著者、版本、册數、存缺卷數,選登項目有分類、批校題跋、版式、裝幀形式、叢書子目、書影、破損狀況等内容。浙江省的古籍普查工作一直高標準、嚴要求,自始至終堅持全國古籍普查登記平臺(以下簡稱“古籍普查平臺”)項目全著録,堅持文字信息和書影信息雙著録,登記每部書的索書號、分類、題名卷數、著者、卷數統計、版本、版式、裝幀、裝具、序跋、刻工、批校題跋、鈐印、叢書子目、定級及書影、定損及書影等16大項74小項的信息。

普查統計顯示,截至2017年4月30日,全省95家單位共藏有傳統裝幀書籍337405部2506633册,其中不分卷者計31737部96822册,分卷者計305668部2409811册11433371卷(實存8223803卷):古籍(含域外本)219862部1754943册,不分卷者15777部54901册,分卷者204085部1700042册7934703卷;民國時期傳統裝幀書籍117543部751690册,不分卷者15960部41921册,分卷者101583部709769册3498668卷。

從版本定級來看,全省四級文獻最多,部數、册數數量占比分别爲84.75%、78.69%。三級次之,部數、册數數量占比13.12%、15.96%。一級、二級文獻共計5689部111722册,量雖不多,極爲珍貴,其破損程度較輕,基本都配置了裝具且裝具狀況良好,這是古籍分級保護體系的有力體現。

從文獻類型來看,古籍普查平臺采用六部分類,在傳統的經、史、子、集四部外加上類叢部、新學。從册數來看,全省文獻類叢部數量最多,占比29.40%,這其中很大一部分原因在於民國時期刊印了不少大型叢書。史部、集部、子部、經部分居第二至五位,數量占比分别爲28.98%、18.00%、13.49%、9.24%。新學數量最少,還不到1%。

從版本類型來看,全省古籍版本類型豐富,數量最多的是刻本,部數占比51.01%、册數占比55.03%。部數排在第二至四位的是鉛印本、石印本、抄本,分别占比17.71%、16.58%、5.19%。册數排在第二至四位的是鉛印本、石印本、影印本,分别占比14.27%、12.40%、11.38%,這與將民國時期傳統裝幀書籍納入古籍普查範圍有極大關係。稿、抄本部數占比6.9%、册數占比4.04%,總體占比不是很高,但在一、二級文獻中稿、抄本的比例比較高,一級中部數占比20.49%、册數占比

70.25%,二級中部數占比13.16%、册數占比6.57%。

從版本年代來看,全省藏書從南北朝以迄民國,并有部分日本、朝鮮、越南本。其中,元及元以前共計244部3357册。明、清、民國共計2486788册,數量占比99.21%:明代占比5.95%、清代占比63.27%、民國占比29.99%。日本、朝鮮、越南三國本共計1877部14522册,部數、册數占比分别爲0.56%、0.58%。

從批校題跋來看,337405部文獻中有姓名可考的批校題跋共計15374部,其中集部批校題跋最多,占全部批校題跋的38.73%、占集部文獻的6.16%。稿本的批校題跋在相對應的版本類型中比例最高,爲16.18%。且稿本中有多人批校題跋的量最多,多者一部稿本中的批校題跋者達25人,如浙江圖書館藏沈蕉青稿本《燈青茶嫩草》三卷中有孫麟趾等25人的批校題跋。從各館藏書的批校題跋者來看,有鮮明的館域特色,從一個側面體現了各館的文獻來源。

從鈐印來看,337405部文獻中有51509部有收藏鈐印,各級文獻鈐印比例隨級别的增高而加大,一至四級文獻的鈐印占比分别爲50.67%、49.38%、26.00%、12.90%。收藏鈐印從一個方面體現了某書的遞藏源流,鈐印多於1方者有24840部,鈐印多者達54方,如寧波市天一閣博物館藏清初毛氏汲古閣影宋抄本《集韻》十卷上鈐毛晋、毛扆、段玉裁、朱鼎煦四人共計54方印。

在普查的過程中,我們還利用普查成果積極申報《國家珍貴古籍名録》、評選《浙江省珍貴古籍名録》,建立珍貴古籍分級保護體系。截至目前,全省共有871部珍貴古籍入選第一至五批《國家珍貴古籍名録》,有609部古籍入選第一至三批《浙江省珍貴古籍名録》。

(三)

普查登記著録工作結束後,省古籍保護中心於2016年6月成立由浙江圖書館、寧波市圖書館、寧波市天一閣博物館、餘姚市文物保護管理所、温州市圖書館、嘉興市圖書館、紹興圖書館、衢州市博物館8家單位的14名普查業務骨幹組成的浙江省古籍普查登記目録統校和編纂工作小組,開始全省普查數據的統校和古籍普查登記目録的編纂工作。

浙江省的普查登記目録是將古籍和民國書籍分開的,全省統一規劃,分别出版《浙江省古籍普查登記目録》和《浙江省民國時期傳統裝幀書籍普查登記目録》。根據《全國古籍普查登記目録審校要求》《古籍普查登記表格整理規範》的要求,省古籍保護中心制定《浙江省古籍普查登記目録編纂工作方案》《浙江省古籍普查數據統校細則》,用於指導全省的數據統校和登記目録的編纂。統校和編纂工作程序如下:導出古籍普查平臺上的數據,切分爲古籍、民國兩張表,按照設定的普查編號、索書號、分類、題名卷數、著者、版本、批校題跋、册數、存缺卷這幾項登記目録的出版款目對表格進行整理,整理後按照題名進行排列分給各統校員進行統校,統校結束後的數據按行政區域進行彙總交由分區負責人進行覆核,覆核結束後由省古籍保護中心一一寄給各館進行修改確認,經各館確認後由分區負責人進行最後審定。

在統校的過程中,爲了保證全省數據著録的一致,我們積極利用我國古籍整理研究的重大成果《中國古籍總目》(以下簡稱《總目》),每條書目一一對核《總目》,《總目》收者即標注《總目》頁碼,《總目》未收某版本者標注"無此版本",《總目》未收者標注"無",《總目》所收即浙江某館所藏者特殊標注,《總目》著録與普查信息有差异或一時無法判斷者標注"存疑"。拿浙江圖書館的近7萬條古籍數據來看,據不完全統計,除去複本,《總目》所收即浙江圖書館所藏者有1100多種,《總目》未收某一明確版本者有3200多種,《總目》未收者有8300多種。

全省95家單位中有93家單位有古籍數據,總條數計22萬條左右。根據分區域出版和達到一定條數可以單獨成書的原則,全省的古籍普查登記目録大致分爲以下26種:浙江圖書館,浙江大學圖書館,浙江省博物館,浙江省中醫藥研究院等四家收藏單位,杭州圖書館,西泠印社社務委員會等十家收藏單位、浙江省瑞安中學等八家收藏單位,寧波市圖書館,寧波市天一閣博物館,寧波市奉化區文物保護管理所等六家收藏單位、舟山市圖書館等二家收藏單位,温州市圖書館,瑞安市博物館(玉海樓),嘉興市圖書館,平湖市圖書館,嘉善縣圖書館,海寧市圖書館等六家收藏單位,湖州市圖書館等七家收藏單位、常山縣圖書館等二家收藏單位,紹興圖書館,嵊州市圖書館,紹興市上虞區圖書館等八家收藏單位,東陽市博物館,金華市博物館等九家收藏單位,衢州市博物館,台州市黄岩區圖書館,臨海市圖書館,臨海市博物館等六家收藏單位,麗水市圖書館等八家收藏單位。目前全省的古籍普查登記目録有多種已進入出版流程(爲保障普查編號的唯一性、終身有效性,各館數據以原普查編號從低到高的順序進行排列,由於浙江省古籍普查範圍包括古籍、民國時期傳統裝幀書籍、域外漢文古籍,著録時幾種文獻交替進行,而出版時是分開的,加之古籍普查平臺系統出現的跳號情況,所以會出現普查編號不連貫的情况,特此説明),民國時期傳統裝幀書籍普查登記目録的編纂亦接近尾聲。普查登記工作和普查登記目録的編纂爲接下來《中華古籍總目·浙江卷》的編纂打下了良好的基礎。

浙江省古籍普查工作得到了各方的關心和支持。感謝各兄弟省份古籍同行的熱情幫助,感謝李致忠、張志清、吴格、陳先行、陳紅彦、陳荔京、羅琳、王清原、唱春蓮、李德生、石洪運、賈秀麗、范邦瑾等專家學者的悉心指導,藉力於此,普查工作纔得以順利完成。

條數多,分布廣,又出於衆手,儘管工作中我們一直争取做到最好,但無論是已經著録的古籍普查平臺數據還是即將付梓的登記目録,都難免存在紕漏,希望業界同仁不吝賜教,俾臻完善。

浙江省古籍保護中心

2018年4月

《嵊州市圖書館古籍普查登記目録》

編委會

主　編： 高月英

副主編： 邢潔媛

編　委： 高菱憶　陳精胤　蔣采洪　俞　悦

《嵊州市圖書館古籍普查登記目録》

前　言

嵊州歷史悠久，古稱剡縣，歷來爲人文薈萃之地。清光緒二十六年(1900)，教育家蔡元培到嵊任剡山、二戴書院山長，集資購置新學圖書，聘專人管理，除供院内諸生借閱外，還允許院外士人檢閱、摘抄，已具公共圖書館雛形。民國六年(1917)，剡溪學社社員張廷衡等集資創辦剡溪圖書館，設於縣城文昌閣，置書千餘册，以研究學術、灌輸知識爲宗旨，傳播新文化，推廣國民教育。民國八年(1919)，縣城又建立通俗圖書館，附設於剡溪圖書館。剡溪圖書館即嵊縣圖書館的前身。1956年，嵊縣圖書館成立。1995年，嵊縣撤縣設市，嵊縣圖書館改爲嵊州市圖書館。

由於種種歷史條件的限制，我館一直没有形成系統、完整的館藏古籍書目。隨着全國古籍保護工作的全面實施，根據浙江省人民政府辦公廳《關於進一步加强古籍保護工作的意見》(浙政辦發[2009]54號)文件精神，我們對古籍保護工作有了新的認識，開展了具有針對性的三方面工作：一是配備專職人員，對古籍進行日常整理、維護；二是按標準進行古籍庫房改造，安裝專業設備用於控温、控濕和防火，使庫房内達到恒温、恒濕的保管條件，有效改善了古籍的保存環境；三是對館藏古籍進行清點核對工作，形成完整的館藏古籍目録，爲全國古籍普查登記平臺著録做好前期準備工作，并順利通過第一批"浙江省古籍重點保護單位"驗收。

爲了進一步規範古籍保護工作，我館積極響應浙江省古籍保護工作聯席會議下發的《關於印發〈浙江省"中華古籍保護計劃"實施方案〉的通知》(浙文社[2012]30號)等文件精神，於2012年制訂古籍普查計劃，申報古籍普查項目，正式啓動古籍普查工作。普查人員專心致志，認真校核每一部古籍，力争使普查數據準確、規範，經過一年多艱苦努力，按時完成了古籍普查登記工作，摸清了我館古籍館藏家底。

《嵊州市圖書館古籍普查登記目録》收録了館藏1912年前以傳統裝幀形式裝訂的古籍，共3323部20658册。著録項目有普查編號、索書號、題名卷數、著者、版本、册數、存卷等内容。

我館館藏古籍，從版本時間來看，明代古籍52部626册，清代古籍3271部20032册，册數占比分别爲3%和97%；從版本定級來看，以四級古籍爲主，三級乙等及以上(清代乾隆以前)有222部1992册；從版本類型來看，形式多樣，有刻本、鉛印本、影印本，另外還有一小部分活字本(主要爲宗譜)、稿本等。

珍貴的古籍善本、豐富的地方文獻是我館的特色館藏。我館館藏的明泰昌元年(1620)西吴凌汝亨刻朱墨套印本《管子》二十四卷入選第一批《國家珍貴古籍名録》,明弘治十六年(1503)黄淮集義堂刻本《石田稿》三卷、清光緒十年(1884)慶系堂木活字印本《剡西長樂錢氏詩存》七卷等5部古籍入選第三批《浙江省珍貴古籍名録》。我館收藏有不少地方歷史文獻,極具特色。如涉及清末本地文人的詩文集和本地方志,這些本地古籍具有一定的參考和研究價值。此外,在這次普查過程中,還發現了一批珍貴的本地宗譜,這些宗譜記載了家族的繁衍變遷、特色的風俗禮儀、家族文化等内容,對研究區域内人口變化、社會發展等有着很高的史料價值。難得的是,嵊籍宗譜中的彩色祖像和大開本裝幀,在宗譜類古籍中獨具一格,與其他地域編修的宗譜有着明顯的區别。2016年,鳳凰出版社出版的《中國珍稀家譜叢刊·彩繪宗譜》一書收録的29部彩繪宗譜中,有15部爲嵊籍宗譜。

本次普查項目的完成爲我館下一步有針對性地開展古籍保護和開發利用奠定了基礎;同時形成了可供查閱的數字目録和書影,有利於擴大古籍的利用率和影響力,逐步建立起比較完善的古籍保護工作體系,使古籍焕發新的生機。

《嵊州市圖書館古籍普查登記目録》出版在即,藉此機會,我們對所有參與古籍普查工作的同志所付出的辛勤勞動表示誠摯的感謝。由於水平所限,本目録難免存在錯漏之處,希望讀者和專家不吝指教,惠予訂正。

《嵊州市圖書館古籍普查登記目録》編委會

2018年7月

目　　録

330000－1719－0000001　1－1　經部/易類/傳說之屬
周易本義四卷附圖說一卷卦歌一卷筮儀一卷　(宋)朱熹撰　清同治十三年(1874)江西書局刻本　二冊

330000－1719－0000004　63－26　新學/商務
最新商賈要則彙覽一卷　清宣統元年(1909)上海新學會社鉛印本　一冊

330000－1719－0000007　善11　子部/雜著類/雜說之屬
淮南鴻烈解二十一卷　(漢)劉安撰　(漢)高誘註　明萬曆汪一鸞刻本　十冊

330000－1719－0000008　善12－13　史部/金石類/金之屬/通考
寶古堂重修宣和博古圖錄三十卷　(宋)王黼等撰　明萬曆三十一年(1603)寶古堂刻本　三十冊

330000－1719－0000009　善16　集部/別集類/宋別集
新刻臨川王介甫先生詩文集一百卷目錄二卷　(宋)王安石撰　明萬曆四十年(1612)王鳳翔、王承宗金陵光啓堂刻本　十一冊　存九十一卷(一至三十九、四十九至一百)

330000－1719－0000010　113－5　集部/總集類/選集之屬/通代
古唐詩合解古詩四卷唐詩十二卷　(清)王堯衢注　清集賢堂刻本　六冊

330000－1719－0000012　善4　史部/紀傳類/正史之屬
北齊書五十卷　(唐)李百藥撰　明萬曆十六年至十七年(1588－1589)南京國子監刻清順治至康熙補修本　六冊

330000－1719－0000013　善10　子部/法家類
管子二十四卷　(唐)房玄齡注　(明)劉績補注　(明)張榜等評　明天啓五年(1625)朱養純花齋刻本　八冊

330000－1719－0000014　善14　集部/別集類/宋別集
東坡先生全集七十五卷目錄一卷　(宋)蘇軾撰　明文盛堂刻本　二十四冊

330000－1719－0000015　善18－1　集部/小說類/長篇之屬
鐫李卓吾批點殘唐五代史演義傳八卷六十回　(明)羅貫中撰　(明)李贄評　清初刻本　一冊　存二卷(一至二)

330000－1719－0000016　善5　史部/紀傳類/正史之屬
二十一史　明刻明清遞修本　二冊　存一種

330000－1719－0000017　善2　史部/紀傳類/正史之屬
史記一百三十卷　(漢)司馬遷撰　(明)鍾惺評　明天啓五年(1625)沈國元大來堂刻本　十五冊　存一百十九卷(一至四十六、五十八至一百三十)

330000－1719－0000018　善3　史部/紀傳類/正史之屬
二十一史　明萬曆二十三年至三十四年(1595－1606)北京國子監刻本　二十四冊　存一種

330000－1719－0000019　善8　史部/紀傳類/正史之屬
二十一史　明刻明清遞修本　二十一冊　存一種

330000－1719－0000020　善19　史部/傳記類/別傳之屬/事狀
恭祝任母馬太安人八十榮壽序文一卷　(清)阮元撰　清泥金寫本　四冊

330000－1719－0000021　善9　史部/地理類/方志之屬/郡縣志
[光緒]新昌縣志稿十六卷首一卷末一卷　(清)陳謌纂　清光緒七年(1881)稿本　六冊　缺五卷(首、六至九)

330000－1719－0000022　129－6　集部/別集類/清別集

愛國女士丁志先遺著不分卷　(清)丁志先撰　清光緒三十年(1904)丁謙刻本　一冊

330000－1719－0000023　166－28　史部/傳記類/科舉録之屬

乙酉科直省鄉墨清華不分卷　(清)周龍章編　清刻本　一冊

330000－1719－0000024　171－62　史部/傳記類/科舉録之屬/諸貢録

乙丑會墨一卷　清刻本　一冊

330000－1719－0000025　144－21　經部/周禮類/傳說之屬

宋葉文康公禮經會元節本四卷　(宋)葉時撰　(清)陸隴其點定　(清)許元淮刪節並評　清乾隆五十年(1785)桐柏山房刻本　二冊

330000－1719－0000027　167－11　史部/傳記類/科舉録之屬

乙酉各省貢□□卷　清刻本　一冊

330000－1719－0000028　99－4、99－7　集部/别集類/清别集

一拳石齋文鈔二卷詩鈔二卷　(清)方龍光撰　清刻本　二冊

330000－1719－0000029　97－18　集部/别集類/清别集

一鳴集六卷首一卷　(清)何豫撰　清刻本　三冊　存四卷(首,一、四、六)

330000－1719－0000030　113－19　集部/總集類/選集之屬/斷代

七家試帖輯註彙鈔七種九卷　(清)張熙宇輯評　(清)王植桂輯註　清刻本　六冊　存六種

330000－1719－0000033　167－5　史部/傳記類/科舉録之屬/諸貢録

硃卷□□卷　清刻本　一冊　存一卷(一)

330000－1719－0000034　115－10　集部/總集類/選集之屬/斷代

七家試帖輯註彙鈔七種九卷　(清)張熙宇輯評　(清)王植桂輯註　清同治九年(1870)京師琉璃廠刻本　八冊

330000－1719－0000035　113－27　集部/總集類/選集之屬/斷代

七家試帖輯註彙鈔七種九卷　(清)張熙宇輯評　(清)王植桂輯註　清刻本　八冊

330000－1719－0000036　113－36　集部/總集類/課藝之屬

批點七家詩選箋註七卷　(清)張熙宇輯評　清光緒五年(1879)上海江左書林刻本　一冊　存二卷(一至二)

330000－1719－0000037　113－22　集部/總集類/選集之屬/斷代

七家試帖輯註彙鈔七種九卷　(清)張熙宇輯評　(清)王植桂輯註　清同治九年(1870)京師琉璃廠刻本　八冊

330000－1719－0000038　113－21　集部/總集類/選集之屬/斷代

七家試帖輯註彙鈔七種九卷　(清)張熙宇輯評　(清)王植桂輯註　清刻本　二冊　存二種

330000－1719－0000039　113－21－1　集部/總集類/選集之屬/斷代

七家試帖輯註彙鈔七種九卷　(清)張熙宇輯評　(清)王植桂輯註　清刻本　一冊　存一種

330000－1719－0000040　58－8　史部/政書類

九通分類總纂二百四十卷　(清)汪鍾霖輯　清光緒二十八年(1902)上海文瀾書局石印本　八十冊

330000－1719－0000041　113－39　集部/總集類/選集之屬/斷代

九家詩詳註七卷　(清)毛履謙　(清)吳涵一注　清嘉慶十四年(1809)刻本　四冊

330000－1719－0000042　189－26　史部/編年類/通代之屬

鼎鍥趙田了凡袁先生編纂古本歷史大方綱鑑補三十九卷首一卷　(明)袁黄纂　清刻本

一冊　存一卷(六)

330000－1719－0000043　149－19　史部/編年類/通代之屬

鼎鍥趙田了凡袁先生編纂古本歷史大方綱鑑補三十九卷首一卷　(明)袁黄纂　清刻本　三十二冊

330000－1719－0000044　91－38　子部/儒家類/儒學之屬/禮教/家訓

了凡四訓一卷　(明)袁黄撰　清末石印本　一冊

330000－1719－0000045　91－38－1　子部/儒家類/儒學之屬/禮教/家訓

了凡四訓一卷　(明)袁黄撰　清末石印本　一冊

330000－1719－0000046　91－38－2　子部/儒家類/儒學之屬/禮教/家訓

了凡四訓一卷　(明)袁黄撰　清末石印本　一冊

330000－1719－0000047　91－38－3　子部/儒家類/儒學之屬/禮教/家訓

了凡四訓一卷　(明)袁黄撰　清末石印本　一冊

330000－1719－0000048　91－38－4　子部/儒家類/儒學之屬/禮教/家訓

了凡四訓一卷　(明)袁黄撰　清末石印本　一冊

330000－1719－0000049　91－38－5　子部/儒家類/儒學之屬/禮教/家訓

了凡四訓一卷　(明)袁黄撰　清末石印本　一冊

330000－1719－0000050　77－19　子部/天文曆算類/算書之屬

數學精詳十一卷首一卷末一卷　(清)屈曾發輯　清光緒二十四年(1898)復古書齋石印本　五冊

330000－1719－0000051　159－74　子部/天文曆算類/算書之屬

數學精詳十三卷　(清)屈曾發輯　清末鉛印本　一冊　存二卷(九至十)

330000－1719－0000052　167－31　子部/天文曆算類/算書之屬

九章算術九卷　(三國魏)劉徽注　(唐)李淳風等注釋　清末石印本　一冊　存三卷(三至五)

330000－1719－0000053　60－7　史部/政書類

九通提要十二卷　(清)柴紹炳纂　清光緒二十八年(1902)上海泰東時務譯印局鉛印本　三冊

330000－1719－0000054　69－11　史部/史評類/史論之屬

二十四史論海三十二卷　(清)知新子輯　清光緒三十年(1904)美華鎰記石印本　二十二冊

330000－1719－0000055　60－6　史部/政書類/通制之屬

二十四史九通政典類要合編三百二十卷　(清)黄書霖輯　清光緒二十八年(1902)約雅堂石印本　十三冊　存六十八卷(六十一至六十六、一百二至一百七、一百十五至一百二十、一百五十八至一百六十二、一百六十九至一百七十一、二百五至二百十、二百四十至二百四十五、二百五十七至二百六十、二百八十至二百八十三、二百九十三至二百九十七、三百四至三百二十)

330000－1719－0000056　150－8　史部/編年類/通代之屬

鼎鍥趙田了凡袁先生編纂古本歷史大方綱鑑補三十九卷首一卷　(明)袁黄纂　清經元堂刻本　二十八冊

330000－1719－0000057　70－27　子部/儒家類/儒學之屬/俗訓

人譜一卷人譜類記二卷　(明)劉宗周撰　清同治七年(1868)蕺山書院刻本　二冊

330000－1719－0000058　70－18　子部/儒

家類/儒學之屬/俗訓

人譜一卷人譜類記二卷 （明）劉宗周撰　清同治七年（1868）蕺山書院刻本　二冊

330000－1719－0000062　70－10　類叢部/叢書類/家集之屬

河南程氏全書六種 （宋）程顥　（宋）程頤撰　（宋）朱熹編　清刻本　二冊　存一種

330000－1719－0000063　17－29　經部/四書類/論語之屬/傳說

二論詳解四卷 （清）劉忠輯　清末漢口會文堂石印本　二冊　存二卷（三至四）

330000－1719－0000081　17－32　經部/四書類/論語之屬/傳說

增訂二論詳解四卷 （清）劉忠輯　清末上洋大文楨記刻本　二冊

330000－1719－0000082　97－5　子部/儒家類/儒學之屬/性理

二曲集錄要四卷首一卷 （清）李顒撰　（清）倪元坦輯　清涵和堂刻本　二冊

330000－1719－0000083　73－38　子部/農家農學類/園藝之屬/總志

二如亭群芳譜三十卷首一卷 （明）王象晉撰　明末刻本　一冊　存一卷（蔬部二）

330000－1719－0000084　156－53　史部/雜史類/斷代之屬

二申野錄八卷 （清）孫之騄撰　清刻本　一冊　存二卷（一至二）

330000－1719－0000088　56－14　史部/叢編

入幕須知五種附一種 （清）張廷驤輯　清光緒十三年（1887）元和張廷驤刻本　六冊

330000－1719－0000089　161－21　子部/術數類/相宅相墓之屬

八宅明鏡二卷 （清）箬冠道人撰　清掃葉山房刻本　二冊

330000－1719－0000090　167－24　子部/術數類/相宅相墓之屬

三元三要八宅救害明鏡二卷 （唐）楊筠松撰　（清）顧吾廬重編　**陰符玄解一卷** （清）范宜賓註釋　清刻本　一冊　存二卷（二、陰符玄解）

330000－1719－0000091　160－26　新學/算學/三角八綫

八線備旨四卷 （美國）羅密士撰　（美國）潘慎文選譯　清刻本　一冊　存二卷（三至四）

330000－1719－0000092　171－4　新學/算學/三角八綫

八線備旨四卷 （美國）羅密士撰　（美國）潘慎文選譯　清光緒二十九年（1903）上海美華書館鉛印本　一冊

330000－1719－0000093　108－7　集部/總集類/選集之屬/斷代

八家四六文註八卷首一卷 （清）吳鼒輯　（清）許貞幹注　清光緒十七年（1891）思補堂刻本　四冊　缺三卷（三、七至八）

330000－1719－0000094　115－32　集部/總集類/課藝之屬

八銘堂塾鈔二集不分卷 （清）吳懋政編　清刻本　一冊

330000－1719－0000095　160－6　集部/總集類/課藝之屬

八銘堂塾鈔初集不分卷 （清）吳懋政編　清末刻本　一冊

330000－1719－0000096　115－24　子部/儒家類/儒學之屬/蒙學

註釋八銘塾鈔 （清）吳懋政編次　清光緒十五年（1889）竹素書局刻本　八冊

330000－1719－0000098　167－9　子部/醫家類/方書之屬/單方驗方

幾希錄續刻一卷附集經驗諸方一卷 （清）金纓撰　清道光二十六年（1846）刻本　一冊

330000－1719－0000099　63－12　新學/議論/通論

十九世紀列國政治文編五卷 （清）邵羲輯　清光緒二十九年（1903）教育世界社鉛印本

六冊

330000－1719－0000100　154－34　子部/宗教類/佛教之屬/經
佛說貝多樹下思惟十二因緣經一卷　(三國吳)支謙譯　**佛說緣起聖道經一卷**　(唐)釋玄奘譯　**佛說稻稈經一卷**　(晉)□□譯　**大乘舍黎娑擔摩經一卷**　(宋)釋施護譯　清光緒三年(1877)金陵刻經處刻本　一冊

330000－1719－0000102　188－6　經部/群經總義類/文字音義之屬
十三經不二字一卷　(清)李鴻藻輯　清同治六年(1867)藻文堂刻本　一冊

330000－1719－0000103　14－4　經部/群經總義類/傳說之屬
十三經策案二十二卷　(清)王謨輯　清光緒十一年(1885)上海同文書局石印本　二冊

330000－1719－0000104　14－7　經部/群經總義類/傳說之屬
十三經策案二十二卷　(清)王謨輯　清刻本　三冊　存八卷(二至四、八至十二)

330000－1719－0000105　188－3　經部/群經總義類/文字音義之屬
十三經集字音釋四卷照畫檢字一卷　(清)黃蕙田撰　清同治九年(1870)蔣存誠刻本　四冊

330000－1719－0000106　46－9　類叢部/叢書類/彙編之屬
崇文書局彙刻書三十一種　(清)崇文書局編　清光緒元年至三年(1875－1877)湖北崇文書局刻本　一冊　存一種

330000－1719－0000107　161－50　集部/曲類/寶卷之屬
彌勒佛說地藏十王寶卷二卷　清木活字印本　一冊

330000－1719－0000108　112－9　集部/總集類/彙編之屬
十種唐詩選　(清)王士禛編　清康熙三十一年(1692)刻本　五冊

330000－1719－0000109　75－63　子部/醫家類/類編之屬
陳修園醫書三十種　(清)陳念祖等撰　清光緒十八年(1892)上海圖書集成印書局鉛印本　一冊　存四種

330000－1719－0000110　160－6－1　集部/總集類/課藝之屬
八銘堂塾鈔初集不分卷　(清)吳懋政編　清刻本　一冊

330000－1719－0000111　160－6－2　集部/總集類/課藝之屬
八銘堂塾鈔初集不分卷　(清)吳懋政編　清刻本　一冊

330000－1719－0000112　160－6－3　集部/總集類/課藝之屬
八銘堂塾鈔初集不分卷　(清)吳懋政編　清末刻本　一冊

330000－1719－0000113　160－6－4　集部/總集類/課藝之屬
八銘堂塾鈔初集不分卷　(清)吳懋政編　清末刻本　一冊

330000－1719－0000114　115－32－1　集部/總集類/課藝之屬
八銘堂塾鈔二集不分卷　(清)吳懋政編　清刻本　一冊

330000－1719－0000115　115－32－2　集部/總集類/課藝之屬
八銘堂塾鈔二集不分卷　(清)吳懋政編　清刻本　一冊

330000－1719－0000116　115－32－3　集部/總集類/課藝之屬
八銘堂塾鈔二集不分卷　(清)吳懋政編　清刻本　一冊

330000－1719－0000117　35－7　史部/編年類/斷代之屬
東華錄一百卷(咸豐朝)　王先謙編　清末石印本　十八冊

330000－1719－0000118　163－51　子部/術數類/占卜之屬

卜筮正宗十四卷　(清)王維德撰　清聚盛堂刻本　二冊　存六卷(一至三、十二至十四)

330000－1719－0000119　97－15、97－16　集部/別集類/清別集

又其次齋詩集七卷　(清)吳世涵撰　清刻本　三冊　存六卷(二至七)

330000－1719－0000120　97－15－1　集部/別集類/清別集

又其次齋詩集七卷　(清)吳世涵撰　清刻本　一冊　存二卷(六至七)

330000－1719－0000121　97－15－2　集部/別集類/清別集

又其次齋詩集七卷　(清)吳世涵撰　清刻本　一冊　存二卷(六至七)

330000－1719－0000122　97－15－3　集部/別集類/清別集

又其次齋詩集七卷　(清)吳世涵撰　清刻本　一冊　存二卷(六至七)

330000－1719－0000123　98－25　集部/別集類

萬山草堂詩集六卷　李登雲撰　清光緒三十三年(1907)武林刻本　二冊

330000－1719－0000124　75－34　子部/醫家類/方書之屬/單方驗方

本草萬方鍼線八卷　(清)蔡烈先輯　清刻本　一冊　存二卷(五至六)

330000－1719－0000125　158－15　子部/醫家類/方書之屬/單方驗方

本草萬方鍼線八卷　(清)蔡烈先輯　清道光十五年(1835)務本堂刻本　一冊　存一卷(一)

330000－1719－0000126　53－16　史部/政書類/考工之屬/營造

萬年橋誌八卷　(清)謝寄雲等輯　清光緒二十年至二十二年(1894－1896)刻本　六冊

330000－1719－0000127　151－4　子部/術數類/相宅相墓之屬

重校刊官板地理玉髓真經二十八卷　(宋)張洞玄撰　(宋)劉允中注　**後卷一卷**　(宋)房正撰　清龍溪堂刻本　十二冊

330000－1719－0000129　64－17　新學/交涉/公法

萬國公法四卷　(美國)惠頓撰　(美國)丁韙良譯　清末鉛印本　一冊　存二卷(三至四)

330000－1719－0000130　67－8　新學/交涉/公法

萬國公法四卷　(美國)惠頓撰　(美國)丁韙良譯　清末石印本　二冊　存三卷(二至四)

330000－1719－0000131　55－16　史部/地理類/外紀之屬

萬國分類時務大成四十卷首一卷　(清)錢豐選輯　清光緒二十三年(1897)申江袖海山房石印本　二十四冊　缺六卷(二十三、二十五、三十三至三十四、三十九至四十)

330000－1719－0000132　55－24　類叢部/叢書類/彙編之屬

申報館叢書正集五十七種附錄三種　(清)尊聞閣主編　**續集一百四十二種**　蔡爾康編　清同治至光緒申報館鉛印本　八冊　存一種

330000－1719－0000133　55－35　新學/史志/諸國史

萬國史記二十卷　(日本)岡本監輔撰　清光緒二十七年(1901)上海兩宜齋石印本　三冊

330000－1719－0000134　55－36　新學/史志/諸國史

萬國史記二十卷　(日本)岡本監輔撰　清末石印本　三冊　缺五卷(十一至十五)

330000－1719－0000135　55－37　新學/史志/諸國史

萬國史記二十卷　(日本)岡本監輔撰　清末石印本　二冊　存十卷(六至十、十六至二十)

330000－1719－0000136　55－5　史部/編年

類/通代之屬
萬國綱鑑易知錄二十卷 （日本）岡本監輔撰 清光緒二十七年(1901)上海書局石印本 六冊

330000－1719－0000137 55－30 史部/編年類/通代之屬
萬國綱鑑易知錄二十卷 （日本）岡本監輔撰 清光緒五年(1879)申江書局石印本 六冊

330000－1719－0000138 144－14 經部/周禮類/傳說之屬
宋葉文康公禮經會元節本四卷 （宋）葉時撰 （清）陸隴其點定 （清）許元淮刪節並評 清乾隆五十年(1785)桐柏山房刻本 四冊

330000－1719－0000139 75－19 子部/醫家類/綜合之屬/通論
新刊萬病回春原本八卷 （明）龔廷賢編 清刻本 一冊 存一卷(二)

330000－1719－0000140 90－33 子部/宗教類/道教之屬/戒律
萬善先資集四卷 （清）周思仁撰 清鉛印本 一冊

330000－1719－0000141 113－1 集部/總集類/選集之屬/通代
三十家詩鈔六卷首一卷末一卷 （清）曾國藩纂 （清）王定安增輯 清同治十三年(1874)傳忠書局刻本 六冊

330000－1719－0000142 42－20－2 史部/史抄類
戰國策選不分卷 （清）儲欣評選 清刻本 一冊

330000－1719－0000143 116－28 集部/總集類/郡邑之屬
三山同聲集四卷首一卷 （清）王凱泰輯 清同治十二年(1873)儉明簡齋刻本 一冊 存三卷(首、一至二)

330000－1719－0000144 175－77 類叢部/類書類/通類之屬
三才畧三卷 蔣德鈞輯 **讀史論略一卷** （清）杜詔撰 清光緒二十四年(1898)上海書局石印本 一冊

330000－1719－0000145 82－13 類叢部/類書類/通類之屬
三才畧三卷 蔣德鈞輯 **讀史論略一卷** （清）杜詔撰 清光緒三十一年(1905)上海點石齋石印本 一冊

330000－1719－0000147 175－24 集部/總集類/課藝之屬
三書院課藝合刻一卷 （清）俞廷樟 （清）馬履泰 （清）陸堯春鑒定 清道光元年(1821)刻本 一冊

330000－1719－0000148 77－12 子部/術數類/陰陽五行之屬
重刊選擇集要七卷 （清）黄一鳳編 清郁文堂刻本 一冊 存四卷(一至四)

330000－1719－0000149 166－25 子部/宗教類/道教之屬/經文
三元真經一卷 清光緒十五年(1889)上海文德齋刻本 一冊

330000－1719－0000150 41－15 史部/紀傳類/正史之屬
史記十表□□卷 （漢）司馬遷撰 清刻本 二冊 存五卷(三代世表、十二諸侯年表、六國年表、秦楚之際月表、漢興以來諸侯年表)

330000－1719－0000152 156－4 子部/宗教類/道教之屬/經文
三聖經靈驗圖注一卷 清光緒二十四年(1898)上海鴻寶齋石印本 一冊

330000－1719－0000153 156－4－1 子部/宗教類/道教之屬/經文
三聖經靈驗圖注一卷 清光緒二十四年(1898)上海鴻寶齋石印本 一冊

330000－1719－0000154 190－43 集部/總集類/彙編之屬
三江遺倫集不分卷 （清）杜聯蓮輯 清刻本 二冊

330000－1719－0000155　115－21　集部/總集類/氏族之屬

三蘇策論十二卷　（宋）蘇洵　（宋）蘇軾　（宋）蘇轍撰　（清）張紹齡編　清光緒二十四年(1898)石印本　八冊

330000－1719－0000156　171－7　子部/天文曆算類/算書之屬

三角數理十二卷　（英國）海麻士輯　（英國）傅蘭雅口譯　（清）華蘅芳筆述　（清）曹攄亭繪圖　清光緒江南製造總局刻本　一冊　存二卷(一至二)

330000－1719－0000158　25－6　史部/紀傳類/正史之屬

四史　清光緒二十四年(1898)上海點石齋石印本　四冊　存一種

330000－1719－0000159　25－13　史部/紀傳類/正史之屬

二十四史附考證　清光緒二十八年(1902)武林竹簡齋據乾隆四年(1739)武英殿刻本影印本　四冊　存一種

330000－1719－0000160　32－8　集部/小說類/長篇之屬

四大奇書第一種六十卷一百二十回首一卷　(明)羅本撰　(清)毛宗崗評　清刻本　五冊　存二十卷(二十六至三十八、五十四至六十)

330000－1719－0000161　121－6　史部/紀傳類/正史之屬

二十四史　清同治至光緒五省官書局據汲古閣本等合刻光緒五年(1879)湖北書局彙印本　八冊　存一種

330000－1719－0000162　125－8　史部/紀傳類/正史之屬

二十一史　清光緒十八年(1892)武林竹簡齋據乾隆四年(1739)武英殿刻本影印本　四冊　存一種

330000－1719－0000163　46－10－1　史部/傳記類/總傳之屬/列女

典故列女傳□□卷　清光緒九年(1883)掃葉山房刻本　一冊　存一卷(一)

330000－1719－0000164　124－4　類叢部/叢書類/彙編之屬

廣雅書局叢書一百五十九種　徐紹棨編　清光緒廣雅書局刻民國九年(1920)番禺徐紹棨彙編重印本　一冊　存一種

330000－1719－0000165　171－26　子部/儒家類/儒學之屬/蒙學

三字經訓詁一卷　（清）王相撰　清刻本　一冊

330000－1719－0000166　14－3　經部/叢編

三經精華　（清）薛嘉穎輯　清光緒二年(1876)浙寧簡香齋刻本　十一冊　缺二卷(詩經精華一至二)

330000－1719－0000167　155－45　子部/醫家類/醫案之屬

三家醫案合刻　（清）吳金壽編　清刻本　一冊

330000－1719－0000168　2－31　類叢部/叢書類/自著之屬

范氏三種　（清）范家相撰　清嘉慶十五年(1810)古趣亭刻本　二冊　存一種

330000－1719－0000169　65－1　史部/政書類/律令之屬/刑制

三流道里表不分卷　（清）徐本等纂修　清同治十一年(1872)湖北讞局刻本　二冊

330000－1719－0000170　62－15　類叢部/叢書類/彙編之屬

求實齋叢書十五種　蔣德鈞編　清光緒湘鄉蔣氏龍安郡署刻本　二冊　存一種

330000－1719－0000171　53－14　史部/地理類/專志之屬/宮殿

三輔黃圖六卷　（漢）□□撰　清刻本　一冊

330000－1719－0000173　153－12　集部/總集類/氏族之屬

三蘇策論十二卷　（宋）蘇洵　（宋）蘇軾

(宋)蘇轍撰　(清)張紹齡編　清光緒二十四年(1898)石印本　四冊　存八卷(一至八)

330000－1719－0000175　159－90　經部/四書類

藝林寶笈□□卷　清刻本　一冊　存一卷(十)

330000－1719－0000178　52－9　史部/地理類/方志之屬/郡縣志

上虞縣志□□卷　清刻本　四冊　存十二卷(五至八、二十六至二十七、三十三至三十五、三十八至四十)

330000－1719－0000179　77－23　子部/天文曆算類/算書之屬

上虞算學堂課藝二卷　(清)支寶枬選　清光緒二十七年(1901)紹興經正書院刻本　二冊

330000－1719－0000180　168－52　經部/四書類/總義之屬/傳說

四書集註(四書章句集註、四書)十九卷　(宋)朱熹撰　清刻本　一冊　存五卷(論語六至十)

330000－1719－0000182　66－16　史部/政書類/邦交之屬

義國和約章程一卷附義國稅則一卷義國通商章程一卷　清刻本　一冊

330000－1719－0000183　158－7　子部/儒家類/儒學之屬/蒙學

續神童詩一卷　(清)寄雲山人編　**發蒙必讀一卷續千家詩一卷**　清刻本　一冊

330000－1719－0000184　175－12　史部/傳記類/科舉録之屬/歷科鄉試録

鄉試硃卷不分卷　(清)董作梅等撰　清刻本　一冊

330000－1719－0000185　8－6　史部/政書類/儀制之屬/典禮

鄉黨典制節要二卷附通考一卷　(清)沈丞輯　清刻本　一冊

330000－1719－0000186　114－17　史部/傳記類/科舉録之屬

精選近八科鄉墨範圍(咸豐己未科至壬子科)一卷　(清)高敏編次　清宏發堂刻本　七冊

330000－1719－0000187　171－57　史部/傳記類/科舉録之屬

新科鄉墨衡裁三編一卷　(清)劉心龍輯　清咸豐元年(1851)刻本　一冊

330000－1719－0000188　93－7　類叢部/叢書類/彙編之屬

四堂全集四種附一種　(清)尤侗撰　清刻本　二冊　存一種

330000－1719－0000189　21－2　經部/小學類/文字之屬

七經大字一卷附韻有經無各字摘錄一卷　清刻本　六冊

330000－1719－0000190　159－84　類叢部/類書類/通類之屬

千金裘初集二十七卷二集二十六卷　(清)蔣義彬　(清)徐元麟輯　清咸豐元年(1851)刻本　一冊　存三卷(二集一至三)

330000－1719－0000192　113－26　集部/總集類/選集之屬/通代

增補重訂千家詩註解二卷　(宋)謝枋得選　(清)王相注　清務本堂刻本　二冊

330000－1719－0000193　113－24　集部/總集類/選集之屬/通代

增補重訂千家詩註解二卷　(清)任來吉選　(清)王相注　清光緒五年(1879)浙寧簡香齋刻本　二冊

330000－1719－0000194　155－1、155－35　子部/宗教類/佛教之屬/經

大方廣佛華嚴經□□卷　(唐)釋實叉難陀譯　清刻本　四冊　存十二卷(七至九、十三至十五、二十二至二十四、六十四至六十六)

330000－1719－0000195　96－33　集部/別集類/清別集

大雲山房文稿初集四卷二集四卷　(清)惲敬撰　清光緒十四年(1888)官書處刻本　八冊

330000－1719－0000197　166－13、173－20　新學/算學/數學

大代數學詳草不分卷　（日本）奥平浪太郎著　清末石印本　二冊

330000－1719－0000199　17－13　經部/四書類/總義之屬/傳說

四書集註（四書章句集註、四書）十九卷　（宋）朱熹撰　清光緒浙江書局刻本　一冊　存一卷（大學）

330000－1719－0000200　17－24　經部/四書類/大學之屬/傳說

大學章句一卷　（宋）朱熹撰　清汲綆齋刻本　一冊

330000－1719－0000201　17－14　經部/四書類/大學之屬/傳說

大學章句一卷　（宋）朱熹撰　清古越尺木堂刻本　一冊

330000－1719－0000203　71－6　子部/儒家類/儒學之屬

大學衍義四十三卷　（宋）真德秀撰　清刻本　五冊　存二十三卷（十四至二十八、三十四至三十八、四十一至四十三）

330000－1719－0000204　71－7　子部/儒家類/儒學之屬

大學衍義四十三卷　（宋）真德秀撰　清同治十三年（1874）夔州府雲邑郭氏家塾刻本　八冊　存十四卷（一至二、七至十一、三十二至三十八）

330000－1719－0000205　71－10　子部/儒家類/儒學之屬

大學衍義四十三卷　（宋）真德秀撰　清鉛印本　五冊　存三十六卷（八至四十三）

330000－1719－0000206　71－10－1　子部/儒家類/儒學之屬

大學衍義四十三卷　（宋）真德秀撰　清鉛印本　三冊　存二十四卷（八至二十三、三十二至三十九）

330000－1719－0000207　71－14　子部/儒家類/儒學之屬

大學衍義四十三卷　（宋）真德秀撰　清同治十一年（1872）浙江書局刻本　十冊

330000－1719－0000208　71－11　子部/儒家類/儒學之屬

大學衍義講授□□卷　（清）靈峰先生撰　清刻本　一冊　存一卷（三）

330000－1719－0000209　71－11－1　子部/儒家類/儒學之屬

大學衍義講授□□卷　（清）靈峰先生撰　清刻本　一冊　存一卷（三）

330000－1719－0000210　71－11－2　子部/儒家類/儒學之屬

大學衍義講授□□卷　（清）靈峰先生撰　清刻本　一冊　存一卷（三）

330000－1719－0000211　71－11－3　子部/儒家類/儒學之屬

大學衍義講授□□卷　（清）靈峰先生撰　清刻本　一冊　存一卷（三）

330000－1719－0000212　71－11－4　子部/儒家類/儒學之屬

大學衍義講授□□卷　（清）靈峰先生撰　清刻本　一冊　存一卷（三）

330000－1719－0000213　71－1　子部/儒家類/儒學之屬

大學衍義講授□□卷　（清）靈峰先生撰　清刻本　一冊　存三卷（一至三）

330000－1719－0000214　71－1－1　子部/儒家類/儒學之屬

大學衍義講授□□卷　（清）靈峰先生撰　清刻本　一冊　存三卷（一至三）

330000－1719－0000215　71－1－2　子部/儒家類/儒學之屬

大學衍義講授□□卷　（清）靈峰先生撰　清刻本　一冊　存三卷（一至三）

330000－1719－0000216　71－1－3　子部/儒家類/儒學之屬

大學衍義講授□□卷　(清)靈峰先生撰　清刻本　一冊　存三卷(一至三)

330000－1719－0000217　71－1－4　子部/儒家類/儒學之屬

大學衍義講授□□卷　(清)靈峰先生撰　清刻本　一冊　存三卷(一至三)

330000－1719－0000220　1－20、82－24、86－29、87－21、98－28、168－49　類叢部/叢書類/家集之屬

董氏叢書十六種　(清)董金鑑編　清光緒三十二年(1906)會稽董氏取斯家塾刻本　七冊　存六種

330000－1719－0000221　54－6　新學/史志/別國史

大英國志八卷　(英國)托馬斯米爾納撰　(英國)慕維廉譯　清光緒七年(1881)上海益智書會刻本　二冊

330000－1719－0000222　55－2　新學/史志/別國史

西史彙函四種　清光緒二十三年(1897)湖南上海書局刻本　五冊　存一種

330000－1719－0000223　154－3　子部/宗教類/佛教之屬/經

妙法蓮華經七卷　(後秦)釋鳩摩羅什譯　清刻本　四冊

330000－1719－0000224　167－6　子部/宗教類/佛教之屬/經

法華經□□卷　(後秦)釋鳩摩羅什譯　清刻本　一冊　存一卷(三)

330000－1719－0000225　160－4－1　集部/總集類/彙編之屬

七種古文選　(清)儲欣選評　清刻本　五冊　存一種

330000－1719－0000226　48－5　史部/地理類/總志之屬/斷代

大清一統志輯要五十卷　(清)洪亮吉撰　清光緒二十八年(1902)山左輿圖局石印本　十二冊

330000－1719－0000227　48－15　史部/地理類/輿圖之屬/全國

大清中外壹統輿圖(皇朝中外壹統輿圖)三十一卷首一卷　(清)鄒世詒　(清)晏啟鎮編　(清)李廷簫　(清)汪士鐸增訂　清同治二年(1863)湖北撫署刻本　四冊　存十五卷(首;中,南八至十,北四至六、十四至二十)

330000－1719－0000228　58－5　史部/政書類/通制之屬

續修大清會典四卷　(清)托津等撰　清同治十一年(1872)湖北崇文書局刻本　四冊

330000－1719－0000229　62－13　史部/政書類/律令之屬/律例

大清法規大全一百六十八卷　清光緒二十七年至宣統元年(1901－1909)北京政學社石印本　三十五冊　存一百四十四卷(首,憲政部一至二、四至七;首、吏政部一至二十三;首、民政部一至十五;首,教育部一至四、十至三十一;首、禮制部一至九;首、軍政部一至十二;首、法律部一至十三;首、實業部一至十五;首、交通部一至五;首、旗藩部一至二;首,外交部一、二下、九至十三)

330000－1719－0000230　90－24　子部/宗教類/佛教之屬/總録

大清修二卷　清光緒二十一年(1895)刻本　二冊

330000－1719－0000231　66－8　史部/政書類/律令之屬/律例

大清律例刑案彙纂集成四十卷　(清)姚潤輯　(清)胡璋增輯　清刻本　十二冊　存二十二卷(九至三十)

330000－1719－0000232　65－20　史部/政書類/律令之屬/律例

大清律例刑案彙纂集成四十卷附督捕則例二卷　(清)姚潤輯　(清)胡璋增輯　清同治七年(1868)刻本　三十五冊　缺一卷(六)

330000－1719－0000233　66－6　史部/政書類/律令之屬/律例

大清律例彙輯便覽四十卷督捕則例附纂二卷

清同治十一年(1872)湖北讞局刻本　二十七册　缺三卷(二十至二十二)

330000－1719－0000234　67－1　史部/政書類/律令之屬/律例

大清律例刑案彙纂集成四十卷附督捕則例二卷　(清)姚潤輯　(清)胡璋增輯　清光緒二十八年(1902)武林清來堂吳宅刻本　二十三册　缺一卷(二十三)

330000－1719－0000235　67－2　史部/政書類/律令之屬/律例

大清律例刑案彙纂集成四十卷附督捕則例二卷　(清)姚潤輯　(清)胡璋增輯　清刻本　四册　存七卷(二十七至三十三)

330000－1719－0000236　66－10　史部/政書類/律令之屬/律例

大清律例刑案彙纂集成四十卷附督捕則例二卷　(清)姚潤輯　(清)胡璋增輯　清刻本　二十九册　存三十四卷(六至二十二、二十四至二十八、三十一至四十,附一至二)

330000－1719－0000237　66－12　史部/政書類/律令之屬/律例

大清律例增修統纂集成四十卷附督捕則例附纂二卷　(清)姚潤輯　(清)陶駿　(清)陶念霖增輯　清刻本　十四册　缺十八卷(一、六至十、二十至二十一、二十三至二十四、二十六、二十九至三十四、三十六)

330000－1719－0000238　66－7　史部/政書類/律令之屬/律例

大清律例增修統纂集成四十卷附督捕則例附纂二卷　(清)姚潤輯　(清)陶駿　(清)陶念霖增輯　清道光九年(1829)安昌鎮履素堂刻本　十六册　存二十七卷(一、四至五、八、十三至十七、二十至二十四、二十六至三十五、三十八至四十)

330000－1719－0000239　66－9　史部/政書類/律令之屬/律例

大清律纂修條例不分卷　清刻本　二册

330000－1719－0000241　64－12－1　史部/政書類/律令之屬/律例

大清刑事訴訟律草案不分卷　沈家本等編　清宣統二年(1910)修訂法律館鉛印本　二册

330000－1719－0000242　142－11　經部/叢編

文藻四種十四卷　(清)黃暹輯　清乾隆仁和黃氏刻本　三册　存一種

330000－1719－0000243　99－31　集部/别集類/清别集

大瓠山房詩集二卷　(清)葉道源撰　(清)胡念修選　清宣統三年(1911)賴豐熙鉛印本　一册

330000－1719－0000244　111－21　集部/總集類/課藝之屬

大題文府不分卷　清末石印本　十三册

330000－1719－0000245　111－23　集部/總集類/課藝之屬

大題文府一卷目錄一卷　(清)同文書局主人編　清光緒十三年(1887)上海同文書局石印本　三册

330000－1719－0000246　159－75　集部/總集類/課藝之屬

大題文府不分卷　清末石印本　一册

330000－1719－0000247　167－34　集部/總集類/課藝之屬

大題求是不分卷　(清)王金銛編次　清同治六年(1867)刻本　一册

330000－1719－0000248　82－10　子部/儒家類/儒學之屬/禮教

五種遺規摘鈔　(清)陳弘謀輯並撰　(清)劉肇紳摘抄　清末廣益書莊石印本　一册　存一種

330000－1719－0000249　149－22　類叢部/類書類/通類之屬

子史輯要詩賦題解四卷　(清)胡本淵編　清聚瀛堂刻本　一册　存三卷(一至三)

330000－1719－0000250　166－75　類叢部/

類書類/通類之屬
子史輯要詩賦題解四卷 (清)胡本淵編 清丹山堂刻本 一冊

330000－1719－0000251 83－4 類叢部/類書類/通類之屬
子史精華一百六十卷 (清)吳士玉 (清)吳襄等輯 清刻本 六冊 缺四十卷(六十一至一百)

330000－1719－0000252 83－4－1 類叢部/類書類/通類之屬
子史精華一百六十卷 (清)吳士玉 (清)吳襄等輯 清刻本 三冊 存六十卷(二十一至四十、一百二十一至一百六十)

330000－1719－0000253 148－17 類叢部/類書類/通類之屬
子史精華一百六十卷 (清)吳士玉 (清)吳襄等輯 清雍正五年(1727)刻本 四十六冊 缺六卷(九至十一、二十至二十二)

330000－1719－0000254 83－3 類叢部/類書類/通類之屬
子史精華三十卷 (清)吳士玉 (清)吳襄等輯 清光緒九年(1883)上海點石齋石印本 二冊

330000－1719－0000257 159－11 集部/別集類/清別集
小倉山房往還書札全集十八卷 (清)袁枚撰 清光緒十三年(1887)鉛印本 二冊

330000－1719－0000258 157－32 集部/別集類/清別集
小倉山房詩集□□卷 (清)袁枚撰 清刻本 一冊 存四卷(十四至十七)

330000－1719－0000259 70－8 子部/儒家類/儒學之屬/蒙學
小學六卷 (清)高愈注 **文公朱夫子[熹]年譜一卷** 題(宋)李方子撰 清同治十一年(1872)浙江書局刻本 二冊

330000－1719－0000260 70－8－1 子部/儒家類/儒學之屬/蒙學
小學六卷 (清)高愈注 **文公朱夫子[熹]年譜一卷** 題(宋)李方子撰 清同治十一年(1872)浙江書局刻本 二冊

330000－1719－0000261 147－11 子部/儒家類/儒學之屬/蒙學
小學六卷 (宋)朱熹撰 (明)陳選集注 (清)高愈纂注 清乾隆十二年(1747)刻本 二冊

330000－1719－0000262 147－15 子部/儒家類/儒學之屬/蒙學
小學或問一卷 (清)尹嘉銓輯 清乾隆刻本 一冊

330000－1719－0000263 70－39 經部/小學類/文字之屬/字書
小學答問一卷 章炳麟撰 清宣統元年(1909)刻本 一冊

330000－1719－0000264 70－4 子部/儒家類/儒學之屬/蒙學
小學集註六卷 (明)陳選集注 **忠經一卷** (漢)鄭玄集注 **孝經一卷** (明)陳選集注 清光緒三十二年(1906)鴻寶齋石印本 一冊 缺三卷(四至六)

330000－1719－0000265 70－3 子部/儒家類/儒學之屬/蒙學
小學集註六卷 (明)陳選集注 清光緒三十一年(1905)上海書局石印本 二冊 存四卷(一至四)

330000－1719－0000266 70－21 子部/儒家類/儒學之屬/蒙學
小學集解六卷小學輯說一卷 (清)張伯行輯注 清同治十一年(1872)江西撫署刻本 四冊 存六卷(集解一至六)

330000－1719－0000267 70－37 子部/儒家類/儒學之屬/蒙學
小學集解六卷小學輯說一卷 (清)張伯行輯注 清同治六年(1867)楚北崇文書局刻本 三冊

330000－1719－0000268 175－7 子部/儒

家類/儒學之屬/蒙學

小學集解六卷 (清)張伯行輯注 清末刻本 一册 存一卷(六)

330000－1719－0000269 161－32 子部/儒家類/儒學之屬/蒙學

小學韻語一卷 (清)羅澤南撰 清咸豐六年(1856)浙江書局刻本 一册

330000－1719－0000270 173－11 子部/儒家類/儒學之屬/蒙學

小學韻語一卷 (清)羅澤南撰 清咸豐六年(1856)浙江書局刻本 一册

330000－1719－0000271 173－11－1 子部/儒家類/儒學之屬/蒙學

小學韻語一卷 (清)羅澤南撰 清咸豐六年(1856)浙江書局刻本 一册

330000－1719－0000272 173－11－2 子部/儒家類/儒學之屬/蒙學

小學韻語一卷 (清)羅澤南撰 清咸豐六年(1856)浙江書局刻本 一册

330000－1719－0000273 70－9 子部/儒家類/儒學之屬/蒙學

心遠堂新編小學纂註六卷附小學句讀一卷 (清)高愈編訂 **文公朱夫子[熹]年譜一卷** 題(宋)李方子撰 清刻本 一册 存一卷(五)

330000－1719－0000274 97－14 集部/别集類/清别集

小匏庵詩存六卷末一卷 (清)吳仰賢撰 清光緒四年(1878)刻本 三册

330000－1719－0000275 98－20 集部/别集類/清别集

小謨觴館文集四卷 (清)彭兆蓀撰 清光緒六年(1880)存存軒刻本 一册 存二卷(一至二)

330000－1719－0000276 163－4 子部/術數類/占卜之屬

卜筮正宗十四卷 (清)王維德撰 清刻本 六册 存九卷(三至九、十一至十二)

330000－1719－0000277 176－21 集部/總集類/課藝之屬

小題八集别情不分卷 (清)王步青評 (清)王士葹編 清刻本 一册

330000－1719－0000278 159－28 集部/總集類/課藝之屬

小題十萬初選不分卷 清末石印本 三十三册

330000－1719－0000279 159－29 集部/總集類/課藝之屬

小題三萬選不分卷 (清)求是齋主人輯 清末石印本 一册

330000－1719－0000280 111－22 經部/四書類/總義之屬

小題文府不分卷 清末石印本 一册

330000－1719－0000281 159－45 經部/四書類/總義之屬

小題文府不分卷 清末石印本 一册

330000－1719－0000282 196－7 集部/總集類/課藝之屬

小題文範不分卷 清刻本 一册

330000－1719－0000283 171－59 集部/總集類/課藝之屬

小題巧對心穎不分卷 清刻本 一册

330000－1719－0000284 142－9 類叢部/類書類/專類之屬

五經類編二十八卷 (清)周世樟撰 清乾隆三十八年(1773)友益齋刻本 十册

330000－1719－0000285 171－63 集部/總集類/課藝之屬

小題正軌初編不分卷 (清)袁廷璜編 清咸豐二年(1852)刻本 一册

330000－1719－0000286 159－19 集部/總集類/課藝之屬

小題正鵠初集不分卷二集不分卷三集不分卷四集不分卷 (清)李元度輯 清刻本 二册 存三集

330000－1719－0000287　111－19－2　集部/總集類/課藝之屬

塾課小題正鵠二集一卷　（清）李元度輯　清光緒六年（1880）浙紹墨潤堂刻本　二冊

330000－1719－0000288　69－13　集部/總集類/課藝之屬

小題正鵠初集不分卷二集不分卷三集不分卷四集不分卷　（清）李元度輯　清刻本　一冊　存二集

330000－1719－0000289　171－48　集部/總集類/課藝之屬

塾課小題正鵠二集一卷　（清）李元度輯　清光緒二年（1876）郁文堂刻本　二冊

330000－1719－0000290　171－46　集部/總集類/課藝之屬

塾課小題正鵠三集不分卷　（清）李元度輯　清同治十一年（1872）山陰姚氏刻本　三冊

330000－1719－0000291　171－46－1　集部/總集類/課藝之屬

塾課小題正鵠三集不分卷　（清）李元度輯　清同治十一年（1872）山陰姚氏刻本　三冊

330000－1719－0000292　111－19－3　集部/總集類/課藝之屬

塾課小題正鵠三集不分卷　（清）李元度輯　清同治十一年（1872）山陰姚氏刻本　一冊

330000－1719－0000293　171－54　集部/總集類/課藝之屬

小題正鵠初集不分卷二集不分卷三集不分卷四集不分卷　（清）李元度輯　清同治十一年（1872）山陰姚氏刻本　二冊　存四集

330000－1719－0000294　111－19－4　集部/總集類/課藝之屬

小題正鵠初集不分卷二集不分卷三集不分卷四集不分卷　（清）李元度輯　清同治十一年（1872）山陰姚氏刻本　一冊　存四集

330000－1719－0000295　111－19－1　集部/總集類/課藝之屬

塾課小題正鵠初集一卷　（清）李元度輯　清同治十一年（1872）山陰姚氏刻本　二冊

330000－1719－0000296　159－47　集部/總集類/課藝之屬

小題約鈔不分卷　清末鉛印本　一冊　缺前八十葉

330000－1719－0000297　111－25　集部/總集類/課藝之屬

時文小題約鈔一卷　（清）顧調元訂　（清）朱兆琦等編次　清末上海書局鉛印本　四冊

330000－1719－0000298　161－10　集部/總集類/課藝之屬

小題別體分品穿楊合編三卷　（清）張心蕊輯　清道光二十六年（1846）書業德記刻本　一冊　存二卷（小題別體、巧搭分品）

330000－1719－0000299　159－16　集部/總集類/課藝之屬

小題求是一卷　（清）王金銛編次　清同治五年（1866）刻本　二冊

330000－1719－0000300　197－12　集部/總集類/課藝之屬

小題指南不分卷　（清）吳次歐輯　清同治四年（1865）維經堂刻本　一冊

330000－1719－0000301　160－42　集部/總集類/課藝之屬

小題指南初集不分卷二集不分卷三集不分卷　（清）吳次歐輯　清刻本　二冊　存二集

330000－1719－0000302　171－58　集部/總集類/課藝之屬

小題指南初集不分卷二集不分卷三集不分卷　（清）吳次歐輯　清刻本　一冊　存二集

330000－1719－0000303　160－48　集部/總集類/課藝之屬

小題指南四集不分卷　清刻本　一冊

330000－1719－0000304　167－16　集部/總集類/課藝之屬

小題諧律一卷　（清）沈象元編次　清刻本　一冊

330000－1719－0000305　117－17　類叢部/叢書類/彙編之屬
榆園叢刻十五種附一種　（清）許增編　清同治至光緒刻本　二册　存一種

330000－1719－0000306　63－1　史部/政書類/邦計之屬
山東清理財政局編訂全省財政説明書不分卷　（清）山東清理財政局編　清宣統二年(1910)濟南山東清理財政局鉛印本　十六册

330000－1719－0000307　87－8　集部/别集類/宋别集
山谷詩鈔一卷　（宋）黄庭堅撰　清刻本　一册

330000－1719－0000310　89－12　子部/小説家類/異聞之屬
山海經箋疏十八卷圖讃一卷訂譌一卷敘録一卷　（清）郝懿行撰　清末石印三色套印本　一册　存二卷(三至四)

330000－1719－0000311　88－8　類叢部/類書類/通類之屬
廣廣事類賦三十二卷　（清）吴世旃撰　清刻本　二册　存十四卷(十四至二十七)

330000－1719－0000312　88－2　類叢部/類書類/通類之屬
廣廣事類賦三十二卷　（清）吴世旃撰　清嘉慶元年(1796)刻本　六册

330000－1719－0000313　88－3　類叢部/類書類/通類之屬
廣廣事類賦三十二卷　（清）吴世旃撰　清聚秀堂刻本　八册

330000－1719－0000314　155－26　子部/雜家類
廣化新編二卷　（清）楊正先編　清刻本　二册

330000－1719－0000315　62－20　史部/政書類/邦計之屬
廣東財政説明書十六卷　（清）廣東清理財政局編　清宣統二年(1910)鉛印本　七册　存七卷(九至十二、十四至十六)

330000－1719－0000317　88－5　類叢部/類書類/通類之屬
重訂事類賦三十卷　（宋）吴淑撰並注　清刻本　六册　存十九卷(一至十三、二十五至三十)

330000－1719－0000318　88－1　類叢部/類書類/通類之屬
廣事類賦四十卷　（清）華希閔撰　清刻本　二册　存七卷(六至八、二十三至二十六)

330000－1719－0000319　88－4　類叢部/類書類/通類之屬
重訂廣事類賦四十卷　（清）華希閔撰　清道光七年(1827)小西山房刻本　五册　存十五卷(一至七、十六至十九、三十七至四十)

330000－1719－0000320　88－6　類叢部/類書類/通類之屬
事類統編九十三卷首一卷　（清）林意誠輯　清刻本　一册　存二卷(七十至七十一)

330000－1719－0000321　88－9　類叢部/類書類/通類之屬
廣事類賦四十卷　（清）華希閔撰　清龍江書屋刻本　十册

330000－1719－0000322　82－5　史部/政書類/通制之屬
廣治平略三十六卷　（清）蔡方炳撰　清同治九年(1870)漁古山房刻本　八册

330000－1719－0000323　163－37　史部/政書類/通制之屬
廣治平略補編八卷　（清）蔡方炳輯　清刻本　一册　存二卷(三至四)

330000－1719－0000325　80－16　類叢部/叢書類/彙編之屬
廣雅書局叢書一百五十九種　徐紹棨編　清光緒廣雅書局刻民國九年(1920)番禺徐紹棨彙編重印本　一册　存一種

330000－1719－0000326　52－15　史部/地

理類/山川之屬/山志
廣雁蕩山志二十八卷首一卷末一卷　(清)曾唯輯　清刻本　一冊　存三卷(十八至二十)

330000－1719－0000327　167－33　子部/小說家類/雜事之屬
廣虞初新志四十卷　(清)黄承增輯　清嘉慶八年(1803)寄鷗閒舫刻本　一冊　存二卷(二十三至二十四)

330000－1719－0000331　91－39　子部/儒家類/儒學之屬/禮教/鑑戒
不可録續編二卷　清刻本　二冊

330000－1719－0000334　55－14　新學/史志/戰記
中東戰紀本末八卷首一卷末一卷續編四卷三編四卷　(美國)林樂知撰並譯　蔡爾康輯
文學興國策二卷　(美國)林樂知譯　清光緒二十二年(1896)、二十三年(1897)、二十六年(1900)上海廣學會鉛印本　三冊　存三卷(四至六)

330000－1719－0000335　81－15　新學/議論/通論
中外策問大觀二十八卷　雷瑨編輯　清光緒二十九年(1903)硯耕山莊石印本　十冊

330000－1719－0000341　46－25　類叢部/叢書類/自著之屬
孫夏峯全集十二種附一種　(清)孫奇逢撰　清康熙刻道光至光緒遞刻重印本　一冊　存一種

330000－1719－0000342　146－11　類叢部/叢書類/自著之屬
孫夏峯全集十二種附一種　(清)孫奇逢撰　清刻本　一冊　存一種

330000－1719－0000343　46－26　類叢部/叢書類/自著之屬
孫夏峯全集十二種附一種　(清)孫奇逢撰　清康熙刻道光至光緒遞刻重印本　四冊　存一種

330000－1719－0000344　55－12　新學/雜著/叢編
西學新政叢書七種　(清)王德尚編　清光緒二十八年(1902)上海書局石印本　一冊　存一種

330000－1719－0000345　76－56　子部/醫家類
中西醫學入門二卷　唐宗海撰　清光緒二十一年(1895)上海書局石印本　一冊　存一卷(一)

330000－1719－0000346　159－66　新學/議論/通論
中西時務策對一卷　清光緒二十四年(1898)上海書局石印本　一冊

330000－1719－0000347　153－10　子部/天文曆算類/算書之屬
中西算學大成一百卷　(清)陳維祺等撰　清末上海同文書局石印本　八冊　存四十七卷(十八至三十、四十六至五十七、七十二至八十四、九十至九十八)

330000－1719－0000348　8－11　史部/政書類/儀制之屬/典禮
中祀合編二卷　清末刻本　一冊

330000－1719－0000349　153－11　子部/天文曆算類/算書之屬
中西算學大成一百卷　(清)陳維祺等撰　清光緒二十七年(1901)陳氏石印本　十冊　存五十二卷(一至八、十四至十七、三十一至三十四、三十九至五十七、六十四至七十一、九十至九十八)

330000－1719－0000353　165－8　集部/詩文評類/文評之屬
中國文學指南二卷　邵伯棠編　清宣統二年(1910)上海會文堂粹記石印本　二冊

330000－1719－0000354　63－15　史部/政書類/邦計之屬
中國財政紀畧一卷　(日本)東邦協會纂　吳銘譯　清光緒二十八年(1902)上海廣智書局鉛印本　一冊

330000－1719－0000356　63－10　子部/雜著類/雜說之屬

中國魂二卷　梁啓超編　清光緒二十九年(1903)上海廣智書局刻本　一册　存一卷(二)

330000－1719－0000357　173－78　經部/小學類/文字之屬/字書/訓蒙

文字發凡四卷　(清)龍志澤編輯　清光緒三十二年(1906)上海廣智書局鉛印本　二册

330000－1719－0000358　66－3　史部/政書類/邦交之屬

中俄交涉記四卷　(清)楊楷編　清光緒二十二年(1896)積山書局石印本　二册

330000－1719－0000359　159－62　經部/群經總義類/傳說之屬

張謇批選五經新義六卷　張謇撰　清光緒三十年(1904)申江石印本　一册　存一卷(一)

330000－1719－0000360　148－2　集部/總集類/選集之屬/斷代

中晚唐詩叩彈集十二卷續集三卷　(清)杜詔　(清)杜庭珠輯　清康熙四十三年(1704)采山亭刻本　六册

330000－1719－0000361　17－19　經部/四書類/中庸之屬/傳說

中庸輯畧二卷　(宋)石𡼖集錄　(宋)朱熹刪定　清光緒三年(1877)沃洲餘慶堂刻本　二册

330000－1719－0000362　17－19－1　經部/四書類/中庸之屬/傳說

中庸輯畧二卷　(宋)石𡼖集錄　(宋)朱熹刪定　清光緒三年(1877)沃洲餘慶堂刻本　二册

330000－1719－0000363　17－19－2　經部/四書類/中庸之屬/傳說

中庸輯畧二卷　(宋)石𡼖集錄　(宋)朱熹刪定　清光緒三年(1877)沃洲餘慶堂刻本　二册

330000－1719－0000364　17－16　經部/叢編

通志堂經解一百四十種　(清)納蘭成德輯　清康熙十九年(1680)納蘭成德刻本　一册　存一種

330000－1719－0000365　17－16－1　經部/叢編

通志堂經解一百四十種　(清)納蘭成德輯　清康熙十九年(1680)納蘭成德刻本　一册　存一種

330000－1719－0000366　80－8　類叢部/叢書類/自著之屬

崔東壁先生遺書八種附一種　(清)崔述撰　清嘉慶至道光陳履和刻本　一册　存一種

330000－1719－0000367　80－10　類叢部/叢書類/自著之屬

崔東壁先生遺書八種附一種　(清)崔述撰　清嘉慶至道光陳履和刻本　二册　存一種

330000－1719－0000368　75－61　子部/醫家類/方書之屬/成方藥目

葉種德堂丸散膏丹全錄一卷　(清)葉種德堂主人輯　清光緒十三年(1887)葉種德堂刻本　一册

330000－1719－0000369　56－5　史部/職官類/官箴之屬

為政忠告四卷　(元)張養浩撰　清徐澤醇刻本　一册

330000－1719－0000370　56－8　史部/職官類/官箴之屬

為政忠告四卷　(元)張養浩撰　清光緒三十二年(1906)颿山顧氏石印本　一册

330000－1719－0000371　56－8－1　史部/職官類/官箴之屬

為政忠告四卷　(元)張養浩撰　清光緒三十二年(1906)颿山顧氏石印本　一册

330000－1719－0000372　86－28　集部/總集類/選集之屬/通代

四大家文選　(明)孫鑛評選　明末刻本　一册　存一種

330000－1719－0000373　68－6　史部/目録類/總録之屬/私撰

書目答問五卷　(清)張之洞撰　清刻本　三冊　缺一卷(四)

330000－1719－0000374　171－13　子部/藝術類/書畫之屬/書法書品

書法正傳十卷　(清)馮武輯　清世豸堂刻本　二冊　存六卷(五至十)

330000－1719－0000375　2－29　經部/書類/傳說之屬

書經二十卷　(漢)孔安國傳　清同治八年(1869)永懷堂刻本　三冊

330000－1719－0000376　2－16　經部/書類/傳說之屬

書經集傳六卷　(宋)蔡沈撰　清同治三年(1864)浙江撫署刻本　三冊　缺一卷(五)

330000－1719－0000377　2－17　經部/書類/傳說之屬

書經集傳六卷　(宋)蔡沈撰　清刻本　三冊　缺一卷(一)

330000－1719－0000379　2－19　經部/書類/傳說之屬

書經集註六卷　(宋)蔡沈撰　清光緒十一年(1885)融經館刻本　一冊　存二卷(一至二)

330000－1719－0000380　2－40　經部/書類/傳說之屬

書經體註大全合參六卷　(宋)蔡沈集傳　(清)錢希祥輯注　清刻本　三冊　缺一卷(一)

330000－1719－0000381　37－4　經部/書類/傳說之屬

書經集傳六卷　(宋)蔡沈撰　清光緒二年(1876)上洋大魁楨記刻本　二冊　存三卷(一至三)

330000－1719－0000382　2－40－1　經部/書類/傳說之屬

書經體註大全合參六卷　(宋)蔡沈集傳　(清)錢希祥輯注　清刻本　二冊　存三卷(四至六)

330000－1719－0000383　2－41　經部/書類/傳說之屬

書經體註大全合參六卷　(宋)蔡沈集傳　(清)錢希祥輯注　清咸豐二年(1852)刻本　一冊　存一卷(一)

330000－1719－0000384　144－6　經部/書類/傳說之屬

書經體註大全合參六卷　(宋)蔡沈集傳　(清)錢希祥輯注　清刻本　三冊　缺二卷(二至三)

330000－1719－0000385　2－26　經部/書類/傳說之屬

書經旁訓辨體合訂四卷　(清)徐立綱輯　清循陔堂刻本　二冊

330000－1719－0000386　2－26－1　經部/書類/傳說之屬

書經旁訓辨體合訂四卷　(清)徐立綱輯　清循陔堂刻本　二冊

330000－1719－0000387　38－8　經部/書類/傳說之屬

書經揭要六卷　(清)周蕙田輯錄　(清)許寶善閱定　(清)杜綱条訂　清刻本　一冊　存一卷(四)

330000－1719－0000388　154－12　經部/書類/傳說之屬

書經旁訓四卷　(清)徐立綱撰　清簡香齋刻本　一冊　存二卷(三至四)

330000－1719－0000389　166－31　集部/總集類/課藝之屬

典制小題逢年一卷　(清)章守待評選　清刻本　一冊

330000－1719－0000390　144－3　經部/書類/傳說之屬

書經揭要六卷　(清)周蕙田輯錄　(清)許寶善閱定　(清)杜綱条訂　清乾隆五十三年(1788)自怡軒刻本　二冊

330000－1719－0000391　197－13　經部/書類/傳說之屬

書經精義四卷首一卷末一卷　(清)黄淦纂　清刻本　一册　存三卷(三至四、末)

330000－1719－0000392　2－33　經部/書類/傳說之屬

書經精華六卷　(清)薛嘉穎撰　清光緒十年(1884)奎照樓刻本　四册

330000－1719－0000393　2－33－1　經部/書類/傳說之屬

書經精華六卷　(清)薛嘉穎撰　清光緒十年(1884)奎照樓刻本　三册　存四卷(一至四)

330000－1719－0000394　2－32　經部/書類/傳說之屬

書經精華六卷　(清)薛嘉穎撰　清刻本　三册　存四卷(三至六)

330000－1719－0000395　2－35　經部/書類/傳說之屬

書經精華六卷　(清)薛嘉穎撰　清光緒二年(1876)寧郡簡香齋刻本　四册

330000－1719－0000396　2－36　經部/書類/傳說之屬

書經精華六卷　(清)薛嘉穎撰　清光緒二十年(1894)明達莊刻本　四册

330000－1719－0000397　2－25　經部/書類/傳說之屬

書經增訂旁訓四卷　(清)徐立綱旁訓　(清)□□增訂　清咸豐二年(1852)寧郡汲綆齋刻本　二册

330000－1719－0000398　2－22　經部/書類/傳說之屬

書經增訂旁訓四卷　(清)徐立綱旁訓　(清)□□增訂　清匠門書屋刻墨潤堂印本　二册

330000－1719－0000399　2－23　經部/書類/傳說之屬

書經增訂旁訓四卷　(清)徐立綱旁訓　(清)□□增訂　清厚德堂刻本　一册　存二卷(一至二)

330000－1719－0000400　2－24　經部/書類/傳說之屬

書經增訂旁訓四卷　(清)徐立綱旁訓　(清)□□增訂　清寧城羣玉山房刻本　一册　存二卷(一至二)

330000－1719－0000401　189－33　史部/傳記類/科舉録之屬

墨卷大醇二編不分卷　(清)高敏編　清刻本　一册

330000－1719－0000407　166－46　集部/總集類/選集之屬/斷代

雲樣集八卷　(清)高陳謨編　清刻本　一册　存五卷(四至八)

330000－1719－0000408　155－18　子部/宗教類/佛教之屬

雲棲法彙二十九種　清光緒二十三年至二十五年(1897－1899)金陵刻經處刻本　一册　存二種

330000－1719－0000410　55－8　史部/地理類/輿圖之屬/坤輿

五大洲圖志一卷　(英國)李提摩太撰　(清)鑄鐵生述　清光緒二十四年(1898)申江書局石印本　一册

330000－1719－0000411　70－38　子部/儒家類/儒學之屬/性理

五子近思録發明十四卷　(清)施璜撰　清刻本　二册　存四卷(六至七、十三至十四)

330000－1719－0000412　147－8　子部/儒家類/儒學之屬/性理

五子近思録發明十四卷　(清)施璜撰　清英秀堂刻本　九册　存十二卷(一至十二)

330000－1719－0000413　46－2　集部/别集類/明别集

五山鄉評録一卷五山先生傳一卷重慶堂詩一卷　(明)何鑒撰　(明)姚隆等輯　清刻本　三册

330000－1719－0000414　162－16　集部/小說類/長篇之屬

評論出像水滸傳二十卷　(元)施耐庵撰　(清)金人瑞評　清刻本　三册　存七卷(五至六、十至十二、十九至二十)

330000－1719－0000415　27－18　史部/紀傳類/正史之屬

五代史七十四卷　(宋)歐陽修撰　清末石印本　二册

330000－1719－0000416　118－3　史部/紀傳類/正史之屬

五代史七十四卷　(宋)歐陽修撰　(宋)徐無黨注　清同治十一年(1872)湖北崇文書局刻本　四册

330000－1719－0000417　124－15、119－3　史部/紀傳類/正史之屬

二十一史　清光緒十八年(1892)武林竹簡齋據乾隆四年(1739)武英殿刻本影印本　十六册　存二種

330000－1719－0000418　197－1　經部/三禮總義類/通禮雜禮之屬

五禮通考二百六十二卷首四卷總目二卷　(清)秦蕙田撰　清刻本　六十册

330000－1719－0000419　65－2　史部/政書類/律令之屬/律例

五軍道里表一卷　(清)刑部輯　清同治十一年(1872)湖北讞局刻本　二册

330000－1719－0000420　155－17　類叢部/叢書類/自著之屬

留書種閣集九種　(清)黄炳垕撰　清同治六年至光緒二十年(1867－1894)餘姚黄氏留書種閣刻本　一册　存二種

330000－1719－0000421　2－43、5－13、62－4、80－6　類叢部/叢書類/自著之屬

崔東壁先生遺書八種附一種　(清)崔述撰　清嘉慶至道光陳履和刻本　五册　存五種

330000－1719－0000422　159－5　經部/叢編

重校五經體註大全五種　(清)嚴氏家塾主人輯　清光緒十年(1884)上海點石齋石印本　十五册　存三十八卷(首、易經大全會解一至四,書經體註大全合參一至六,詩經體註大全體要四至八,春秋左傳一至十二,全本禮記體註一至十)

330000－1719－0000423　14－17　經部/叢編

五經合纂大成　(清)同文書局主人輯　清光緒十一年(1885)上海同文書局石印本　十七册　缺八卷(周易三至四、書經三至四、春秋八至十一)

330000－1719－0000424　14－19　經部/叢編

五經合纂大成　(清)同文書局主人輯　清光緒二十六年(1900)上海慎記書莊石印本　十一册　存二十六卷(首,易經一、三至四;書經五至六;首,詩經一至四、七至八;首,禮記一至二、四至五、七至十;春秋九至十二)

330000－1719－0000425　14－16　經部/叢編

五經合纂大成　(清)同文書局主人輯　清末石印本　三册　存一種

330000－1719－0000426　116－19　經部/叢編

五經合纂大成　(清)同文書局主人輯　清末石印本　一册　存一種

330000－1719－0000427　16－4　經部/叢編

五經體註大全五種七十二卷　(清)嚴氏家塾主人輯　清同治九年(1870)刻本　十二册　存六十卷(易經大全會解一,漱芳軒合纂禮記體註一、四,書經體註一至六,詩經體註大全五,春秋左傳一至五十)

330000－1719－0000428　14－8　類叢部/類書類/通類之屬

五經典林五十四卷五經古人典林六卷　(清)何松編　清刻本　四册　存十九卷(六至十五、四十二至四十五、五十至五十四)

330000－1719－0000429　159－85　經部/叢編

五經典解摘錦合璧□□卷 清刻本 二冊 存九卷(十至十三、四十七至五十一)

330000－1719－0000430 14－18 經部/叢編

五經味根錄 闞蔚煌輯 清光緒二十六年(1900)上海中西書局石印本 十六冊 缺四卷(詩經五至八)

330000－1719－0000431 14－11 經部/叢編

五經備旨四十五卷 (清)鄒聖脈纂輯 清刻本 十八冊 存二十七卷(易經二至七,禮記一至三,書經一至七,詩經一至八,春秋七至八、十)

330000－1719－0000432 163－26 經部/叢編

增批五經備旨 (清)鄒聖脈纂輯 清末石印朱墨套印本 二冊 存二種

330000－1719－0000433 14－13 經部/叢編

五經備旨四十五卷 (清)鄒聖脈纂輯 清刻本 三冊 存七卷(易經五至七,詩經三至四、七至八)

330000－1719－0000434 14－5 類叢部/類書類/專類之屬

五經類編二十八卷 (清)周世樟撰 清刻本 八冊 存十八卷(十一至二十八)

330000－1719－0000435 14－6 類叢部/類書類/專類之屬

五經類編二十八卷 (清)周世樟撰 清雍正二年(1724)穀詒堂刻本 十六冊 缺三卷(十至十二)

330000－1719－0000436 14－15 經部/叢編

文藻四種十四卷 (清)黄暹輯 清乾隆仁和黄氏刻本 一冊 存一種

330000－1719－0000437 111－19－5 集部/總集類/課藝之屬

小題正鵠初集不分卷二集不分卷三集不分卷四集不分卷 (清)李元度輯 清同治十一年(1872)山陰姚氏刻本 一冊 存四集

330000－1719－0000438 115－49 集部/總集類/課藝之屬

簪花集五經會課藝一卷 清同治九年(1870)換鵞軒刻本 一冊

330000－1719－0000439 54－8 史部/地理類/外紀之屬

五洲圖考不分卷 (清)龔柴 (清)許彬撰 清光緒二十八年(1902)上海徐家滙印書館鉛印本 四冊

330000－1719－0000440 82－20 子部/儒家類/儒學之屬/禮教

五種遺規 (清)陳弘謀輯並撰 清同治七年(1868)金陵書局刻本 八冊 缺一卷(訓俗遺規四)

330000－1719－0000441 166－44 子部/儒家類/儒學之屬/蒙學

諸史蒙求歌略一卷羣經蒙求歌略一卷 (清)黄焱編 清光緒二十四年(1898)上海千頃堂石印本 一冊 存一卷(羣經蒙求歌略)

330000－1719－0000442 115－11 集部/總集類/課藝之屬

仁在堂全集十一集續刻三集 (清)路德輯 清刻本 三冊 存一種

330000－1719－0000443 160－38 集部/總集類/課藝之屬

仁在堂時藝引階合編一卷 (清)路德輯 清咸豐六年(1856)寧郡汲古齋刻本 一冊

330000－1719－0000444 175－74 集部/總集類/課藝之屬

仁在堂全集十一集續刻三集 (清)路德輯 清漁古山房刻本 一冊 存一種

330000－1719－0000445 156－9 集部/總集類/課藝之屬

仁在堂全集十一集續刻三集 (清)路德輯 清刻本 一冊 存一種

330000－1719－0000446　160－44　集部/總集類/課藝之屬

仁在堂全集十一集續刻三集　(清)路德輯　清同文堂刻本　一冊　存一種

330000－1719－0000447　157－12　集部/總集類/課藝之屬

仁在堂全集十一集續刻三集　(清)路德輯　清刻本　一冊　存一種

330000－1719－0000448　165－38　集部/總集類/課藝之屬

仁在堂全集十一集續刻三集　(清)路德輯　清漁古山房刻本　二冊　存一種

330000－1719－0000449　132－8　子部/術數類/相宅相墓之屬

仁孝必讀六卷　(清)周梅梁輯　清刻本　一冊　存一卷(五)

330000－1719－0000451　54－12　類叢部/叢書類/彙編之屬

崇文書局彙刻書三十一種　(清)崇文書局編　清光緒元年至三年(1875－1877)湖北崇文書局刻本　一冊　存一種

330000－1719－0000453　25－9　史部/紀傳類/正史之屬

元史二百十卷　(明)宋濂等修　清光緒二十九年(1903)上海點石齋石印本　九冊　存一百三十六卷(一至七十九、一百二十一至一百三十七、一百七十一至二百十)

330000－1719－0000454　26－5、27－7、27－12、27－17　史部/紀傳類/正史之屬

二十四史附考證　清光緒二十八年(1902)史學會社石印本　二十九冊　存四種

330000－1719－0000455　25－7、25－11、26－6　史部/紀傳類/正史之屬

二十四史附考證　清光緒二十八年(1902)武林竹簡齋據乾隆四年(1739)武英殿刻本影印本　二十四冊　存三種

330000－1719－0000456　118－4　史部/紀傳類/正史之屬

二十四史　清同治至光緒五省官書局據汲古閣本等合刻光緒五年(1879)湖北書局彙印本　三十冊　存一種

330000－1719－0000457　124－17　史部/紀傳類/正史之屬

二十四史附考證　清光緒二十八年(1902)武林竹簡齋據乾隆四年(1739)武英殿刻本影印本　八冊　存一種

330000－1719－0000458　32－1　史部/紀傳類/正史之屬

元史譯文證補三十卷　(清)洪鈞撰　清光緒二十三年(1897)元和陸氏刻本　四冊　存二十三卷(一至十八、二十二至二十六)

330000－1719－0000459　32－1－1　史部/紀傳類/正史之屬

元史譯文證補三十卷　(清)洪鈞撰　清光緒二十三年(1897)元和陸氏刻本　三冊　存二十三卷(一至十八、二十二至二十六)

330000－1719－0000460　122－1　史部/編年類/斷代之屬

遼金元三史語解四十六卷　清光緒四年(1878)江蘇書局刻本　四冊　存二十四卷(欽定元史語解一至二十四)

330000－1719－0000461　154－38　子部/農家農學類/獸醫之屬

新刊纂圖類方元亨療馬集六卷　(明)喻仁(明)喻傑撰　清刻本　二冊　存二卷(三至四)

330000－1719－0000462　113－48　集部/總集類/選集之屬/通代

五朝詩別裁集　(清)□□輯　清小酉山房刻本　四冊　存一種

330000－1719－0000463　41－17　史部/雜史類/斷代之屬

元朝祕史十五卷　(元)李文田注　清末石印本　二冊

330000－1719－0000464　41－21　史部/雜史類/斷代之屬

元朝祕史十五卷　(元)李文田注　清光緒二十九年(1903)上海文瑞樓石印本　四冊

330000－1719－0000465　11－16　經部/春秋左傳類/傳說之屬
如西所刻諸名家評點春秋綱目左傳句解彙雋六卷　(清)韓菼重訂　清永言堂刻本　六冊

330000－1719－0000466　142－7　經部/春秋總義類/傳說之屬
公羊傳選一卷穀梁傳選一卷　(清)儲欣評　(清)儲芝粲述　清尺木堂刻本　一冊

330000－1719－0000467　12－8　經部/春秋公羊傳類/傳說之屬
春秋公羊傳十二卷附春秋公羊傳攷一卷　(漢)何休注　(清)閔齊伋裁注並撰考　**春秋穀梁傳十二卷攷一卷**　(清)閔齊伋裁注並撰考　明末唐錦池文林閣刻本　六冊

330000－1719－0000468　12－7　經部/春秋總義類/傳說之屬
公羊傳選一卷穀梁傳選一卷　(清)儲欣評　(清)儲芝粲述　清尺木堂刻本　一冊

330000－1719－0000469　64－13　新學/交涉/公法
公法會通十卷　(德國)步倫撰　(美國)丁韙良譯　清末鉛印本　一冊　存四卷(三至六)

330000－1719－0000471　20－5　經部/小學類/文字之屬/字書/字體
六書分類十二卷首一卷　(清)傅世垚輯　清聽松閣刻本　十一冊　存十卷(二至十一)

330000－1719－0000472　21－4　經部/小學類/文字之屬/字書/字體
六書分類十二卷首一卷　(清)傅世垚輯　清康熙四十四年(1705)聽松閣刻本　十一冊

330000－1719－0000473　21－6　經部/小學類/音韻之屬/古今韻說
六書音均表五卷　(清)段玉裁撰　清刻本　一冊　存二卷(四至五)

330000－1719－0000474　21－8　經部/小學類/音韻之屬/古今韻說
六書音均表五卷　(清)段玉裁撰　清刻本　一冊

330000－1719－0000475　21－12　經部/小學類/音韻之屬/古今韻說
六書音均表五卷汲古閣說文訂一卷　(清)段玉裁撰　清刻本　二冊

330000－1719－0000476　21－7　經部/小學類/文字之屬/字書/字體
六書通十卷　(清)閔齊伋撰　(清)畢弘述篆訂　清刻本　三冊　存六卷(三至八)

330000－1719－0000477　23－10　經部/小學類/文字之屬/字書/字體
六書通十卷附百體福壽全圖　(清)閔齊伋撰　(清)畢弘述篆訂　清光緒十九年(1893)上海校經山房石印本　五冊

330000－1719－0000479　77－30　子部/術數類/占卜之屬
六壬類聚四卷　(清)紀大奎撰　清楊照藜素園刻本　二冊　存二卷(一至二)

330000－1719－0000480　77－29　子部/術數類/占卜之屬
六壬粹言六卷　(清)劉赤江撰　清刻本　四冊　存四卷(三至六)

330000－1719－0000481　175－19　子部/術數類/占卜之屬
六壬粹言六卷　(清)劉赤江撰　清刻本　二冊　存一卷(三)

330000－1719－0000482　153－3　類叢部/叢書類/彙編之屬
申報館叢書正集五十七種附錄三種　(清)尊聞閣主編　**續集一百四十二種**　蔡爾康編　清同治至光緒上海申報館鉛印本　三冊　存一種

330000－1719－0000483　91－5　集部/別集類/明別集
六如居士全集六種　(明)唐寅撰　清嘉慶六年(1801)長沙唐仲冕果克山房刻本　二冊

存三種

330000－1719－0000484　91－6　集部/別集類/明別集

六如居士全集六種　(明)唐寅撰　清嘉慶六年(1801)長沙唐仲冕果克山房刻本　二册　存一種

330000－1719－0000487　77－20　類叢部/類書類/通類之屬

玉海二百四卷附刻十三種　(宋)王應麟撰　**校補玉海瑣記二卷王深寧先生年譜一卷**　(清)張大昌撰　清光緒九年至十六年(1883－1890)浙江書局刻本　一册　存二卷(六經天文編一至二)

330000－1719－0000489　108－24　集部/總集類/選集之屬/通代

六朝文絜四卷　(清)許槤評選　清道光五年(1825)海昌許氏享金寶石齋刻本　二册

330000－1719－0000490　111－7　集部/總集類/選集之屬/通代

選注六朝唐賦□□卷　(清)馬傳庚選注　清刻本　一册　存二卷(三至四)

330000－1719－0000491　171－72　子部/醫家類/醫經之屬/内經

内經知要二卷　(明)李中梓輯並注　清宣統二年(1910)上海普新書局石印本　二册

330000－1719－0000492　93－25　集部/別集類/清別集

内省齋文集三十二卷　(清)湯來賀撰　清刻本　五册　存二十八卷(五至三十二)

330000－1719－0000494　76－14　子部/醫家類/内科之屬

内科理法前編六卷後編總病六卷專病十卷附一卷　(英國)虎伯撰　(英國)茄合　(英國)哈來參訂　舒高第口譯　(清)趙元益筆述　清光緒江南製造局刻本　八册　存十七卷(後編總病一至六、專病一至十、附)

330000－1719－0000495　160－57　集部/總集類/課藝之屬

鳳川文稿一卷　(清)汪文濠等撰　清刻本　一册

330000－1719－0000496　39－11　史部/編年類/通代之屬

重訂王鳳洲先生綱鑑會纂四十六卷續宋元紀二十三卷　(明)王世貞撰　(明)陳仁錫訂　清刻本　九册　存十七卷(續宋元紀一至九、十六至二十三)

330000－1719－0000497　39－5　史部/編年類/通代之屬

重訂王鳳洲先生綱鑑會纂四十六卷續宋元紀二十三卷　(明)王世貞撰　(明)陳仁錫訂　清末石印本　三册　存十卷(十二至十七、四十三至四十六)

330000－1719－0000498　39－6　史部/編年類/通代之屬

重訂王鳳洲先生綱鑑會纂四十六卷續宋元紀二十三卷　(明)王世貞撰　(明)陳仁錫訂　清刻本　八册　存十二卷(三至六、二十二至二十三、三十四、三十八至三十九、四十二、四十五至四十六)

330000－1719－0000499　39－3　史部/編年類/通代之屬

重訂王鳳洲先生綱鑑會纂四十六卷續宋元紀二十三卷　(明)王世貞撰　(明)陳仁錫訂　清刻本　一册　存二卷(二至三)

330000－1719－0000500　158－45　史部/編年類/通代之屬

重訂王鳳洲先生綱鑑會纂四十六卷續宋元紀二十三卷　(明)王世貞撰　(明)陳仁錫訂　**御撰資治通鑑綱目三編四卷**　(清)張廷玉等撰　清光緒二十五年(1899)上海富文書局石印本　一册　存十一卷(一至十一)

330000－1719－0000501　164－10　史部/編年類/通代之屬

重訂王鳳洲先生綱鑑會纂四十六卷續宋元紀二十三卷　(明)王世貞撰　(明)陳仁錫訂　清刻本　十三册　存二十卷(十三至十七、二十四至二十八、三十至三十一、三十四至三十

五、三十八至四十一、四十三至四十四）

330000－1719－0000502　167－17　集部/總集類/課藝之屬

分法小題得珠一卷目錄一卷　（清）徐瑄評選　清刻本　一册

330000－1719－0000504　117－27　類叢部/類書類/專類之屬

分類詩腋八卷　（清）李楨編　清道光八年（1828）寧郡三味義記刻本　四册　存六卷（一至六）

330000－1719－0000505　117－27－1　類叢部/類書類/專類之屬

分類詩腋八卷　（清）李楨編　清道光八年（1828）寧郡三味義記刻本　四册　存六卷（一至六）

330000－1719－0000506　88－28　類叢部/類書類/通類之屬

分類絾腋四卷　（清）涂謙撰　清刻本　三册　存二卷（三至四）

330000－1719－0000507　88－28－1　類叢部/類書類/通類之屬

分類絾腋四卷　（清）涂謙撰　清刻本　三册　存三卷（二至四）

330000－1719－0000508　96－4　集部/總集類/選集之屬/斷代

切問齋文鈔三十卷　（清）陸燿輯　清刻本　十五册　存二十八卷（三至三十）

330000－1719－0000509　72－12　子部/雜著類/雜纂之屬

勸戒七錄六卷　（清）梁恭辰編　清光緒四年（1878）刻本　二册

330000－1719－0000510　72－11　子部/雜著類/雜纂之屬

勸戒九錄六卷　（清）梁恭辰編　清光緒十年（1884）紹興萟綠軒刻本　二册

330000－1719－0000511　156－19　子部/雜著類/雜纂之屬

勸戒八錄六卷　（清）梁恭辰撰　清光緒六年（1880）許閒山館刻本　二册

330000－1719－0000512　156－18　子部/雜著類/雜纂之屬

勸戒十錄六卷　（清）梁恭辰編　清光緒十三年（1887）刻本　二册

330000－1719－0000513　156－12　子部/雜著類/雜纂之屬

勸戒五錄六卷　（清）梁恭辰編　清光緒刻本　二册

330000－1719－0000514　156－11　子部/雜著類/雜纂之屬

勸戒六錄六卷　（清）梁恭辰撰　清光緒七年（1881）紹興萟綠軒刻本　一册　存三卷（一至三）

330000－1719－0000515　156－13　子部/雜著類/雜纂之屬

勸戒近錄初二三編合鈔十六卷四編摘鈔一卷　（清）梁恭辰撰　清近文齋刻本　三册　存十三卷（五至十六、四編摘鈔）

330000－1719－0000516　197－16　子部/儒家類/儒學之屬/勸學

勸學篇二卷　（清）張之洞撰　清光緒二十四年（1898）兩湖書院石印本　一册

330000－1719－0000517　72－9　子部/儒家類/儒學之屬/勸學

勸學篇二卷　（清）張之洞撰　清末石印本　一册　存一卷（二）

330000－1719－0000518　71－9　子部/儒家類/儒學之屬/勸學

勸學篇書後不分卷　何啟　胡禮垣撰　清末鉛印本　一册

330000－1719－0000519　155－43　子部/宗教類/佛教之屬/諸宗

勸修淨土切要一卷　（清）陳熙願撰　清光緒二十八年（1902）刻本　一册

330000－1719－0000520　197－3　子部/宗

教類/佛教之屬/諸宗
勸修淨土芻言一卷　陸西林等輯　清末刻本　一冊

330000－1719－0000521　158－62　子部/天文曆算類/算書之屬
勾股一貫術内外篇五卷　(清)宋演撰　清光緒二十四年(1898)復古書齋石印本　一冊　存二卷(内篇一至二)

330000－1719－0000522　167－28　子部/天文曆算類/算書之屬
勾股割圜記三卷　(清)戴震撰　清光緒二十二年(1896)上海鴻寶齋石印本　一冊

330000－1719－0000523　67－6、67－7　新學/雜著/叢編
富強叢書正集七十七種續集一百二十一種　(清)袁俊德編　清光緒二十五年(1899)、二十七年(1901)小倉山房石印本　五冊　存二種

330000－1719－0000524　69－24　史部/史評類/史論之屬
歷代史論十二卷宋史論三卷元史論一卷　(明)張溥撰　**明史論四卷**　(清)谷應泰撰　**左傳史論二卷**　(清)高士奇撰　清光緒五年(1879)西江裴氏刻本　十二冊

330000－1719－0000525　69－6　史部/史評類/史論之屬
歷代史論十二卷宋史論三卷元史論一卷　(明)張溥撰　**明史論四卷**　(清)谷應泰撰　**左傳史論二卷**　(清)高士奇撰　清末石印本　二冊　存十四卷(一至四、六至八,元史論,明史論一至四,左傳史論一至二)

330000－1719－0000526　69－6－1　史部/史評類/史論之屬
歷代史論十二卷宋史論三卷元史論一卷　(明)張溥撰　**明史論四卷**　(清)谷應泰撰　**左傳史論二卷**　(清)高士奇撰　清末石印本　一冊　存五卷(元史論、明史論一至四)

330000－1719－0000527　69－6－2　史部/史評類/史論之屬
歷代史論十二卷宋史論三卷元史論一卷　(明)張溥撰　**明史論四卷**　(清)谷應泰撰　**左傳史論二卷**　(清)高士奇撰　清末石印本　一冊　存五卷(元史論、明史論一至四)

330000－1719－0000528　159－89　史部/史評類/史論之屬
歷代史論十二卷宋史論三卷元史論一卷　(明)張溥撰　**明史論四卷**　(清)谷應泰撰　**左傳史論二卷**　(清)高士奇撰　清上洋珍藝書局鉛印本　三冊　存十一卷(九至十二、元史論、明史論一至四、左傳史論一至二)

330000－1719－0000529　69－7　史部/史評類/史論之屬
歷朝史論彙編二十三卷　(清)鮑雍輯　清光緒二十八年(1902)志懷主人石印本　八冊

330000－1719－0000530　166－78　史部/史評類/史論之屬
歷代史事論海三十二卷　(清)知新子編　清光緒二十八年(1902)石印本　三冊　存三卷(四、二十五、三十一)

330000－1719－0000531　97－21　集部/別集類/清別集
古鐵齋賦草二卷　(清)馮晉昌撰　清同治十一年(1872)刻本　二冊

330000－1719－0000536　46－11　史部/傳記類/總傳之屬/仕宦
歷代名臣言行錄二十四卷　(清)朱桓輯　清光緒二十九年(1903)上海錦章書局石印本　八冊

330000－1719－0000537　46－29　史部/傳記類/總傳之屬/仕宦
歷代名臣言行錄二十四卷　(清)朱桓輯　清光緒十二年(1886)上海文盛書局石印本　八冊

330000－1719－0000538　44－4　史部/傳記類/總傳之屬/仕宦
歷代名臣言行錄二十四卷　(清)朱桓輯　清

光緒二十八年(1902)鴻寶書局鉛印本　十二冊

330000－1719－0000539　43－9　史部/詔令奏議類/奏議之屬
補刊歷代名臣奏議全編三十卷　(明)黄淮　(明)楊士奇輯　(明)張溥刪正　清光緒十二年(1886)清河寶樹堂刻本　八冊

330000－1719－0000540　159－10　集部/總集類/課藝之屬
歷代名稿彙選七卷　(清)慈水古草堂主人輯　清光緒十九年(1893)積山書局石印本　七冊

330000－1719－0000542　48－10　史部/地理類/總志之屬/通代
歷代地理志韻編今釋二十卷　(清)李兆洛撰　清刻本　九冊

330000－1719－0000543　48－9　史部/地理類/輿圖之屬/全國
歷代地理沿革圖一卷　(清)六嚴繪　(清)馬徵麟增輯　清光緒十八年(1892)長沙竹素書局刻本　一冊

330000－1719－0000544　47－8　史部/傳記類/總傳之屬/通代
校正尚友錄統編二十四卷　(清)潘遵祁輯　清末石印本　七冊　存九卷(三、七、十至十一、十三、十六、十八、二十一至二十二)

330000－1719－0000545　171－81　史部/傳記類/總傳之屬/技藝
歷代畫史彙傳七十二卷首一卷總目三卷附錄二卷　(清)彭蘊璨輯　清刻本　一冊　存三卷(八至十)

330000－1719－0000546　41－20　史部/史表類/通代之屬
歷代帝王年表三卷遼金元人名正譌表一卷　(清)齊召南撰　(清)阮福續　清光緒二十八年(1902)長沙省菴刻本　三冊

330000－1719－0000547　32－15　史部/史表類/通代之屬
歷代帝王年表十三卷　(清)齊召南撰　清刻本　一冊

330000－1719－0000548　79－11　史部/金石類/金之屬/文字
歷代鐘鼎彝器款識法帖二十卷　(宋)薛尚功撰　清光緒八年(1882)上海點石齋影印本　四冊

330000－1719－0000549　92－3　史部/地理類/總志之屬
歷代輿地沿革險要圖一卷　楊守敬　饒敦秩撰　清光緒五年(1879)東湖饒氏刻朱墨套印本　一冊

330000－1719－0000550　32－16　史部/編年類/通代之屬
新鐫趙田了凡袁先生編纂古本歷史大方綱鑑補三十九卷　(明)袁黄編纂　清刻本　六冊　存九卷(十四至十五、十九至二十四、三十八)

330000－1719－0000551　42－5－1　新學/雜著/叢編
歷史一千題鼓吹三種　(清)南洋編譯圖書社輯　清光緒三十年(1904)上海六藝書局石印本　一冊　存一種

330000－1719－0000552　42－5－2　新學/雜著/叢編
歷史一千題鼓吹三種　(清)南洋編譯圖書社輯　清光緒三十年(1904)上海六藝書局石印本　一冊　存一種

330000－1719－0000554　150－17　集部/總集類/郡邑之屬
歷朝上虞詩集十六卷　(清)錢玫輯　清道光十五年(1835)刻本　一冊　存四卷(一至四)

330000－1719－0000555　113－38　集部/總集類/選集之屬/通代
咏物詩選註釋八卷　(清)俞琰輯　(清)易開縉　(清)孫溶鳴註　清乾隆三十八年(1773)經綸堂刻本　四冊

330000－1719－0000556　112－40　集部/總

集類/選集之屬/通代

咏物詩選註釋八卷 (清)俞琰輯 (清)易開緡 (清)孫洤鳴註 清嘉慶十年(1805)藜照樓刻本 四冊

330000－1719－0000558 113－45 集部/總集類/選集之屬/通代

歷朝詩體八卷 (清)周日年輯 清嘉慶十九年(1814)聽雪樓刻本 三冊 存三卷(六至八)

330000－1719－0000559 163－28 集部/總集類/選集之屬/通代

咏物詩選註釋八卷 (清)俞琰輯 (清)易開緡 (清)孫洤鳴註 清道光四年(1824)觀山堂刻本 一冊 存二卷(一至二)

330000－1719－0000560 111－4 集部/總集類/選集之屬/通代

歷朝賦鈔十九卷首一卷 (清)沈鈞德點閱 清道光九年(1829)敬藝堂刻本 三冊 存五卷(一至三、六至七)

330000－1719－0000562 111－4－1 集部/總集類/課藝之屬

仁在堂賦不分卷 (清)路德輯 清刻本 一冊

330000－1719－0000563 42－27 史部/雜史類/通代之屬

支那通史七卷 (日本)那珂通世編 清光緒二十五年(1899)上海東文學社石印本 四冊 存四卷(一至四)

330000－1719－0000565 79－25 子部/儒家類/儒學之屬/禮教/家訓

雙節堂庸訓六卷 (清)汪輝祖撰 清同治七年(1868)楚北崇文書局刻本 一冊 存三卷(一至三)

330000－1719－0000566 79－33 子部/儒家類/儒學之屬/禮教/家訓

雙節堂庸訓六卷 (清)汪輝祖撰 清刻本 一冊

330000－1719－0000567 158－26 史部/目録類/總録之屬/私撰

雙嘯室藏書一卷 裘沖曼鈔校 清槐廬文瀾閣刻本 一冊

330000－1719－0000568 160－71 史部/傳記類/科舉録之屬/諸貢録

壬申科入絆全錄一卷 清刻本 一冊

330000－1719－0000569 162－2 子部/宗教類/佛教之屬

觀音大士得道壬申寶懺二卷 □□撰 清紹興修繕堂刻本 一冊

330000－1719－0000570 166－54 集部/總集類/選集之屬/斷代

壬寅直省闈墨選瑜三卷 清光緒二十九年(1903)鉛印本 一冊 存一卷(一)

330000－1719－0000571 68－5 史部/目録類/總録之屬/私撰

天一閣書目四卷 (清)阮元 (清)范邦甸等編 **附碑目一卷續增一卷** (清)錢大昕編 (清)范懋敏續編 清嘉慶十三年(1808)揚州阮元文選樓刻本 十冊

330000－1719－0000572 51－7 史部/地理類/方志之屬/郡縣志

[道光]天門縣志三十六卷首一卷 (清)王希琮修 (清)張錫穀纂 清道光元年(1821)刻本 十二冊

330000－1719－0000574 161－34 子部/術數類/相宅相墓之屬

天元五歌闡義五卷 (清)蔣平階撰 (清)無心道人注 **附元空秘旨一卷** 題目講禪師撰 (清)無心道人解 **心眼指要四卷** (清)無心道人輯 清道光可久堂刻本 一冊 存四卷(三至五、元空秘旨)

330000－1719－0000575 166－23、171－35 新學/天學

天文揭要二卷 (美國)赫士口譯 (清)周文源筆述 清光緒二十五年(1899)上海美華書館鉛印本 二冊

330000－1719－0000576 155－37 子部/宗

教類/其他宗教之屬/基督教

天主實義二卷　（意大利）利瑪竇撰　清同治七年(1868)慈母堂刻本　二册

330000－1719－0000579　42－9　史部/雜史類/斷代之屬

國語二十一卷　（三國吳）韋昭注　**校刊明道本韋氏解國語札記一卷**　（清）黄丕烈撰　清光緒八年(1882)湖北崇文書局刻本　四册

330000－1719－0000580　42－10　史部/雜史類/斷代之屬

國語二十一卷　（三國吳）韋昭注　**校刊明道本韋氏解國語札記一卷**　（清）黄丕烈撰　**明道本考異四卷**　（清）汪遠孫撰　清光緒三年(1877)永康胡氏退補齋刻本　四册

330000－1719－0000581　197－4　子部/宗教類/其他宗教之屬/其他

天后聖母聖蹟圖誌二卷　（清）林清標輯　清光緒五年(1879)杭城江巨川刻本　一册　存一卷(二)

330000－1719－0000582　197－7　子部/儒家類/儒學之屬/蒙學

天崇百篇不分卷　（清）吴懋政評選　清刻本　一册

330000－1719－0000583　115－31　子部/儒家類/儒學之屬/蒙學

天崇百篇不分卷　（清）吴懋政評選　清光緒十七年(1891)湖南思賢書局刻本　一册

330000－1719－0000584　197－5　子部/宗教類/其他宗教之屬/基督教

天道溯原三卷　（美國）丁韙良撰　清末鉛印本　一册

330000－1719－0000585　81－1　新學/理學/理學

天演論二卷　（英國）赫胥黎撰　嚴復譯　清光緒二十九年(1903)杭州史學齋石印本　一册

330000－1719－0000587　155－52　子部/宗教類/道教之屬

太上寶筏圖說八卷　（清）黄正元纂　清光緒十八年(1892)上海宏大印刷紙號石印本　八册

330000－1719－0000588　158－49　子部/宗教類/道教之屬

太上寶筏圖說八卷　（清）黄正元纂　清光緒石印本　五册　缺三卷(一、三、六)

330000－1719－0000589　167－4　子部/宗教類/道教之屬

太上黄庭内景玉經一卷　清瑪瑙經房刻本　一册

330000－1719－0000590　91－27　子部/宗教類/道教之屬/戒律

太上感應篇圖說八卷首一卷　（清）黄正元纂　清同治十二年(1873)崇善堂刻本　八册

330000－1719－0000591　89－13　子部/小說家類/異聞之屬

太平廣記五百卷目錄十卷　（宋）李昉等輯　清乾隆十八年(1753)黄晟槐蔭草堂刻本　九册　存七十七卷(一百三十至一百三十七、二百八十二至二百九十、三百七至三百三十一、三百五十五至三百六十三、三百八十至三百九十四、四百十四至四百二十四)

330000－1719－0000592　149－23　子部/小說家類/異聞之屬

太平廣記五百卷目錄十卷　（宋）李昉等輯　清乾隆十八年(1753)姑蘇聚文堂刻本　十一册　存一百十四卷(六十六至七十七、一百四十七至一百七十、一百九十二至二百二、三百七至三百二十七、三百七十至三百七十八、三百八十九至三百九十九、四百九至四百十九、四百三十四至四百四十二,目錄一至六)

330000－1719－0000594　48－6　史部/地理類/總志之屬/斷代

太平寰宇記二百卷目錄二卷　（宋）樂史撰　清光緒八年(1882)金陵書局刻本(卷四、一百十三至一百十九原缺)　十二册　存六十二卷(一至三、五至六十一,目錄一至二)

330000－1719－0000596　46－12　史部/傳記類/别傳之屬/年譜
孔孟編年三種　(清)狄子奇輯　清光緒十三年(1887)浙江書局刻本　一册　存一種

330000－1719－0000597　70－22　子部/儒家類/儒家之屬
孔氏家語十卷　(三國魏)王肅注　清光緒六年(1880)掃葉山房刻本　二册

330000－1719－0000598　70－22－1　子部/儒家類/儒家之屬
孔氏家語十卷　(三國魏)王肅注　清光緒六年(1880)掃葉山房刻本　二册

330000－1719－0000599　70－23　子部/儒家類/儒家之屬
孔氏家語十卷　(三國魏)王肅注　清乾隆五十四年(1789)正業堂刻本　二册

330000－1719－0000600　70－15　類叢部/叢書類/彙編之屬
廣漢魏叢書八十種　(明)何允中編　清嘉慶刻本　一册　存二種

330000－1719－0000601　196－18　集部/别集類/清别集
少邑賦草四卷　(清)夏思沺撰　清光緒元年(1875)松盛堂刻本　二册

330000－1719－0000602　196－20　集部/别集類/清别集
少邑賦草四卷　(清)夏思沺撰　清同治十三年(1874)奎照樓刻本　二册

330000－1719－0000603　196－20－1　集部/别集類/清别集
少邑賦草四卷　(清)夏思沺撰　清同治十三年(1874)奎照樓刻本　一册　存二卷(一至二)

330000－1719－0000604　196－21　集部/别集類/清别集
少邑賦草四卷　(清)夏思沺撰　清掃葉山房刻本　三册　存三卷(一至三)

330000－1719－0000605　133－41　集部/總集類/尺牘之屬
尺牘□□卷　(清)姚時勉輯　清刻本　一册　存二卷(二至三)

330000－1719－0000606　133－24　集部/别集類/清别集
音註小倉山房尺牘八卷　(清)袁枚撰　(清)胡光斗箋釋　清咸豐九年(1859)山陰胡氏青蘿室刻本　四册

330000－1719－0000609　133－21　類叢部/類書類/通類之屬
分類緘腋四卷　(清)涂謙撰　清道光九年(1829)刻本　三册　存二卷(一至二)

330000－1719－0000610　133－31　集部/别集類/清别集
雙鯉龕尺牘一卷　(清)管斯駿撰　清光緒八年(1882)刻本　一册

330000－1719－0000612　133－36　集部/别集類/清别集
曲園尺牘五卷　(清)俞樾撰　清光緒十七年(1891)上海石印本　二册

330000－1719－0000613　133－7　集部/别集類/清别集
吴摯甫尺牘五卷補遺一卷諭兒書一卷　(清)吴汝綸撰　清末上海國學扶輪社石印本　四册　存四卷(二、四至五,補遺)

330000－1719－0000614　133－18　類叢部/類書類/專類之屬
應酬彙選新集八卷　(清)陸九如纂輯　清光緒二年(1876)紹城奎照樓刻本　一册　存二卷(金、石)

330000－1719－0000615　133－10　類叢部/類書類/專類之屬
應酬彙選新集八卷　(清)陸九如纂輯　清同治六年(1867)聚奎堂刻本　三册　存二卷(金、石)

330000－1719－0000616　133－6　類叢部/叢書類/自著之屬

李忠武公遺書五卷　(清)李續賓撰　清光緒十七年(1891)李光久甌江巡署刻本　二冊　存二卷(公牘一至二)

330000－1719－0000617　133－11　集部/總集類/尺牘之屬

蘇東坡黃山谷尺牘合編　(清)黃始箋輯　清末石印本　一冊　缺二卷(蘇長公尺牘一至二)

330000－1719－0000618　133－8　集部/別集類/清別集

周文忠公尺牘二卷雜文附錄一卷　(清)周天爵撰　清同治七年(1868)蘇松太道署刻本　一冊

330000－1719－0000619　133－9　集部/總集類/尺牘之屬

明賢尺牘四卷　(清)王元勳　(清)程化騄輯　清光緒二十六年(1900)仁和許增榆園刻本　二冊　存二卷(一、三)

330000－1719－0000622　133－29　集部/別集類/清別集

管注秋水軒尺牘四卷續刻一卷　(清)許思湄撰　(清)婁世瑞注釋　(清)管斯駿補注　清光緒十二年(1886)吳縣管氏管可壽齋刻朱墨套印本　一冊

330000－1719－0000623　133－43　集部/總集類/尺牘之屬

霏屑軒尺牘類選十六卷　(清)孫焜輯　(清)陳世熙選　清刻本　一冊　存二卷(一至二)

330000－1719－0000625　133－19　集部/別集類/清別集

音註小倉山房尺牘八卷　(清)袁枚撰　(清)胡光斗箋釋　清咸豐九年(1859)山陰胡氏青蘿室刻本　一冊　存二卷(七至八)

330000－1719－0000626　133－35　集部/詩文評類/文法之屬

校正尺牘入門□□卷　(清)沈雲輯　清末鉛印本　一冊　存二卷(三至四)

330000－1719－0000627　133－25　集部/別集類/清別集

壓線編六卷　(清)趙古農選　(清)繆艮撰　清刻本　一冊　存一卷(六)

330000－1719－0000628　133－30　集部/別集類/清別集

壓線編六卷　(清)趙古農選　(清)繆艮撰　清同治六年(1867)大魁堂刻本　四冊　存四卷(一至四)

330000－1719－0000630　133－20　集部/別集類/清別集

詳註分類飲香尺牘六卷　(清)飲香居士撰　(清)慵隱子箋釋　清道光五年(1825)務本堂刻本　一冊　存二卷(禮、樂)

330000－1719－0000631　133－23　集部/總集類/尺牘之屬

管可壽齋尺牘二卷　(清)管斯駿輯　清光緒十二年(1886)管可壽齋刻本　二冊

330000－1719－0000632　133－42　集部/別集類/清別集

管注秋水軒尺牘四卷續刻一卷　(清)許思湄撰　(清)婁世瑞注釋　(清)管斯駿補注　清光緒十二年(1886)吳縣管氏管可壽齋刻朱墨套印本　二冊　存二卷(一、三)

330000－1719－0000633　133－26　集部/總集類/尺牘之屬

增廣尺牘句解二集三卷　(清)少溪氏選註　清光緒三十一年(1905)上海商務印書館鉛印本　一冊　存二卷(一至二)

330000－1719－0000634　133－27　集部/總集類/尺牘之屬

增廣尺牘句解初集三卷末一卷　(清)桃花館主編　清光緒三十一年(1905)上海商務印書館鉛印本　一冊　存二卷(一至二)

330000－1719－0000635　133－39　集部/總集類/尺牘之屬

分類尺牘備覽三十卷續八卷　(清)王虎榜輯　清光緒三十年(1904)上海飛鴻閣石印本　十六冊

330000－1719－0000636　133－33　集部/別集類/清別集

橄欖軒尺牘六卷　(清)百齡撰　(清)孫鴻逵輯　清刻本　一册　存一卷(五)

330000－1719－0000637　47－17　史部/史抄類

廿一史約編八卷首一卷　(清)鄭元慶撰　清刻本　七册　存七卷(石、絲、竹、匏、土、革、木)

330000－1719－0000638　47－17－1　史部/史抄類

廿一史約編八卷首一卷　(清)鄭元慶撰　清刻本　六册　存六卷(石、絲、竹、土、革、木)

330000－1719－0000639　47－17－2　史部/史抄類

廿一史約編八卷首一卷　(清)鄭元慶撰　清刻本　三册　存三卷(土、革、木)

330000－1719－0000640　32－12　史部/史評類/史論之屬

讀史提要録十二卷　(清)夏之蓉編　清道光二年(1822)秦郵半舫齋刻同治四年(1865)補刻本　二册　存四卷(一至二、八至九)

330000－1719－0000641　122－2　類叢部/叢書類/自著之屬

甌北全集八種　(清)趙翼撰　清乾隆至嘉慶湛貽堂刻本　十三册　存一種

330000－1719－0000642　159－73　史部/史抄類

廿四史分類輯要十二卷　沈桐生輯　清末石印本　一册　存一卷(五)

330000－1719－0000643　47－2　史部/史抄類

廿四史約編八卷首一卷　(清)鄭元慶撰　清光緒二十二年(1896)積山書局石印本　四册

330000－1719－0000644　47－12　史部/史抄類

廿四史約編八卷首一卷　(清)鄭元慶撰　清光緒二十九年(1903)支那書局石印本　四册　存五卷(首,金、石、革、木)

330000－1719－0000645　32－9　史部/傳記類/總傳之屬/姓名

史姓韻編六十四卷　(清)汪輝祖撰　清光緒十年(1884)上海中西書局石印本　四册

330000－1719－0000646　129－26　集部/別集類/清別集

開元八景圖詠不分卷　(清)衡齋氏校訂　(清)吳韻山繪圖　清道光二十二年(1842)此君山房刻本　一册

330000－1719－0000647　156－42　子部/宗教類/道教之屬/經文

玉皇心印妙經真解一卷　(清)覺真子注　清熊體源刻本　一册

330000－1719－0000649　63－20　史部/詔令奏議類/奏議之屬

心政録八卷　(清)雅爾圖撰　清乾隆刻本　七册　存六卷(一至二、四至七)

330000－1719－0000650　157－7　集部/總集類/課藝之屬

心香閣墨商不分卷　(清)郁鼎鐘編　清道光十一年(1831)寶章堂刻本　三册

330000－1719－0000651　160－41　集部/總集類/課藝之屬

心香閣墨商不分卷　(清)郁鼎鐘編　清刻本　二册

330000－1719－0000652　80－30　子部/雜著類/雜説之屬

手中桂新鈔一卷　(清)何鳳笙輯刊　清刻本　一册

330000－1719－0000653　42－23　史部/雜史類/通代之屬

支那通史七卷　(日本)那珂通世編　清光緒二十五年(1899)上海東文學社石印本　五册　存四卷(一至四)

330000－1719－0000654　42－23－1　史部/雜史類/通代之屬

支那通史七卷　(日本)那珂通世編　清光緒二十五年(1899)上海東文學社石印本　五冊　存四卷(一至四)

330000－1719－0000655　42－23－2　史部/雜史類/通代之屬
支那通史七卷　(日本)那珂通世編　清光緒二十五年(1899)上海東文學社石印本　三冊　存三卷(一至二、四)

330000－1719－0000656　42－23－3　史部/雜史類/通代之屬
支那通史七卷　(日本)那珂通世編　清光緒二十五年(1899)上海東文學社石印本　二冊　存二卷(一、三)

330000－1719－0000657　42－23－4　史部/雜史類/通代之屬
支那通史七卷　(日本)那珂通世編　清光緒二十五年(1899)上海東文學社石印本　一冊　存一卷(一)

330000－1719－0000658　42－23－5　史部/雜史類/通代之屬
支那通史七卷　(日本)那珂通世編　清光緒二十五年(1899)上海東文學社石印本　一冊　存一卷(一)

330000－1719－0000659　42－24　史部/雜史類/通代之屬
支那通史七卷　(日本)那珂通世編　清末鉛印本　一冊　存一卷(三)

330000－1719－0000660　42－25　史部/雜史類/通代之屬
支那通史七卷　(日本)那珂通世編　清光緒二十五年(1899)上海東文學社石印本　四冊　存四卷(一至四)

330000－1719－0000661　70－13　子部/叢編
二十二子(二十二子彙函)　(清)浙江書局編　清光緒元年至三年(1875－1877)浙江書局刻本　四冊　存一種

330000－1719－0000662　70－25　子部/叢編
二十二子(二十二子彙函)　(清)浙江書局編　清光緒元年至三年(1875－1877)浙江書局刻本　二冊　存一種

330000－1719－0000664　5－5　經部/三禮總義類/通禮雜禮之屬
文公家禮儀節八卷　(明)丘濬撰　清刻本　三冊　存六卷(三至八)

330000－1719－0000665　176－59　集部/詩文評類/文評之屬
文心雕龍十卷　(南朝梁)劉勰撰　(清)黃叔琳輯注　(清)紀昀評　清光緒二十年(1894)上海書局石印本　四冊

330000－1719－0000667　90－25　類叢部/叢書類/自著之屬
章氏遺書二種　(清)章學誠撰　清道光十二年至十三年(1832－1833)章華紱刻浙江書局補刻本　三冊　存一種

330000－1719－0000668　160－66　集部/總集類/課藝之屬
文華集不分卷　(清)金永祥等撰　清刻本　一冊

330000－1719－0000670　171－14　經部/小學類/文字之屬/字書/訓蒙
文字蒙求四卷　(清)王筠撰　清光緒十三年(1887)梁谿浦氏刻本　一冊　存三卷(一至三)

330000－1719－0000671　22－10　經部/小學類/文字之屬/字書
字彙十二集首一卷末一卷　(明)梅膺祚撰　清刻本　二冊　存二集(五、九)

330000－1719－0000672　82－14　新學/議論/論政
文學興國策二卷　(美國)林樂知譯　清光緒二十二年(1896)圖書集成局鉛印本　二冊

330000－1719－0000673　82－14－1　新學/議論/論政
文學興國策二卷　(美國)林樂知譯　清光緒

二十二年(1896)圖書集成局鉛印本　一册　存一卷(一)

330000－1719－0000675　196－6　史部/政書類/儀制之屬/典禮

文廟丁祭譜一卷　(清)藍鍾瑞等撰　清同治七年(1868)江蘇書局刻本　一册

330000－1719－0000676　45－17　史部/政書類/儀制之屬/典禮

文廟祀位一卷　(清)倭什琿布等輯　清同治八年(1869)楚北崇文書局刻本　一册

330000－1719－0000677　133－38　集部/總集類/選集之屬/通代

周稿全集不分卷　清刻本　三十九册

330000－1719－0000678　176－25　集部/詩文評類/文法之屬/文法

文法入門二卷　(清)許竹儕　(清)李芝山編輯　清刻本　一册

330000－1719－0000679　133－34　集部/總集類/彙編之屬

文苑聯珠八卷　(清)李承祖輯　清玉照堂刻本　一册

330000－1719－0000680　91－22　集部/總集類/選集之屬/通代

陰騭文排律詩一卷覺世真經排律詩一卷　(清)陸燮鼐　(清)沈錫庚編　清道光五年(1825)奎光齋刻本　一册

330000－1719－0000681　101－3　集部/總集類/選集之屬/通代

文選六十卷　(南朝梁)蕭統輯　(唐)李善注　**文選考異十卷**　(清)胡克家撰　清光緒六年(1880)四明林植梅刻本　二十四册

330000－1719－0000682　101－4　集部/總集類/選集之屬/通代

文選六十卷　(南朝梁)蕭統輯　(唐)李善注　**文選考異十卷**　(清)胡克家撰　清光緒六年(1880)四明林植梅刻本　十九册　缺十四卷(三十五至四十、四十四至四十六、五十四，考異一至四)

330000－1719－0000683　102－1　集部/總集類/選集之屬/通代

文選六十卷　(南朝梁)蕭統輯　(唐)李善注　清刻本　五册　存二十六卷(六至十、二十九至四十三、五十五至六十)

330000－1719－0000684　102－2　集部/總集類/選集之屬/通代

文選六十卷　(南朝梁)蕭統輯　(唐)李善注　(清)何焯評　清葉氏海錄軒刻朱墨套印本　十一册　存五十五卷(六至六十)

330000－1719－0000685　102－2－1　集部/總集類/選集之屬/通代

文選六十卷　(南朝梁)蕭統輯　(唐)李善注　(清)何焯評　清葉氏海錄軒刻朱墨套印本　二册　存十三卷(四十一至四十五、五十三至六十)

330000－1719－0000686　102－3　集部/總集類/選集之屬/通代

文選六十卷　(南朝梁)蕭統輯　(唐)李善注　**文選考異十卷**　(清)胡克家撰　清同治八年(1869)湖北崇文書局刻本　二十四册

330000－1719－0000687　102－5　集部/總集類/選集之屬/通代

文選六十卷　(南朝梁)蕭統輯　(唐)李善注　**文選考異十卷**　(清)胡克家撰　清同治八年(1869)湖北崇文書局刻本　二十三册　存六十七卷(一至五、九至六十，考異一至十)

330000－1719－0000688　102－6　集部/總集類/選集之屬/通代

文選六十卷　(南朝梁)蕭統輯　(唐)李善注　清書業德刻本　一册　存三卷(三十至三十二)

330000－1719－0000689　102－7　集部/總集類/選集之屬/通代

文選六十卷　(南朝梁)蕭統輯　(唐)李善注　清光緒二十一年(1895)寶文書局石印本　六册　存二十二卷(一至十、二十六至三十七)

330000－1719－0000690　102－8　集部/總集類/選集之屬/通代

文選六十卷　(南朝梁)蕭統輯　(唐)李善注　清光緒十八年(1892)上海廣百宋齋鉛印本　十冊

330000－1719－0000691　102－9　集部/總集類/選集之屬/通代

文選六十卷　(南朝梁)蕭統輯　(唐)李善注　清刻本　一冊　存二卷(十九至二十)

330000－1719－0000692　107－18　集部/總集類/選集之屬/通代

文選分韻擬題二卷　(清)孫齊洙編　清嘉慶十二年(1807)多文堂刻本　一冊　存一卷(一)

330000－1719－0000693　159－40　類叢部/類書類/專類之屬

文選類雋十四卷　(清)何松編　清光緒十六年(1890)珍藝書局鉛印本　一冊

330000－1719－0000694　151－8　集部/總集類/選集之屬/通代

重訂文選集評十五卷首一卷末一卷　(清)于光華輯　清經綸堂刻本　十六冊

330000－1719－0000695　151－7　集部/總集類/選集之屬/通代

重訂文選集評十五卷首一卷末一卷　(清)于光華輯　清崇儒書屋刻本　十六冊

330000－1719－0000696　159－13　集部/總集類/選集之屬/通代

文選集腋六卷　(清)胥斌輯　清末鉛印本　一冊　存三卷(四至六)

330000－1719－0000697　159－12　集部/總集類/選集之屬/通代

文選集腋二卷　(清)胥斌輯　清光緒二十年(1894)上海寶善書局石印本　一冊

330000－1719－0000698　107－19　類叢部/叢書類/彙編之屬

融經館叢書十一種　(清)徐友蘭編　清光緒六年至十一年(1880－1885)會稽徐氏八杉齋刻本　八冊　存一種

330000－1719－0000699　107－17　集部/總集類/選集之屬/斷代

文章游戲初編八卷二編八卷三編八卷四編八卷　(清)繆艮輯　清嘉慶二十二年(1817)刻本　二冊　存二卷(一、七)

330000－1719－0000700　62－1　史部/政書類

九通　(清)□□輯　清光緒二十七年(1901)上海圖書集成局鉛印本　十八冊　存一種

330000－1719－0000701　189－47　新學/學校

蒙學中國歷史教科書八卷　(清)文明書局編譯　清末上海文明書局鉛印本　一冊　存三卷(一至三)

330000－1719－0000702　62－14　史部/政書類/通制之屬

文獻通考紀要四卷　清末石印本　三冊　缺一卷(一)

330000－1719－0000703　58－7　史部/政書類/通制之屬

文獻通考序注釋一卷　(元)馬端臨撰　清光緒二十八年(1902)刻本　一冊

330000－1719－0000704　58－7－1　史部/政書類/通制之屬

文獻通考序注釋一卷　(元)馬端臨撰　清光緒二十八年(1902)刻本　一冊

330000－1719－0000705　58－4　史部/政書類/通制之屬

文獻通考詳節二十四卷　(元)馬端臨撰　(清)嚴虞惇輯　清光緒元年(1875)清來堂刻本　六冊

330000－1719－0000706　58－4－1　史部/政書類/通制之屬

文獻通考詳節二十四卷　(元)馬端臨撰　(清)嚴虞惇輯　清光緒元年(1875)清來堂刻本　八冊

330000－1719－0000707　60－3　史部/政書類/通制之屬

三通考輯要　湯壽潛輯　清光緒二十五年(1899)上海圖書集成局鉛印本　四十册　存二種

330000－1719－0000708　62－9　史部/政書類/通制之屬

三通考輯要　湯壽潛輯　清光緒二十五年(1899)上海圖書集成局鉛印本　十册　存一種

330000－1719－0000709　62－10　史部/政書類/通制之屬

三通考輯要　湯壽潛輯　清末通雅堂鉛印本　八册　存一種

330000－1719－0000710　159－48　史部/政書類/通制之屬

文獻通考紀要四卷　清光緒二十七年(1901)石印本　一册　存一卷(一)

330000－1719－0000711　110－5　集部/總集類/選集之屬/斷代

文粹一百卷　(宋)姚鉉輯　**補遺二十六卷**　(清)郭麐輯　清光緒十六年(1890)杭州許增榆園刻本　四册　存二十六卷(補遺一至二十六)

330000－1719－0000712　110－17　集部/別集類/明別集

方正學文粹六卷　(明)方孝孺撰　清刻本　一册　存三卷(四至六)

330000－1719－0000713　117－5　經部/小學類/訓詁之屬/方言

輶軒使者絕代語釋別國方言箋疏十三卷　(漢)揚雄撰　(清)錢繹箋疏　清光緒十六年(1890)王文韶紅蝠山房刻本　五册　存十二卷(一至十二)

330000－1719－0000714　48－12　史部/地理類/總志之屬/斷代

方輿全圖總說五卷　(清)顧祖禹撰　清光緒二十七年(1901)二林齋石印本　四册

330000－1719－0000715　162－3　子部/宗教類/佛教之屬/經

佛說無量壽經二卷　(三國魏)釋康僧鎧譯

佛說觀無量壽佛經一卷　(南朝宋)釋畺良耶舍譯　清刻本　一册

330000－1719－0000716　55－29　新學/史志/別國史

日本全史二十二卷　(日本)中村正直撰　清末上海教育世界社石印本　十一册　存十七卷(一至十六、二十一)

330000－1719－0000717　55－11　新學/學校

日本各校紀略一卷附存一卷　(清)張大鏞輯　清光緒二十五年(1899)浙江書局刻本　一册

330000－1719－0000718　99－40　新學/雜著/叢編

西政叢書三十二種　梁啓超編　清光緒二十三年(1897)上海慎記書莊石印本　一册　存二種

330000－1719－0000719　54－1　史部/地理類/外紀之屬

日本國志四十卷首一卷　(清)黃遵憲輯　清刻本　十二册

330000－1719－0000720　54－16　史部/地理類/外紀之屬

日本國志四十卷首一卷　(清)黃遵憲輯　清光緒二十四年(1898)浙江書局刻本　十册

330000－1719－0000721　54－15　史部/地理類/外紀之屬

日本國志四十卷首一卷　(清)黃遵憲輯　清光緒二十四年(1898)浙江書局刻本　十册

330000－1719－0000722　55－7　史部/地理類/外紀之屬

日本國志四十卷首一卷　(清)黃遵憲輯　清末石印本　二册　存十卷(三至九、三十五至三十七)

330000－1719－0000723　65－24　新學/政

治法律/律例

日本法規大全二十五卷首一卷　劉崇傑等譯　**日本法規解字一卷**　錢恂　董鴻褘編　清光緒三十三年(1907)上海商務印書館鉛印本　十八册

330000－1719－0000724　66－1　新學/政治法律/律例

日本法規解字一卷　錢恂　董鴻褘撰　清光緒三十三年(1907)上海商務印書館鉛印本　一册

330000－1719－0000725　66－2　新學/政治法律/律例

日本法規解字一卷　錢恂　董鴻褘撰　清上海商務印書館鉛印本　一册

330000－1719－0000726　55－34　新學/史志/别國史

日本帝國近世史四卷　(日本)松井廣吉撰　清中華書局鉛印本　二册　存二卷(三至四)

330000－1719－0000727　55－31　新學/史志/别國史

日本維新三十年史不分卷附録一卷　(日本)博文館輯　清刻本　六册

330000－1719－0000728　80－1　子部/雜著類/雜考之屬

日知録三十二卷　(清)顧炎武撰　清刻本　十一册　缺二卷(二十三至二十四)

330000－1719－0000729　148－15　子部/雜著類/雜考之屬

日知録三十二卷日知録之餘四卷　(清)顧炎武撰　清刻本　二十册

330000－1719－0000730　80－13　子部/雜著類/雜考之屬

日知録集釋三十二卷刊誤二卷續刊誤二卷　(清)黄汝成撰　清光緒三年(1877)刻本　二十二册　缺二卷(刊誤一至二)

330000－1719－0000731　80－15　子部/雜著類/雜考之屬

日知録集釋三十二卷刊誤二卷續刊誤二卷　(清)黄汝成撰　清光緒三年(1877)刻本　十七册

330000－1719－0000732　158－31　子部/宗教類/佛教之屬/經咒

日誦經咒簡易科儀一卷　清上海佛學書局鉛印本　一册

330000－1719－0000733　160－73　新學/史志/别國史

日本維新三十年史不分卷附録一卷　(日本)博文館輯　(清)上海廣智書局譯　清光緒二十九年(1903)上海廣智書局鉛印本　六册

330000－1719－0000734　175－34　集部/别集類/清别集

月滿樓詩集四十卷首二卷别集一卷　(清)顧宗泰撰　清嘉慶八年(1803)瞻園刻本　一册　存二卷(首一至二)

330000－1719－0000736　3－9、98－1、124－3、186－5　類叢部/叢書類/彙編之屬

廣雅書局叢書一百五十九種　徐紹棨編　清光緒廣雅書局刻民國九年(1920)番禺徐紹棨彙編重印本　二十册　存五種

330000－1719－0000737　143－8　史部/紀傳類/正史之屬

二十四史　清末刻本　二十四册　存一種

330000－1719－0000739　185－7　經部/小學類/文字之屬/字書/字典

康熙字典十二集三十六卷總目一卷檢字一卷辨似一卷等韻一卷補遺一卷備考一卷　(清)張玉書等纂修　清光緒十九年(1893)上海點石齋石印本　一册　存六卷(子一至三、丑一至三)

330000－1719－0000740　90－22　子部/宗教類/佛教之屬/諸宗

指月録三十二卷　(明)瞿汝稷輯　清同治十一年(1872)杭州昭慶寺慧空經房刻本　十册

330000－1719－0000741　40－12　史部/地理類/山川之屬/合志

山水二經合刻　(北魏)酈道元撰　清乾隆天

都黃晟槐蔭草堂刻本　七冊　存一種

330000－1719－0000742　40－6　史部/地理類/山川之屬/水志
水經注四十卷　（北魏）酈道元撰　清刻本　十冊

330000－1719－0000743　40－13　類叢部/叢書類/彙編之屬
崇文書局彙刻書三十一種　（清）崇文書局編　清光緒元年至三年（1875－1877）湖北崇文書局刻本　十二冊　存一種

330000－1719－0000745　53－4　史部/地理類/山川之屬/水志
水經注西南諸水考三卷三統術詳說四卷弧三角平視法一卷摹印述一卷　（清）陳澧撰　清刻本　一冊

330000－1719－0000746　40－4　史部/地理類/山川之屬/水志
水經注釋四十卷首一卷附錄二卷水經注箋刊誤十二卷　（清）趙一清撰　清乾隆五十一年（1786）趙氏小山堂刻五十九年（1794）重修本　十八冊　存四十六卷（首、水經注釋一至四十、附錄一至二、刊誤一至三）

330000－1719－0000747　90－8　集部/小說類/長篇之屬
第五才子書□□卷七十回　（元）施耐庵撰　（清）金人瑞評　清刻本　十三冊　存五十卷（四至二十七、四十二至四十四、四十八至七十）

330000－1719－0000748　90－9　集部/小說類/長篇之屬
第五才子書□□卷七十回　（元）施耐庵撰　（清）金人瑞評　清刻本　七冊　存二十五卷（五至七、二十八至四十一、四十八至五十、五十五至五十九）

330000－1719－0000749　53－19、175－5　史部/地理類/水利之屬
水道提綱二十八卷天度刊誤一卷　（清）齊召南撰　清光緒二十四年（1898）新化三味書室刻本　八冊　存二十二卷（一至四、十一至二十八）

330000－1719－0000750　53－20　史部/地理類/水利之屬
水道提綱二十八卷　（清）齊召南撰　清光緒四年（1878）津門徐士鑾霞城精舍刻本　十冊

330000－1719－0000751　54－7　史部/地理類/水利之屬
水道提綱二十八卷　（清）齊召南撰　清光緒七年（1881）上海文瑞樓鉛印本　八冊

330000－1719－0000753　92－1　集部/別集類/明別集
王文成公全書三十八卷　（明）王守仁撰　清刻本　二十四冊

330000－1719－0000754　165－3　子部/醫家類/外科之屬/外科方
馬評外科症治全生集一卷　（清）王維德撰　（清）馬文植評　清末石印本　一冊

330000－1719－0000755　149－17　集部/總集類/選集之屬/斷代
二家詩鈔二種　（清）邵長蘅編　清刻本　三冊　存一種

330000－1719－0000756　171－16　集部/別集類/唐五代別集
王右軍集□□卷　（晉）王羲之撰　清刻本　一冊　存一卷（二）

330000－1719－0000757　34－24　子部/宗教類/道教之屬
問心集不分卷　清道光二十五年（1845）紹城苔芩書屋刻本　一冊

330000－1719－0000758　88－19　類叢部/類書類/專類之屬
王先生十七史蒙求十六卷　（宋）王令撰　清光緒五年（1879）粵東文雅齋刻本　三冊　存六卷（一至四、九至十）

330000－1719－0000759　88－24　類叢部/類書類/專類之屬

王先生十七史蒙求十六卷 (宋)王令撰 清光緒十五年(1889)文昌書局刻本 四冊

330000－1719－0000760 89－5 類叢部/類書類/專類之屬

王先生十七史蒙求十六卷 (宋)王令撰 清刻本 一冊 存三卷(一至三)

330000－1719－0000762 87－27 集部/別集類/宋別集

王臨川文集四卷 (宋)王安石撰 清宣統二年(1910)上海會文堂書局石印本 四冊

330000－1719－0000763 87－27－1 集部/別集類/宋別集

王臨川文集四卷 (宋)王安石撰 清石印本 一冊 存一卷(四)

330000－1719－0000764 87－13 集部/別集類/宋別集

王臨川全集二十四卷 (宋)王安石撰 清光緒九年(1883)聽香館刻本 一冊 存目錄

330000－1719－0000765 115－14 集部/總集類/課藝之屬

金鈴續集十卷首一卷 (清)朱文杏編 清道光二十四年(1844)欖華閣刻本 四冊

330000－1719－0000766 87－25 史部/地理類/雜志之屬

王梅溪先生會稽三賦四卷 (宋)王十朋撰 (明)南逢吉註 (清)周炳曾增註 清刻本 一冊

330000－1719－0000768 159－91 經部/四書類/總義之屬/專著

四書典制□□卷 清刻本 三冊 存三卷(十八、二十一、二十三)

330000－1719－0000769 159－23 集部/詩文評類/文評之屬

藝林類擷十六卷 (清)謝輔坫選 清刻本 四冊 存七卷(九至十二、十四至十六)

330000－1719－0000770 159－22 集部/總集類/課藝之屬

藝林珠玉十卷 清道光十七年(1837)刻本 十冊

330000－1719－0000771 159－9 集部/詩文評類/詩評之屬

藝苑名言八卷首一卷 (清)蔣瀾撰 清刻本 四冊 存六卷(三至八)

330000－1719－0000772 80－32 子部/小說家類/異聞之屬

見聞續筆二十四卷 (清)齊學裘撰 清刻本 一冊 存三卷(十九至二十一)

330000－1719－0000773 32－3 類叢部/叢書類/彙編之屬

古文七種 (清)儲欣選評 清刻本 三冊 存一種

330000－1719－0000775 129－1 集部/總集類/氏族之屬

剡西長樂錢氏詩存七卷 (清)錢春波等輯 清光緒十年(1884)慶系堂木活字印本 二冊

330000－1719－0000776 129－1－1 集部/總集類/氏族之屬

剡西長樂錢氏詩存七卷 (清)錢春波等輯 清光緒十年(1884)慶系堂木活字印本 二冊

330000－1719－0000777 11－5 經部/春秋左傳類/傳說之屬

評點春秋綱目左傳句解彙雋六卷 (清)韓菼重訂 清末石印本 二冊 存二卷(二至三)

330000－1719－0000778 161－41 子部/宗教類/道教之屬/戒律

文昌帝君慾海迴狂寶訓一卷 清樂心堂刻本 一冊

330000－1719－0000779 11－1 經部/春秋左傳類/傳說之屬

評點春秋綱目左傳句解彙雋六卷 (清)韓菼重訂 清文星堂刻本 六冊

330000－1719－0000780 86－6 類叢部/叢書類/郡邑之屬

金華叢書(退補齋金華叢書)七十種 (清)胡

鳳丹編　清同治七年至光緒八年(1868－1882)永康胡氏退補齋刻本　二冊　存一種

330000－1719－0000781　76－50　子部/醫家類/類編之屬

世補齋醫書六種後集四種　(清)陸懋修撰輯　清光緒十年(1884)刻十二年(1886)山左書局印本　八冊　存六種

330000－1719－0000782　76－50－1　子部/醫家類/類編之屬

世補齋醫書六種後集四種　(清)陸懋修撰輯　清刻本　一冊　存一種

330000－1719－0000783　76－24　子部/醫家類/類編之屬

世補齋醫書六種後集四種　(清)陸懋修撰輯　清刻光緒十二年(1886)山左書局刻本　一冊　存一種

330000－1719－0000784　76－25　子部/醫家類/類編之屬

世補齋醫書六種後集四種　(清)陸懋修撰輯　清末刻本　一冊　存一種

330000－1719－0000785　76－27　子部/醫家類/類編之屬

世補齋醫書六種後集四種　(清)陸懋修撰輯　清末刻本　一冊　存一種

330000－1719－0000786　76－26　子部/醫家類/類編之屬

世補齋醫書六種後集四種　(清)陸懋修撰輯　清光緒刻本　一冊　存一種

330000－1719－0000787　146－12　史部/詔令奏議類/詔令之屬

上諭(清康熙六十一年至雍正六年十二月)不分卷　(清)世宗胤禛撰　清雍正刻本　二十冊

330000－1719－0000789　190－27　子部/小說家類/雜事之屬

世說新語六卷　(南朝宋)劉義慶撰　(南朝梁)劉孝標注　清末詠裳氏石印本　三冊　存四卷(三至六)

330000－1719－0000790　66－15　史部/政書類/考工之屬/營造

工師雕斲正式魯班木經匠家鏡三卷　(明)午榮彙編　**靈驅解法洞明真言秘書一卷**　清光緒二十年(1894)一也軒刻本　一冊　缺一卷(一)

330000－1719－0000792　3－26　經部/詩類/傳說之屬

詩經備解二卷　(清)周封魯采輯　清刻本　二冊

330000－1719－0000793　152－44　經部/小學類/訓詁之屬/爾雅

爾雅三卷　(晉)郭璞注　(唐)陸德明音釋　清光緒三年(1877)永康胡氏退補齋刻本　三冊

330000－1719－0000794　147－5　史部/金石類/金之屬/通考

亦政堂重修宣和博古圖錄三十卷　(宋)王黼等撰　清乾隆十七年(1752)亦政堂刻本　五冊　存七卷(一至五、十四、二十三)

330000－1719－0000796　39－12　史部/雜史類/外紀之屬

東方兵事紀略五卷　姚錫光撰　清光緒二十四年(1898)京都琉璃廠得古歡室石印本　五冊

330000－1719－0000797　152－34　新學/學校

東文課本第一期不分卷　(清)杭州東文學社編　清光緒二十七年(1901)杭州東文學社鉛印本　一冊

330000－1719－0000798　35－10　史部/編年類/斷代之屬

九朝東華錄四百二十五卷(天命朝至道光朝)　王先謙　潘頤福編　清末鉛印本　三十二冊　存二百五十二卷(順治朝十九至二十五，康熙朝一至九、二十二至一百十，雍正朝一至九、十五至十七；東華續錄乾隆朝一至二十六、二十九至三十二、五十至六十九、八十一至九十一、九十八至一百三、一百八至一百二

十,嘉慶朝二十二至五十,道光朝一至二十六)

330000－1719－0000799　80－28　史部/目録類/專録之屬
東西學書錄總敘二卷　沈桐生撰　清光緒二十三年(1897)讀有用書齋刻本　一册　存一卷(一)

330000－1719－0000800　157－5　史部/編年類/斷代之屬
東華錄三十二卷(乾隆朝)　(清)蔣良騏撰　清乾隆三十年(1765)刻本　八册

330000－1719－0000802　90－1　集部/小説類/長篇之屬
東周列國全志□□卷一百八回　(清)蔡奡評點　清刻本　七册　存七卷(五至六、八、十、十三、十七至十八)

330000－1719－0000803　35－6　史部/編年類/斷代之屬
東華錄詳節二十四卷　(清)鄔樹庭編　清光緒二十六年(1900)上海東文學堂石印本　十四册　存二十三卷(一至七、九至二十四)

330000－1719－0000804　35－5　史部/編年類/斷代之屬
東華續錄一百卷(咸豐朝)　潘頤福編　清光緒石印本　八册　存三十三卷(十至二十二、二十五至二十七、三十七至四十八、六十至六十四)

330000－1719－0000806　80－22　集部/別集類/宋別集
東坡先生志林十二卷　(宋)蘇軾撰　清刻本　四册

330000－1719－0000807　117－26　集部/詩文評類/詩評之屬
東坡詩話不分卷　(宋)蘇軾撰　清金閶文業堂刻本　一册

330000－1719－0000808　87－43　集部/別集類/宋別集
東坡詩選十二卷　(宋)蘇軾撰　(明)譚元春選　(明)袁宏道閱　**東坡先生年譜一卷**　(宋)王宗稷編　明天啓文盛堂刻本　四册

330000－1719－0000809　55－13　新學/史志/別國史
東洋史要二卷　(日本)桑元隲藏撰　樊炳清譯　清光緒二十五年(1899)東文學社石印本　二册

330000－1719－0000810　110－16　集部/總集類/選集之屬/通代
扶輪集一卷　清刻本　一册

330000－1719－0000811　155－20　史部/地理類
東晉疆域志四卷　(清)洪亮吉撰　清刻本　一册　存二卷(三至四)

330000－1719－0000812　55－13－1　新學/史志/別國史
東洋史要二卷　(日本)桑元隲藏撰　樊炳清譯　清光緒二十五年(1899)東文學社石印本　二册

330000－1719－0000813　12－18　類叢部/叢書類/郡邑之屬
金華叢書(退補齋金華叢書)七十種　(清)胡鳳丹編　清同治七年至光緒八年(1868－1882)永康胡氏退補齋刻本　六册　存一種

330000－1719－0000814　55－13－2　新學/史志/別國史
東洋史要二卷　(日本)桑元隲藏撰　樊炳清譯　清光緒二十五年(1899)東文學社石印本　二册

330000－1719－0000815　12－23　經部/春秋左傳類/傳說之屬
東萊博議四卷　(宋)呂祖謙撰　(清)張文炳評點　清經綸堂刻本　四册

330000－1719－0000816　12－19　經部/春秋左傳類/傳說之屬
東萊先生左氏博議二十五卷　(宋)呂祖謙撰　**虛字註釋備考六卷**　(清)張文炳點定　清光緒二十三年(1897)掃葉山房刻本　六册

330000－1719－0000817　12－20　經部/春秋左傳類/傳說之屬

東萊先生左氏博議二十五卷　(宋)呂祖謙撰　清道光十九年(1839)錢唐瞿氏清吟閣刻本　四冊

330000－1719－0000818　12－21　經部/春秋左傳類/傳說之屬

東萊先生左氏博議二十五卷　(宋)呂祖謙撰　**虛字註釋備考六卷**　(清)張文炳點定　清光緒二十三年(1897)掃葉山房刻本　四冊　存十五卷(一至十五)

330000－1719－0000819　12－24　經部/春秋左傳類/傳說之屬

東萊博議四卷　(宋)呂祖謙撰　清光緒二十年(1894)聚奎堂石印本　四冊

330000－1719－0000820　12－22　經部/春秋左傳類/傳說之屬

東萊先生左氏博議二十五卷　(宋)呂祖謙撰　**虛字註釋備考六卷**　(清)張文炳點定　清光緒二十四年(1898)上海著易堂石印本　四冊

330000－1719－0000821　132－22　經部/春秋左傳類/傳說之屬

東萊先生左氏博議二十五卷　(宋)呂祖謙撰　清刻本　一冊　存四卷(八至十一)

330000－1719－0000822　12－25　經部/春秋左傳類/傳說之屬

東萊博議四卷　(宋)呂祖謙撰　**增補虛字註釋一卷**　(清)馮泰松點定　清光緒三十一年(1905)上海商務印書館鉛印本　一冊

330000－1719－0000823　12－15　經部/春秋左傳類/傳說之屬

東萊博議四卷　(宋)呂祖謙撰　清光緒二十年(1894)聚奎堂石印本　二冊

330000－1719－0000824　142－4　經部/春秋左傳類/傳說之屬

東萊博議四卷　(宋)呂祖謙撰　(清)孫執升評選　清乾隆三十年(1765)沃洲呂氏刻本　二冊

330000－1719－0000825　142－4－1　經部/春秋左傳類/傳說之屬

東萊博議四卷　(宋)呂祖謙撰　(清)孫執升評選　清刻本　一冊　存一卷(三)

330000－1719－0000826　156－43　經部/春秋左傳類/傳說之屬

東萊博議四卷　(宋)呂祖謙撰　清光緒十七年(1891)粵東省文陞閣刻本　一冊　存一卷(一)

330000－1719－0000827　163－38　經部/春秋左傳類/傳說之屬

東萊博議四卷　(宋)呂祖謙撰　清末浙紹會文堂石印本　一冊　存一卷(一)

330000－1719－0000828　148－5　子部/儒家類/儒學之屬/禮教

養正遺規二卷補編一卷　(清)陳弘謀編　清末謝文藝齋刻本　一冊

330000－1719－0000829　175－65　經部/春秋左傳類/傳說之屬

東萊博議四卷首一卷　(宋)呂祖謙撰　清光緒十八年(1892)上海古香閣石印本　二冊

330000－1719－0000830　37－17、37－18、99－47、128－1、128－2、128－3、128－4、128－5、128－6、128－7、128－8、145－4、150－13、172－6　經部/叢編

十三經注疏　(明)□□輯　明崇禎元年至十二年(1628－1639)毛氏汲古閣刻本　八十三冊　缺十四卷(周易四至九、毛詩十三至二十)

330000－1719－0000831　152－47　集部/別集類/明別集

東越証學錄十六卷首一卷目錄一卷　(明)周汝登撰　明萬曆刻本　八冊

330000－1719－0000832　155－25　子部/宗教類

仙佛合宗一卷　(明)伍守陽撰　(明)伍守虛注　清同治五年(1866)童源發刻本　一冊

330000－1719－0000833　77－11　子部/術數類/相宅相墓之屬

地理參贊玄機僊婆集十三卷　(明)張鳴鳳編集　(明)呂元　(明)杜詩評選　(明)張希堯參補　明萬曆十五年(1587)刻本　一册　存二卷(一至二)

330000－1719－0000834　152－47－1　集部/別集類/明別集

東越証學錄十六卷首一卷目錄一卷　(明)周汝登撰　明萬曆刻本　八册

330000－1719－0000835　171－6　新學/算學/代數

代數術二十五卷首一卷　(英國)華里司輯　(英國)傅蘭雅口譯　(清)華蘅芳筆述　清同治十三年(1874)上海江南製造總局刻本　一册　存七卷(首、一至六)

330000－1719－0000836　152－47－2　集部/別集類/明別集

東越証學錄十六卷首一卷目錄一卷　(明)周汝登撰　明萬曆刻本　七册　缺二卷(十一至十二)

330000－1719－0000837　152－47－3　集部/別集類/明別集

東越証學錄十六卷首一卷目錄一卷　(明)周汝登撰　明萬曆刻本　二册　缺十二卷(五至十六)

330000－1719－0000838　171－5　新學/算學/代數

代數備旨不分卷總答一卷　(美國)狄考文選譯　(清)鄒立文　(清)生福維筆述　清光緒三十年(1904)上海美華書館鉛印本　一册

330000－1719－0000839　171－34　新學/算學/代數

代數備旨不分卷總答一卷　(美國)狄考文選譯　(清)鄒立文　(清)生福維筆述　清光緒三十年(1904)上海美華書館鉛印本　一册

330000－1719－0000840　5－9　類叢部/叢書類/彙編之屬

高安朱文端公校輯藏書十三種　(清)朱軾撰輯　清光緒二十三年(1897)刻本　十六册　存一種

330000－1719－0000841　164－17　新學/算學/代數

代數通藝錄札記二卷　(清)潘應祺等撰　清光緒二十七年(1901)六藝書局刻本　一册　存一卷(一)

330000－1719－0000842　5－4　經部/儀禮類/圖說之屬

儀禮圖六卷　(清)張惠言撰　清同治九年(1870)崇文書局刻本　三册

330000－1719－0000843　171－8　新學/算學/代數

代數難題解法十六卷　(英國)倫德輯　(英國)傅蘭雅口譯　(清)華蘅芳筆述　清刻本　二册　存六卷(十一至十六)

330000－1719－0000844　159－34　集部/總集類/課藝之屬

金鈴詩二集四卷　清刻本　一册

330000－1719－0000845　5－7　經部/儀禮類/傳說之屬

儀禮易讀十七卷　(清)馬駉撰　清乾隆二十年(1755)山陰縣學刻本　二册

330000－1719－0000846　166－59　經部/儀禮類/分篇之屬

儀禮節本三卷　(清)汪基撰輯　清光緒三十四年(1908)寧波汲綆齋石印本　一册

330000－1719－0000847　5－11　經部/儀禮類/傳說之屬

儀禮易讀十七卷　(清)馬駉撰　清嘉慶二年(1797)潯溪大酉堂刻本　一册　存五卷(一至五)

330000－1719－0000848　116－17　經部/叢編

皇清經解一百九十卷　(清)阮元輯　清光緒上海點石齋石印本　一册　存四卷(儀禮注疏一至四)

330000－1719－0000849　15－1　經部/叢編
重刊宋本十三經注疏四百十六卷附十三經注疏校勘記四百十六卷　（清）阮元撰　（清）盧宣旬摘錄　**校勘記識語四卷**　（清）汪文臺撰　清嘉慶二十年（1815）南昌府學刻道光六年（1826）盱江朱華臨重校印本　一百十八冊　缺四卷（校勘記識語一至四）

330000－1719－0000850　16－1－（1－19）　經部/叢編
重刊宋本十三經注疏四百十六卷附十三經注疏校勘記四百十六卷　（清）阮元撰　（清）盧宣旬摘錄　**校勘記識語四卷**　（清）汪文臺撰　清光緒十三年（1887）上海脈望仙館石印本　三十冊　缺五十九卷（春秋公羊傳注疏十九至二十八、校勘記一至二十八，禮記正義注疏四十三至六十三）

330000－1719－0000851　6－8　經部/叢編
重刊宋本十三經註疏四百十六卷附十三經註疏校勘記四百十六卷　（清）阮元撰　（清）盧宣旬摘錄　**校勘記識語四卷**　（清）汪文臺撰　清同治十二年（1873）江西書局刻本　十二冊　存一種

330000－1719－0000852　144－11　經部/叢編
十一經旁訓讀本九種　（清）周樽輯　清乾隆五十八年（1793）留餘堂刻本　四冊　存一種

330000－1719－0000853　158－5　經部/叢編
重刊宋本十三經註疏四百十六卷附十三經註疏校勘記四百十六卷　（清）阮元撰　（清）盧宣旬摘錄　**校勘記識語四卷**　（清）汪文臺撰　清嘉慶二十年（1815）江西南昌府學刻本　一冊　存一種

330000－1719－0000854　5－6　經部/叢編
七經精義七種　（清）黃淦撰　清嘉慶九年至十二年（1804－1807）慈溪養正堂掃葉山房刻本　二冊　存一種

330000－1719－0000855　127－2　史部/紀傳類/正史之屬
二十四史　清同治至光緒五省官書局據汲古閣本等合刻光緒五年（1879）湖北書局彙印本　二十九冊　存三種

330000－1719－0000856　75－18、76－12、76－46、147－9　子部/醫家類/類編之屬
徐氏醫書八種　（清）徐大椿撰　清刻本　五冊　存四種

330000－1719－0000857　117－42　子部/叢編
二十二子（二十二子彙函）　（清）浙江書局編　清光緒二十年（1894）上海積山書局石印本　二冊　存四種

330000－1719－0000858　159－57　集部/別集類/清別集
蘭脩館賦稿一卷　（清）顧元熙撰　清刻本　一冊

330000－1719－0000859　159－20　集部/詩文評類/文法之屬
寫信必讀十卷　（清）唐芸洲撰　清光緒二十二年（1896）石印本　五冊　存九卷（一至九）

330000－1719－0000860　163－13　集部/詩文評類/文法之屬
寫信必讀十卷　（清）唐芸洲撰　清刻本　一冊　存二卷（五至六）

330000－1719－0000861　159－50　子部/儒家類/儒學之屬
出新課士錄不分卷　（清）兩浙采辦書報處編　清末石印本　一冊

330000－1719－0000862　82－18　子部/宗教類/道教之屬/戒律
功過格一卷　清光緒八年（1882）含經樓刻本　一冊

330000－1719－0000863　82－3　子部/宗教類/道教之屬/戒律
功過格一卷　清同治十一年（1872）張順德堂刻本　一冊

330000－1719－0000864　156－20　子部/宗

教類/道教之屬/戒律

功過格精義一卷 清光緒十八年(1892)許顯記刻字鋪刻本 一冊

330000－1719－0000866 69－4 史部/史評類/史論之屬

古今史論觀海四編八十九卷目錄一卷 (清)恥不逮齋主人編輯 清光緒二十八年(1902)上海鴻文書局石印本 六冊 存十八卷(甲八至十二,乙十七至二十,丙二十一至二十二,丁三至四、八至十、十七至十八)

330000－1719－0000868 69－17 子部/雜家類

古今四大家策論十卷 (宋)何去非等撰 (清)南浦子編 清光緒二十八年(1902)上海書局石印本 六冊

330000－1719－0000869 63－21 史部/政書類

古今政治新編二十卷首一卷 (清)孔廣德編 清光緒二十八年(1902)紹文書局石印本 十二冊 缺九卷(九至十一、十三至十八)

330000－1719－0000871 116－4 子部/叢編

子書二十八種 (清)育文書局編 清宣統三年(1911)育文書局石印本 三十三冊

330000－1719－0000872 133－2、156－36 經部/小學類/音韻之屬/古今韻說

古今韻略五卷 (清)邵長蘅撰 清康熙三十五年(1696)商丘宋犖刻本 二冊 缺三卷(三至五)

330000－1719－0000873 134－2 經部/叢編

重刊宋本十三經注疏四百十六卷附十三經注疏校勘記四百十六卷 (清)阮元撰 (清)盧宣旬摘錄 **校勘記識語四卷** (清)汪文臺撰 清嘉慶二十年(1815)南昌府學刻道光六年(1826)盱江朱華臨重校同治十二年(1873)江西書局重修本 一百二十六冊 存十一種

330000－1719－0000874 112－30 類叢部/叢書類/彙編之屬

古文七種 (清)儲欣選評 清刻本 二冊 存一種

330000－1719－0000875 112－30－1 類叢部/叢書類/彙編之屬

古文七種 (清)儲欣選評 清刻本 一冊 存一種

330000－1719－0000876 117－43 類叢部/叢書類/彙編之屬

士禮居黃氏叢書二十種 (清)黃丕烈編 清嘉慶至道光吳縣黃氏刻本 二十八冊 存十五種

330000－1719－0000877 117－4 類叢部/叢書類/自著之屬

春在堂全書三十六種 (清)俞樾撰 清同治至光緒刻光緒末彙印本 六冊 存八種

330000－1719－0000878 21－3 經部/叢編

十三經注疏 (明)□□輯 明崇禎十二年(1639)序古虞毛氏汲古閣刻本 一冊 存一種

330000－1719－0000879 125－2 史部/紀傳類/正史之屬

二十一史 清光緒十八年(1892)武林竹簡齋據乾隆四年(1739)武英殿刻本影印本 二冊 存一種

330000－1719－0000882 157－13、175－76 子部/儒家類/儒學之屬/蒙學

發蒙小品二集注釋不分卷 (清)唐惟懋編 (清)吳鳳儀注 清武林三餘堂刻本 四冊

330000－1719－0000884 88－22 子部/儒家類/儒學之屬/蒙學

國朝歷科發蒙小品六卷 (清)唐惟懋評選 清正業堂刻本 一冊 存一卷(一)

330000－1719－0000885 148－10 子部/儒家類/儒學之屬/蒙學

國朝歷科發蒙小品六卷 (清)唐惟懋評選 清乾隆四十四年(1779)書業堂刻本 二冊 存二卷(一、六)

330000－1719－0000886　219－1－2　史部/傳記類/總傳之屬/家乘

［浙江嵊州］剡北于氏正大宗譜四卷　(清)于均士　(清)于恒吉纂修　清光緒三十三年(1907)三益堂木活字印本　四冊

330000－1719－0000887　56－13　史部/職官類/官箴之屬

牧令書四種　(清)□□輯　清同治湖北崇文書局刻本　一冊　存一種

330000－1719－0000889　善18－2　子部/術數類/相宅相墓之屬

重鐫官板地理天機會元三十五卷　(唐)卜則巍撰　(明)顧乃德輯　(明)徐之鏌重編　明萬曆書林陳孫賢刻本　二冊　存二卷(一、四)

330000－1719－0000890　善17－2　集部/總集類/尺牘之屬

古今翰苑瓊琚十二卷皇明宸藻一卷　(明)楊慎輯　(明)孫鑛續輯並評　明天啓元年(1621)刻本　十五冊

330000－1719－0000891　96－14　集部/別集類/清別集

古文雜著二卷　(清)章陶撰　清道光九年(1829)章志楷木活字印本　二冊

330000－1719－0000893　109－8　集部/總集類/選集之屬/通代

古文觀止十二卷　(清)吳乘權　(清)吳大職輯　清光緒二十八年(1902)文星堂刻本　六冊

330000－1719－0000894　219－4－4　史部/傳記類/總傳之屬/家乘

［浙江嵊州］王氏宗譜八卷　(清)王鴻遇纂修　清光緒二十三年(1897)敦倫堂木活字印本　一冊　存一卷(一)

330000－1719－0000895　109－13　集部/總集類/選集之屬/通代

古文觀止十二卷　(清)吳乘權　(清)吳大職輯　清同治六年(1867)小酉山房刻本　六冊

330000－1719－0000896　219－4－2　史部/傳記類/總傳之屬/家乘

［浙江紹興］璜潭王氏宗譜□□卷　清光緒元年(1875)木活字印本　一冊　存一卷(十)

330000－1719－0000897　109－13－1　集部/總集類/選集之屬/通代

古文觀止十二卷　(清)吳乘權　(清)吳大職輯　清刻本　三冊　存六卷(三至四、七至八、十一至十二)

330000－1719－0000898　109－14　集部/總集類/選集之屬/通代

文翰齋古文觀止十二卷　(清)吳乘權　(清)吳大職輯　清光緒六年(1880)浙紹奎照樓刻本　六冊

330000－1719－0000899　善17－1B　子部/宗教類/道教之屬/雜著

雲棲蓮池祖師傳一卷　(明)虞淳熙纂　明萬曆四十三年(1615)廣碩沈大洽刻本　一冊

330000－1719－0000901　109－7、112－7　集部/總集類/選集之屬/通代

古文觀止十二卷　(清)吳乘權　(清)吳大職輯　清末石印本　二冊　存八卷(五至十二)

330000－1719－0000904　132－9　集部/總集類/選集之屬/通代

文翰齋古文觀止十二卷　(清)吳乘權　(清)吳大職輯　清光緒六年(1880)浙紹奎照樓刻本　五冊　存十卷(一至十)

330000－1719－0000905　145－11－1　經部/叢編

十三經注疏　(明)□□輯　明崇禎十二年(1639)序古虞毛氏汲古閣刻本　八冊　存一種

330000－1719－0000906　222－2－2　史部/傳記類/總傳之屬/家乘

［浙江嵊州］剡北龍山莫氏宗譜三卷　(清)□□纂修　清乾隆三十六年(1771)餘慶堂木活字印本　一冊

330000－1719－0000907　219－4－1　史部/

傳記類/總傳之屬/家乘

［浙江嵊州］呂氏宗譜二十八卷　（清）呂毓昌修　清光緒明禋堂木活字印本　十一冊　存十三卷（四、七至八、十至十一、十三、十六至十七、二十一至二十二、二十五、二十七至二十八）

330000－1719－0000908　152－33　集部/總集類/選集之屬/通代

尺木堂古文觀止十二卷　（清）吳乘權　（清）吳大職輯　清刻本　一冊　存九卷（一至九）

330000－1719－0000909　152－37　集部/總集類/選集之屬/通代

古文觀止十二卷　（清）吳乘權　（清）吳大職輯　清刻本　五冊　存十卷（三至十二）

330000－1719－0000910　152－37－1　集部/總集類/選集之屬/通代

古文觀止十二卷　（清）吳乘權　（清）吳大職輯　清刻本　二冊　存四卷（三至四、七至八）

330000－1719－0000911　152－38　集部/總集類/選集之屬/通代

古文觀止十二卷　（清）吳乘權　（清）吳大職輯　清刻本　三冊　存六卷（五至十）

330000－1719－0000913　152－39　集部/總集類/選集之屬/通代

古文觀止十二卷　（清）吳乘權　（清）吳大職輯　清上海鴻寶齋石印本　二冊　存四卷（九至十二）

330000－1719－0000914　222－2－1　史部/傳記類/總傳之屬/家乘

［浙江嵊州］許氏宗譜三卷　（清）許在炳纂修　清同治十一年（1872）木活字印本　二冊

330000－1719－0000915　152－40　集部/總集類/選集之屬/通代

增批古文觀止十二卷　（清）吳乘權　（清）吳大職輯　清光緒二十七年（1901）浙紹墨潤堂石印本　一冊　存六卷（一至六）

330000－1719－0000916　222－2－9　史部/傳記類/總傳之屬/家乘

［浙江新昌］呂氏宗譜二十八卷　（清）呂錫時纂修　清同治八年（1869）刻本　一冊　存一卷（十八）

330000－1719－0000919　109－2　集部/總集類/選集之屬/通代

古文味醇八卷　（清）孫葆年評定　清嘉慶七年（1802）既翕堂刻本　八冊

330000－1719－0000920　219－3－2　史部/傳記類/總傳之屬/家乘

［浙江嵊州］金潭過氏宗譜□□卷　清末追遠堂木活字印本　二冊　存二卷（二至三）

330000－1719－0000921　110－9　集部/總集類/選集之屬/通代

古文奇賞二十二卷　（明）陳仁錫輯　明萬曆四十六年（1618）刻本　一冊　存一卷（三）

330000－1719－0000922　219－3－3　史部/傳記類/總傳之屬/家乘

［浙江嵊州］金潭過氏宗譜□□卷　清末追遠堂木活字印本　二冊　存二卷（五、十）

330000－1719－0000923　52－13　類叢部/叢書類/自著之屬

率祖堂叢書（金仁山先生遺書）八種附六種　（宋）金履祥撰　清雍正至乾隆金華金氏刻光緒十三年（1887）鎮海謝駿德補刻本　一冊　存一種

330000－1719－0000924　善17－1A　子部/宗教類/佛教之屬/諸宗

東林蓮社十八高賢傳（東林十八高賢傳）一卷　（晉）□□撰　明天啓四年（1624）刻本　一冊

330000－1719－0000926　116－20　史部/紀事本末類/斷代之屬

遼史紀事本末四十卷　（清）李有棠撰　清光緒十九年（1893）李栘鄂樓刻本　四冊

330000－1719－0000927　219－4－5　史部/傳記類/總傳之屬/家乘

［浙江嵊州］剡城趙氏宗譜□□卷　（清）□□

纂修　清光緒元年(1875)木活字印本　一册　存一卷(三)

330000－1719－0000928　220－2－1　史部/傳記類/總傳之屬/家乘
[浙江嵊州]剡西邢氏宗譜□□卷　(清)邢蓀球纂修　清道光元年(1821)敦倫堂木活字印本　二册　存二卷(四、六)

330000－1719－0000930　166－49　集部/總集類/選集之屬/通代
古文拾級四卷　(清)□□撰　清宣統元年(1909)上海土山灣印書館鉛印本　一册

330000－1719－0000932　110－3　集部/總集類/選集之屬/通代
古文眉詮七十九卷首一卷　(清)浦起龍輯　清乾隆九年(1744)蘇州三吳書院刻本　三册　存十五卷(三十八至四十二、六十四至七十三)

330000－1719－0000934　110－4　集部/總集類/選集之屬/通代
古文眉詮七十九卷首一卷　(清)浦起龍輯　清乾隆九年(1744)蘇州三吳書院刻本　九册　存二十九卷(三至五、十八至三十、三十八至四十三、四十六至四十九、五十七至五十九)

330000－1719－0000935　219－2－1　史部/傳記類/總傳之屬/家乘
[浙江嵊州]太平邢氏宗譜二十二卷首二卷末一卷　(清)邢懷昉纂修　清光緒八年(1882)敦倫堂木活字印本　二十一册　缺七卷(三至五、七至八、十、十三)

330000－1719－0000937　220－1－1　史部/傳記類/總傳之屬/家乘
[浙江嵊州]太平邢氏宗譜二十八卷　(清)張啓蕃纂修　清宣統元年(1909)敦倫堂木活字印本　十四册　存十二卷(二至三、五、十至十一、十三、十五、二十、二十五至二十八)

330000－1719－0000938　109－6　集部/總集類/選集之屬/通代
重刊李扶九原選古文筆法百篇二十卷　(清)李扶九編集　(清)黄仁黼纂定　清羊城寶經閣刻本　四册　存十五卷(一至三、九至二十)

330000－1719－0000939　110－6　集部/總集類/選集之屬/通代
讀書堂精選古文晨書□□卷　(清)徐陳發(清)宋景琛評選　清刻本　一册　存二卷(九至十)

330000－1719－0000941　109－17　集部/總集類/選集之屬/通代
重訂古文釋義新編八卷　(清)余誠輯　清末上海廣益書局石印本　五册　存五卷(三至六、八)

330000－1719－0000946　150－9　集部/總集類/選集之屬/通代
古文輯注八卷　(清)朱良玉編訂　清雍正十年(1732)英秀堂刻本　三册　缺二卷(七至八)

330000－1719－0000947　219－3－1　史部/傳記類/總傳之屬/家乘
[浙江嵊州]邢氏東派宗譜十六卷　(清)邢佳銘纂修　清光緒十五年(1889)敦倫堂木活字印本　五册　存十卷(一至六、十二、十四至十六)

330000－1719－0000948　106－11　集部/總集類/選集之屬/通代
古文辭類纂七十四卷　(清)姚鼐輯　清同治八年(1869)江蘇書局刻本　十二册　存七十一卷(一至三十二、三十六至七十四)

330000－1719－0000949　220－2－2、220－3－1　史部/傳記類/總傳之屬/家乘
[浙江嵊州]義門崇仁裘氏宗譜二十八卷附一卷　(清)裘大松等纂修　清光緒八年(1882)敦敘堂木活字印本　二十八册　缺三卷(鴻、昨、族)

330000－1719－0000951　220－3－3　史部/傳記類/總傳之屬/家乘

[浙江嵊州]剡西富潤張氏宗譜不分卷　(清)張恭贇等纂修　清道光二十八年(1848)木活字印本　一冊

330000－1719－0000952　107－25　集部/總集類/選集之屬/通代
古文辭類纂七十四卷　(清)姚鼐輯　清刻本　一冊　存六卷(四至九)

330000－1719－0000954　157－26　集部/總集類/選集之屬/通代
古文辭類纂十五卷　(清)姚鼐輯　**續古文辭類纂十卷**　王先謙輯　清光緒十六年(1890)上海文瑞樓鉛印本　二冊　存五卷(一至五)

330000－1719－0000955　220－2－3　史部/傳記類/總傳之屬/家乘
[浙江嵊州]江南義門珠溪鄭氏譜圖不分卷　清順治木活字印本　一冊

330000－1719－0000956　196－11　集部/總集類/選集之屬/通代
古文辭類纂七十四卷　(清)姚鼐輯　清末上海商務印書館鉛印本　一冊　存七卷(六十八至七十四)

330000－1719－0000957　149－10　集部/別集類/清別集
陳檢討詩鈔八卷文集十二卷　(清)陳維崧撰　(清)蔣景祁等輯　清康熙二十三年(1684)天藜閣刻本　四冊　存十二卷(文集一至十二)

330000－1719－0000958　219－1－5　史部/傳記類/總傳之屬/家乘
[浙江嵊州]桂巖應氏宗譜□□卷　清咸豐六年(1856)木活字印本　一冊　存一卷(四)

330000－1719－0000959　220－3－2　史部/傳記類/總傳之屬/家乘
[浙江嵊州]桂巖應氏宗譜八卷　(清)應徵庸　(清)應錫珍纂修　清道光五年(1825)木活字印本　五冊　存五卷(一、三、五、七至八)

330000－1719－0000960　112－6　集部/總集類/選集之屬/通代
古文翼八卷　(清)唐德宜輯並評　(清)季福褱重訂　清刻本　一冊　存二卷(七至八)

330000－1719－0000963　46－7　類叢部/叢書類/彙編之屬
崇文書局彙刻書三十一種　(清)崇文書局編　清光緒元年至三年(1875－1877)湖北崇文書局刻本　四冊　存一種

330000－1719－0000964　82－29　類叢部/類書類/通類之屬
古事比五十二卷　(清)方中德輯　清光緒十九年(1893)上海寶善書局石印本　六冊

330000－1719－0000966　113－3　集部/總集類/選集之屬/通代
古詩源十四卷　(清)沈德潛輯　清嘉慶八年(1803)西山堂刻本　四冊

330000－1719－0000967　113－4　集部/總集類/選集之屬/通代
評選古詩源四卷　(清)沈德潛評選　清光緒十八年(1892)湘南文章書局刻本　四冊

330000－1719－0000968　24－4　類叢部/叢書類/彙編之屬
古香齋袖珍十種　清同治至光緒南海孔氏刻本　二十四冊　存一種

330000－1719－0000969　113－2　集部/總集類/選集之屬/通代
古唐詩合解古詩四卷唐詩十二卷　(清)王堯衢注　清容德堂刻本　二冊　存四卷(唐詩一至四)

330000－1719－0000970　113－7　集部/總集類/選集之屬/通代
古唐詩合解古詩四卷唐詩十二卷　(清)王堯衢注　清光緒九年(1883)刻本　六冊

330000－1719－0000971　113－6　集部/總集類/選集之屬/通代
古唐詩合解古詩四卷唐詩十二卷　(清)王堯衢注　清刻本　二冊　存五卷(唐詩三至七)

330000－1719－0000972　113－8　集部/總

集類/選集之屬/通代

古唐詩合解古詩四卷唐詩十二卷 （清）王堯衢注 清刻本 一册 存三卷（唐詩五至七）

330000－1719－0000973 113－9 集部/總集類/選集之屬/通代

古唐詩合解古詩四卷唐詩十二卷 （清）王堯衢注 清光緒二十年（1894）澹雅書局刻本 四册 存十一卷（古詩一至四、唐詩一至七）

330000－1719－0000974 113－11 集部/總集類/選集之屬/通代

古唐詩合解古詩四卷唐詩十二卷 （清）王堯衢注 清光緒十八年（1892）兩儀堂刻本 二册 存四卷（唐詩一至二、六至七）

330000－1719－0000975 113－13 集部/總集類/選集之屬/通代

古唐詩合解古詩四卷唐詩十二卷 （清）王堯衢注 清刻本 三册 存四卷（古詩一至四）

330000－1719－0000976 113－14 集部/總集類/選集之屬/通代

古唐詩合解古詩四卷唐詩十二卷 （清）王堯衢注 清道光二十五年（1845）德華堂刻本 五册 存十四卷（古詩一至四，唐詩一至二、五至十二）

330000－1719－0000977 113－15 集部/總集類/選集之屬/通代

古唐詩合解古詩四卷唐詩十二卷 （清）王堯衢注 清刻本 三册 存七卷（唐詩五至十一）

330000－1719－0000978 113－43 集部/總集類/選集之屬/通代

古唐詩合解古詩四卷唐詩十二卷 （清）王堯衢注 清刻本 四册 存十二卷（古詩一至四，唐詩三至七、十至十二）

330000－1719－0000982 219－1－3 史部/傳記類/總傳之屬/家乘

［浙江嵊州］剡北桐亭李氏宗譜八卷 （清）李守純纂修 清光緒十八年（1892）永思堂木活字印本 一册 存一卷（一）

330000－1719－0000983 219－4－3 史部/傳記類/總傳之屬/家乘

［浙江嵊州］剡北張氏六修宗譜□□卷 （清）□□纂修 清光緒二十八年（1902）追遠堂木活字印本 二册 存二卷（七至八）

330000－1719－0000986 222－2－7 史部/傳記類/總傳之屬/家乘

［浙江嵊州］羅氏家譜三卷 （清）羅源蔭纂修 清道光二十六年（1846）木活字印本 三册

330000－1719－0000989 219－1－1 史部/傳記類/總傳之屬/家乘

［浙江嵊州］開元周氏宗譜不分卷 清光緒五年（1879）木活字印本 八册

330000－1719－0000992 220－1－3 史部/傳記類/總傳之屬/家乘

［浙江嵊州］蒼巖俞氏宗譜□□卷 清咸豐二年（1852）崇本堂木活字印本 一册 存一卷（十八）

330000－1719－0000994 219－4－8 史部/傳記類/總傳之屬/家乘

［浙江嵊州］剡北龍山莫氏宗譜三卷 （清）莫森纂修 清道光二十五年（1845）餘慶堂木活字印本 一册

330000－1719－0000995 222－1－3 史部/傳記類/總傳之屬/家乘

［浙江嵊州］剡城趙氏宗譜□□卷 （清）□□纂修 清光緒二十一年（1895）木活字印本 二册 存二卷（四至五）

330000－1719－0000996 46－10 史部/傳記類/總傳之屬/列女

古列女傳八卷 （漢）劉向撰 清刻本 一册 存四卷（一至四）

330000－1719－0000997 167－32 集部/總集類/選集之屬

句東試帖注釋四卷 （清）周世緒輯 清道光五年（1825）賦槑書屋刻本 一册 存一卷（二）

330000－1719－0000998 159－38 子部/小

說家類/異聞之屬

可驚可愕集四卷　(清)杜鄉漁隱撰　清末石印本　一册　存一卷(四)

330000－1719－0000999　152－31　集部/總集類/課藝之屬

可揣摩不分卷　(清)陶樑等撰　清嘉慶十五年(1810)刻本　一册

330000－1719－0001002　46－3　史部/傳記類/總傳之屬/仕宦

史外八卷　(清)汪有典撰　清刻本　三册　存三卷(二、四、八)

330000－1719－0001008　24－2　史部/紀傳類/正史之屬

二十四史附考證　清光緒十年(1884)上海同文書局據乾隆四年(1739)武英殿刻本影印本　十二册　存一種

330000－1719－0001012　24－3　史部/紀傳類/正史之屬

四史　清光緒二十四年(1898)上海點石齋石印本　六册　存一種

330000－1719－0001013　25－10　史部/紀傳類/正史之屬

二十一史　清光緒十八年(1892)武林竹簡齋據乾隆四年(1739)武英殿刻本影印本　八册　存一種

330000－1719－0001014　115－28　集部/總集類/課藝之屬

詁經精舍三集經解二卷辭賦三卷戊辰己巳庚午年官師課合刻六卷四集十六卷續選一卷六集十二卷　(清)俞樾編　清同治六年至九年(1867－1870)、光緒五年(1879)刻本　十三册　缺十八卷(三集戊辰年上,四集一至二、六至十四,六集一至二、九至十二)

330000－1719－0001019　125－14　子部/叢編

二十五子彙函(子書二十五種)　(清)鴻文書局編　清光緒十九年(1893)上海鴻文書局石印本　十二册　存十二種

330000－1719－0001020　119－2　史部/紀傳類/正史之屬

二十四史　清同治至光緒五省官書局據汲古閣本等合刻光緒五年(1879)湖北書局彙印本　十册　存一種

330000－1719－0001021　143－7　史部/紀傳類/正史之屬

十七史　(明)毛晉編　清刻本　一百四十四册　存八種

330000－1719－0001022　143－6　史部/紀傳類/正史之屬

史記一百三十卷　(漢)司馬遷撰　(南朝宋)裴駰集解　(唐)司馬貞索隱　(唐)張守節正義　明崇禎十三年(1640)芸暉閣刻本　七册　存三十四卷(一至二、十五至十七、二十七至二十八、三十三至三十八、四十七至五十三、六十二至六十九、一百二十五至一百三十)

330000－1719－0001023　143－5　史部/紀傳類/正史之屬

史記一百三十卷　(漢)司馬遷撰　(南朝宋)裴駰集解　(唐)司馬貞索隱　(唐)張守節正義　明末刻本　二册　存六卷(一、四十七至五十一)

330000－1719－0001024　143－11　史部/紀傳類/正史之屬

史記一百三十卷　(漢)司馬遷撰　(南朝宋)裴駰集解　清刻本　二册　存十四卷(六十九至八十二)

330000－1719－0001025　133－1　史部/紀傳類/正史之屬

史記評林一百三十卷　(明)凌稚隆輯　清刻本　八册　存三十一卷(十三至十四、十九至二十二、六十九至七十四、八十二至九十五、一百十八至一百二十二)

330000－1719－0001026　151－2　史部/紀傳類/正史之屬

史漢評林二種　(明)凌稚隆輯　明萬曆烏程凌氏刻本　十二册　存一種

330000－1719－0001027　98－13　集部/別集類/清別集
壺盦類稿五種　(清)胡念修撰　清光緒杭州刻彙印本　三冊　存一種

330000－1719－0001028　161－19　子部/術數類/相宅相墓之屬
陽宅三要四卷　(清)趙廷楝撰　清亦西齋刻本　二冊

330000－1719－0001031　166－65　史部/史抄類
史記菁華錄六卷　(清)姚祖恩輯　清光緒二十二年(1896)上海書局石印本　六冊

330000－1719－0001033　47－20　史部/史抄類
史記菁華錄六卷　(清)姚祖恩輯　清末上海錦章圖書局石印本　二冊　存二卷(一、六)

330000－1719－0001034　69－10　史部/史評類/史論之屬
史論正鵠二集四卷　(清)王樹敏評點　清光緒二十七年(1901)上海久敬齋石印本　四冊

330000－1719－0001035　69－10－1　史部/史評類/史論之屬
史論正鵠二集四卷　(清)王樹敏評點　清光緒二十七年(1901)上海久敬齋石印本　四冊

330000－1719－0001036　69－8　史部/史評類/史論之屬
史論正鵠初集四卷　(清)王樹敏評點　清光緒二十七年(1901)上海久敬齋石印本　四冊

330000－1719－0001037　69－8－1　史部/史評類/史論之屬
史論正鵠初集四卷　(清)王樹敏評點　清光緒二十七年(1901)上海久敬齋石印本　四冊

330000－1719－0001038　164－41　史部/史評類/史論之屬
史論彙選甲編八卷乙編八卷　呂景端編　清末石印本　一冊　存三卷(六至八)

330000－1719－0001039　69－18　史部/史評類/史論之屬
漢史餘二十卷補錄一卷附錄揭庋韓先生註一卷　(清)陳堯松撰　(清)慶颸注　清同治三年(1864)竹平安齋刻本　六冊

330000－1719－0001040　47－14　史部/史抄類
史緯三百三十卷首一卷　(清)陳允錫輯　清末文來書局石印本　四十八冊　缺五十三卷(一至六、四十三至四十九、七十三至八十九、一百四十一至一百四十五、一百九十七至二百一、二百二十二至二百二十六、二百六十八至二百七十五)

330000－1719－0001041　138－1　史部/史抄類
史緯三百三十卷首一卷　(清)陳允錫輯　清康熙三十三年(1694)刻本　六十三冊　存二百十六卷(一至十五、十九至二十八、三十三至三十六、四十七至五十一、五十七至六十一、六十九至七十七、八十三至九十五、一百至一百八、一百十五至一百二十、一百二十四至一百二十七、一百三十二至一百四十五、一百四十九至一百五十七、一百六十一至一百八十六、一百九十五至二百十七、二百二十至二百二十四、二百三十至二百三十六、二百四十三至二百五十一、二百五十七至二百五十九、二百六十二至二百七十、二百七十五至二百七十七、二百八十二至二百九十二、三百四至三百六、三百九至三百十七、三百二十六至三百三十)

330000－1719－0001042　172－33　史部/史抄類
史緯三百三十卷首一卷　(清)陳允錫輯　清光緒二十九年(1903)文來書局石印本　六十冊

330000－1719－0001043　159－56　史部/史評類/史論之屬
史學論不分卷　(清)顧炎武選　清光緒二十四年(1898)石印本　一冊

330000－1719－0001044　69－5　史部/史評

類/史論之屬

史論正鵠三集八卷 (清)王樹敏評點 清光緒二十七年(1901)上海久敬齋石印本 六冊 缺二卷(四、八)

330000－1719－0001045 69－2 史部/史評類/史論之屬

史通削繁四卷 (清)紀昀撰 清光緒元年(1875)湖北崇文書局刻本 四冊

330000－1719－0001046 69－2－1 史部/史評類/史論之屬

史通削繁四卷 (清)紀昀撰 清光緒元年(1875)湖北崇文書局刻本 四冊

330000－1719－0001047 132－7 史部/史評類/史論之屬

史通削繁四卷 (清)紀昀撰 清道光十三年(1833)涿州盧坤兩廣節署刻朱墨套印本 二冊 存二卷(一、四)

330000－1719－0001048 69－1 史部/史評類/史論之屬

史通通釋二十卷附一卷 (清)浦起龍撰 清光緒十九年(1893)上海棋盤街文瑞樓石印本 八冊

330000－1719－0001049 157－39 經部/叢編

重刊宋本十三經注疏七十五卷附十三經注疏校勘記七十五卷 (清)阮元撰 (清)盧宣旬摘錄 **校勘記識語四卷** (清)汪文臺撰 清光緒二十四年(1898)上海點石齋石印本 十八冊 存九種

330000－1719－0001050 125－6 史部/紀傳類/正史之屬

二十一史 清光緒十八年(1892)武林竹簡齋據乾隆四年(1739)武英殿刻本影印本 一百五十四冊 存十八種

330000－1719－0001051 25－12 史部/紀傳類/正史之屬

二十四史附考證 清光緒二十八年(1902)武林竹簡齋據乾隆四年(1739)武英殿刻本影印本 一百六十四冊 存十八種

330000－1719－0001052 88－14 類叢部/類書類/通類之屬

淵鑑類函四百五十卷目錄四卷 (清)張英 (清)王士禛等輯 清光緒二十三年(1897)上海點石齋刻本 七冊 存二十二卷(八十七至一百五、一百九至一百十一)

330000－1719－0001053 89－7 類叢部/類書類/專類之屬

佩文韻府一百六卷 (清)張玉書 (清)蔡升元等輯 **韻府拾遺一百六卷** (清)汪灝 (清)何焯等輯 清光緒八年(1882)上海點石齋石印本 九冊 存二百一卷(一至四十八、六十至一百六,韻府拾遺一至一百六)

330000－1719－0001054 24－5 史部/紀傳類/正史之屬

二十四史附考證 清光緒上海點石齋石印本 三十一冊 存五種

330000－1719－0001055 105－5 子部/儒家類/儒學之屬/經濟

皇朝經世文編一百二十卷姓名總目二卷 (清)賀長齡輯 清光緒十三年(1887)上海點石齋石印本 十二冊

330000－1719－0001056 45－10 史部/傳記類/總傳之屬/斷代

國朝先正事略六十卷 (清)李元度撰 清光緒十三年(1887)上海點石齋石印本 八冊

330000－1719－0001057 53－1 史部/政書類/儀制之屬/典禮

南巡盛典一百二十卷 (清)高晉等纂修 清光緒八年(1882)上海點石齋石印本 七冊 存一百十一卷(一至六十五、七十五至一百二十)

330000－1719－0001058 162－11 經部/四書類/總義之屬/傳說

四書題鏡不分卷 (清)汪鯉翔撰 清乾隆九年(1744)刻本 五冊

330000－1719－0001059 89－14 集部/小

說類/短篇之屬

後聊齋十二卷 (清)王韜撰 清光緒二十九年(1903)上海點石齋石印本 一冊 存三卷(一至三)

330000－1719－0001060 156－34 史部/傳記類/科舉録之屬

直墨采真□□卷 京都大學評選 清光緒三十年(1904)上海點石齋石印本 一冊 存目錄

330000－1719－0001061 136－4 類叢部/類書類/通類之屬

策學備纂續集四卷 (清)宋徵獻等輯 清光緒二十年(1894)上海點石齋石印本 一冊 存一卷(三)

330000－1719－0001062 38－24 史部/編年類/斷代之屬

御撰資治通鑑綱目三編二十卷 (清)張廷玉等撰 清光緒十三年(1887)上海點石齋石印本 二冊 存四卷(一至四)

330000－1719－0001063 133－5 經部/群經總義類/文字音義之屬

經籍籑詁一百六卷首一卷 (清)阮元撰 清光緒九年(1883)上海點石齋石印本 一冊 存二卷(首、一)

330000－1719－0001064 23－20 經部/小學類/音韻之屬/韻書

增廣詩韻合璧六卷 (清)湯祥瑟輯 清光緒十三年(1887)上海點石齋石印本 六冊

330000－1719－0001065 14－20 經部/叢編

五經體注大全五種四十卷 (清)嚴氏家塾主人輯 清光緒十年(1884)上海點石齋石印本 五冊 存三種

330000－1719－0001066 140－8 經部/小學類/文字之屬/說文

說文解字注十五卷附六書音韻表五卷 (清)段玉裁撰 **說文通檢十四卷首一卷末一卷** (清)黎永椿編 **說文解字注匡謬八卷** (清)徐承慶撰 清光緒十二年(1886)上海點石齋石印本 九冊

330000－1719－0001067 136－2 類叢部/類書類/通類之屬

策學備纂三十二卷首一卷 (清)蔡啟盛 (清)吳潁炎等輯 清光緒二十六年(1900)上海點石齋石印本 四十四冊 存八卷(首、一至七)

330000－1719－0001068 158－46 經部/叢編

重刊宋本十三經注疏七十五卷附十三經注疏校勘記七十五卷 (清)阮元撰 (清)盧宣旬摘錄 **校勘記識語四卷** (清)汪文臺撰 清光緒十三年(1887)上海點石齋石印本 一冊 存一種

330000－1719－0001069 14－10 類叢部/叢書類/彙編之屬

經策通纂二種 (清)吳潁炎 (清)陳遹聲等纂 清光緒十三年(1887)上海點石齋石印本 二十三冊 存一種

330000－1719－0001070 63－27 新學/格致總

時務通考三十一卷首一卷目錄一卷續編三十一卷目錄一卷 (清)王奇英等編 清光緒二十三年至二十七年(1897－1901)上海點石齋石印本 三十五冊 缺十二卷(十四至十六、二十四,續編十三至十五、十七至十八、二十至二十二)

330000－1719－0001071 162－36 經部/四書類/總義之屬/傳說

四書題鏡不分卷 (清)汪鯉翔撰 清刻本 四冊

330000－1719－0001072 188－77 類叢部/叢書類/彙編之屬

經策通纂二種 (清)吳潁炎 (清)陳遹聲等纂 清光緒十四年(1888)上海點石齋石印本 三十二冊 存一種

330000－1719－0001078 12－6 經部/春秋

左傳類/傳說之屬
左傳選讀□□卷 (清)儲欣評選 清鉛印本 一冊 存一卷(二)

330000－1719－0001079 161－43 經部/禮記類/傳說之屬
禮記增訂旁訓六卷 (清)徐立綱撰 清墨潤堂刻本 一冊 存一卷(二)

330000－1719－0001080 9－4 經部/春秋左傳類/傳說之屬
左繡三十卷首一卷 (清)馮李驊 (清)陸浩評輯 清華川書屋刻本 十三冊 存三十卷(首,一至十三、十五至三十)

330000－1719－0001081 115－42 集部/總集類/課藝之屬
青雲集分韻試帖詳註四卷 (清)楊逢春 (清)蕭應櫆輯 (清)沈品華等註 清光緒十四年(1888)永康胡氏退補齋刻本 四冊

330000－1719－0001082 善6－7 史部/紀傳類/正史之屬
宋史四百九十六卷目錄三卷 (元)脫脫等撰 明成化七年至十六年(1471－1480)朱英刻明清南京國子監遞修本 四十五冊 存一百九十卷(一至四十七、二百十至二百十六、二百五十二、二百三十九、二百七十至三百十四、三百三十至三百三十三、三百三十九至三百四十二、三百四十八至三百五十二、三百五十七至四百八、四百十四至四百二十三、四百八十二至四百八十七、四百九十二至四百九十六,目錄一至三)

330000－1719－0001083 12－5 經部/春秋公羊傳類/傳說之屬
春秋公羊傳二十八卷 (漢)何休學 (明)金蟠訂 清永懷堂刻本 三冊

330000－1719－0001084 12－4 經部/春秋公羊傳類/傳說之屬
春秋公羊傳十一卷 (漢)何休注 (唐)陸德明音義 清光緒三年(1877)永康胡氏退補齋刻本 六冊

330000－1719－0001085 12－9 經部/春秋穀梁傳類/傳說之屬
春秋穀梁傳十二卷 (晉)范甯集解 (唐)陸德明音義 清光緒三年(1877)永康胡氏退補齋刻本 四冊

330000－1719－0001086 86－7 集部/總集類/選集之屬/斷代
唐四家詩集二十卷附二種 (清)胡鳳丹輯 清同治九年(1870)永康胡氏退補齋刻本 一冊 存一種

330000－1719－0001087 42－1 史部/雜史類/斷代之屬
戰國策三十三卷 (漢)高誘注 **札記三卷** (清)黃丕烈撰 清光緒三年(1877)永康胡氏退補齋刻本 四冊 存三十三卷(戰國策一至三十三)

330000－1719－0001088 6－5 經部/禮記類/傳說之屬
禮記集說十卷 (元)陳澔撰 清光緒三年(1877)永康胡氏退補齋刻本 八冊

330000－1719－0001089 13－1 經部/孝經類/傳說之屬
孝經一卷附刊誤一卷 (唐)玄宗李隆基注 (唐)陸德明音義 清光緒三年(1877)永康胡氏退補齋刻本 一冊

330000－1719－0001090 3－22 經部/周禮類/傳說之屬
周禮十二卷 (漢)鄭玄注 (唐)陸德明音義 清光緒三年(1877)永康胡氏退補齋刻本 五冊

330000－1719－0001091 96－12 類叢部/叢書類/彙編之屬
廣雅書局叢書一百五十九種 徐紹棨編 清光緒廣雅書局刻民國九年(1920)番禺徐紹棨彙編重印本 九冊 存五種

330000－1719－0001093 165－7 子部/儒家類/儒學之屬/性理
呂語集粹四卷首一卷 (清)陳宏謀評輯 清

宣統元年(1909)上海文瑞樓石印本　一册　存二卷(三至四)

330000－1719－0001095　114－15　類叢部/叢書類/家集之屬

河南程氏全書六種　(宋)程顥　(宋)程頤撰　(宋)朱熹編　清刻本　六册　存二種

330000－1719－0001096　168－26　子部/儒家類/儒學之屬/性理

呂語集粹四卷首一卷　(清)陳宏謀評輯　清宣統元年(1909)上海文瑞樓石印本　二册

330000－1719－0001097　156－67　史部/編年類/通代之屬

綱鑑正史約三十六卷附記一卷　(明)顧錫疇撰　(清)陳弘謀增訂　**甲子紀元一卷**　(清)陳弘謀撰　清光緒二十八年(1902)上海古香閣石印本　五册

330000－1719－0001098　19－23　經部/四書類/總義之屬/傳說

增補四書人物聚考二十二卷　(明)鍾惺增訂　(明)黄澍糸訂　清乾隆龍江書屋修文堂刻本　二册　存二卷(二、四)

330000－1719－0001099　3－24、68－4、80－20、81－10、85－17、85－18、89－25、89－32　類叢部/叢書類/彙編之屬

崇文書局彙刻書三十一種　(清)崇文書局編　清光緒元年至三年(1875－1877)湖北崇文書局刻本　十三册　存八種

330000－1719－0001100　56－17、96－30、147－2　史部/職官類/官箴之屬

牧令書四種　(清)□□輯　清同治湖北崇文書局刻本　十四册

330000－1719－0001101　56－15　史部/職官類/官箴之屬

學治臆說二卷學治續說一卷說贅一卷　(清)汪輝祖撰　清同治七年(1868)崇文書局刻本　二册

330000－1719－0001102　56－15－1　史部/職官類/官箴之屬

學治臆說二卷學治續說一卷說贅一卷　(清)汪輝祖撰　清同治七年(1868)崇文書局刻本　一册　存二卷(續說、說贅)

330000－1719－0001103　34－32　史部/雜史類/斷代之屬

戰國策三十三卷　(漢)高誘注　**札記三卷**　(清)黄丕烈撰　清同治八年(1869)湖北崇文書局刻本　五册

330000－1719－0001104　62－16－1　史部/政書類/邦計之屬/荒政

欽定康濟錄四卷　(清)陸曾禹撰　(清)倪國璉釐正　清同治八年(1869)楚北崇文書局刻本　四册

330000－1719－0001105　62－16　史部/政書類/邦計之屬/荒政

欽定康濟錄四卷　(清)陸曾禹撰　(清)倪國璉釐正　清同治八年(1869)楚北崇文書局刻本　四册

330000－1719－0001106　70－31　子部/叢編

子書百家　(清)崇文書局編　清光緒元年(1875)湖北崇文書局刻本　四册　存一種

330000－1719－0001107　70－36　子部/儒家類/儒學之屬/勸學

程氏家塾讀書分年日程三卷綱領一卷　(元)程端禮撰　清同治七年(1868)湖北崇文書局刻本　四册

330000－1719－0001108　96－40　集部/別集類/清別集

有正味齋賦二卷　(清)吳錫麒撰　清道光四年(1824)務本堂刻本　二册

330000－1719－0001109　63－3　史部/政書類/邦計之屬/荒政

荒政輯要九卷首一卷　(清)汪志伊纂　清同治八年(1869)楚北崇文書局刻本　二册

330000－1719－0001110　117－1　史部/政書類/儀制之屬/典禮

皇朝祭器樂舞錄二卷　(清)徐暢達輯　清同

治十年(1871)楚北崇文書局刻本　二册

330000－1719－0001111　118－1、119－1　史部/紀傳類/正史之屬

二十四史　清同治至光緒五省官書局據汲古閣本等合刻光緒五年(1879)湖北書局彙印本　五十八册　存二種

330000－1719－0001112　96－6　集部/别集類/清别集

有正味齋集十六卷　(清)吳錫麒撰　清刻本　二册　存八卷(九至十六)

330000－1719－0001113　75－33　子部/醫家類/溫病之屬/其他溫疫病證

溫熱經緯五卷　(清)王士雄撰　清同治十三年(1874)湖北崇文書局刻本　四册

330000－1719－0001114　70－41　子部/叢編

子書百家　(清)崇文書局編　清光緒元年(1875)湖北崇文書局刻本　一册　存二種

330000－1719－0001115　6－3、132－5　經部/叢編

御纂七經二百九十四卷　(清)李光地等撰　清同治十年(1871)湖北崇文書局刻本　十二册　存一種

330000－1719－0001116　52－14　史部/地理類/方志之屬/郡縣志

[正德]武功縣志三卷首一卷　(明)康海纂　(清)孫景烈評註　清同治十二年(1873)湖北崇文書局刻本　一册

330000－1719－0001117　34－25　子部/叢編

子書百家　(清)崇文書局編　清光緒元年(1875)湖北崇文書局刻本　四册　存一種

330000－1719－0001118　34－25－1　子部/叢編

子書百家　(清)崇文書局編　清光緒元年(1875)湖北崇文書局刻本　四册　存一種

330000－1719－0001119　77－22　子部/叢編

子書百家　(清)崇文書局編　清光緒元年(1875)湖北崇文書局刻本　四册　存一種

330000－1719－0001120　79－24　子部/叢編

子書百家　(清)崇文書局編　清光緒元年(1875)湖北崇文書局刻本　一册　存一種

330000－1719－0001121　79－24－1　子部/叢編

子書百家　(清)崇文書局編　清光緒元年(1875)湖北崇文書局刻本　一册　存一種

330000－1719－0001122　70－7、116－26　子部/儒家類/儒學之屬/禮教

五種遺規　(清)陳弘謀輯並撰　清光緒二十一年(1895)浙江書局刻本　七册　存四種

330000－1719－0001123　162－38－1　子部/叢編

子書百家　(清)崇文書局編　清光緒元年(1875)湖北崇文書局刻本　一册　存四種

330000－1719－0001124　148－1　子部/雜著類/雜説之屬

池北偶談二十六卷　(清)王士禛撰　清康熙三十九年(1700)臨汀郡署刻本　七册　缺二卷(十四至十五)

330000－1719－0001126　38－14　集部/總集類/選集之屬/斷代

國朝文錄初編四十種　(清)李祖陶編　清刻本　一册　存二種

330000－1719－0001127　56－1　子部/儒家類/儒學之屬/禮教

五種遺規摘鈔　(清)陳弘謀輯並撰　(清)劉肇紳摘抄　清同治七年(1868)楚北崇文書局刻本　二册　存一種

330000－1719－0001128　56－1－1　子部/儒家類/儒學之屬/禮教

五種遺規摘鈔　(清)陳弘謀輯並撰　(清)劉肇紳摘抄　清同治七年(1868)楚北崇文書局刻本　二册　存一種

330000－1719－0001130　33－7　史部/編年類/通代之屬

綱鑑正史約三十六卷　(明)顧錫疇撰　(清)陳弘謀增訂　**甲子紀元一卷**　(清)陳弘謀撰　清同治八年(1869)浙江書局刻本　二十冊

330000－1719－0001131　145－7　史部/編年類/通代之屬

綱鑑正史約三十六卷　(明)顧錫疇撰　(清)陳弘謀增訂　**甲子紀元一卷**　(清)陳弘謀撰　清同治八年(1869)浙江書局刻本　二十冊

330000－1719－0001132　82－22　子部/儒家類/儒學之屬/禮教

五種遺規　(清)陳弘謀輯並撰　清刻本　一冊　存一種

330000－1719－0001133　149－12　集部/別集類/清別集

培遠堂手札節存三卷　(清)陳弘謀撰　清光緒二十五年(1899)浙江官書局刻朱墨套印本　一冊

330000－1719－0001134　95－25　集部/別集類/清別集

培遠堂手札節存三卷　(清)陳弘謀撰　清光緒二十五年(1899)浙江官書局刻朱墨套印本　一冊　存一卷(二)

330000－1719－0001135　36－16　史部/編年類/通代之屬

綱鑑正史約三十六卷　(明)顧錫疇撰　(清)陳弘謀增訂　**甲子紀元一卷**　(清)陳弘謀撰　清同治八年(1869)浙江書局刻本　一冊　存二卷(三至四)

330000－1719－0001136　175－58　子部/儒家類/儒學之屬/禮教

五種遺規　(清)陳弘謀輯並撰　清刻本　一冊　存一種

330000－1719－0001137　70－19、116－23、148－5　子部/儒家類/儒學之屬/禮教

五種遺規　(清)陳弘謀輯並撰　清謝文藝齋刻本　五冊　存三種

330000－1719－0001139　82－25　子部/儒家類/儒學之屬/禮教

五種遺規　(清)陳弘謀輯並撰　清光緒二十年(1894)會稽徐氏刻本　一冊　存一種

330000－1719－0001140　116－33　子部/儒家類/儒學之屬/禮教

五種遺規　(清)陳弘謀輯並撰　清末石印本　二冊　存一種

330000－1719－0001141　82－12　子部/儒家類/儒學之屬/禮教

五種遺規摘鈔　(清)陳弘謀輯並撰　(清)劉肇紳摘抄　清末廣益書莊石印本　五冊

330000－1719－0001145　122－3　史部/紀傳類/正史之屬

十七史　(明)毛晉編　明崇禎元年至十七年(1628－1644)琴川毛氏汲古閣刻清順治五年至十三年(1648－1656)補刻本　十五冊　存二種

330000－1719－0001146　121－1　史部/紀傳類/正史之屬

二十四史　清同治至光緒五省官書局據汲古閣本等合刻光緒五年(1879)湖北書局彙印本　八十冊　存十種

330000－1719－0001147　85－19　集部/楚辭類

楚辭章句十七卷　(漢)王逸撰　(宋)洪興祖補注　清光緒九年(1883)長沙書堂山館刻本　六冊

330000－1719－0001148　124－13　史部/紀傳類/正史之屬

二十四史　清末韓江書局刻本　一冊　存一種

330000－1719－0001149　20－10　經部/叢編

十三經注疏　(明)□□輯　清光緒八年(1882)崇德書院刻本　三冊　存一種

330000－1719－0001150　20－4　經部/叢編

十三經注疏　(明)□□輯　清嘉慶十六年

(1811)書業堂仿汲古閣刻本　四冊　存一種

330000－1719－0001151　125－3　史部/紀傳類/正史之屬
二十四史　清末石印本　六冊　存一種

330000－1719－0001152　18－25　經部/四書類/總義之屬/傳說
易簡堂四書遵註合講十九卷附圖說一卷　(清)翁復編　清嘉慶十七年(1812)養性軒刻本　六冊

330000－1719－0001153　18－24　經部/四書類/總義之屬/傳說
酌雅齋四書遵註合講十九卷附圖說一卷　(清)翁復編　清刻本　六冊

330000－1719－0001154　18－30　經部/四書類/總義之屬/傳說
酌雅齋四書遵註合講十九卷附圖說一卷　(清)翁復編　清刻本　六冊

330000－1719－0001155　18－26　經部/四書類/總義之屬/傳說
易簡堂四書遵註合講十九卷附圖說一卷　(清)翁復編　清刻本　二冊　存十一卷(論語一至十、圖說)

330000－1719－0001156　18－33　經部/四書類/總義之屬/傳說
酌雅齋四書遵註合講十九卷附圖說一卷　(清)翁復編　清刻本　六冊

330000－1719－0001157　18－30－1　經部/四書類/總義之屬/傳說
酌雅齋四書遵註合講十九卷附圖說一卷　(清)翁復編　清刻本　一冊　存三卷(孟子一至三)

330000－1719－0001158　148－4　類叢部/叢書類/彙編之屬
宜稼堂叢書七種　(清)郁松年編　清道光二十年至二十二年(1840－1842)上海郁氏刻本　二十四冊　存二種

330000－1719－0001160　39－7　史部/紀事本末類
歷朝紀事本末九種　(清)陳如升　(清)朱記榮輯　清光緒十四年(1888)上海書業公所鉛印本(遼史紀事本末、金史紀事本末配清光緒二十八年上海著易堂書局鉛印本)　三十冊　存七種

330000－1719－0001161　38－1　史部/紀事本末類
歷朝紀事本末九種　(清)陳如升　(清)朱記榮輯　清光緒二十一年(1895)上海積山書局石印本　三十八冊　存七種

330000－1719－0001162　140－7　史部/紀事本末類
歷朝紀事本末九種　(清)陳如升　(清)朱記榮輯　清光緒二十一年(1895)上海積山書局石印本　二十七冊　存七種

330000－1719－0001163　39－13　史部/紀事本末類
歷朝紀事本末九種　(清)陳如升　(清)朱記榮輯　(清)慎記主人增輯　清光緒二十九年(1903)上海文林書局石印本　三十五冊　缺七十四卷(通鑑紀事本末一至七、四十八至七十五、一百七十三至一百九十一,宋史紀事本末五十七至七十六)

330000－1719－0001164　39－13－1　史部/紀事本末類
歷朝紀事本末九種　(清)陳如升　(清)朱記榮輯　(清)慎記主人增輯　清光緒二十九年(1903)上海文林書局石印本　二十二冊　存六種

330000－1719－0001165　116－22　史部/紀事本末類/斷代之屬
遼史紀事本末四十卷　(清)李有棠撰　清光緒十九年(1893)李移鄂樓刻本　四冊

330000－1719－0001166　40－5　史部/紀事本末類/斷代之屬
金史紀事本末五十二卷　(清)李有棠撰　清光緒十九年(1893)李移鄂樓刻本　六冊

330000－1719－0001168　117－42－1　子部/叢編

子書二十八種　(清)育文書局編　清末育文書局石印本　一冊　存一種

330000－1719－0001169　16－1－20　經部/叢編

重刊宋本十三經注疏四百十六卷附十三經注疏校勘記四百十六卷　(清)阮元撰　(清)盧宣旬摘錄　**校勘記識語四卷**　(清)汪文臺撰　清光緒十三年(1887)上海脈望仙館石印本　二十六冊　存十二種

330000－1719－0001170　116－3　子部/叢編

二十五子彙函(子書二十五種)　(清)鴻文書局編　清光緒十九年(1893)上海鴻文書局石印本　十五冊

330000－1719－0001171　37－19、128－9、128－10、143－10、145－1、145－2、145－3、145－6、145－9、145－10、145－11、150－19、172－5、172－9　經部/叢編

十三經注疏　(明)□□輯　明崇禎元年至十二年(1628－1639)毛氏汲古閣刻本　一百十五冊　缺十一卷(周易一至四、儀禮十一、禮記十八至二十一、春秋左傳一至二)

330000－1719－0001172　16－1－21　經部/叢編

重刊宋本十三經注疏四百十六卷附十三經注疏校勘記四百十六卷　(清)阮元撰　(清)盧宣旬摘錄　**校勘記識語四卷**　(清)汪文臺撰　清光緒十三年(1887)上海脈望仙館石印本　三冊　存三種

330000－1719－0001173　126－3　類叢部/叢書類/彙編之屬

知不足齋叢書一百九十六種　(清)鮑廷博編　(清)鮑士恭續編　清乾隆三十七年至道光三年(1772－1823)長塘鮑氏刻彙印本　七十一冊　存四十八種

330000－1719－0001174　46－18、116－4－1　子部/叢編

子書二十八種　(清)育文書局編　清宣統三年(1911)育文書局石印本　二十三冊　存二十四種

330000－1719－0001175　94－6　集部/總集類/氏族之屬

寧都三魏全集八十三卷　(清)林時益編　清康熙易堂刻本　三十八冊　缺十二卷(魏伯子文集八至九,魏叔子文集一至二、七,魏叔子日錄二至三,魏季子文集十三至十六,魏敬士文集一)

330000－1719－0001176　117－39　子部/叢編

子書二十八種　(清)育文書局編　清末育文書局石印本　二十一冊　存十七種

330000－1719－0001177　94－4　集部/別集類/清別集

陳檢討集二十卷　(清)陳維崧撰　(清)程師恭注　清刻本　三冊　存十四卷(三至十六)

330000－1719－0001178　93－15　集部/別集類/明別集

陳忠裕公全集三十卷首一卷末一卷自著年譜三卷　(明)陳子龍撰　(清)王昶輯　清嘉慶八年(1803)簳山草堂刻本　十冊

330000－1719－0001180　47－10　史部/史抄類

史略八十七卷　(清)朱堃輯　清刻本　九冊　存三十八卷(二十至二十七、三十六至三十九、五十至五十九、六十五至七十三、七十七至八十三)

330000－1719－0001181　37－1　史部/紀事本末類

歷朝紀事本末九種　(清)陳如升　(清)朱記榮輯　(清)慎記主人增輯　清光緒二十五年(1899)上海慎記書莊石印本　二十九冊　存二種

330000－1719－0001182　89－27、91－28、137－3、162－38　子部/叢編

子書百家　(清)崇文書局編　清光緒元年

(1875)湖北崇文書局刻本　四十五冊　存五十五種

330000－1719－0001183　37－2　史部/紀事本末類

歷朝紀事本末九種　(清)陳如升　(清)朱記榮輯　(清)慎記主人增輯　清光緒二十九年(1903)上海文林書局石印本　四十冊

330000－1719－0001184　129－18　史部/傳記類

四山響應錄不分卷　(清)茹魯輯　清光緒木活字印本　一冊

330000－1719－0001185　48－13　史部/地理類/總志之屬/通代

天下郡國利病書一百二十卷　(清)顧炎武撰　清刻本　四冊　存七卷(八至九、二十八、三十一至三十二、四十三至四十四)

330000－1719－0001186　48－14　史部/地理類/總志之屬/通代

天下郡國利病書一百二十卷　(清)顧炎武撰　清光緒二十七年(1901)上海圖書集成印書局鉛印本　二十八冊

330000－1719－0001187　155－51　集部/總集類/課藝之屬

塾課小題正鵠三集不分卷　(清)李元度輯　清同治十一年(1872)山陰姚氏刻本　三冊

330000－1719－0001189　93－22　集部/別集類/明別集

葉海峰文二卷　(明)葉良佩撰　清光緒二十七年(1901)刻本　一冊

330000－1719－0001190　93－22－1　集部/別集類/明別集

葉海峰遺集六卷　(明)葉良佩撰　清光緒二十七年(1901)刻本　一冊　存一卷(二)

330000－1719－0001191　77－14　子部/術數類/占候之屬

司馬頭陀鐵案五卷　(清)郭錫疇輯注　清光緒十五年(1889)宏道堂刻本　二冊

330000－1719－0001192　68－15、85－12、85－14、86－1　類叢部/叢書類/彙編之屬

結一廬朱氏賸餘叢書四種　(清)朱澂編　清光緒三十一年(1905)仁和朱氏刻本　十四冊

330000－1719－0001193　142－13　經部/叢編

五經揭要　(清)許寶善編　清刻本　七冊　缺八卷(書經揭要四至六,詩經揭要一,首、春秋一至三)

330000－1719－0001194　142－13－1　經部/叢編

五經揭要　(清)許寶善編　清刻本　八冊　存三種

330000－1719－0001195　142－13－2　經部/叢編

五經揭要　(清)許寶善編　清刻本　二冊　存一種

330000－1719－0001196　101－1　類叢部/叢書類/自著之屬

曾文正公全集十六種　(清)曾國藩撰　清同治至光緒傳忠書局刻本　五十冊　存十種

330000－1719－0001197　100－1　類叢部/叢書類/自著之屬

曾文正公全集十六種　(清)曾國藩撰　清同治至光緒傳忠書局刻本　一百十五冊　存十五種

330000－1719－0001198　101－2　類叢部/叢書類/自著之屬

曾文正公全集十六種　(清)曾國藩撰　清光緒二十九年(1903)鴻寶書局石印本　三十冊　存十四種

330000－1719－0001199　72－8　類叢部/叢書類/自著之屬

曾文正公四種　(清)曾國藩撰　清光緒三十一年(1905)上海商務印書館鉛印本　八冊

330000－1719－0001200　163－31、163－32、163－33、163－59　類叢部/叢書類/自著之屬

曾文正公四種　(清)曾國藩撰　清光緒三十

一年(1905)上海商務印書館鉛印本　七冊　缺二卷(家書一至二)

330000－1719－0001202　189－41　類叢部/叢書類/自著之屬
曾文正公四種　(清)曾國藩撰　清末石印本　五冊　缺四卷(家書一至三、雜著下)

330000－1719－0001203　189－11　集部/別集類/清別集
曾文正公詩鈔四卷　(清)曾國藩撰　清光緒二年(1876)醉六堂刻本　一冊　存二卷(一至二)

330000－1719－0001204　158－58　類叢部/類書類/專類之屬
四書文華淵鑑三十三卷　(清)洪鈞輯　清光緒十六年(1890)銅活字印本　十冊

330000－1719－0001205　153－9、190－46　類叢部/類書類/專類之屬
四書文華淵鑑三十三卷　(清)洪鈞輯　清光緒十六年(1890)銅活字印本　十冊

330000－1719－0001206　159－1　類叢部/類書類/專類之屬
四書文華淵鑑三十三卷　(清)洪鈞輯　清光緒十六年(1890)銅活字印本　九冊　缺三卷(十九至二十一)

330000－1719－0001207　159－2　類叢部/類書類/專類之屬
四書文華淵鑑三十三卷　(清)洪鈞輯　清光緒十六年(1890)銅活字印本　六冊　存十九卷(一至十、十五至十八、二十三至二十四、三十一至三十三)

330000－1719－0001208　159－3　類叢部/類書類/專類之屬
四書文華淵鑑三十三卷　(清)洪鈞輯　清光緒十六年(1890)銅活字印本　四冊　存十三卷(一、五至十、十五至十八、二十三至二十四)

330000－1719－0001209　159－4　類叢部/類書類/專類之屬
四書文華淵鑑三十三卷　(清)洪鈞輯　清光緒十六年(1890)銅活字印本　三冊　存十卷(一至十)

330000－1719－0001210　176－58　類叢部/類書類/專類之屬
四書文華淵鑑三十三卷　(清)洪鈞輯　清光緒十六年(1890)銅活字印本　十冊

330000－1719－0001211　176－58－1　類叢部/類書類/專類之屬
四書文華淵鑑三十三卷　(清)洪鈞輯　清光緒十六年(1890)銅活字印本　十冊

330000－1719－0001212　176－58－2　類叢部/類書類/專類之屬
四書文華淵鑑三十三卷　(清)洪鈞輯　清光緒十六年(1890)銅活字印本　十冊

330000－1719－0001213　176－58－3　類叢部/類書類/專類之屬
四書文華淵鑑三十三卷　(清)洪鈞輯　清光緒十六年(1890)銅活字印本　四冊　存十二卷(二十二至三十三)

330000－1719－0001214　175－39　經部/四書類/總義之屬/傳說
四書人物類典串珠四十卷　(清)臧志仁輯　清刻本　一冊　存一卷(一)

330000－1719－0001215　19－2　經部/四書類/總義之屬/傳說
四書人物類典串珠四十卷　(清)臧志仁輯　清刻本　二冊　存六卷(十三至十五、二十六至二十八)

330000－1719－0001216　18－28　經部/四書類/總義之屬/傳說
四書人物類典串珠四十卷　(清)臧志仁輯　清周錫堂刻本　三冊　存十一卷(一、十四至十七、二十八至三十三)

330000－1719－0001217　99－39　經部/叢編
四書五經義史論合刻不分卷　(清)張燮鈞撰　清刻本　一冊

330000－1719－0001218　166－6　經部/叢編
四書五經義策論續編不分卷　(清)崇實齋輯　清光緒二十八年(1902)浙杭編譯局鉛印本　四册

330000－1719－0001219　16－7　經部/叢編
四書五經類典集成三十四卷　(清)戴兆春輯　清光緒十四年(1888)同文書局石印本　十一册　缺十三卷(三至四、十五至十七、十九至二十二、二十四至二十七)

330000－1719－0001221　116－27、172－11、172－15、126－4　類叢部/叢書類/郡邑之屬
湖北叢書三十種　(清)趙尚輔編　清光緒十七年(1891)三餘草堂刻本　八十六册　存二十八種

330000－1719－0001222　142－2　經部/四書類/論語之屬/傳說
論語集註本義匯參二十卷　(清)王步青輯　清敦復堂刻本　一册　存二卷(十一至十二)

330000－1719－0001223　142－2－1　經部/四書類/孟子之屬/傳說
孟子集註本義匯參十四卷首一卷　(清)王步青輯　清敦復堂刻本　四册　存七卷(三至七、九至十)

330000－1719－0001224　19－8　經部/四書類/總義之屬/傳說
四書會要錄三十卷　(清)黃瑞撰　清同治十一年(1872)漁古軒刻本　十一册　存十八卷(大學一至二、論語六至七、孟子一至十四)

330000－1719－0001226　19－3　經部/四書類/總義之屬/傳說
四書體註合講十九卷　(清)翁復編　清四明茹古書局鉛印本　六册

330000－1719－0001227　19－5　經部/四書類/總義之屬/傳說
四書體註合講十九卷　(清)翁復編　清鉛印本　三册　存九卷(論語六至十、孟子四至七)

330000－1719－0001228　17－5　經部/四書類/總義之屬/傳說
四書古人典林十二卷　(清)江永輯　清刻本　一册　存五卷(八至十二)

330000－1719－0001229　17－11　經部/四書類/總義之屬/傳說
四書古人典林十二卷　(清)江永輯　清小酉山房刻本　四册

330000－1719－0001230　159－17　經部/四書類/總義之屬/傳說
四書典林三十卷四書古人典林十二卷　(清)江永輯　清同治十二年(1873)古堇一經室刻本　二册　存十二卷(古人典林一至十二)

330000－1719－0001231　163－3　經部/四書類/總義之屬/傳說
四書古人典林十二卷　(清)江永輯　清掃葉山房刻本　四册

330000－1719－0001232　163－41　經部/四書類/總義之屬/傳說
四書典林三十卷四書古人典林十二卷　(清)江永輯　清嘉慶二十一年(1816)一鶴軒刻本　四册　存十二卷(古人典林一至十二)

330000－1719－0001233　17－18　經部/四書類/總義之屬/傳說
四書古人典林十二卷　(清)江永輯　清刻本　二册　存七卷(一至七)

330000－1719－0001234　18－20　經部/四書類/總義之屬
四書古註羣義彙解九種九十四卷　(清)□□編　清光緒二十九年(1903)上海澄衷學堂石印本　十三册　缺十八卷(論語集解義疏六至十、孟子正義一至五、四書改錯八至十五)

330000－1719－0001235　142－17　經部/四書類/總義之屬/傳說
四書左國輯要四卷　(清)周龍官輯　清乾隆二十三年(1758)山陽周龍官刻本　四册

330000－1719－0001236　142－17－1　經部/四書類/總義之屬/傳說

四書左國輯要四卷 （清）周龍官輯 清刻本 一冊 存一卷（四）

330000－1719－0001237 76－16、76－17、76－18、76－19、76－20、76－48、76－49 子部/醫家類/類編之屬

薛氏醫按二十四種 （明）吳琯編 明萬曆刻本 十冊 存七種

330000－1719－0001238 18－21 經部/四書類/總義之屬/傳說

四書體註合講十九卷 （清）翁復編 清末永言堂刻本 三冊 缺七卷（孟子一至七）

330000－1719－0001239 18－23 經部/四書類/總義之屬/傳說

四書體註合講十九卷 （清）翁復編 清刻本 四冊 存十四卷（論語一至十、孟子四至七）

330000－1719－0001240 18－35 經部/四書類/總義之屬/傳說

四書體註合講十九卷 （清）翁復編 清文富堂刻本 一冊 存二卷（孟子六至七）

330000－1719－0001241 18－32 經部/四書類/總義之屬/傳說

四書體註合講十九卷附圖考一卷 （清）翁復編 清同人堂刻本 一冊

330000－1719－0001242 175－14 經部/四書類/總義之屬/傳說

四書體註合講十九卷 （清）翁復編 清光緒三十二年（1906）商務印書館鉛印本 五冊 缺三卷（孟子三至五）

330000－1719－0001243 18－3 經部/四書類/總義之屬/傳說

四書集註（四書章句集註、四書）十九卷 （宋）朱熹撰 清刻本 一冊 存三卷（孟子一至三）

330000－1719－0001244 156－54 經部/四書類/總義之屬/傳說

四書集註（四書章句集註、四書）十九卷 （宋）朱熹撰 清墨潤堂刻本 一冊 存二卷（孟子六至七）

330000－1719－0001247 166－66 經部/四書類/總義之屬/傳說

四書朱子本義匯參四十三卷首四卷 （清）王步青輯 清光緒十二年（1886）鉛印本 一冊 存一卷（孟子一）

330000－1719－0001248 17－9 經部/四書類/總義之屬/傳說

四書味根錄三十七卷 （清）金澂撰 清光緒三年（1877）京都三友堂刻本 六冊

330000－1719－0001249 17－8 經部/四書類/總義之屬/傳說

四書味根錄三十七卷 （清）金澂撰 清光緒刻本 八冊 存二十七卷（論語一至四、八至十二、十五至二十，孟子一至十二）

330000－1719－0001250 17－7 經部/四書類/總義之屬/傳說

四書味根錄三十七卷 （清）金澂撰 清刻本 七冊 存二十一卷（論語一至十，孟子一至二、四至八、十一至十四）

330000－1719－0001251 163－22、163－52 經部/四書類/總義之屬/傳說

四書味根錄三十七卷 （清）金澂撰 清刻本 七冊

330000－1719－0001252 17－6 經部/四書類/總義之屬/傳說

四書味根錄三十七卷 （清）金澂撰 清光緒十二年（1886）上海積山書局石印本 四冊 缺十卷（孟子一至十）

330000－1719－0001253 19－16 經部/四書類/總義之屬/傳說

四書體註合講十九卷 （清）翁復編 清末石印本 二冊 存七卷（大學、中庸、論語一至五）

330000－1719－0001254 18－18 經部/四書類/總義之屬/傳說

四書體註合講十九卷 （清）翁復編 清末鉛印本 一冊 存五卷（論語六至十）

330000－1719－0001255　18－2　經部/四書類/總義之屬/傳說

四書體註合講十九卷　（清）翁復編　清刻本　一冊　存三卷（孟子一至三）

330000－1719－0001256　18－19　經部/四書類/總義之屬/傳說

四書體註合講十九卷　（清）翁復編　清刻本　一冊　存二卷（孟子六至七）

330000－1719－0001257　18－5　經部/四書類/總義之屬/傳說

四書體註合講十九卷　（清）翁復編　清刻本　一冊　存三卷（孟子一至三）

330000－1719－0001258　18－6　經部/四書類/總義之屬/傳說

四書體註合講十九卷　（清）翁復編　清刻本　一冊　存三卷（論語六至八）

330000－1719－0001259　157－30　經部/四書類/總義之屬/傳說

四書體註合講十九卷　（清）翁復編　清刻本　二冊　存四卷（孟子四至七）

330000－1719－0001260　18－29　經部/四書類/總義之屬/傳說

四書體註合講十九卷　（清）翁復編　清刻本　一冊　存五卷（論語六至十）

330000－1719－0001261　18－36　經部/四書類/總義之屬/傳說

四書體註合講十九卷　（清）翁復編　清光緒三十二年（1906）商務印書館鉛印本　二冊　存十二卷（論語一至十、孟子四至五）

330000－1719－0001262　18－22　經部/四書類/總義之屬/傳說

四書體註合講十九卷　（清）翁復編　清經元升記刻本　四冊　存十二卷（論語一至五、孟子一至七）

330000－1719－0001263　18－34　經部/四書類/總義之屬/傳說

四書體註合講十九卷　（清）翁復編　清文奎堂刻本　六冊

330000－1719－0001264　142－16　類叢部/類書類/專類之屬

四書典制類聯三十三卷　（清）閻其淵輯　清乾隆刻本　九冊　缺一卷（二十二）

330000－1719－0001265　142－16－1　類叢部/類書類/專類之屬

四書典制類聯三十三卷　（清）閻其淵輯　清乾隆刻本　一冊　存六卷（二十四至二十九）

330000－1719－0001266　156－31　類叢部/類書類/專類之屬

四書典制類聯音註三十三卷　（清）閻其淵輯　清刻本　一冊　存三卷（十三至十五）

330000－1719－0001267　19－20　類叢部/類書類/專類之屬

四書典制類聯音註三十三卷　（清）閻其淵輯　清刻本　八冊　存二十七卷（三至十三、十八至三十三）

330000－1719－0001268　19－22　類叢部/類書類/專類之屬

四書典制類聯音註三十三卷　（清）閻其淵輯　清嘉慶四年（1799）刻本　六冊　存十四卷（一至四、十二至十四、十九至二十五）

330000－1719－0001269　19－26　類叢部/類書類/專類之屬

四書典制類聯音註三十三卷　（清）閻其淵輯　清刻本　二冊　存五卷（十四至十六、二十三至二十四）

330000－1719－0001270　19－24　類叢部/類書類/專類之屬

四書典制類聯音註三十三卷　（清）閻其淵輯　清刻本　五冊　存十四卷（一至三、七至十二、十九至二十三）

330000－1719－0001271　19－12　類叢部/類書類/專類之屬

四書典制類聯音註三十三卷　（清）閻其淵輯　清光緒二年（1876）凫山草堂刻本　十二冊

330000－1719－0001272　19－7　類叢部/類書類/專類之屬

四書典制類聯音註三十三卷　(清)閻其淵輯　清咸豐十年(1860)大順堂刻本　五冊　存十四卷(一至三、七至十、十五至二十、二十二)

330000－1719－0001273　19－10　類叢部/類書類/專類之屬
四書典制類聯音註三十三卷　(清)閻其淵輯　清刻本　三冊　存十一卷(四至十四)

330000－1719－0001274　19－11　類叢部/類書類/專類之屬
四書典制類聯音註三十三卷　(清)閻其淵輯　清刻本　一冊　存三卷(二十四至二十六)

330000－1719－0001275　17－10　經部/四書類/總義之屬/傳說
四書朱子本義匯參四十三卷首四卷　(清)王步青輯　清光緒十五年(1889)上海廣百宋齋鉛印本　五冊

330000－1719－0001276　142－15　經部/四書類/總義之屬/傳說
四書約旨十九卷　(清)任啓運撰　清乾隆三十六年(1771)任氏清芬堂刻本　十冊

330000－1719－0001277　17－37　經部/四書類/總義之屬/傳說
四書論二卷　(清)王伊撰　清光緒二十四年(1898)上海文瑞樓石印本　四冊

330000－1719－0001278　19－18　經部/四書類/總義之屬/傳說
四書人物類典串珠四十卷　(清)臧志仁輯　清刻本　四冊　存十二卷(三至四、十三至十七、二十七至三十一)

330000－1719－0001279　158－6　經部/四書類/總義之屬/傳說
新訂四書補註備旨十卷　(明)鄧林撰　(清)杜定基增訂　清刻本　二冊　存五卷(上論一至四、孟子四)

330000－1719－0001280　19－13　類叢部/類書類/專類之屬
四書典制文類選四卷　(清)李一桂　(清)賀彩綬注　清刻本　一冊　存二卷(三至四)

330000－1719－0001281　187－2　類叢部/叢書類/自著之屬
春在堂全書三十六種　(清)俞樾撰　清同治至光緒刻光緒末彙印本　十三冊　存十六種

330000－1719－0001282　187－3　類叢部/叢書類/自著之屬
春在堂全書三十六種　(清)俞樾撰　清同治至光緒刻光緒末彙印本　六冊　存九種

330000－1719－0001286　195－2　史部/編年類/通代之屬
緯文堂綱鑑易知錄九十二卷明鑑易知錄十五卷　(清)吳乘權　(清)周之炯　(清)周之燦輯　清緯文堂刻本　三十四冊　缺七卷(一至七)

330000－1719－0001290　76－59　子部/醫家類/溫病之屬/瘧痢
痢證匯參十卷　(清)吳道源輯　清宣統元年(1909)三元書局刻本　四冊

330000－1719－0001291　76－59－1　子部/醫家類/溫病之屬/瘧痢
痢證匯參十卷　(清)吳道源輯　清宣統元年(1909)三元書局刻本　四冊

330000－1719－0001292　156－28　類叢部/叢書類/自著之屬
鹿洲全集七種　(清)藍鼎元撰　清刻本　二冊　存一種

330000－1719－0001293　10－3　經部/春秋左傳類/傳說之屬
曲江書屋新訂批註左傳快讀十八卷首一卷　(清)李紹崧輯　清同治七年(1868)緯文堂刻本　十四冊　缺二卷(十五至十六)

330000－1719－0001294　10－6　經部/春秋左傳類/傳說之屬
曲江書屋新訂批註左傳快讀十八卷首一卷　(清)李紹崧輯　清刻本　十二冊　缺四卷(五、七至八、十)

330000－1719－0001295　10－2　經部/春秋左傳類/傳說之屬

曲江書屋新訂批註左傳快讀十八卷首一卷　(清)李紹崧輯　清乾隆五十二年(1787)小西山房刻本　十六册

330000－1719－0001296　7－7　經部/禮記類/傳說之屬

全本禮記體註十卷　(清)徐瑄撰　清經綸堂刻本　十册

330000－1719－0001297　17－25　經部/四書類/總義之屬/傳說

四書典林三十卷　(清)江永輯　清刻本　八册　存二十三卷(三至二十五)

330000－1719－0001298　163－42　經部/四書類/總義之屬/傳說

四書典林三十卷　(清)江永輯　清刻本　五册　存十六卷(六至十四、二十四至三十)

330000－1719－0001299　156－70　經部/四書類/總義之屬/傳說

四書典林三十卷　(清)江永輯　清小西山房刻本　十二册

330000－1719－0001300　159－18　經部/四書類/總義之屬/傳說

四書典林三十卷　(清)江永輯　清刻本　五册　缺三卷(一至三)

330000－1719－0001301　17－17　經部/四書類/總義之屬/傳說

四書典林三十卷　(清)江永輯　清同治四年(1865)英德堂刻本　四册　存八卷(一至二、四至七、二十三至二十四)

330000－1719－0001302　154－31　經部/四書類/總義之屬/傳說

四書集註(四書章句集註、四書)十九卷　(宋)朱熹撰　清刻本　二册　存七卷(論語六至十、孟子四至五)

330000－1719－0001303　17－38　經部/四書類/總義之屬/傳說

四書典林三十卷　(清)江永輯　清刻本　六册　存十六卷(二至三、八至十三、十八至二十五)

330000－1719－0001304　17－3　經部/四書類/總義之屬/傳說

四書經史摘證七卷　(清)宋繼穜輯　清末石印本　一册　存二卷(六至七)

330000－1719－0001305　18－1　經部/四書類/總義之屬/傳說

四書經註集證十九卷　(清)吳昌宗撰　清嘉慶三年(1798)江都汪廷機刻本　十册　缺六卷(論語八至十、孟子一至三)

330000－1719－0001306　144－19　經部/四書類/總義之屬/傳說

四書襯十九卷　(清)駱培撰　清乾隆七年(1742)坦吉堂刻本　一册　存二卷(孟子四至五)

330000－1719－0001307　155－28　經部/四書類/總義之屬/傳說

天蓋樓四書語錄四十六卷　(清)呂留良評選　(清)周在延編次　清康熙刻本　一册　存四卷(一至四)

330000－1719－0001308　154－30　經部/四書類/總義之屬/傳說

四書集註(四書章句集註、四書)十九卷　(宋)朱熹撰　清慎詒堂刻本　三册　存七卷(孟子一至七)

330000－1719－0001309　18－7　經部/四書類/總義之屬/傳說

四書讀本十九卷　(宋)朱熹章句　清浙紹墨潤堂刻本　五册　存十六卷(大學、中庸、孟子四至七、論語一至十)

330000－1719－0001310　154－14　經部/四書類/總義之屬/傳說

四書讀本十九卷　(宋)朱熹章句　清光緒二十五年(1899)浙紹明達書莊刻本　一册　存二卷(大學、中庸)

330000－1719－0001311　154－14－1　經部/四書類/總義之屬/傳說

四書讀本十九卷 (宋)朱熹章句 清刻本 一册 存二卷(大學、中庸)

330000－1719－0001312 154－14－2 經部/四書類/總義之屬/傳說
四書讀本十九卷 (宋)朱熹章句 清刻本 一册 存二卷(大學、中庸)

330000－1719－0001313 53－8 史部/地理類/山川之屬/水志
西湖志四十八卷 (清)李衛 (清)程元章修 (清)傅王露撰 清光緒四年(1878)浙江書局刻本 十九册 缺三卷(三十八至四十)

330000－1719－0001314 16－10 經部/四書類/總義之屬/傳說
四書集註(四書章句集註、四書)十九卷 (宋)朱熹撰 清光緒浙江書局刻本 一册 存五卷(論語一至五)

330000－1719－0001315 7－2 經部/禮記類/傳說之屬
禮記集說十卷 (元)陳澔撰 清光緒十九年(1893)浙江書局刻本 十册

330000－1719－0001316 120－1 史部/紀傳類/正史之屬
二十四史 清同治至光緒五省官書局據汲古閣本等合刻光緒五年(1879)湖北書局彙印本 六十四册 存一種

330000－1719－0001317 74－4 子部/醫家類/醫經之屬/内經
靈樞經九卷 (清)張志聰撰 清光緒十六年(1890)浙江書局刻本 八册

330000－1719－0001318 74－34 子部/醫家類/醫經之屬/内經
靈樞經九卷 (清)張志聰撰 清光緒十六年(1890)浙江書局刻本 八册

330000－1719－0001319 95－24 集部/别集類/清别集
集虚齋全稿合刻六卷 (清)方槼如撰 (清)朱桓 (清)何忠相編次 清光緒二十年(1894)浙江書局刻本 三册

330000－1719－0001320 70－17 子部/儒家類/儒學之屬/性理
漢學商兑三卷 (清)方東樹撰 清光緒二十六年(1900)浙江書局刻本 四册

330000－1719－0001321 161－26 經部/四書類/總義之屬/傳說
四書讀本十九卷 (宋)朱熹章句 清同治七年(1868)東越經畬堂刻本 三册 存六卷(大學、中庸、孟子四至七)

330000－1719－0001322 17－31 經部/四書類/總義之屬/傳說
四書釋地補一卷續補一卷又續補一卷三續補一卷 (清)閻若璩撰 (清)樊廷枚校補 清刻本 一册 存一卷(三續補)

330000－1719－0001323 17－30 經部/四書類/總義之屬/傳說
四書摭餘說七卷 (清)曹之升撰 清嘉慶三年(1798)奎照樓刻本 六册 存七卷(大學一、中庸一、論語一至三、孟子一至二)

330000－1719－0001324 34－3 子部/叢編
二十二子(二十二子彙函) (清)浙江書局編 清光緒元年至三年(1875－1877)浙江書局刻本 二十四册 存七種

330000－1719－0001325 168－46 子部/叢編
二十二子(二十二子彙函) (清)浙江書局編 清光緒元年至三年(1875－1877)浙江書局刻本 三册 存一種

330000－1719－0001326 70－16 子部/叢編
二十二子(二十二子彙函) (清)浙江書局編 清光緒元年至三年(1875－1877)浙江書局刻本 十五册 存四種

330000－1719－0001327 159－7 類叢部/類書類/通類之屬
增補事類統編九十三卷首一卷 (清)黄葆真輯 清光緒十七年(1891)上海書局石印本 十一册 缺十卷(八至十七)

330000－1719－0001328　85－22　類叢部/類書類/通類之屬

增補事類統編九十三卷首一卷　(清)黄葆真輯　清末石印本　一冊　存四卷(十至十三)

330000－1719－0001329　85－4　類叢部/類書類/通類之屬

增補事類統編九十三卷首一卷　(清)黄葆真輯　清末石印本　九冊　存六十四卷(四、九至二十二、二十八至四十二、五十一至八十四)

330000－1719－0001331　85－1　類叢部/類書類/通類之屬

增補事類統編九十三卷首一卷　(清)黄葆真輯　清刻本　二冊　存三卷(十七、八十二至八十三)

330000－1719－0001332　85－2　類叢部/類書類/通類之屬

增補事類統編九十三卷首一卷　(清)黄葆真輯　清刻本　三十三冊　存六十四卷(二至四十五、五十六至五十七、六十二至六十五、六十八至六十九、七十四至七十九、八十二至八十三、八十六至八十九)

330000－1719－0001333　84－1　類叢部/類書類/通類之屬

增補事類統編九十三卷首一卷　(清)黄葆真輯　清光緒十四年(1888)上海積山書局石印本　十二冊

330000－1719－0001335　164－4　類叢部/類書類/通類之屬

增補事類統編九十三卷首一卷　(清)黄葆真輯　清刻本　一冊　存一卷(二十)

330000－1719－0001336　85－11　類叢部/類書類/通類之屬

增補事類統編九十三卷首一卷　(清)黄葆真輯　清光緒十二年(1886)上海廣百宋齋石印本　七冊　存五十卷(一至八、十七至三十四、四十三至六十六)

330000－1719－0001337　25－14　史部/紀傳類/正史之屬

二十四史附考證　清光緒二十八年(1902)武林竹簡齋據乾隆四年(1739)武英殿刻本影印本　一冊　存一種

330000－1719－0001338　17－26、175－2　經部/四書類/總義之屬/傳說

四書題鏡不分卷　(清)汪鯉翔撰　清嘉慶三年(1798)文苑堂刻本　六冊

330000－1719－0001339　17－4　經部/四書類/總義之屬/傳說

四書題鏡不分卷　(清)汪鯉翔撰　清同治三年(1864)京都鑑清閣刻本　三冊

330000－1719－0001340　159－26　經部/四書類/總義之屬/傳說

四書題鏡不分卷　(清)汪鯉翔撰　清同治三年(1864)京都鑑清閣刻本　六冊

330000－1719－0001341　156－72　經部/四書類/總義之屬/傳說

四書題鏡味根合編三十九卷　(清)金澂　(清)汪鯉翔撰　清光緒十九年(1893)上海鴻寶齋石印本　六冊　缺九卷(六至十四)

330000－1719－0001342　19－15　經部/四書類/總義之屬/傳說

五車樓五訂正韻四書纂序説約集註定本十九卷　(清)蔡方炳重課　(清)黄驥同纂　清光緒十三年(1887)務時敏齋石印本　六冊

330000－1719－0001343　154－37　子部/宗教類/佛教之屬/律

四分戒本一卷　(後秦)釋佛陀耶舍　(後秦)釋竺佛念譯　清刻本　一冊

330000－1719－0001344　154－37－1　子部/宗教類/佛教之屬/律

四分戒本一卷　(後秦)釋佛陀耶舍　(後秦)釋竺佛念譯　清刻本　一冊

330000－1719－0001345　67－9　史部/目録類/總録之屬/官修

欽定四庫全書總目二百卷首一卷　(清)紀昀等撰　清同治七年(1868)廣東書局刻本　八

十冊　缺七十卷(四十七、一百至一百十一、一百十六至一百三十七、一百六十二至一百九十六)

330000－1719－0001346　132－10　史部/目録類/總録之屬/官修
欽定四庫全書提要序錄四卷　(清)紀昀撰　(清)陳鴻文輯　清光緒二十二年(1896)梅城望龍閣陳氏刻本　二冊

330000－1719－0001347　116－1　史部/目録類/總録之屬/官修
欽定四庫全書簡明目錄二十卷首一卷　(清)紀昀等撰　清同治七年(1868)廣東書局刻本　十九冊

330000－1719－0001348　98－48　集部/總集類/課藝之屬
四時分韻試帖不分卷　錦官堂匯輯　清光緒二十三年(1897)錦官堂石印本　四冊

330000－1719－0001349　87－31　集部/別集類/清別集
四憶堂詩集六卷　(清)侯方域撰　清末上海彪蒙書室石印本　一冊

330000－1719－0001350　87－33　集部/別集類/清別集
壯悔堂文集十卷遺稿一卷四憶堂詩集六卷遺稿一卷　(清)侯方域撰　清末上海掃葉山房石印本　四冊

330000－1719－0001351　56－12　史部/政書類/律令之屬/律例
處分則例圖要六卷　(清)蔡逢年編　清刻本　一冊　存一卷(五)

330000－1719－0001352　149－5　集部/別集類/清別集
四憶堂詩集六卷遺稿一卷　(清)侯方域撰　清順治刻本　二冊

330000－1719－0001353　81－12　子部/儒家類/儒學之屬/禮教
四種遺規摘鈔　(清)陳宏謀編　(清)劉肇紳摘抄　清嘉慶十九年(1814)刻本　三冊　存二種

330000－1719－0001354　115－9　類叢部/叢書類/彙編之屬
刻鵠齋叢書十六種　(清)胡念修編　清光緒二十三年至二十七年(1897－1901)刻本　一冊　存一種

330000－1719－0001355　40－1　史部/紀事本末類/斷代之屬
聖武記十四卷　(清)魏源撰　清刻本　十二冊

330000－1719－0001356　40－3　史部/紀事本末類/斷代之屬
聖武記十四卷　(清)魏源撰　清刻本　五冊　存五卷(一至四、六)

330000－1719－0001357　40－9　史部/紀事本末類/斷代之屬
聖武記十四卷　(清)魏源撰　清刻本　九冊　存十三卷(一至十三)

330000－1719－0001359　39－14　史部/紀事本末類/斷代之屬
聖武記十四卷　(清)魏源撰　清光緒二十九年(1903)上海六藝書莊石印本　六冊

330000－1719－0001360　154－1　子部/儒家類/儒學之屬/禮教
聖諭廣訓直解一卷　(清)世宗胤禛撰　(清)□□直解　清刻本　二冊

330000－1719－0001361　20－3　經部/小學類/訓詁之屬/爾雅
爾雅三卷　(晉)郭璞注　(唐)陸德明音義　清光緒二十六年(1900)新化三味堂刻本　三冊

330000－1719－0001363　175－10　子部/宗教類/佛教之屬/經
金剛般若波羅蜜經一卷　(後秦)釋鳩摩羅什譯　清末石印本　一冊

330000－1719－0001365　21－9　經部/小學類/訓詁之屬/爾雅

爾雅三卷　(晉)郭璞注　(唐)陸德明音釋　清刻本　一册　存一卷(三)

330000－1719－0001366　152－42　經部/小學類/訓詁之屬/爾雅

爾雅郭注義疏二十卷　(清)郝懿行撰　清光緒十年(1884)榮縣蜀南閣刻本　八册

330000－1719－0001367　152－43　類叢部/叢書類/自著之屬

郝氏遺書三十三種　(清)郝懿行撰　清嘉慶至光緒刻彙印本　八册　存一種

330000－1719－0001368　152－46　經部/小學類/訓詁之屬/爾雅

爾雅正義二十卷　(清)邵晉涵撰　**爾雅釋文三卷**　(唐)陸德明撰　清乾隆五十三年(1788)邵氏刻本　七册　缺三卷(爾雅釋文一至三)

330000－1719－0001369　20－2　經部/小學類/訓詁之屬/爾雅

爾雅直音二卷　(清)孫偘輯　清道光八年(1828)浙紹墨潤堂刻本　二册

330000－1719－0001370　152－45　經部/小學類/訓詁之屬/爾雅

爾雅正義二十卷　(清)邵晉涵撰　**爾雅釋文三卷**　(唐)陸德明撰　清刻本　一册

330000－1719－0001371　20－15　經部/小學類/訓詁之屬/爾雅

爾雅蒙求二卷　(清)李拔式撰　清嘉慶三年(1798)姑蘇七映堂刻本　四册

330000－1719－0001372　86－2、86－18、86－19、86－20、86－21、86－22、86－23、86－24、86－25、86－26、87－3、87－40　集部/總集類/彙編之屬

漢魏六朝一百三家集(漢魏六朝百三名家集)　(明)張溥編　清光緒三年(1877)滇南唐氏壽考堂刻本　十三册　存二十二種

330000－1719－0001373　45－8　史部/傳記類/別傳之屬/年譜

左文襄公[宗棠]年譜十卷　(清)羅正鈞編　清光緒二十三年(1897)湘陰左氏刻本　十册

330000－1719－0001374　154－21　經部/春秋左傳類/傳說之屬

春秋左傳杜林合註五十卷　(晉)杜預　(宋)林堯叟註釋　(唐)陸德明音義　(明)鍾惺　(明)孫鑛　(明)韓范評點　清咸豐元年(1851)甯郡汲綆齋刻本　二册　存八卷(一至三、四十二至四十六)

330000－1719－0001375　154－23　經部/春秋左傳類/傳說之屬

評點春秋綱目左傳句解彙雋六卷　(清)韓菼重訂　清刻本　二册　存二卷(五至六)

330000－1719－0001376　10－13　經部/春秋左傳類/傳說之屬

太史張天如詳節春秋綱目句解左傳彙雋六卷　(明)張溥重訂　(清)韓菼重編　清刻本　三册　存三卷(二至四)

330000－1719－0001379　162－39　經部/春秋左傳類/傳說之屬

如西所刻諸名家評點春秋綱目左傳句解彙雋六卷　(清)韓菼重訂　清刻本　六册

330000－1719－0001380　10－14　經部/春秋左傳類/傳說之屬

太史張天如詳節春秋綱目句解左傳彙雋六卷　(明)張溥重訂　(清)韓菼重編　清刻本　六册　存四卷(二至四、六)

330000－1719－0001381　10－14－1　經部/春秋左傳類/傳說之屬

太史張天如詳節春秋綱目句解左傳彙雋六卷　(明)張溥重訂　(清)韓菼重編　清刻本　二册　存二卷(二至三)

330000－1719－0001382　10－4　經部/春秋左傳類/傳說之屬

曲江書屋新訂批註左傳快讀十八卷首一卷　(清)李紹崧輯　清末刻本　十四册

330000－1719－0001383　10－5　經部/春秋左傳類/傳說之屬

曲江書屋新訂批註左傳快讀十八卷首一卷

(清)李紹崧輯　清同治十一年(1872)拾芥園刻本　十二册　存十五卷(首,一至十二、十五至十六)

330000－1719－0001384　10－7　經部/春秋左傳類/傳說之屬
曲江書屋新訂批註左傳快讀十八卷首一卷　(清)李紹崧輯　清益元堂刻本　六册　缺八卷(首,一、四至五、八、十至十一、十四)

330000－1719－0001385　10－8　經部/春秋左傳類/傳說之屬
曲江書屋新訂批註左傳快讀十八卷首一卷　(清)李紹崧輯　清光緒二十八年(1902)新化三味書屋刻本　三册　存四卷(首,一、五至六)

330000－1719－0001386　10－9　經部/春秋左傳類/傳說之屬
曲江書屋新訂批註左傳快讀十八卷首一卷　(清)李紹崧輯　清大文堂刻本　四册　存五卷(首,一、十五至十六、十八)

330000－1719－0001387　10－9－1　經部/春秋左傳類/傳說之屬
曲江書屋新訂批註左傳快讀十八卷首一卷　(清)李紹崧輯　清刻本　二册　存二卷(十五、十八)

330000－1719－0001388　11－7　經部/春秋左傳類/傳說之屬
左傳事緯十二卷　(清)馬驌撰　清光緒四年(1878)吳縣潘氏敏德堂刻本　十册

330000－1719－0001389　11－8　經部/春秋左傳類/傳說之屬
左傳事緯十二卷　(清)馬驌撰　清光緒四年(1878)吳縣潘氏敏德堂刻本　十二册

330000－1719－0001390　11－20　經部/春秋左傳類/傳說之屬
左傳事緯十二卷附左傳字釋一卷　(清)馬驌撰　清乾隆四十九年(1784)仁和黃暹懷澄堂刻本　五册　存七卷(一至四、六至八)

330000－1719－0001391　11－9　經部/春秋左傳類/傳說之屬
左傳事緯十二卷附左傳字釋一卷　(清)馬驌撰　清乾隆四十九年(1784)仁和黃暹懷澄堂刻本　十一册　存十一卷(一至九、十一至十二)

330000－1719－0001393　144－13　經部/春秋左傳類/傳說之屬
左繡三十卷首一卷　(清)馮李驊　(清)陸浩評輯　清三槐書屋刻本　十四册

330000－1719－0001394　188－1　經部/春秋左傳類/傳說之屬
左繡三十卷首一卷　(清)馮李驊　(清)陸浩評輯　清華川書屋刻本　十四册

330000－1719－0001395　168－2、168－3、168－4、168－5、168－6、168－7、168－8　經部/春秋左傳類/傳說之屬
左繡三十卷首一卷　(清)馮李驊　(清)陸浩評輯　清華川書屋刻本　八册　存十八卷(二至四、七至九、十六至二十、二十四至三十)

330000－1719－0001396　32－19　經部/春秋左傳類/傳說之屬
左繡三十卷首一卷　(清)馮李驊　(清)陸浩評輯　清華川書屋刻本　三册　存六卷(十六至二十一)

330000－1719－0001397　7－11　經部/禮記類/傳說之屬
禮記增訂旁訓六卷　(清)徐立綱撰　清匠門書屋刻文元堂印本　六册　缺一卷(三)

330000－1719－0001398　7－12　經部/禮記類/傳說之屬
禮記增訂旁訓六卷　(清)徐立綱撰　清養正堂刻本　六册

330000－1719－0001399　7－13　經部/禮記類/傳說之屬
禮記增訂旁訓六卷　(清)徐立綱撰　清循陔堂刻本　六册

330000－1719－0001400　7－14　經部/禮記

類/傳説之屬

禮記增訂旁訓六卷 (清)徐立綱撰 清養正堂刻本 五册 存五卷(二至六)

330000－1719－0001401 155－5 子部/宗教類/道教之屬

重訂暗室燈二卷 (清)深山居士輯 清同治五年(1866)紹城奎照樓書坊刻本 一册

330000－1719－0001402 34－8 子部/儒家類/儒學之屬/蒙學

初學啟悟集二卷 (清)汪承忠評選 (清)黄梅峯詮解 清道光三年(1823)奎照樓刻本 二册

330000－1719－0001403 23－6 類叢部/類書類/專類之屬

增補字類標韻六卷 (清)范多玨重訂 清光緒三年(1877)浙紹奎照堂刻本 一册 存三卷(一至三)

330000－1719－0001404 23－6－1 類叢部/類書類/專類之屬

增補字類標韻六卷 (清)范多玨重訂 清光緒三年(1877)浙紹奎照堂刻本 一册 存三卷(一至三)

330000－1719－0001405 40－10 史部/雜史類/斷代之屬

平原拳匪紀事一卷 (清)蔣楷撰 清光緒刻本 一册

330000－1719－0001406 56－6 史部/職官類/官箴之屬

平平言四卷 (清)方大湜撰 清光緒十六年(1890)鄂省藩署鉛印本 四册

330000－1719－0001407 56－6－1 史部/職官類/官箴之屬

平平言四卷 (清)方大湜撰 清光緒十六年(1890)鄂省藩署鉛印本 四册

330000－1719－0001408 56－7 史部/職官類/官箴之屬

平平言四卷 (清)方大湜撰 清鉛印本 三册 存三卷(二至四)

330000－1719－0001409 150－18 集部/別集類/清別集

平江集十四卷 (清)樓上層撰 清刻本 三册 存十一卷(四至十四)

330000－1719－0001410 150－20 集部/別集類/清別集

平江集十四卷 (清)樓上層撰 清刻本 三册 存八卷(四至十一)

330000－1719－0001411 163－36 子部/術數類/相宅相墓之屬

平陽全書十五卷 (清)葉泰輯 清刻本 一册 存二卷(九至十)

330000－1719－0001412 40－8 史部/雜史類/斷代之屬

平定關隴紀畧十三卷 (清)易孔昭等撰 清光緒十三年(1887)刻本 十三册

330000－1719－0001413 40－2 史部/雜史類/斷代之屬

平浙紀略十六卷 (清)秦緗業 (清)陳鍾英撰 清同治十二年(1873)浙江書局刻本 四册

330000－1719－0001418 168－9 子部/儒家類/儒學之屬/蒙學

育正堂重訂幼學須知句解四卷 (明)錢元龍校梓 清同治刻本 二册

330000－1719－0001420 154－33 子部/儒家類/儒學之屬/蒙學

寄傲山房塾課新增幼學故事瓊林四卷首一卷 (清)程登吉撰 (清)鄒聖脈增補 清刻本 三册 缺二卷(首、一)

330000－1719－0001422 72－18 子部/儒家類/儒學之屬/蒙學

初學啟悟集二卷 (清)汪承忠評選 (清)黄梅峯詮解 清同治七年(1868)刻本 二册

330000－1719－0001423 115－33 子部/儒家類/儒學之屬/蒙學

初學啟悟集二卷 (清)汪承忠評選 (清)黄梅峯詮解 清同治七年(1868)刻本 一册

存一卷(一)

330000－1719－0001424　90－26　子部/宗教類/佛教之屬

弘明集十四卷附音釋　(南朝梁)釋僧祐輯　清光緒二十二年(1896)金陵刻經處刻本　三冊　存十一卷(四至十四)

330000－1719－0001426　81－5　子部/雜著類/雜說之屬

歸田瑣記八卷　(清)梁章鉅撰　清刻本　三冊　存六卷(三至八)

330000－1719－0001427　7－15　經部/禮記類/傳說之屬

禮記增訂旁訓六卷　(清)徐立綱撰　清同治十二年(1873)奎照樓刻本　六冊

330000－1719－0001428　7－16　經部/叢編

五經旁訓　(清)徐立綱旁訓　清匠門書屋刻墨潤堂印本　三冊　存一種

330000－1719－0001430　7－17　經部/叢編

五經旁訓　(清)徐立綱旁訓　清匠門書屋刻墨潤堂印本　二冊　存一種

330000－1719－0001431　7－18　經部/禮記類/傳說之屬

禮記增訂旁訓六卷　(清)徐立綱撰　清寧郡簡香齋刻本　六冊

330000－1719－0001432　7－19　經部/禮記類/傳說之屬

禮記增訂旁訓六卷　(清)徐立綱撰　清匠門書屋刻本　五冊　存五卷(二至六)

330000－1719－0001433　7－20　經部/禮記類/傳說之屬

禮記旁訓辨體合訂六卷　(清)徐立綱輯　清刻本　五冊　存五卷(二至六)

330000－1719－0001434　7－21　經部/禮記類/傳說之屬

禮記旁訓辨體合訂六卷　(清)徐立綱輯　清循陔堂刻本　四冊　存四卷(三至六)

330000－1719－0001435　7－21－1　經部/禮記類/傳說之屬

禮記旁訓辨體合訂六卷　(清)徐立綱輯　清循陔堂刻本　一冊　存一卷(四)

330000－1719－0001436　7－22　經部/禮記類/傳說之屬

禮記旁訓辨體合訂六卷　(清)徐立綱輯　清刻本　一冊　存一卷(三)

330000－1719－0001439　168－18－1　子部/儒家類/儒學之屬/蒙學

新增繪圖幼學故事瓊林四卷首一卷　(清)程登吉撰　(清)鄒聖脈增補　**新增應酬匯選四卷補遺一卷**　(清)陸九如撰　清末浙紹奎照樓石印本　一冊　存一卷(四)

330000－1719－0001440　89－6　子部/儒家類/儒學之屬/蒙學

新增幼學故事瓊林四卷首一卷　(清)程登吉撰　(清)鄒聖脈增補　清奎照樓刻本　一冊　存一卷(一)

330000－1719－0001441　175－73　集部/總集類/課藝之屬

正誼書院課選不分卷　清刻本　三冊

330000－1719－0001442　94－7、95－12　史部/政書類

三賢政書三種附一種　(清)吳元炳輯　清光緒五年(1879)鉛印本　十二冊　存三種

330000－1719－0001443　65－7　集部/別集類/清別集

勉益齋偶存稿八卷續存稿十六卷　(清)裕謙撰　清光緒二年(1876)刻本　八冊

330000－1719－0001455　8－23　類叢部/叢書類/彙編之屬

祕書廿一種　(清)汪士漢編　清嘉慶九年(1804)敬書堂刻本　二冊　存一種

330000－1719－0001456　8－12　子部/叢編

子書百家　(清)崇文書局編　清光緒元年(1875)湖北崇文書局刻本　二冊

330000－1719－0001457　115－2　子部/宗

教類/佛教之屬

慧日永明智覺壽禪師山居詩一卷 （宋）釋延壽撰　清光緒十一年（1885）江北刻經處刻本　一册

330000－1719－0001458　50－3　史部/地理類/雜志之屬

永嘉聞見錄二卷 （清）孫同元撰　清光緒十四年（1888）瑞安孫氏刻本　一册　存一卷（一）

330000－1719－0001460　161－25　類叢部/叢書類/自著之屬

杭大宗七種叢書（杭氏七種） （清）杭世駿撰　清咸豐元年（1851）長沙小嫏嬛山館刻本　一册　存一種

330000－1719－0001461　46－8　類叢部/叢書類/彙編之屬

崇文書局彙刻書三十一種 （清）崇文書局編　清光緒元年至三年（1875－1877）湖北崇文書局刻本　一册　存一種

330000－1719－0001463　91－40　子部/宗教類/道教之屬

玉歷鈔傳警世□□卷 　清道光二十九年（1849）沈文鑑齋刻本　一册　存一卷（一）

330000－1719－0001464　76－47　子部/宗教類/道教之屬

玉歷鈔傳警世□□卷 　清嘉慶二十四年（1819）紹城許鼎元刻字店刻本　二册　存一卷（一）

330000－1719－0001465　175－35　集部/別集類/清別集

玉通生詩鈔四卷續集一卷 （清）劉心瑤撰　清光緒十八年（1892）木活字印本　一册

330000－1719－0001466　165－5　集部/別集類/唐五代別集

玉溪生詩意八卷 （唐）李商隱撰　（清）朱鶴齡注　（清）屈復意　清刻本　一册　存一卷（四）

330000－1719－0001467　157－31　子部/宗教類/道教之屬

玉歷鈔傳警世不分卷 　清刻本　一册

330000－1719－0001468　16－5、70－30、88－15、168－32　類叢部/叢書類/彙編之屬

湖海樓叢書十二種 （清）陳春編　清嘉慶蕭山陳氏刻二十四年（1819）彙印本　六册　存四種

330000－1719－0001470　168－32－1　類叢部/叢書類/彙編之屬

湖海樓叢書十二種 （清）陳春編　清嘉慶蕭山陳氏刻二十四年（1819）彙印本　一册　存一種

330000－1719－0001471　97－4　集部/別集類/清別集

玉磬山房詩集十三卷文集四卷 （清）劉大觀撰　清嘉慶至道光刻本　六册

330000－1719－0001472　96－20　集部/別集類/清別集

白華前稿六十卷 （清）吳省欽撰　清乾隆四十八年（1783）刻本　十册

330000－1719－0001476　175－42　集部/曲類/寶卷之屬

浙江杭州府錢塘縣白蛇寶卷二卷 　清末石印本　一册

330000－1719－0001478　8－24　子部/醫家類/喉科口齒之屬/白喉

白喉全生集一卷 （清）李紀方撰　清宣統元年（1909）鉛印本　一册

330000－1719－0001479　132－15　集部/總集類/課藝之屬

目耕齋初集不分卷二集不分卷 （清）徐楷評註　（清）沈叔眉選刊　清光緒十二年（1886）上海積山書局石印本　一册　存初集

330000－1719－0001480　132－37　集部/總集類/課藝之屬

目耕齋二集不分卷 （清）徐楷評註　（清）沈叔眉選刊　清末石印本　一册

330000－1719－0001483　87－14　子部/儒家類/儒學之屬
二程全書八種　(宋)程顥　(宋)程頤撰　清刻本　二册　存一種

330000－1719－0001484　176－46　集部/總集類/課藝之屬
目耕齋三集不分卷　(清)沈叔眉編次　清末石印本　一册

330000－1719－0001486　132－35　集部/總集類/課藝之屬
目耕齋讀本不分卷　(清)徐楷評註　(清)沈叔眉選刊　清刻本　一册

330000－1719－0001488　132－26　集部/總集類/課藝之屬
目耕齋小題不分卷　(清)沈叔眉編次　清刻本　一册

330000－1719－0001489　132－20　集部/總集類/課藝之屬
目耕齋二刻不分卷　(清)徐楷評註　(清)沈叔眉選刊　清刻本　一册

330000－1719－0001490　132－19　集部/總集類/課藝之屬
目耕齋二刻不分卷　(清)徐楷評註　(清)沈叔眉選刊　清綠潤堂刻本　二册

330000－1719－0001491　132－18　集部/總集類/課藝之屬
目耕齋讀本不分卷　(清)徐楷評註　(清)沈叔眉選刊　清綠潤堂刻本　二册

330000－1719－0001493　132－29　集部/總集類/課藝之屬
目耕齋讀本不分卷　(清)徐楷評註　(清)沈叔眉選刊　清道光二十一年(1841)刻本　一册

330000－1719－0001494　132－30　集部/總集類/課藝之屬
目耕齋讀本不分卷　(清)徐楷評註　(清)沈叔眉選刊　清道光二十一年(1841)刻本　一册

330000－1719－0001495　132－23　集部/總集類/課藝之屬
目耕齋讀本不分卷　(清)徐楷評註　(清)沈叔眉選刊　清綠潤堂刻本　一册

330000－1719－0001496　132－32　集部/總集類/課藝之屬
目耕齋小題偶編不分卷　(清)沈叔眉編次　清咸豐二年(1852)聚文堂刻本　二册

330000－1719－0001497　132－33　集部/總集類/課藝之屬
目耕齋小題偶編不分卷　(清)沈叔眉編次　清咸豐二年(1852)聚文堂刻本　一册

330000－1719－0001498　132－31　集部/總集類/課藝之屬
目耕齋二刻不分卷　(清)徐楷評註　(清)沈叔眉選刊　清道光二十一年(1841)刻本　二册

330000－1719－0001499　132－1　集部/總集類/課藝之屬
目耕齋二刻不分卷　(清)徐楷評註　(清)沈叔眉選刊　清道光十二年(1832)刻本　一册

330000－1719－0001500　150－3　集部/別集類/明別集
石田稿三卷　(明)沈周撰　明弘治十六年(1503)黄淮集義堂刻本　六册

330000－1719－0001502　115－30　集部/詩文評類/詩評之屬
石林詩話三卷　(宋)葉夢得撰　清光緒三十四年(1908)長沙葉氏觀古堂刻本　一册

330000－1719－0001503　87－22　集部/總集類/選集之屬/斷代
宋四名家詩　(清)周之鱗　(清)柴升編　清刻本　一册　存一種

330000－1719－0001504　171－64　集部/總集類/課藝之屬
考卷文鈔不分卷　(清)周灝編　清嘉慶二十三年(1818)刻本　一册

330000－1719－0001506　63－6　新學/商務/商學

節本原富不分卷　(英國)亞丹斯密撰　嚴復譯　張鵬一纂　清鉛印本　一册

330000－1719－0001507　79－5、79－18　子部/藝術類/書畫之屬/畫譜

芥子園畫傳初集六卷二集九卷三集六卷　(清)王槩　(清)王蓍　(清)王臬輯　清光緒三十二年(1906)上海文新書局石印本　八册　缺六卷(初集一至六)

330000－1719－0001509　168－51　經部/春秋左傳類/傳説之屬

左繡三十卷首一卷　(清)馮李驊　(清)陸浩評輯　清刻本　十四册

330000－1719－0001510　42－26　經部/春秋左傳類/傳説之屬

左傳選十四卷　(清)儲欣評選　清刻本　一册　存二卷(十至十一)

330000－1719－0001511　12－1　經部/春秋左傳類/傳説之屬

左傳選十四卷　(清)儲欣評選　清刻本　四册　存七卷(六至十二)

330000－1719－0001512　11－21　經部/春秋左傳類/傳説之屬

左傳選十四卷　(清)儲欣評選　清乾隆四十五年(1780)受祉堂刻本　六册

330000－1719－0001513　11－6　經部/春秋左傳類/傳説之屬

左傳統箋三十五卷　(清)姜希轍撰　清刻本　二册　存八卷(十四至十七、三十二至三十五)

330000－1719－0001514　171－82　經部/小學類/文字之屬/字書/訓蒙

訓蒙草注釋不分卷　(清)路德撰　(清)李元度注　清來鹿堂刻本　一册

330000－1719－0001516　116－30　集部/總集類/課藝之屬

龍山課藝二集四卷　(清)杜聯輯　清同治十二年(1873)刻本　六册

330000－1719－0001517　175－60　集部/總集類/課藝之屬

龍山課藝二集四卷　(清)杜聯輯　清同治十二年(1873)刻本　一册

330000－1719－0001518　124－9　史部/紀傳類/正史之屬

二十四史　清同治至光緒五省官書局據汲古閣本等合刻光緒五年(1879)湖北書局彙印本　二册　存一種

330000－1719－0001519　116－24　集部/總集類/課藝之屬

龍山書院課藝四卷　(清)杜聯輯　清刻本　一册　存一卷(四)

330000－1719－0001520　32－10　史部/紀傳類/正史之屬

龍門史記□□卷　(漢)司馬遷撰　清刻本　七册　存四十三卷(六至八、十至三十、五十二至七十)

330000－1719－0001522　156－48　子部/儒家類/儒學之屬/蒙學

龍文鞭影二卷　(明)蕭良有纂輯　(清)楊臣諍增訂　(清)來集之音註　清刻本　二册

330000－1719－0001523　156－48－1　子部/儒家類/儒學之屬/蒙學

龍文鞭影二卷　(明)蕭良有纂輯　(清)楊臣諍增訂　(清)來集之音註　清刻本　二册

330000－1719－0001524　156－24　集部/小説類/短篇之屬

新評龍圖神斷公案十卷　(明)李贄評　清刻本　四册　缺三卷(二至四)

330000－1719－0001525　81－7　類叢部/叢書類/彙編之屬

龍威秘書一百六十九種　(清)馬俊良編　清刻本　二册　存一種

330000－1719－0001526　81－7－1　類叢部/叢書類/彙編之屬

龍威秘書一百六十九種 (清)馬俊良編 清刻本 一冊 存一種

330000－1719－0001527 159－37 集部/別集類
龍疁集不分卷 清刻本 一冊

330000－1719－0001528 175－61 新學/報章
亞東時報不分卷(第十四號) (清)亞東時報館編 清光緒二十五年(1899)鉛印本 一冊

330000－1719－0001529 168－56 子部/宗教類/道教之屬
亦度慈航不分卷 清刻本 一冊

330000－1719－0001535 168－33 史部/地理類/雜志之屬
王梅溪先生會稽三賦四卷 (宋)王十朋撰 (明)南逢吉註 (清)周炳曾增註 清咸豐尺木堂刻本 一冊

330000－1719－0001536 176－26 史部/地理類/專志之屬/古跡
會稽名勝賦一卷 (清)葉簡裁輯 清刻本 一冊

330000－1719－0001537 74－27 子部/醫家類/類編之屬
黄氏醫書八種 (清)黄元御撰 清咸豐十一年(1861)徐樹銘燮龢精舍刻本 一冊 存一種

330000－1719－0001538 52－23、155－20、155－21 類叢部/叢書類/自著之屬
北江全集七種 (清)洪亮吉撰 清乾隆至嘉慶刻彙印本 六冊 存三種

330000－1719－0001539 158－13 子部/醫家類/診法之屬/其他診法
傷寒舌鑑不分卷 (清)張登彙纂 清光緒四年(1878)刻本 一冊

330000－1719－0001540 158－12 子部/醫家類/傷寒金匱之屬/傷寒論
注解傷寒論十卷圖解運氣圖一卷 (漢)張機撰 (晉)王叔和輯 (金)成無己注 **傷寒明理論四卷** (金)成無己撰 清光緒六年(1880)掃葉山房刻本 三冊 存五卷(一至五)

330000－1719－0001541 74－28 子部/醫家類/傷寒金匱之屬/傷寒論
注解傷寒論十卷圖解運氣圖一卷 (漢)張機撰 (晉)王叔和輯 (金)成無己注 **傷寒明理論四卷** (金)成無己撰 清同治九年(1870)常郡雙白燕堂陸氏刻本 四冊

330000－1719－0001542 160－31 經部/四書類/總義之屬
近科房行書菁華二集不分卷 (清)殷兆燕 (清)紀昀評選 清乾隆四十一年(1776)浣花書屋刻本 一冊

330000－1719－0001543 74－24、74－33 子部/醫家類/傷寒金匱之屬/傷寒論
傷寒論注四卷 (清)柯琴撰 清刻本 二冊 存二卷(一至二)

330000－1719－0001544 74－37 子部/醫家類/類編之屬
中西匯通醫書五種 唐宗海撰 清光緒二十年(1894)申江順成書局石印本 四冊

330000－1719－0001545 190－16 集部/別集類/清別集
韞山堂時文初集二卷二集四卷三集二卷 (清)管世銘撰 清刻本 四冊 存五卷(二集二至四、三集一至二)

330000－1719－0001546 74－30 子部/醫家類/傷寒金匱之屬/傷寒論
傷寒來蘇集三種 (清)柯琴撰 清乾隆至嘉慶古香室刻本 二冊 存一種

330000－1719－0001547 74－31 子部/醫家類/傷寒金匱之屬/傷寒論
傷寒來蘇集三種 (清)柯琴撰 清乾隆至嘉慶古香室刻本 二冊 存一種

330000－1719－0001548 74－32 子部/醫家類/傷寒金匱之屬/傷寒論

傷寒來蘇集三種　(清)柯琴撰　清乾隆至嘉慶古香室刻本　二冊　存一種

330000－1719－0001549　74－26　子部/醫家類/傷寒金匱之屬/傷寒論

傷寒論翼二卷　(清)柯琴撰　清刻本　一冊　存一卷(二)

330000－1719－0001550　74－45　子部/醫家類/類編之屬

陳修園醫書二十一種　(清)陳念祖等撰　清光緒十八年(1892)上海圖書集成印書局鉛印本　一冊　存二種

330000－1719－0001551　36－17　子部/藝術類/書畫之屬/畫譜

芥子園畫傳初集六卷二集九卷三集六卷　(清)王槩　(清)王蓍　(清)王臬輯　清末石印本　一冊　存一卷(三)

330000－1719－0001552　36－3　子部/藝術類/書畫之屬/畫譜

芥子園畫傳初集六卷二集九卷三集六卷　(清)王槩　(清)王蓍　(清)王臬輯　清刻本　一冊　存二卷(五至六)

330000－1719－0001553　158－11　子部/醫家類/傷寒金匱之屬/傷寒論

傷寒明理論四卷　(金)成無己撰　清刻本　二冊

330000－1719－0001554　171－61　集部/總集類/課藝之屬

近科考卷脱穎集不分卷　(清)李錫瓚編次　清嘉慶二十年(1815)濯錦軒刻本　一冊

330000－1719－0001555　150－22　集部/總集類/課藝之屬

近科全題新策法程不分卷　(清)劉坦之評點　清刻本　一冊

330000－1719－0001557　159－35　集部/總集類/課藝之屬

先正小題文二卷　清光緒五年(1879)刻本　二冊

330000－1719－0001559　150－24　集部/總集類/課藝之屬

最新兩浙課士錄初集不分卷　(清)浙報館編　清光緒二十八年(1902)浙報館鉛印本　二冊

330000－1719－0001562　175－64　史部/史評類/史論之屬

讀史論畧二卷　(清)杜詔撰　清末石印本　二冊

330000－1719－0001566　114－1、114－2、114－3、114－4、114－5、114－7、114－8、114－9、114－10、114－11、114－12、114－13　集部/總集類/選集之屬/斷代

全唐詩九百卷目錄十二卷　(清)曹寅等輯　清刻本　一百十三冊　缺七冊(第一函一至二冊、第七函一至三冊、第十一函一至二冊)

330000－1719－0001567　165－11　經部/禮記類/傳說之屬

禮記節本十卷　(清)汪基撰　清末石印本　一冊　存二卷(六至七)

330000－1719－0001568　153－4　經部/禮記類/傳說之屬

寄傲山房塾課纂輯禮記全文備旨十一卷　(清)鄒聖脉纂輯　(清)鄒廷猷編次　清刻本　五冊　存八卷(四至十一)

330000－1719－0001569　2－1、7－24、8－2、8－7、70－33、70－34、79－26　類叢部/叢書類/彙編之屬

高安朱文端公校輯藏書十三種　(清)朱軾撰輯　清光緒二十三年(1897)朱衡等刻本　三十冊　存七種

330000－1719－0001570　8－1　經部/禮記類/傳說之屬

寄傲山房塾課纂輯禮記全文備旨十一卷　(清)鄒聖脉纂輯　(清)鄒廷猷編次　清刻本　四冊　存九卷(三至十一)

330000－1719－0001571　6－6　經部/禮記類/傳說之屬

禮記集說十卷　(元)陳澔撰　清同治三年(1864)浙江撫署刻本　十册

330000－1719－0001572　7－3　經部/禮記類/傳說之屬
禮記集說十卷　(元)陳澔撰　清同治十三年(1874)江西書局刻本　十册

330000－1719－0001573　7－1　經部/禮記類/傳說之屬
禮記集說十卷　(元)陳澔撰　清光緒十一年(1885)融經館刻本　十册

330000－1719－0001574　7－6　經部/禮記類/傳說之屬
禮記集說十卷　(元)陳澔撰　清光緒十一年(1885)融經館刻本　六册　存六卷(一、四至八)

330000－1719－0001575　7－9　經部/禮記類/傳說之屬
禮記集說十卷　(元)陳澔撰　清杭城文光堂刻本　十册

330000－1719－0001576　6－7　經部/禮記類/傳說之屬
禮記集說十卷　(元)陳澔撰　清紫巖存心齋刻本　七册　存七卷(二至五、七至九)

330000－1719－0001577　7－5　經部/禮記類/傳說之屬
禮記集說十卷　(元)陳澔撰　清刻本　一册　存一卷(四)

330000－1719－0001578　7－5－1　經部/禮記類/傳說之屬
禮記集說十卷　(元)陳澔撰　清刻本　一册　存一卷(八)

330000－1719－0001579　156－44　經部/禮記類/傳說之屬
禮記集說十卷　(元)陳澔撰　清紫巖存心齋刻本　四册　存四卷(二至三、六、十)

330000－1719－0001580　7－8　經部/禮記類/傳說之屬
禮記集說十卷　(元)陳澔撰　清刻本　六册　存七卷(二至三、五至九)

330000－1719－0001581　7－4　經部/禮記類/傳說之屬
禮記集說十卷　(元)陳澔撰　清刻本　三册　存三卷(三、六至七)

330000－1719－0001582　6－9　經部/叢編
御纂七經二百九十四卷　(清)李光地等撰　清刻本　十八册　存一種

330000－1719－0001583　144－12　經部/禮記類/傳說之屬
禮記體註大全四卷　(清)范紫登原本　(清)曹士瑋纂輯　(清)徐旦參訂　清乾隆五十七年(1792)汲古堂刻本　二册　存二卷(一、三)

330000－1719－0001584　7－27　經部/禮記類/傳說之屬
全本禮記體註十卷　(清)徐瑄撰　清刻本　一册　存二卷(六至七)

330000－1719－0001585　171－43　經部/叢編
十三經注疏附考證　(清)□□輯　清刻本　一册　存一種

330000－1719－0001586　144－16　經部/禮記類/傳說之屬
漱芳軒合纂禮記體註四卷　(清)范翔撰　清蘇州書業巽記刻本　四册

330000－1719－0001587　7－23　經部/禮記類/傳說之屬
漱芳軒合纂禮記體註四卷　(清)范翔撰　清咸豐二年(1852)刻本　四册

330000－1719－0001589　70－12　子部/儒家類/儒學之屬/經濟
張子全書十五卷　(宋)張載撰　(宋)朱熹注　清刻本　三册　存十卷(四至九、十二至十五)

330000－1719－0001590　45－2　史部/傳記

類/别傳之屬/事狀

關聖帝君聖蹟圖誌全集五卷　(清)盧湛輯　清道光二十九年(1849)刻本　六册

330000－1719－0001591　155－4　子部/宗教類/道教之屬

關聖大帝桃園明聖經一卷　清光緒二十年(1894)刻本　一册

330000－1719－0001592　155－4－1　子部/宗教類/道教之屬

關聖大帝桃園明聖經一卷　清光緒二十年(1894)刻本　一册

330000－1719－0001593　168－34　子部/宗教類/道教之屬

明聖經(關聖帝君明聖經)不分卷　清藜照齋刻本　一册

330000－1719－0001594　171－51　子部/宗教類/道教之屬

重刻明聖經不分卷　清光緒六年(1880)姜樋刻本　一册

330000－1719－0001597　156－7　子部/宗教類/道教之屬

關聖帝君覺世經直解不分卷　清光緒元年(1875)寧城奎元堂刻本　一册

330000－1719－0001598　156－47　子部/宗教類/道教之屬

關聖大帝桃園明聖經一卷　清光緒五年(1879)清和藤香書屋刻本　一册

330000－1719－0001599　155－53　子部/宗教類/道教之屬

關帝覺世真經本證訓案闡化編十六卷末一卷　(清)徐謙輯　清同治十二年(1873)五知堂刻本　七册　缺一卷(一)

330000－1719－0001600　176－35　新學/農政/農務

農務土質論三卷圖説一卷　(美國)金福蘭格令希蘭撰　(美國)衛理口譯　(清)范熙庸筆述　清光緒二十七年(1901)上海石印本　一册　存一卷(二)

330000－1719－0001601　73－26　子部/農家農學類/總論之屬

農政全書六十卷　(明)徐光啓撰　清末鉛印本　七册　存五十三卷(八至六十)

330000－1719－0001602　73－39　子部/農家農學類/總論之屬

農政全書六十卷　(明)徐光啓撰　清刻本　四册　存十四卷(八至二十一)

330000－1719－0001603　73－1　子部/農家農學類/總論之屬

農務實業新編二卷　(清)王上達撰　清宣統二年(1910)浙杭萬春農務局刻本　二册

330000－1719－0001608　129－3　集部/總集類/氏族之屬

冰魚詩集二卷　(清)周廉甫輯　清光緒五年(1879)開元周氏木活字印本　二册

330000－1719－0001609　149－4　集部/别集類/清别集

冰菴詩鈔八卷　(清)王吉武撰　清乾隆五年(1740)穀詒堂刻本　二册

330000－1719－0001614　64－4、64－5、64－6　史部/政書類/律令之屬/刑制

刑案滙覽六十卷首一卷末一卷拾遺備考一卷續增刑案匯覽十六卷　(清)祝慶祺輯　清刻本　七十九册　缺一卷(拾遺備考)

330000－1719－0001615　64－10　史部/政書類/律令之屬/律例

刑法大綱不分卷附大清刑律分則草案不分卷　(清)吕衡編　清末鉛印本　一册

330000－1719－0001616　64－14、175－100　史部/政書類/律令之屬/治獄

刑鬭毆下□□卷　清刻本　二册　存二卷(二十八至二十九)

330000－1719－0001617　64－19　史部/政書類/律令之屬/判牘

刑部比照加減成案續編三十二卷首一卷　(清)許槤訂　清道光十四年(1834)杭州許槤刻本　一册　存三卷(首、一至二)

330000－1719－0001618　150－7　集部/別集類/明别集

太師誠意伯劉文成公集二十卷首一卷　(明)劉基撰　清康熙劉元奇刻雍正萬里補刻乾隆括芝南田果育堂印本　十六册

330000－1719－0001619　147－18　史部/政書類/律令之屬/刑制

刑錢必覽十卷附錢穀備要十卷　(清)王又槐輯　清乾隆五十八年(1793)刻本　七册　存十四卷(一至二、七至十,錢穀備要三至十)

330000－1719－0001620　91－20　子部/叢編

二十二子(二十二子彙函)　(清)浙江書局編　清光緒元年至三年(1875－1877)浙江書局刻本　二册　存一種

330000－1719－0001621　79－16　集部/别集類/明别集

劉子全書四十卷首一卷　(明)劉宗周撰　(清)董瑒編　清道光四年至十五年(1824－1835)蕭山王宗炎等刻本　二十二册　缺十卷(首,十至十三、十八、二十四、二十七至二十八、四十)

330000－1719－0001623　43－8　史部/詔令奏議類/奏議之屬

劉中丞奏議二十卷　(清)劉蓉撰　清光緒十一年(1885)思賢講舍刻本　十册

330000－1719－0001624　155－38　集部/曲類/寶卷之屬

太華山紫金嶺兩世修行劉香寶卷全集二卷　(清)□□撰　清紹城許鼎元刻字老店刻本　二册

330000－1719－0001625　162－9　集部/曲類/寶卷之屬

太華山紫金嶺兩世修行劉香寶卷全集二卷　(清)□□撰　清紹城許鼎元刻字老店刻本　二册

330000－1719－0001627　162－9－1　集部/曲類/寶卷之屬

太華山紫金嶺兩世修行劉香寶卷全集二卷　(清)□□撰　清紹城許鼎元刻字老店刻本　一册

330000－1719－0001628　166－17　子部/天文曆算類/算書之屬

學算筆談十二卷　(清)華蘅芳撰　清光緒二十三年(1897)慎記書莊石印本　二册

330000－1719－0001629　162－1　子部/宗教類/佛教之屬/經

大方廣佛華嚴經八十卷　(唐)釋實叉難陀譯　清刻本　十四册　缺四十一卷(一至三、七至九、十一至十八、二十二至二十四、二十八至三十、三十七至三十九、四十三至四十五、四十九至五十四、五十八至六十六)

330000－1719－0001630　173－79　子部/宗教類/佛教之屬

金陵三汊河法雲寺放生池疏一卷　(清)印光法師撰　清刻本　一册

330000－1719－0001638　73－27　新學/交涉/公法

各國交涉公法論初集四卷二集四卷三集八卷　(英國)費利摩羅巴德撰　(英國)傅蘭雅口譯　(清)俞世爵筆述　清光緒二十二年(1896)慎記書莊石印本　六册　存十二卷(一至二、二集一至四、三集一至六)

330000－1719－0001639　25－5　史部/紀傳類/正史之屬

二十四史附考證　清光緒十四年(1888)上海鴻文書局石印本　九册　存一種

330000－1719－0001640　25－1　史部/紀傳類/正史之屬

二十四史附考證　清光緒十四年(1888)上海蜚英館石印本　十二册　存一種

330000－1719－0001641　131－2　史部/地理類/方志之屬/郡縣志

[同治]嵊縣志二十六卷首一卷末一卷　(清)嚴思忠　(清)陳仲麟修　(清)蔡以瑺等纂　清同治九年(1870)刻本　十二册

330000－1719－0001642　131－3　史部/地理類/方志之屬/郡縣志

[同治]嵊縣志二十六卷首一卷末一卷　(清)嚴思忠　(清)陳仲麟修　(清)蔡以瑺等纂　清同治九年(1870)刻本　十二册

330000－1719－0001643　131－5　史部/地理類/方志之屬/郡縣志

[同治]嵊縣志二十六卷首一卷末一卷　(清)嚴思忠　(清)陳仲麟修　(清)蔡以瑺等纂　清同治九年(1870)刻本　十二册

330000－1719－0001644　131－8　史部/地理類/方志之屬/郡縣志

[同治]嵊縣志二十六卷首一卷末一卷　(清)嚴思忠　(清)陳仲麟修　(清)蔡以瑺等纂　清同治九年(1870)刻本　十册　存十六卷(首,一至二、五至十六,末)

330000－1719－0001645　131－9　史部/地理類/方志之屬/郡縣志

[同治]嵊縣志二十六卷首一卷末一卷　(清)嚴思忠　(清)陳仲麟修　(清)蔡以瑺等纂　清同治九年(1870)刻本　八册　存十九卷(五至六、九至十七、二十至二十六,末)

330000－1719－0001646　131－10　史部/地理類/方志之屬/郡縣志

[同治]嵊縣志二十六卷首一卷末一卷　(清)嚴思忠　(清)陳仲麟修　(清)蔡以瑺等纂　清同治九年(1870)刻本　三册　存五卷(二十至二十四)

330000－1719－0001647　131－11　史部/地理類/方志之屬/郡縣志

[同治]嵊縣志二十六卷首一卷末一卷　(清)嚴思忠　(清)陳仲麟修　(清)蔡以瑺等纂　清同治九年(1870)刻本　二册　存四卷(二十至二十三)

330000－1719－0001648　131－12　史部/地理類/方志之屬/郡縣志

[同治]嵊縣志二十六卷首一卷末一卷　(清)嚴思忠　(清)陳仲麟修　(清)蔡以瑺等纂　清同治九年(1870)刻本　一册　存三卷(二十至二十二)

330000－1719－0001649　112－20　集部/總集類/課藝之屬

貽經堂試帖二卷　(清)鄭城撰　清道光十年(1830)鶴守齋刻本　一册

330000－1719－0001650　113－12　集部/總集類/選集之屬/通代

同館七言長律鈔□□卷　(清)王家相等輯　清刻本　一册　存一卷(二)

330000－1719－0001651　158－34　子部/道家類

同善彙鈔不分卷　清嘉慶十五年(1810)剡北陳仁信堂刻本　一册

330000－1719－0001652　156－29　史部/政書類/律令之屬/刑制

刑案匯覽八十八卷目録二卷　清刻本　二册　存二卷(一、六)

330000－1719－0001653　171－11　史部/政書類/律令之屬/刑制

名法指掌增訂□□卷　(清)沈辛田撰　(清)鈕大煒增訂　清刻本　一册　存一卷(下)

330000－1719－0001654　55－9　史部/政書類/通制之屬

五洲各國政治考八卷　錢恂輯　清光緒二十七年(1901)石印本　六册

330000－1719－0001655　55－10　史部/政書類/通制之屬

五洲各國政治考八卷　錢恂輯　清光緒二十七年(1901)石印本　三册　存五卷(一至二、六至八)

330000－1719－0001656　75－35　子部/醫家類/溫病之屬/痧症

吊腳痧方論一卷　(清)徐子默撰　清光緒二十三年(1897)刻本　一册

330000－1719－0001657　75－35－1　子部/醫家類/溫病之屬/痧症

吊腳痧方論一卷　(清)徐子默撰　清光緒二

十三年(1897)刻本　一册

330000－1719－0001658　75－35－2　子部/醫家類/溫病之屬/痧症

吊脚痧方論一卷　(清)徐子默撰　清光緒二十三年(1897)刻本　一册

330000－1719－0001659　87－1　集部/總集類/氏族之屬

吕氏遺音四種十卷　(清)吕孝派等輯　清光緒二十七年(1901)崇孝堂木活字印本　一册　存三種

330000－1719－0001660　161－48　集部/曲類/寶卷之屬

江南松江府華亭縣白沙郁孝修回郎寶卷不分卷　清光緒三十三年(1907)清瑞菴刻本　一册

330000－1719－0001661　48－18　新學/地學/地志學

地質學教科書二編　(日本)横山又次郎撰　葉瀚譯　清末上海蒙學報館正記書局石印本　二册

330000－1719－0001662　49－5　史部/地理類/外紀之屬

地球韻言四卷　(清)張士瀛撰　清光緒二十四年(1898)鄂垣務急書館刻本　二册

330000－1719－0001663　49－4　史部/地理類/外紀之屬

地球韻言四卷　(清)張士瀛撰　清刻本　一册　存二卷(三至四)

330000－1719－0001664　49－4－1　史部/地理類/外紀之屬

地球韻言四卷　(清)張士瀛撰　清刻本　一册　存二卷(三至四)

330000－1719－0001665　67－3　新學/雜著/叢編

西學大成五十六種　(清)王西清　(清)盧梯青編　清末石印本　十一册　存四十六種

330000－1719－0001666　67－3－1　新學/雜著/叢編

西學大成五十六種　(清)王西清　(清)盧梯青編　清末石印本　一册　存二種

330000－1719－0001667　163－7　子部/術數類/相宅相墓之屬

重刊人子須知資孝地理心學統宗十六卷　(明)徐善繼　(明)徐善述撰　清刻本　六册　存六卷(五、七、十二至十三、十五至十六)

330000－1719－0001668　77－32　子部/術數類/相宅相墓之屬

地理大全入門要訣七卷　(清)鄒廷猷編輯　清末上海江左書林石印本　一册

330000－1719－0001669　77－33　子部/術數類/相宅相墓之屬

地理大全輯要十卷　(清)許明輯　清末石印本　一册

330000－1719－0001670　161－17　子部/術數類/相宅相墓之屬

地理五訣八卷　(清)趙廷棟撰　清刻本　二册　存四卷(五至八)

330000－1719－0001672　156－16　子部/術數類/相宅相墓之屬

地理秘書六種　清刻本　一册　存三種

330000－1719－0001673　77－7、77－8　子部/術數類/相宅相墓之屬

地理正義鉛彈子砂水要訣七卷　(清)張鳳藻撰　清刻本　四册　存四卷(二至五)

330000－1719－0001674　77－9　子部/術數類/相宅相墓之屬

增補地理直指原真大全三卷首一卷　(清)釋徹瑩撰　清刻本　一册　存一卷(三)

330000－1719－0001675　156－14　子部/術數類/相宅相墓之屬

地理錄要四卷　(清)于楷輯　清刻本　二册　存一卷(二)

330000－1719－0001676　77－13　子部/術數類/相宅相墓之屬

增補地理直指原真三卷首一卷 （清）釋如玉撰 清宣統三年(1911)石印本 一冊 存二卷(首、一)

330000－1719－0001677 161－53 子部/術數類/相宅相墓之屬
地理辨正疏五卷首一卷末一卷 （清）張心言撰 清刻本 二冊 存三卷(二至四)

330000－1719－0001678 166－56 子部/術數類/相宅相墓之屬
地理辨正疏五卷首一卷末一卷 （清）張心言撰 清末上海姚文海書局石印本 一冊

330000－1719－0001679 77－1 子部/術數類/相宅相墓之屬
地理辨惑二卷 （清）馬清鶚撰 清同治八年(1869)刻本 二冊

330000－1719－0001680 162－6 子部/宗教類/佛教之屬/經
地藏菩薩本願經三卷 （唐）釋實叉難陀譯 清光緒十八年(1892)刻本 一冊

330000－1719－0001682 87－32 集部/別集類/清別集
壯悔堂文集十卷遺稿一卷四憶堂詩集六卷遺稿一卷 （清）侯方域撰 清末上海彪蒙書室石印本 三冊

330000－1719－0001683 87－42 集部/別集類/清別集
壯悔堂文集十卷遺稿一卷四憶堂詩集六卷遺稿一卷 （清）侯方域撰 清刻本 六冊

330000－1719－0001684 168－43 子部/雜著類/雜纂之屬
好生救劫編五卷 （清）常存敬畏齋主人輯 清同治八年(1869)紹興刻本 一冊

330000－1719－0001685 168－43－1 子部/雜著類/雜纂之屬
好生救劫編五卷 （清）常存敬畏齋主人輯 清同治八年(1869)紹興刻本 一冊

330000－1719－0001686 168－43－2 子部/雜著類/雜纂之屬
好生救劫編五卷 （清）常存敬畏齋主人輯 清同治八年(1869)紹興刻本 一冊

330000－1719－0001687 8－3、158－60 經部/禮記類/傳說之屬
禮記揭要六卷 （清）周蕙田輯 清刻本 四冊 缺一卷(二)

330000－1719－0001688 142－1 經部/禮記類/傳說之屬
禮記揭要六卷 （清）周蕙田輯 清乾隆五十七年(1792)自怡軒刻本 一冊 存一卷(一)

330000－1719－0001689 4－8 經部/叢編
七經精義七種 （清）黃淦撰 清嘉慶七年至十二年(1802－1807)刻尊德堂印本 二冊 存一種

330000－1719－0001690 175－50 集部/曲類/寶卷之屬
如意寶卷□□卷 清末文益書局石印本 一冊 存一卷(下)

330000－1719－0001691 175－50－1 集部/曲類/寶卷之屬
如意寶卷□□卷 清末文益書局石印本 一冊 存一卷(下)

330000－1719－0001692 168－41 經部/小學類/文字之屬/字書
字彙十二集首一卷末一卷 （明）梅膺祚撰 清刻本 十二冊 缺二卷(首、末)

330000－1719－0001693 168－42 經部/小學類/文字之屬/字書
字彙十二集首一卷末一卷 （明）梅膺祚撰 清刻本 十一冊 缺三卷(首、五、末)

330000－1719－0001694 21－14 經部/小學類/文字之屬/字書
字學舉隅不分卷 （清）黃本驥 （清）龍啓瑞撰 清同治十年(1871)刻本 一冊

330000－1719－0001695 78－40 經部/小學類/文字之屬/字書/字體

正篆字體對照不分卷　清抄本　二册

330000－1719－0001698　78－28　子部/藝術類/書畫之屬/法帖
吳中丞説文部首墨蹟一卷　(清)吳大澂書　清光緒十一年(1885)刻本　一册

330000－1719－0001699　152－26－1　子部/藝術類/書畫之屬/法帖
吳中丞説文部首墨蹟一卷　(清)吳大澂書　清光緒十一年(1885)刻本　一册

330000－1719－0001706　73－31　子部/兵家類/兵法之屬
孫子十家註十三卷　(三國魏)武帝曹操等撰　**敘録一卷**　(清)畢以珣撰　**遺説一卷**　(宋)鄭友賢撰　清育文書局石印本　一册

330000－1719－0001709　161－18　子部/術數類/相宅相墓之屬
陽宅大成四種　(清)魏青江撰　清刻本　一册　存一種

330000－1719－0001710　161－22　子部/術數類/相宅相墓之屬
陽宅大成四種　(清)魏青江撰　清刻本　三册　存一種

330000－1719－0001713　90－14　子部/雜著類/雜説之屬
欲海回狂集三卷　(清)周思仁撰　清揚州懷少義塾刻本　一册

330000－1719－0001714　95－17　集部/别集類/清别集
堯峰文鈔五十卷　(清)汪琬撰　(清)林佶編　清末石印本　五册　存二十五卷(十一至三十、三十六至四十)

330000－1719－0001716　168－48　子部/道家類
莊子因六卷　(清)林雲銘撰　清光緒六年(1880)白雲精舍刻本　四册

330000－1719－0001717　168－47　子部/道家類
南華真經解内篇七卷外篇十五卷雜篇十一卷　(清)宣穎撰　清康熙六十年(1721)刻本　六册

330000－1719－0001720　168－1　子部/道家類
莊子集解八卷　王先謙撰　清宣統元年(1909)思賢書局刻本　二册　存六卷(一至三、六至八)

330000－1719－0001721　168－49　類叢部/叢書類/家集之屬
董氏叢書十六種　(清)董金鑑編　清光緒三十二年(1906)會稽董氏取斯家塾刻本　一册　存一種

330000－1719－0001722　117－33、149－8、193－6　類叢部/叢書類/自著之屬
西堂全集四種附一種　(清)尤侗撰　清兩儀堂刻本　十五册　存二種

330000－1719－0001723　87－11、93－5、93－5－1、93－6、93－10、93－91－1、93－91－2、117－20、117－31、150－16、150－16－1、193－7　類叢部/叢書類/自著之屬
西堂全集四種附一種　(清)尤侗撰　清兩儀堂刻本　十七册　存二種

330000－1719－0001725　117－41　類叢部/叢書類/彙編之屬
式訓堂叢書四十一種　(清)章壽康編　清光緒會稽章氏刻本　六册　存八種

330000－1719－0001726　72－2　子部/道家類
執中藴義四卷　(清)湯壽銘等輯　清同治十三年(1874)常州玄真壇刻本　一册　存二卷(一至二)

330000－1719－0001727　80－18　子部/雜著類/雜説之屬
有不為齋隨筆十卷　(清)光聰諧撰　清光緒十三年(1887)蘇州藩署鉛印本　一册　存五卷(一至五)

330000－1719－0001728　96－1　集部/别集

類/清别集

有正味齋外集五卷 (清)吳錫麒撰 清刻本 二册

330000－1719－0001729 96－26 集部/詞類/别集之屬

有正味齋詞集五卷 (清)吳錫麒撰 清刻本 二册

330000－1719－0001730 96－8、96－37 集部/别集類/清别集

有正味齋駢文箋注十六卷補注一卷 (清)吳錫麒撰 (清)葉聯芬注 清道光二十年(1840)慈谿葉氏刻本 三册

330000－1719－0001731 96－7 集部/别集類/清别集

有正味齋駢文箋注十六卷補注一卷 (清)吳錫麒撰 (清)葉聯芬注 清刻本 一册 存二卷(七至八)

330000－1719－0001732 175－92 集部/别集類/清别集

有正味齋試帖□□卷 (清)吳錫麒著 (清)吳掄 (清)吳敬恒註 清刻本 三册 存四卷(一、三至五)

330000－1719－0001733 96－25 集部/别集類/清别集

有正味齋試帖詩注八卷 (清)吳錫麒撰 (清)吳清皋等注 清刻本 三册 存四卷(三至六)

330000－1719－0001734 70－29 子部/儒家類/儒學之屬/性理

朱子原訂近思錄集注十四卷考訂朱子世家一卷 (清)江永撰 清同治四年至五年(1865－1866)吳棠望三益齋刻本 三册 缺二卷(一、考訂朱子世家)

330000－1719－0001735 87－5、95－7 類叢部/叢書類/彙編之屬

正誼堂全書六十三種續刻五種 (清)張伯行編 (清)楊浚重編 清同治五年(1866)福州正誼書院刻同治八年至光緒十三年(1869－1887)續刻本 七册 存二種

330000－1719－0001736 72－1 類叢部/叢書類/彙編之屬

古香齋袖珍十種 清同治至光緒南海孔氏刻本 四十七册 存一種

330000－1719－0001737 21－15 子部/儒家類/儒學之屬/性理

淵鑒齋御纂朱子全書六十六卷 (宋)朱熹撰 (清)李光地等輯 清康熙刻本 四十册

330000－1719－0001738 71－15 子部/儒家類/儒學之屬/性理

淵鑒齋御纂朱子全書六十六卷 (宋)朱熹撰 (清)李光地等輯 清刻本 二十七册 缺六卷(十二、三十至三十一、三十九至四十一)

330000－1719－0001739 45－7 史部/傳記類/别傳之屬/年譜

朱子[熹]年譜四卷考異四卷附錄朱子論學切要語二卷附校勘記三卷 (清)王懋竑撰並輯 (清)王炳校勘 清同治九年(1870)永康應氏刻本 四册 存四卷(年譜一至四)

330000－1719－0001740 70－11 子部/儒家類/儒學之屬/性理

近思錄集注十四卷 (清)江永撰 清光緒二十五年(1899)浙江官書局刻本 三册

330000－1719－0001741 8－10 經部/三禮總義類/通禮雜禮之屬

朱子家禮八卷首一卷 (宋)朱熹撰 (明)丘濬輯 (明)楊廷筠補 清康熙四十年(1701)刻本 六册 缺一卷(七)

330000－1719－0001742 72－4 經部/三禮總義類/通禮雜禮之屬

朱子家禮八卷 (宋)朱熹撰 (明)丘濬輯 (明)楊廷筠補 **四禮初稿一卷** (明)宋纁輯 **四禮約言一卷** (明)吕維祺撰 清嘉慶六年(1801)寶寧堂刻本 六册

330000－1719－0001743 71－12 集部/别集類/宋别集

朱子集一百四卷目錄二卷 (宋)朱熹撰 清

咸豐十年至同治元年(1860－1862)浙江紫霞洲祠堂刻本　二十一册　存六十二卷(一至七、十九至二十五、三十二至三十四、三十八至四十三、五十至五十二、五十六至六十五、七十至七十一、七十五至九十二、一百至一百四,目錄二)

330000－1719－0001744　96－31　集部/别集類/清别集
次立齋詩集四卷　(清)袁知撰　清刻本　一册

330000－1719－0001745　159－24　集部/總集類/課藝之屬
江漢炳靈集□□卷　(清)潘恭壽　(清)柯逢時等撰　清同治九年(1870)刻本　四册　存二卷(一至二)

330000－1719－0001746　166－47　集部/總集類/課藝之屬
江左校士錄不分卷　(清)黄體芳輯　清末鉛印本　一册

330000－1719－0001747　165－35　子部/儒家類/儒學之屬/蒙學
蒙學求通虚字實在易不分卷　施崇恩撰　清上海彪蒙書室石印本　九册

330000－1719－0001748　54－11　史部/地理類/輿圖之屬/坤輿
江西全省輿圖十四卷首一卷　(清)劉坤一等撰　清同治七年(1868)刻朱墨套印本　十册　存十卷(五至十四)

330000－1719－0001751　161－61　集部/曲類/寶卷之屬
百壽寶卷不分卷　清刻本　一册

330000－1719－0001752　99－16　史部/傳記類/總傳之屬/姓名
百姓昭明不分卷　(清)夏雲輯　清光緒十一年(1885)刻本　一册

330000－1719－0001753　34－11　史部/編年類/通代之屬
竹書紀年統箋二卷　(南朝梁)沈約附注　清刻本　一册

330000－1719－0001754　34－4　子部/叢編
二十五子彙函(子書二十五種)　(清)鴻文書局編　清育文書局石印本　一册　存一種

330000－1719－0001755　34－5　子部/叢編
二十五子彙函(子書二十五種)　(清)鴻文書局編　清光緒十九年(1893)上海鴻文書局石印本　一册　存一種

330000－1719－0001756　92－5　子部/宗教類/佛教之屬
雲棲法彙二十九種　清光緒二十三年至二十五年(1897－1899)金陵刻經處刻本　三册　存三種

330000－1719－0001757　55－3　新學/史志/别國史
繙譯米利堅志四卷　(日本)岡千仞　(日本)河野通之撰　清光緒二十二年(1896)上海書局刻本　二册

330000－1719－0001758　89－30　集部/小説類/長篇之屬
紅樓夢一百二十回　(清)曹霑　(清)高鶚撰　清刻本　七册　存四十回(一、二十一至四十、九十一至一百四、一百十一至一百十五)

330000－1719－0001759　89－30－1　集部/小説類/長篇之屬
紅樓夢一百二十回　(清)曹霑　(清)高鶚撰　清刻本　三册　存十八回(五至九、十一至十七、三十一至三十六)

330000－1719－0001760　89－30－2　集部/小説類/長篇之屬
紅樓夢一百二十回　(清)曹霑　(清)高鶚撰　清刻本　三册　存二十回(三十七至四十三、五十一至五十四、八十三至八十八、九十七至九十九)

330000－1719－0001762　175－95　子部/宗教類/其他宗教之屬/基督教
約翰傳福音書□□卷　清光緒八年(1882)上海美華書館銅活字印本　一册　存一卷(四)

330000－1719－0001763　63－24　史部/政書類/邦交之屬
約章分類輯要三十八卷首一卷　蔡乃煌輯　清刻本　二十六冊　缺三卷(首,三十六、三十八)

330000－1719－0001765　72－5　子部/兵家類/兵法之屬
紀效新書十八卷首一卷　(明)戚繼光撰　清道光二十一年(1841)虎林西泉氏刻本　八冊

330000－1719－0001766　72－5－1　子部/兵家類/兵法之屬
紀效新書十八卷首一卷　(明)戚繼光撰　清道光二十一年(1841)虎林西泉氏刻本　四冊

330000－1719－0001767　73－3、73－22　子部/兵家類/兵法之屬
紀效新書十八卷首一卷　(明)戚繼光撰　清嘉慶九年(1804)照曠閣刻本　五冊　缺六卷(十一至十六)

330000－1719－0001768　73－29　子部/兵家類/兵法之屬
紀效新書十八卷首一卷　(明)戚繼光撰　清光緒二十一年(1895)上海醉經樓石印本　四冊

330000－1719－0001770　73－36　子部/兵家類/兵法之屬
紀效新書十八卷首一卷　(明)戚繼光撰　清京都琉璃廠刻本　六冊

330000－1719－0001771　163－14　集部/別集類/清別集
紀曉嵐詩註釋四卷　(清)紀昀撰　(清)郭斌評註　清愛蓮堂刻本　二冊

330000－1719－0001772　99－1　集部/別集類
缶廬詩八卷別存三卷　吳昌碩撰　清光緒十九年(1893)蘇城刻本　三冊

330000－1719－0001773　34－12　子部/道家類
老子道德經二卷　(三國魏)王弼注　**附音義一卷**　(唐)陸德明撰　清光緒二十三年(1897)新化三味書室刻本　一冊

330000－1719－0001776　70－24　子部/儒家類/儒學之屬/勸學
程氏家塾讀書分年日程三卷綱領一卷　(元)程端禮撰　清同治八年(1869)江蘇書局刻本　一冊

330000－1719－0001777　175－75　子部/儒家類/儒學之屬/蒙學
童子問路四卷　(清)鄭之琮輯　清同治九年(1870)杭州文元堂刻本　二冊

330000－1719－0001779　171－56　集部/總集類/課藝之屬
考卷文選二集　清刻本　一冊

330000－1719－0001780　160－17　集部/總集類/課藝之屬
考卷約選合編不分卷　(清)映雪齋集　清嘉慶十六年(1811)養性齋刻本　五冊

330000－1719－0001781　160－17－1　集部/總集類/課藝之屬
考卷約選合編不分卷　(清)映雪齋集　清嘉慶十六年(1811)養性齋刻本　五冊

330000－1719－0001782　171－49　集部/總集類/課藝之屬
考卷雋快二編不分卷　(清)丁鍾藻等撰　清刻本　一冊

330000－1719－0001783　129－23　經部/易類/易占之屬
環碧軒卦義條辨不分卷　(清)沈以煊撰　清光緒十九年(1893)剡溪沈氏刻本　一冊

330000－1719－0001784　62－5　史部/職官類/官箴之屬
趙恭毅公自治官書二十四卷　(清)趙申喬撰　(清)何祖柱輯　清雍正懷策堂刻本　一冊　存一卷(八)

330000－1719－0001785　73－14　新學/兵制

自強軍創建公言二卷　沈敦和編次　清末石印本　二冊

330000－1719－0001786　73－25　新學/兵制

自強軍西法類編十八卷　沈敦和撰　(清)洪恩波參訂　清光緒二十四年(1898)上海順成書局石印本　九冊　缺六卷(一至二、六、十三至十四、十八)

330000－1719－0001787　162－5　子部/宗教類/佛教之屬/經疏

佛說觀無量壽佛經附圖頌一卷　(南朝宋)釋畺良耶舍譯　(明)釋傳燈圖並頌　清刻本　一冊

330000－1719－0001788　157－16　子部/宗教類/道教之屬/雜著

西山先生答客問一卷　西山先生口授　清末上海宏大善書局石印本　一冊

330000－1719－0001789　32－3－1　類叢部/叢書類/彙編之屬

古文七種　(清)儲欣選評　清刻本　一冊　存一種

330000－1719－0001790　171－27　集部/總集類/課藝之屬

西泠課藝不分卷　帥仙舟鑒定　清刻本　二冊

330000－1719－0001791　76－36　新學/醫學

西醫略論三卷　(英國)合信氏撰　(清)管茂材譯　清咸豐七年(1857)刻本　二冊

330000－1719－0001792　76－37　新學/醫學

合信氏西醫五種　(英國)合信氏撰　清咸豐八年(1858)上海仁濟醫館鉛印本　一冊　存一種

330000－1719－0001793　34－19　集部/別集類/清別集

西河文選十一卷　(清)毛奇齡撰　(清)汪霦等選　清刻本　二冊　存三卷(三至五)

330000－1719－0001794　93－8　類叢部/叢書類/自著之屬

西河合集一百十九種　(清)毛奇齡撰　清刻本　一冊　存一種

330000－1719－0001795　76－44　新學/醫學/藥品

西藥畧釋不分卷　清刻本　一冊

330000－1719－0001796　53－10　史部/地理類/山川之屬/水志

西湖志纂十五卷首一卷　(清)沈德潛　(清)傅王露等撰　清刻本　一冊　存三卷(八至十)

330000－1719－0001797　53－9　類叢部/叢書類/郡邑之屬

武林掌故叢編一百九十種　(清)丁丙編　清光緒三年至二十六年(1877－1900)錢塘丁氏嘉惠堂刻本([乾道]臨安志卷四至十五、南宋館閣錄卷一原缺)　四冊　存一種

330000－1719－0001801　118－2、118－5　史部/紀傳類/正史之屬

二十四史　清同治至光緒五省官書局據汲古閣本等合刻光緒五年(1879)湖北書局彙印本　二十冊　存二種

330000－1719－0001805　23－9、41－2、41－3、41－4、87－23、94－9、115－6　類叢部/叢書類/彙編之屬

邵武徐氏叢書二十三種　(清)徐榦編　清光緒邵武徐氏刻本　十二冊　存七種

330000－1719－0001807　41－1　史部/紀傳類/正史之屬

二十四史　清同治至光緒五省官書局據汲古閣本等合刻光緒五年(1879)湖北書局彙印本　二冊　存一種

330000－1719－0001810　166－42　經部/小學類/文字之屬/說文

說文解字十五卷標目一卷　(漢)許慎撰　(宋)徐鉉等校定　清刻本　一冊　存四卷(九至十二)

330000－1719－0001811　160－64　集部/別集類/清別集

許竹篔時文一卷　(清)許景澄撰　清同治九年(1870)刻本　一册

330000－1719－0001812　154－17　經部/四書類/總義之屬/傳說

四書集註(四書章句集註、四書)十九卷　(宋)朱熹撰　清墨潤堂刻本　二册　存十卷(論語一至十)

330000－1719－0001813　161－24　經部/四書類/總義之屬/傳說

四書集註(四書章句集註、四書)十九卷　(宋)朱熹撰　清刻本　二册　存十卷(論語一至十)

330000－1719－0001814　167－8　經部/四書類/總義之屬/傳說

四書集註(四書章句集註、四書)十九卷　(宋)朱熹撰　清刻本　一册　存五卷(論語六至十)

330000－1719－0001815　16－6　經部/四書類/總義之屬/傳說

四書集註(四書章句集註、四書)十九卷　(宋)朱熹撰　清刻本　二册　存十卷(論語一至十)

330000－1719－0001816　16－9　經部/四書類/論語之屬/傳說

論語後案二十卷　(清)黄式三撰　清道光二十四年(1844)鲁岐峯木活字印本　五册　存十七卷(一至四、八至二十)

330000－1719－0001817　34－20　經部/叢編

通志堂經解一百四十種　(清)納蘭成德輯　清康熙十九年(1680)納蘭成德刻本　三册　存一種

330000－1719－0001818　34－21　經部/叢編

通志堂經解一百四十種　(清)納蘭成德輯　清康熙十九年(1680)納蘭成德刻本　三册　存一種

330000－1719－0001819　34－22　經部/叢編

通志堂經解一百四十種　(清)納蘭成德輯　清康熙十九年(1680)納蘭成德刻本　三册　存一種

330000－1719－0001820　75－31　子部/醫家類/婦科之屬/產科

達生編二卷補遺一卷　(清)亟齋居士撰　清道光二十七年(1847)米船樓刻本　一册

330000－1719－0001821　75－31－1　子部/醫家類/婦科之屬/產科

達生編二卷補遺一卷　(清)亟齋居士撰　清道光二十七年(1847)米船樓刻本　一册

330000－1719－0001822　75－31－2　子部/醫家類/婦科之屬/產科

達生編二卷補遺一卷　(清)亟齋居士撰　清道光二十七年(1847)米船樓刻本　一册

330000－1719－0001823　38－19　集部/别集類/清别集

邁堂文畧一卷　(清)李祖陶撰　清道光十五年(1835)江西鷺洲書院刻本　一册

330000－1719－0001824　77－34　子部/術數類/相宅相墓之屬

陽宅大全四卷　(清)許明輯　清末石印本　一册

330000－1719－0001825　161－20　子部/術數類/相宅相墓之屬

陽宅集成八卷　(清)姚廷鑾輯　清刻本　二册　存二卷(七至八)

330000－1719－0001826　77－10　子部/術數類/相宅相墓之屬

陰宅集要四卷　(清)姚廷鑾輯　清刻本　二册　存二卷(三至四)

330000－1719－0001827　91－21　子部/醫家類/類編之屬

徐靈胎十二種全集　(清)徐大椿撰並注　清

刻本　一冊　存二種

330000－1719－0001828　91－12　子部/宗教類/道教之屬/經文

陰符經發隱一卷道德經發隱一卷沖虚經發隱一卷南華經發隱一卷　(清)楊文會注　清光緒金陵刻經處刻本　一冊

330000－1719－0001829　171－24　類叢部/叢書類/輯佚之屬

漢學堂知足齋叢書二百十五種　(清)黄奭輯　清刻本　一冊　存一種

330000－1719－0001830　158－36　子部/宗教類/道教之屬/戒律

陰騭文章句一卷　(清)黄濬撰　清刻本　一冊

330000－1719－0001831　77－25　子部/宗教類/道教之屬/戒律

陰隲文説証彙纂八卷末一卷　清光緒九年(1883)浙湖最樂齋善書坊刻本　八冊

330000－1719－0001832　157－20　子部/農家農學類/農藝之屬

齊民要術十卷雜説一卷　(北魏)賈思勰撰　清刻本　一冊　存二卷(七至八)

330000－1719－0001834　8－8　子部/儒家類/儒學之屬/禮教

齊家寶要二卷　(清)張文嘉撰　清刻本　一冊　存一卷(二)

330000－1719－0001835　96－2　集部/别集類/清别集

兩當軒詩鈔十四卷悔存詞鈔二卷　(清)黄景仁撰　清嘉慶四年(1799)長寧趙希璜河南高堰廳署刻二十二年(1817)侯官鄭炳文補刻書帶草堂印本　二冊

330000－1719－0001836　176－30　集部/總集類/課藝之屬

兩論聯章合璧不分卷　(清)□□撰　清刻本　一冊

330000－1719－0001837　157－38　集部/總集類/課藝之屬

兩論聯章採風集不分卷　(清)静香館主人輯　清同治十二年(1873)刻本　一冊　有缺葉

330000－1719－0001838　81－2　子部/雜著類/雜纂之屬

兩般秋雨盦隨筆八卷　(清)梁紹壬撰　清道光十七年(1837)錢唐汪氏振綺堂刻本　八冊

330000－1719－0001839　81－4　子部/雜著類/雜纂之屬

兩般秋雨盦隨筆八卷　(清)梁紹壬撰　清刻本　六冊　存六卷(二至三、五至八)

330000－1719－0001840　39－2　史部/史評類/史論之屬

兩朝評鑑彙錄十二卷　(清)陸紹源纂　清光緒二十八年(1902)通志學社石印本　三冊　存四卷(九至十二)

330000－1719－0001841　36－4　史部/編年類/通代之屬

御批歷代通鑑輯覽一百二十卷　(清)傅恒等撰　清光緒三十年(1904)上海經藝書局石印本　二十冊　存一百十卷(一至三十八、四十九至一百二十)

330000－1719－0001842　36－4－1　史部/編年類/通代之屬

御批歷代通鑑輯覽一百二十卷　(清)傅恒等撰　清末石印本　九冊　存三十七卷(十三至十七、七十六至八十五、九十九至一百二十)

330000－1719－0001843　18－27　經部/四書類/總義之屬/傳説

四書人物類典串珠四十卷　(清)臧志仁輯　清刻本　十冊　存三十七卷(二至二十三、二十六至四十)

330000－1719－0001844　115－43　集部/總集類/課藝之屬

最新兩浙課士錄初集不分卷　(清)浙報館編　清光緒二十八年(1902)浙報館鉛印本　一冊

330000－1719－0001846　175－33　子部/儒家類/儒學之屬/蒙學

蒙學課本二卷　清光緒二十七年(1901)南洋公學刻本　一册

330000－1719－0001847　147－2－1　史部/職官類/官箴之屬

牧令書四種　(清)□□輯　清同治湖北崇文書局刻本　一册　存一種

330000－1719－0001848　162－20　集部/曲類/寶卷之屬

何仙姑寶卷二卷　(清)□□撰　清光緒三十四年(1908)刻本　一册

330000－1719－0001849　147－13　類叢部/叢書類/自著之屬

何燕泉三種　(明)何孟春撰　清乾隆刻光緒六年(1880)修補印本　一册　存一種

330000－1719－0001850　74－3　子部/醫家類/傷寒金匱之屬/傷寒論

余註傷寒論翼四卷　(清)柯琴撰　清末石印本　一册　存一卷(三)

330000－1719－0001851　52－10　史部/地理類/方志之屬/郡縣志

[光緒]餘姚縣志二十七卷首一卷末一卷　(清)周炳麟修　(清)邵友濂　(清)孫德祖纂　清光緒二十五年(1899)刻本　十六册

330000－1719－0001852　52－11　史部/地理類/方志之屬/郡縣志

[乾隆]餘姚志四十卷　(清)唐若瀛修　(清)邵晉涵纂　清刻本　一册　存二卷(二十八至二十九)

330000－1719－0001853　106－10　集部/詩文評類/詩評之屬

餘墨偶談八卷續集八卷三集四卷四集四卷　(清)孫樗撰　清光緒二年(1876)雙峰書屋刻本　十五册　缺三卷(續集五、三集一至二)

330000－1719－0001856　161－35　子部/宗教類/佛教之屬/經疏

大佛頂如來密因修證了義諸菩薩萬行首楞嚴經玄義二卷　(清)釋智旭撰　清刻本　一册

330000－1719－0001857　176－17　子部/宗教類/佛教之屬/經

佛教西來玄化應運略錄一卷　(宋)程輝編　**佛說四十二章經一卷**　(漢)釋迦葉摩騰　(漢)釋竺法蘭譯　**佛遺教經一卷**　(後秦)釋鳩摩羅什譯　**八大人覺經一卷**　(漢)釋安世高譯　清同治九年(1870)金陵刻經處刻本　一册

330000－1719－0001858　154－15　子部/宗教類/佛教之屬

佛爾雅八卷　(清)周春撰　清嘉慶二十一年(1816)刻本　一册

330000－1719－0001861　73－15　子部/兵家類/兵法之屬

兵書三種　(清)王鑫等輯　清光緒二十一年(1895)湖北官書處刻本　一册

330000－1719－0001862　81－3　子部/雜著類/雜説之屬

冷廬雜識八卷　(清)陸以湉撰　清咸豐六年(1856)刻麟玉山房印本　八册

330000－1719－0001864　88－18　子部/儒家類/儒學之屬/蒙學

初學文引一卷　(清)葉廉鍔選注　清同治十二年(1873)慈南古草堂刻本　一册

330000－1719－0001865　160－32　集部/總集類/課藝之屬

詳註初學文範不分卷　(清)吳肖元評選　清嘉慶十五年(1810)碧梧齋刻本　一册

330000－1719－0001866　160－49　子部/儒家類/儒學之屬/蒙學

初學啟悟集二卷　(清)汪承忠評選　(清)黃梅峯詮解　清光緒七年(1881)浙紹聚奎堂刻本　二册

330000－1719－0001867　160－50　子部/儒家類/儒學之屬/蒙學

初學啟悟集二卷　(清)汪承忠評選　(清)黃梅峯詮解　清光緒六年(1880)浙紹墨潤堂刻

本　二冊

330000－1719－0001868　34－27　子部/儒家類/儒學之屬/蒙學
初學啟悟集二卷　（清）汪承忠評選　（清）黄梅峯詮解　清末奎照樓刻本　一册　存一卷（一）

330000－1719－0001869　34－26　子部/儒家類/儒學之屬/蒙學
初學啟悟集二卷　（清）汪承忠評選　（清）黄梅峯詮解　清刻本　一册　存一卷（二）

330000－1719－0001870　96－21　子部/儒家類/儒學之屬/禮教
初學指南一卷　清刻本　一册

330000－1719－0001871　23－8　經部/小學類/音韻之屬/韻書
初學檢韻袖珍十二卷附檢字一卷佩文詩韻一卷　（清）姚文登輯　清嘉慶七年（1802）遜齋刻本　三册　缺三卷（十一至十二、佩文詩韻）

330000－1719－0001872　117－16　經部/小學類/音韻之屬/韻書
初學檢韻袖珍十二卷附檢字一卷佩文詩韻一卷　（清）姚文登輯　清暢懷書屋石印本　一册

330000－1719－0001873　173－18　新學/學校
新制初等小學國文教科書十二卷　（清）學部圖書局編　清宣統元年（1909）學部圖書局石印本　一册　存一卷（二）

330000－1719－0001874　112－3　集部/總集類/選集之屬/斷代
刪訂唐詩解二十四卷　（明）唐汝詢輯　（清）吴昌祺評　清康熙四十年（1701）誦懿堂刻本　八册

330000－1719－0001875　112－4　集部/總集類/選集之屬/斷代
刪訂唐詩解二十四卷　（明）唐汝詢輯　（清）吴昌祺評　清刻本　二册　存七卷（三至九）

330000－1719－0001876　112－8　集部/總集類/選集之屬/斷代
刪訂唐詩解二十四卷　（明）唐汝詢輯　（清）吴昌祺評　清刻本　七册　存十八卷（二至七、十三至二十四）

330000－1719－0001877　76－54　子部/醫家類/診法之屬/脈經脈訣
刪注脈訣規正二卷　（清）沈鏡刪註　清刻本　一册　存一卷（二）

330000－1719－0001878　75－79　子部/醫家類/類編之屬
醫門棒喝二種　（清）章楠撰　清刻本　二册　存一種

330000－1719－0001879　75－16　子部/醫家類/綜合之屬/通論
醫方論四卷　（清）費伯雄撰　清光緒三年（1877）刻本　一册　存二卷（一至二）

330000－1719－0001880　75－10　子部/醫家類/綜合之屬/通論
增補醫方一盤珠全集十卷　（清）洪金鼎纂　（清）洪濂　（清）洪洛參訂　清同治九年（1870）富春堂刻本　一册　存六卷（首、一至五）

330000－1719－0001881　75－49　子部/醫家類/方書之屬/歷代方書
醫方捷徑二卷　（明）羅必煒撰　清大鋻堂刻本　一册　存一卷（二）

330000－1719－0001882　75－28　子部/醫家類/方書之屬/歷代方書
醫方集解六卷　（清）汪昂撰　清刻本　一册　存二卷（五至六）

330000－1719－0001883　75－48　子部/醫家類/方書之屬/歷代方書
增評醫方集解二十三卷增補本草備要八卷重校舊本湯頭歌訣一卷　（清）汪昂編　清刻本　四册　存七卷（一至四、六至七，重校舊本湯頭歌訣）

330000－1719－0001885　75－27　子部/醫

家類/方書之屬/歷代方書
醫方集解三卷 (清)汪昂撰 清刻本 六冊

330000－1719－0001886 164－6 子部/醫家類/綜合之屬
醫師秘笈二卷 附濕熱條辨一卷 (清)薛雪撰 清光緒七年(1881)浙寧簡香齋刻本 二冊

330000－1719－0001887 75－54 子部/醫家類/綜合之屬
醫師秘笈二卷 附濕熱條辨一卷 (清)薛雪撰 清刻本 一冊 存二卷(二、濕熱條辨)

330000－1719－0001888 76－11 子部/醫家類/綜合之屬/通論
醫學入門七卷首一卷 (明)李梴撰 明萬曆刻崇禎遞修本 五冊 存五卷(一至三、六至七)

330000－1719－0001889 116－21 子部/醫家類/綜合之屬/通論
御纂醫宗金鑑九十卷首一卷 (清)吳謙等撰 清刻本 一冊 存二卷(三十五至三十六)

330000－1719－0001890 74－20、74－40、74－45、74－50、75－63、75－64、75－65、76－65、76－67、76－68、193－18 子部/醫家類/類編之屬
陳修園醫書三十種 (清)陳念祖等撰 清光緒十八年(1892)上海圖書集成印書局鉛印本 十五冊 存十一種

330000－1719－0001891 76－2 子部/醫家類/綜合之屬/通論
醫學心悟六卷 (清)程國彭撰 清刻本 二冊 存二卷(五至六)

330000－1719－0001892 155－56 子部/醫家類/綜合之屬/通論
醫學心悟六卷 (清)程國彭撰 清刻本 一冊 存一卷(五)

330000－1719－0001893 76－21 子部/醫家類/綜合之屬/通論
醫學心悟六卷 (清)程國彭撰 清刻本 一冊 存一卷(二)

330000－1719－0001894 74－17、74－18、74－42、76－41 子部/醫家類/類編之屬
陳修園醫書十六種 (清)陳念祖等撰 清光緒十五年(1889)江左書林刻本 七冊 存四種

330000－1719－0001895 74－8、79－30、91－16 子部/叢編
二十二子(二十二子彙函) (清)浙江書局編 清光緒元年至三年(1875－1877)浙江書局刻本 十九冊 存三種

330000－1719－0001896 158－9 子部/醫家類/綜合之屬/通論
醫宗必讀十卷 (明)李中梓撰 清刻本 三冊 存三卷(三至五)

330000－1719－0001897 76－23 子部/醫家類/綜合之屬/通論
三益堂詳校醫宗必讀十卷 (明)李中梓撰 清嘉慶二十三年(1818)三益堂刻本 一冊 存二卷(一至二)

330000－1719－0001898 76－32 子部/醫家類/綜合之屬/通論
醫宗必讀十卷 (明)李中梓撰 清刻本 一冊 存二卷(五至六)

330000－1719－0001899 76－22 子部/醫家類/綜合之屬/通論
羣玉山房重校醫宗必讀十卷 (明)李中梓撰 清羣玉山房刻本 二冊 存四卷(七至十)

330000－1719－0001900 34－28 子部/醫家類/綜合之屬/通論
醫宗必讀十卷 (明)李中梓撰 清刻本 一冊 存一卷(五)

330000－1719－0001901 76－40 子部/醫家類/綜合之屬/通論
古吳童氏重校醫宗必讀十卷 (明)李中梓撰 清末上海蔣春記書局石印本 六冊

330000－1719－0001902 76－31 子部/醫家類/綜合之屬/通論
御纂醫宗金鑑九十卷首一卷 (清)吳謙等撰

清刻本　一冊　存二卷(三十四至三十五)

330000－1719－0001903　76－33　子部/醫家類/綜合之屬/通論

御纂醫宗金鑑九十卷首一卷　(清)吳謙等撰　清刻本　四冊　存十八卷(十一至十三、二十二至三十三、六十至六十二)

330000－1719－0001904　76－34　子部/醫家類/綜合之屬/通論

御纂醫宗金鑑九十卷首一卷　(清)吳謙等撰　清刻本　一冊　存一卷(二)

330000－1719－0001905　154－6　子部/醫家類/綜合之屬/通論

御纂醫宗金鑑九十卷首一卷　(清)吳謙等撰　清刻本　十二冊　存十六卷(外科一至十六)

330000－1719－0001906　74－16　子部/醫家類/類編之屬

陳修園醫書十八種　(清)陳念祖等撰　清光緒十四年(1888)掃葉山房刻本　一冊　存一種

330000－1719－0001907　76－52　子部/醫家類/類編之屬

南雅堂醫書全集十六種　(清)陳念祖撰　清寶章堂刻本　一冊　存一種

330000－1719－0001908　193－26　子部/醫家類/類編之屬

中西匯通醫書五種　唐宗海撰　清光緒三十四年(1908)上海千頃堂書局石印本　一冊　存一種

330000－1719－0001909　193－25　子部/醫家類/類編之屬

中西匯通醫書五種　唐宗海撰　清末石印本　二冊　存一種

330000－1719－0001910　193－19　子部/醫家類/類編之屬

陳修園二十三種　(清)陳念祖等撰　清同治八年(1869)緯文堂刻本　五冊　存一種

330000－1719－0001911　193－17　子部/醫家類/類編之屬

陳修園二十三種　(清)陳念祖等撰　清刻本　二冊　存一種

330000－1719－0001912　193－15　子部/醫家類/類編之屬

陳修園二十三種　(清)陳念祖等撰　清刻本　一冊　存一種

330000－1719－0001913　76－35　子部/醫家類/綜合之屬/通論

御纂醫宗金鑑九十卷首一卷　(清)吳謙等撰　清宣統元年(1909)簡青齋書局石印本　一冊　存二卷(外科一至二)

330000－1719－0001914　76－70　子部/醫家類/醫理之屬/綜合

醫林改錯一卷　(清)王清任撰　清光緒三十四年(1908)上海理文軒石印本　一冊

330000－1719－0001915　75－7　子部/醫家類/醫經之屬/内經

醫經原旨六卷　(清)薛雪撰　清刻本　一冊　存一卷(四)

330000－1719－0001916　75－22　子部/醫家類/醫經之屬/内經

醫經原旨六卷　(清)薛雪撰　清刻本　二冊　存一卷(四)

330000－1719－0001917　75－24　子部/醫家類/醫經之屬/内經

醫經原旨六卷　(清)薛雪撰　清刻本　三冊　存一卷(四)

330000－1719－0001918　194－8　子部/宗教類/佛教之屬/經

重刊金剛經真解一卷　清末上海宏大善書局石印本　一冊

330000－1719－0001919　158－10　子部/醫家類/傷寒金匱之屬/傷寒論

醫效秘傳三卷　(清)程林撰　清道光十一年(1831)貯春仙館吳氏刻本　三冊

330000－1719－0001922　76－45　子部/醫家類/綜合之屬/通論

醫醇賸義四卷醫方論四卷　(清)費伯雄撰　清光緒三年(1877)刻本　三册　存三卷(一至三)

330000－1719－0001923　98－30　集部/别集類/清别集

吟香室詩草二卷續刻一卷附刻一卷　(清)楊蘊輝撰　清光緒二十三年(1897)南海縣署刻本　二册

330000－1719－0001924　34－29　集部/别集類/清别集

吟香館詩草十四卷　(清)謝聘撰　清道光七年(1827)石竹山房刻本　三册　存十一卷(一至十一)

330000－1719－0001925　34－30　集部/别集類/清别集

吟香館詩草十四卷　(清)謝聘撰　清刻本　一册　存四卷(四至七)

330000－1719－0001926　129－31　史部/政書類/軍政之屬/兵制

聽黄鸝館外篇二卷　(清)魏邦翰撰　清光緒十年(1884)湘潭黎景嵩署刻本　一册

330000－1719－0001927　115－15　集部/總集類/選集之屬/斷代

聽黄鸝館詩賦讀本一卷　(清)宓如椿輯　清光緒六年(1880)刻本　四册

330000－1719－0001928　34－9　子部/儒家類/儒學之屬/蒙學

啟蒙鑑略註解一卷　(清)王仕雲編　清光緒十年(1884)紹興墨潤堂刻本　一册

330000－1719－0001929　46－4、47－15　史部/紀傳類/正史之屬

史記一百三十卷　(漢)司馬遷撰　(南朝宋)裴駰集解　清刻本　二册　存十卷(三十一至三十六、四十一至四十四)

330000－1719－0001930　42－14　史部/雜史類/斷代之屬

國語二十一卷　(三國吳)韋昭注　(宋)宋庠補音　**戰國策十卷**　(宋)鮑彪校注　清武林三餘堂刻本　五册　存二十一卷(國語一至二十一)

330000－1719－0001931　87－20　集部/總集類/彙編之屬

金元明八大家文選　(清)李祖陶編　清道光二十五年(1845)吉安刻本　二册　存一種

330000－1719－0001932　87－20－1　集部/總集類/彙編之屬

金元明八大家文選　(清)李祖陶編　清道光二十五年(1845)吉安刻本　二册　存一種

330000－1719－0001933　87－34　集部/别集類/明别集

吴康齋先生集十二卷首一卷　(明)吴與弼撰　清咸豐十一年(1861)崇仁謝氏刻本　一册　存一卷(首)

330000－1719－0001934　93－17　集部/别集類/清别集

梅村詩集箋注十八卷　(清)吴偉業撰　(清)吴翌鳳箋注　**吴梅村先生行狀一卷**　(清)顧湄撰　**吴梅村先生墓表一卷**　(清)陳廷敬撰　清光緒二十二年(1896)新化三味堂刻本　十一册　存十八卷(詩集箋注一至十八)

330000－1719－0001935　93－19　集部/别集類/清别集

梅村集二十卷　(清)吴偉業撰　清宣統二年(1910)上海國學昌明社石印本　六册

330000－1719－0001936　153－7　子部/藝術類/書畫之屬/書法書品

吴篆論語二卷　(清)吴大澂書　清宣統三年(1911)蘇州振新書社影印本　四册

330000－1719－0001937　153－7－1　子部/藝術類/書畫之屬/書法書品

吴篆論語二卷　(清)吴大澂書　清宣統三年(1911)蘇州振新書社影印本　四册

330000－1719－0001938　162－4　子部/宗教類/佛教之屬/經疏

大方廣圓覺修多羅了義經略疏二卷 （唐）釋宗密撰 清光緒十二年（1886）古杭慧空經房刻本 二册

330000－1719－0001939 79－21 子部/雜著類/雜考之屬
困學記三卷首一卷 （清）馮廷桂撰 清光緒十四年（1888）刻本 一册

330000－1719－0001940 79－21－1 子部/雜著類/雜考之屬
困學記三卷首一卷 （清）馮廷桂撰 清光緒十四年（1888）刻本 一册

330000－1719－0001941 79－21－2 子部/雜著類/雜考之屬
困學記三卷首一卷 （清）馮廷桂撰 清光緒十四年（1888）刻本 一册

330000－1719－0001942 79－21－3 子部/雜著類/雜考之屬
困學記三卷首一卷 （清）馮廷桂撰 清光緒十四年（1888）刻本 一册

330000－1719－0001943 80－3 子部/雜著類/雜考之屬
困學紀聞集證二十卷首一卷末一卷 （宋）王應麟撰 （清）萬希槐集證 清刻本 八册 缺三卷（首、一至二）

330000－1719－0001944 147－12 子部/雜著類/雜考之屬
困學紀聞二十卷 （宋）王應麟撰 （清）閻若璩箋 清乾隆三年（1738）馬氏叢書樓刻本 五册 存十八卷（三至二十）

330000－1719－0001945 155－15 子部/宗教類/佛教之屬/諸宗
六祖大師法寶壇經一卷 （唐）釋慧能撰 （唐）釋法海等輯 清刻本 一册

330000－1719－0001946 90－23 子部/宗教類/佛教之屬/經
妙法蓮華經三十卷 （後秦）釋鳩摩羅什譯 （隋）釋智顗說 （唐）釋灌頂記 （唐）釋湛然述 清刻本 一册 存二卷（二十三至二十四）

330000－1719－0001947 154－2 子部/宗教類/佛教之屬/經疏
妙法蓮華經授手七卷首一卷 （清）釋智祥集 清刻本 六册 存五卷（一、四至七）

330000－1719－0001948 2－29、5－8、8－21、13－2、20－8、38－9、172－18 經部/叢編
十三經古注 （明）葛鼒 （明）金蟠校 明崇禎十三年（1640）永懷堂刻本 二十五册 存七種

330000－1719－0001949 13－3 經部/孝經類/傳說之屬
孝經問業合糸輯註大全三卷 （明）呂維祺輯註 （清）張夏問 （清）傅謙牧參問 清刻本 一册

330000－1719－0001950 13－6 經部/孝經類/傳說之屬
孝經一卷 （唐）玄宗李隆基注 清上海西成小學刻本 一册

330000－1719－0001951 108－3 集部/總集類/選集之屬/通代
唐宋八大家文選八卷 （清）蔡方炳評定 清文雅堂刻本 二十册

330000－1719－0001952 143－4 集部/總集類/選集之屬/通代
唐宋八大家文鈔一百六十六卷 （明）茅坤編 明崇禎四年（1631）茅著刻本 三册 存一種

330000－1719－0001955 44－1 史部/傳記類/總傳之屬/儒林
宋元學案一百卷首一卷考畧一卷 （清）黄宗羲撰 （清）全祖望修定 （清）王梓材 （清）馮雲濠校並考 清光緒五年（1879）長沙寄廬刻本 四十册

330000－1719－0001957 113－20 集部/總集類/選集之屬/通代
宋元明詩三百首六卷摘句一卷 （清）朱梓 （清）冷昌言輯 清光緒元年（1875）虞山鮑氏

抱芳閣刻本　二册

330000－1719－0001958　113－20－1　集部/總集類/選集之屬/通代
宋元明詩三百首六卷摘句一卷　(清)朱梓　(清)冷昌言輯　清刻本　一册

330000－1719－0001959　113－23　集部/總集類/選集之屬/通代
宋元明詩三百首六卷摘句一卷　(清)朱梓　(清)冷昌言輯　清光緒元年(1875)虞山鮑氏抱芳閣刻本　二册

330000－1719－0001961　92－9　集部/別集類/明別集
宋文憲公全集八十三卷潛溪錄六卷首一卷　(明)宋濂撰　孫鏘輯　清宣統成都刻本　二十八册

330000－1719－0001963　150－1　史部/紀傳類/正史之屬
二十四史附考證　清乾隆四年(1739)武英殿刻本　九册　存一種

330000－1719－0001964　150－10　集部/總集類/選集之屬/斷代
應試唐詩類釋十九卷　(清)臧岳編　清乾隆二十六年(1761)三樂齋刻本　五册　存十七卷(一至十三、十六至十九)

330000－1719－0001965　113－16　集部/總集類/選集之屬/斷代
宋四名家詩　(清)周之鱗　(清)柴升編　清光緒元年(1875)刻本　五册　存三種

330000－1719－0001966　156－68　史部/史抄類
宋史菁華錄三卷遼史菁華錄一卷金史菁華錄三卷元史菁華錄三卷　(清)納蘭常安輯　清光緒二十六年(1900)上海書局石印本　一册　存三卷(宋史菁華錄一至三)

330000－1719－0001968　113－49　集部/總集類/選集之屬/通代
五朝詩別裁集　(清)□□輯　清刻本　三册　存一種

330000－1719－0001969　113－49－1　集部/總集類/選集之屬/通代
五朝詩別裁集　(清)□□輯　清刻本　二册　存一種

330000－1719－0001973　90－19　集部/小說類/長篇之屬
希夷夢四十卷　(清)汪寄撰　清刻本　三册　存五卷(二十至二十一、三十四至三十五、三十八)

330000－1719－0001976　150－12　集部/總集類/彙編之屬
應試分月詩賦注釋十二卷　(清)吳肖元選評　清四德堂刻本　一册　存二卷(一至二)

330000－1719－0001977　99－27　集部/別集類/清別集
舊雨草堂時文不分卷　(清)陳康祺撰　清同治九年(1870)刻本　三册

330000－1719－0001978　27－1、28－2、28－1、28－3、28－4、28－5、28－6、28－7、29－1、29－2、29－4、29－5、30－1、30－2、31－1、31－2、187－1、192－12　史部/紀傳類/正史之屬
二十四史附考證　清光緒五洲同文書局影印武英殿本　五百七十一册　存十八種

330000－1719－0001979　74－7　子部/醫家類/方書之屬/單方驗方
本草萬方鍼線八卷　(清)蔡烈先輯　清刻本　二册　存四卷(一至四)

330000－1719－0001980　166－10　子部/醫家類/方書之屬/單方驗方
本草萬方鍼線八卷　(清)蔡烈先輯　清宣統元年(1909)上海經香閣石印本　一册

330000－1719－0001981　168－23　子部/醫家類/本草之屬/歷代綜合本草
本草從新十八卷　(清)吳儀洛輯　清末石印本　一册　存十六卷(一至十六)

330000－1719－0001982　74－21　子部/醫家類/類編之屬
吳氏醫學述　(清)吳儀洛輯　清刻本　四册

存一種

330000－1719－0001983　74－22　子部/醫家類/本草之屬/歷代綜合本草

本草從新十八卷　(清)吳儀洛輯　清刻本　三册　存十五卷(四至十八)

330000－1719－0001984　154－11　子部/醫家類/本草之屬/歷代綜合本草

本草從新十八卷　(清)吳儀洛輯　清刻本　二册　存六卷(七至十二)

330000－1719－0001985　155－39　子部/醫家類/本草之屬/歷代綜合本草

本草綱目五十二卷　(明)李時珍撰　清刻本　二册　存四卷(四十至四十一、四十七、五十一)

330000－1719－0001986　74－43　子部/醫家類/本草之屬/歷代綜合本草

本草綱目五十二卷附圖三卷　(明)李時珍撰　清光緒三十年(1904)上海同文書局石印本　十四册　缺九卷(十八至二十二、三十二至三十五)

330000－1719－0001987　74－1　子部/醫家類/本草之屬/歷代綜合本草

本草綱目拾遺十卷　(清)趙學敏輯　清同治十年(1871)張應昌吉心堂刻本　二册　存四卷(一至四)

330000－1719－0001988　168－27　子部/醫家類/本草之屬/歷代綜合本草

本草綱目拾遺十卷首一卷　(清)趙學敏輯　清光緒三十年(1904)上海同文書局石印本　二册

330000－1719－0001989　74－41　子部/醫家類/本草之屬/歷代綜合本草

本草綱目拾遺十卷　(清)趙學敏輯　清末石印本　一册　存四卷(四至七)

330000－1719－0001990　74－2　子部/醫家類/本草之屬/歷代綜合本草

增訂本草備要四卷　(清)汪昂撰　清成浴堂刻本　一册　存一卷(三)

330000－1719－0001991　168－24　子部/醫家類/方書之屬/歷代方書

增評醫方集解二十三卷增補本草備要八卷重校舊本湯頭歌訣一卷　(清)汪昂編　清刻本　一册　存三卷(一、本草備要一至二)

330000－1719－0001992　74－5　子部/醫家類/本草之屬/歷代綜合本草

本草原始十二卷　(明)李中立撰　清嘉慶二十三年(1818)經餘堂刻本　一册　存四卷(九至十二)

330000－1719－0001993　160－3　集部/總集類/課藝之屬

本朝歷科大題文讀本一卷　清刻本　一册

330000－1719－0001994　160－67　集部/總集類/課藝之屬

本朝考卷欣賞集不分卷　(清)朱芬選　清刻本　二册

330000－1719－0001995　149－15　集部/總集類/選集之屬/斷代

本朝賦範不分卷　(清)杭世駿輯　清乾隆三十六年(1771)文星樓刻本　三册

330000－1719－0001996　150－14　集部/總集類/選集之屬/通代

應試排律精選六卷　(清)周大樞選釋　清安迎堂刻本　二册

330000－1719－0001997　82－4　子部/藝術類/遊藝之屬/聯語

應酬名聯彙選不分卷　清刻本　一册

330000－1719－0001998　157－14　類叢部/類書類/專類之屬

應酬彙選新集八卷　(清)陸九如纂輯　清光緒十二年(1886)奎照樓刻本　四册

330000－1719－0001999　166－38　子部/雜著類/雜説之屬

張太宗師紹鬶論策義合編一卷　清末石印本　一册

330000－1719－0002000　160－46　集部/别

集類/清別集

張太史塾課八卷 (清)張江撰 清咸豐六年(1856)文淵堂刻本 二冊 存三卷(一、四至五)

330000－1719－0002001 93－21 集部/別集類/明別集

新刻張太岳先生詩文集四十七卷 (明)張居正撰 清刻本 十六冊

330000－1719－0002002 74－38 子部/醫家類/醫經之屬/内經

類經三十二卷 (明)張介賓類注 **類經圖翼十一卷附翼四卷** (明)張介賓撰 清嘉慶四年(1799)金閶萃英堂刻本 三冊 存四卷(十九至二十、二十五至二十六)

330000－1719－0002003 79－29 類叢部/叢書類/家集之屬

天台張氏兩銘樓叢書□□種 (清)張廷琛編 清光緒至宣統木活字印本 一冊 存一種

330000－1719－0002005 77－37 子部/術數類/相宅相墓之屬

張宗道先生地理全書五卷 (明)張亙撰 清刻本 一冊 存一卷(二)

330000－1719－0002006 159－65 經部/四書類/總義之屬/傳說

張謇批選四書義六卷續編六卷 張謇撰 清末石印本 二冊 存二卷(三至四)

330000－1719－0002012 160－40 子部/儒家類/儒學之屬/蒙學

批選發蒙小品改本一卷 (清)唐太初編 清道光六年(1826)聚文堂刻本 一冊

330000－1719－0002013 160－40－1 子部/儒家類/儒學之屬/蒙學

發蒙小品選一卷 (清)唐惟懋編 (清)俞魯琴重訂 清道光六年(1826)刻本 一冊

330000－1719－0002014 90－28 子部/宗教類/佛教之屬

折疑論集註二卷 (元)釋子成撰 (明)釋師子注 清光緒三十四年(1908)揚州藏經院刻本 二冊

330000－1719－0002015 173－17 集部/小說類/短篇之屬

繪圖今古奇觀二卷四十回 (明)抱甕老人輯 清末石印本 一冊 存一卷(二)

330000－1719－0002016 166－26 子部/雜著類/雜說之屬

時文備法不分卷 (清)史夢琦評選 清刻本 二冊

330000－1719－0002017 160－62 集部/總集類/課藝之屬

仁在堂全集十一集續刻三集 (清)路德輯 清刻本 二冊 存一種

330000－1719－0002018 166－50 集部/總集類/課藝之屬

仁在堂全集十一集續刻三集 (清)路德輯 清刻本 二冊 存一種

330000－1719－0002019 166－51 集部/總集類/課藝之屬

仁在堂全集十一集續刻三集 (清)路德輯 清漁古山房刻本 三冊 存一種

330000－1719－0002020 171－60 集部/總集類/課藝之屬

仁在堂全集十一集續刻三集 (清)路德輯 清品蓮堂刻本 三冊 存一種

330000－1719－0002021 160－77 集部/總集類/課藝之屬

仁在堂全集十一集續刻三集 (清)路德輯 清刻本 一冊 存一種

330000－1719－0002022 175－88 集部/總集類/課藝之屬

仁在堂全集十一集續刻三集 (清)路德輯 清刻本 一冊 存一種

330000－1719－0002023 160－63 集部/總集類/課藝之屬

仁在堂全集十一集續刻三集 (清)路德輯 清刻本 一冊 存一種

330000－1719－0002024　160－53　集部/總集類/課藝之屬

仁在堂全集十一集續刻三集　（清）路德輯　清刻本　一冊　存一種

330000－1719－0002025　160－78　集部/總集類/課藝之屬

仁在堂全集十一集續刻三集　（清）路德輯　清刻本　一冊　存一種

330000－1719－0002026　166－29　集部/總集類/課藝之屬

仁在堂全集十一集續刻三集　（清）路德輯　清刻本　二冊　存一種

330000－1719－0002027　165－37　集部/總集類/課藝之屬

仁在堂全集十一集續刻三集　（清）路德輯　清漁古山房刻本　二冊　存一種

330000－1719－0002028　88－17　集部/別集類/唐五代別集

李太白文集三十六卷　（唐）李白撰　（清）王琦輯注　清乾隆寶笏樓刻二十五年（1760）增刻本　十一冊　存十九卷（一至十一、十七至十九、二十五至二十九）

330000－1719－0002029　97－2　子部/儒家類/儒學之屬/性理

李二曲先生集錄要四卷倪畬香先生慎獨圖說二卷　（清）李顒撰　（清）倪元坦輯　清道光二十四年（1844）揚州刻本　四冊

330000－1719－0002030　76－57　子部/醫家類/溫病之屬

時病論八卷　（清）雷豐撰　清光緒三十年（1904）石印本　四冊

330000－1719－0002031　99－49　子部/道家類

時事六策初稿一卷附匯源堂叢稿一卷天地動靜說一卷　清刻本　一冊

330000－1719－0002032　176－41　史部/政書類

時務要覽八卷　（清）朱克敬輯　清光緒二十一年（1895）上海萬選樓鉛印本　一冊　存二卷（七至八）

330000－1719－0002033　63－11　史部/政書類

時務經濟策論統宗二十四卷　（清）秀湖漁隱編輯　清光緒二十四年（1898）上海文賢閣石印本　二十四冊

330000－1719－0002034　63－7　新學/議論/通論

時務分類興國策八卷　（清）李鳳儀編輯　清光緒二十三年（1897）上海書局石印本　九冊　存四卷（一至四）

330000－1719－0002035　88－23　類叢部/類書類/專類之屬

李氏蒙求八卷　（唐）李瀚撰　（宋）徐子光注　清刻本　二冊　存六卷（一至六）

330000－1719－0002036　88－20　類叢部/類書類/專類之屬

李氏蒙求補注六卷　（唐）李瀚撰　（清）金三俊補注　清同治九年（1870）古潭余苹□氏明辨齋刻本　三冊　存四卷（一至三、六）

330000－1719－0002038　43－10　類叢部/叢書類/自著之屬

李忠武公遺書五卷　（清）李續賓撰　清光緒十七年（1891）李光久甌江巡署刻本　一冊　存一卷（奏疏）

330000－1719－0002039　166－57　史部/傳記類/別傳之屬/事狀

李鴻章（中國四十年來大事記）十二章　梁啓超撰　清末鉛印本　一冊

330000－1719－0002040　85－16　集部/別集類/唐五代別集

杜工部集二十卷首一卷　（唐）杜甫撰　（清）盧坤輯評　清道光十四年（1834）芸葉盦刻六色套印本　八冊

330000－1719－0002041　86－4　集部/別集類/唐五代別集

杜詩詳註二十五卷首一卷附編二卷　（唐）杜

甫撰　(清)仇兆鰲輯注　清刻本　二册　存三卷(二十一至二十三)

330000－1719－0002042　98－17　集部/別集類/清別集

來雨軒存稿四卷　(清)莫晉撰　清刻本　三册　存三卷(二至四)

330000－1719－0002043　93－2　集部/別集類/明別集

楊忠愍公全集四卷首一卷　(明)楊繼盛撰　清光緒十九年(1893)味菜廬刻本　四册

330000－1719－0002044　93－24　集部/別集類/明別集

楊忠愍公全集四卷首一卷　(明)楊繼盛撰　清光緒十九年(1893)味菜廬刻本　八册

330000－1719－0002045　70－5　子部/儒家類/儒學之屬/禮教/家訓

楊椒山公家訓一卷　(明)楊繼盛撰　清光緒二十一年(1895)紹城寶珠橋朱增耀刻本　一册

330000－1719－0002046　73－34　新學/兵制

步兵野操規例六章　(日本)多賀宗之撰　清光緒二十八年(1902)泰東同文書局鉛印本　一册

330000－1719－0002047　159－51　史部/傳記類/科舉録之屬

求是齋墨醇不分卷　(清)杜聯選評　清刻本　一册

330000－1719－0002051　66－13　新學/工藝/汽機總

汽機必以十二卷首一卷附卷一卷　(英國)蒲而捺撰　(英國)傅蘭雅口譯　(清)徐建寅筆述　清光緒江南製造局刻本　六册

330000－1719－0002052　171－45　集部/別集類/清別集

沁香書屋制藝一卷　(清)錢祖亮撰　清道光二十九年(1849)刻本　一册

330000－1719－0002056　53－18　史部/地理類/方志之屬/郡縣志

[光緒]沔陽州志十二卷首一卷　(清)葛振元修　(清)楊鉅纂　清光緒二十年(1894)刻本　十六册

330000－1719－0002057　90－27　子部/宗教類/佛教之屬/諸宗

溈山警策句釋記二卷　(清)釋弘贊注　清宣統二年(1910)常州天寧寺刻本　一册

330000－1719－0002058　74－10　子部/醫家類/醫經之屬/内經

黄帝内經靈樞註證發微九卷　(明)馬蒔撰　清刻本　二册　存二卷(二、九)

330000－1719－0002077　74－15　子部/醫家類/醫經之屬/内經

黄帝内經素問註證發微九卷靈樞註證發微九卷補遺一卷　(明)馬蒔撰　清太醫院刻本　五册　存七卷(靈樞一至二、四、六至八,補遺)

330000－1719－0002080　75－39　子部/醫家類/外科之屬/癰疽、疔瘡

疔瘡五經辨一卷　清光緒二十九年(1903)刻本　一册

330000－1719－0002081　161－44　集部/曲類/寶卷之屬

山西平陽府平陽邨秀女寶卷全集一卷　清光緒三十四年(1908)刻本　一册

330000－1719－0002082　161－44－1　集部/曲類/寶卷之屬

山西平陽府平陽邨秀女寶卷全集一卷　清光緒七年(1881)刻本　一册

330000－1719－0002083　161－44－2　集部/曲類/寶卷之屬

山西平陽府平陽邨秀女寶卷全集一卷　清光緒七年(1881)刻本　一册

330000－1719－0002084　39－4　史部/編年類/通代之屬

綱鑑彙編四十卷　(清)蔡方炳撰　清刻本

三十八册　缺四卷（五、十七、三十二、三十四）

330000－1719－0002085　35－2　史部/編年類/通代之屬

鼎鍥趙田了凡袁先生編纂古本歷史大方綱鑑補三十九卷首一卷　（明）袁黄纂　**御撰資治通鑑綱目三編二十卷**　（清）張廷玉等編次　清光緒三十三年（1907）文盛書局石印本　十六册　存十二卷（首、一至九，御撰資治通鑑綱目三編一至二）

330000－1719－0002086　158－40、194－9　史部/編年類/通代之屬

尺木堂綱鑑易知録九十二卷明鑑易知録十五卷　（清）吴乘權　（清）周之炯　（清）周之燦輯　清刻本　四册　存十二卷（十一至十三、八十四至九十二）

330000－1719－0002087　194－17　史部/編年類/通代之屬

尺木堂綱鑑易知録九十二卷明鑑易知録十五卷　（清）吴乘權　（清）周之炯　（清）周之燦輯　清末鉛印本　十一册　存七十三卷（六至三十、四十五至九十二）

330000－1719－0002088　194－11　史部/編年類/通代之屬

尺木堂綱鑑易知録九十二卷明鑑易知録十五卷　（清）吴乘權　（清）周之炯　（清）周之燦輯　清末鉛印本　一册　存七卷（十三至十九）

330000－1719－0002089　195－4　史部/編年類/通代之屬

尺木堂綱鑑易知録九十二卷明鑑易知録十五卷　（清）吴乘權　（清）周之炯　（清）周之燦輯　清光緒十七年（1891）上海廣百宋齋鉛印本　十七册　存九十三卷（一至五十八、六十五至九十二，明鑑易知録一至七）

330000－1719－0002090　194－2　史部/編年類/通代之屬

尺木堂綱鑑易知録九十二卷明鑑易知録十五卷　（清）吴乘權　（清）周之炯　（清）周之燦輯　清末鉛印本　六册　存四十一卷（十二至二十五、四十至五十三、六十至六十六、八十七至九十二）

330000－1719－0002091　194－1　史部/編年類/通代之屬

尺木堂綱鑑易知録九十二卷明鑑易知録十五卷　（清）吴乘權　（清）吴大職輯　清光緒十五年（1889）上海廣百宋齋鉛印本　十三册　存九十四卷（一至八十七、明鑑易知録一至七）

330000－1719－0002092　194－4　史部/編年類/通代之屬

綱鑑易知録九十二卷明鑑易知録十五卷　（清）吴乘權　（清）周之炯　（清）周之燦輯　清三元堂刻本　八册　存十七卷（一至七、十至十三、十六至二十一）

330000－1719－0002093　194－18　史部/編年類/通代之屬

綱鑑易知録九十二卷明鑑易知録十五卷　（清）吴乘權　（清）周之炯　（清）周之燦輯　清寶慶經國堂刻本　三十四册　缺三十三卷（九至十二、十七至十八、二十四至二十五、三十二至三十四、五十五至六十三、七十一至七十二、七十六至七十七、九十一至九十二，明鑑易知録四至七、十一至十三）

330000－1719－0002094　195－3　史部/編年類/通代之屬

尺木堂綱鑑易知録九十二卷明鑑易知録十五卷　（清）吴乘權　（清）周之炯　（清）周之燦輯　清刻本　四十册　存八十六卷（一至三十四、三十七至七十四、七十七至七十八、八十一至九十二）

330000－1719－0002095　194－15　史部/編年類/通代之屬

尺木堂綱鑑易知録九十二卷明鑑易知録十五卷　（清）吴乘權　（清）周之炯　（清）周之燦輯　清刻本　四册　存八卷（三十六至三十七、四十五至四十八、七十六至七十七）

330000－1719－0002096　194－3　史部/編

年類/通代之屬

綱鑑易知錄九十二卷明鑑易知錄十五卷 (清)吳乘權 (清)周之炯 (清)周之燦輯 清刻本 二十五冊 存五十七卷(一至十、十四至五十四、五十九至六十四)

330000－1719－0002097 194－5 史部/編年類/通代之屬

綱鑑易知錄九十二卷明鑑易知錄十五卷 (清)吳乘權 (清)周之炯 (清)周之燦輯 清三讓堂刻本 二十四冊 存五十三卷(一至五十三)

330000－1719－0002098 194－6 史部/編年類/通代之屬

尺木堂綱鑑易知錄九十二卷明鑑易知錄十五卷 (清)吳乘權 (清)周之炯 (清)周之燦輯 清末石印本 九冊 存十六卷(三至四、七至二十)

330000－1719－0002099 37－5 史部/編年類/通代之屬

綱鑑總論不分卷 清刻本 一冊

330000－1719－0002101 196－13 史部/編年類/通代之屬

袁王綱鑑會纂三十九卷 (明)袁黃 (明)王世貞纂 清光緒三十年(1904)上海圖書集成局鉛印本 六冊 存十三卷(二至三、十至十五、十八至二十、三十至三十一)

330000－1719－0002102 175－101 子部/醫家類/方書之屬/單方驗方

良方輯要一卷 清刻本 一冊

330000－1719－0002103 150－4 類叢部/叢書類/自著之屬

北江全集七種 (清)洪亮吉撰 清乾隆至嘉慶刻彙印本 一冊 存一種

330000－1719－0002104 17－12 經部/四書類/孟子之屬/傳說

載詠樓重鐫硃批孟子二卷 (宋)蘇洵撰 清嘉慶元年(1796)玉軸樓刻朱墨套印本 一冊

330000－1719－0002106 171－71 史部/傳記類/別傳之屬

花蹊女史小傳□□卷 清末石印本 一冊 存一卷(十二)

330000－1719－0002107 176－40 集部/別集類

花樣一新一卷 清刻本 一冊

330000－1719－0002108 80－4、80－11、172－32 類叢部/叢書類/自著之屬

崔東壁先生遺書八種附一種 (清)崔述撰 清嘉慶至道光陳履和刻本 四冊 存一種

330000－1719－0002109 156－71 集部/別集類/清別集

管注秋水軒尺牘四卷續刻一卷 (清)許思湄撰 (清)婁世瑞注釋 (清)管斯駿補注 清光緒十二年(1886)吳縣管氏管可壽齋刻朱墨套印本 一冊 存二卷(一至二)

330000－1719－0002111 73－2 史部/政書類/律令之屬/法驗

重刊補註洗冤錄集證六卷 (清)王又槐輯 (清)李觀瀾補輯 (清)阮其新補註 (清)張錫蕃重訂 (清)文晟續輯 清道光二十四年(1844)廣州翰墨園刻四色套印本 二冊 存三卷(二、四至五)

330000－1719－0002112 82－30 類叢部/類書類/通類之屬

角山樓增補類腋六十七卷 (清)姚培謙輯 (清)趙克宜增輯 清光緒二十年(1894)上海萬選書局石印本 五冊 缺十二卷(地部十三至二十四)

330000－1719－0002113 129－23－1 經部/易類/易占之屬

環碧軒卦義條辨不分卷 (清)沈以煊撰 清光緒十九年(1893)剡溪沈氏刻本 一冊

330000－1719－0002115 110－2 集部/總集類/選集之屬/通代

評註才子古文二十六卷 (清)金聖歎原選 (清)王之績評註 清鐵立居刻本 六冊 存十八卷(十二大家四至十七、歷朝名文一至

四）

330000－1719－0002116　157－22　集部/小說類/短篇之屬

評註聊齋誌異圖詠十六卷　（清）蒲松齡撰　（清）呂湛恩注　（清）徐潤編　清末上海掃葉山房石印本　五册　存五卷（二至三、五、七至八）

330000－1719－0002117　76－3　子部/醫家類/溫病之屬/瘟疫

瘟疫論二卷　（明）吳有性撰　清刻本　一册　存一卷（二）

330000－1719－0002118　75－23　子部/醫家類/溫病之屬/其他溫疫病證

溫熱經緯五卷　（清）王士雄撰　清刻本　一册　存一卷（五）

330000－1719－0002119　158－8　子部/醫家類/溫病之屬/其他溫疫病證

溫熱贅言一卷　（清）寄瓢子撰　清吳氏靈鶴山房刻本　一册

330000－1719－0002120　163－39　子部/醫家類/溫病之屬/其他溫疫病證

溫病條辨六卷首一卷　（清）吳瑭撰　清光緒七年（1881）江右醉雲軒刻本　五册

330000－1719－0002121　76－29　子部/醫家類/溫病之屬/其他溫疫病證

溫病條辨六卷首一卷　（清）吳瑭撰　清刻本　三册　缺一卷（三）

330000－1719－0002122　76－30　子部/醫家類/溫病之屬/其他溫疫病證

溫病條辨六卷首一卷　（清）吳瑭撰　清寧城羣玉山房刻本　六册

330000－1719－0002123　76－42　子部/醫家類/溫病之屬/其他溫疫病證

問心堂溫病條辨六卷首一卷　（清）吳瑭撰　清光緒二十一年（1895）學庫山房刻本　一册　存二卷（首、一）

330000－1719－0002125　163－40　子部/醫家類/溫病之屬

新增溫病條辨歌括一卷附採補溫熱諸方一卷　（清）方内散人編　清刻本　一册

330000－1719－0002126　164－7　史部/地理類/遊記之屬/紀勝

湖山便覽十二卷　（清）翟灝等撰　清刻本　四册　缺四卷（一至二、九至十）

330000－1719－0002127　87－24　集部/別集類/清別集

湖東第一山詩鈔五卷　（清）宋棠撰　清刻本　一册

330000－1719－0002129　189－14　史部/傳記類/科舉録之屬

湖北試牘不分卷　清刻本　一册

330000－1719－0002131　114－6　集部/別集類/清別集

湖陰文鈔二卷　（清）張海珊撰　（清）張特桂輯　清刻本　二册

330000－1719－0002132　149－14、193－7　類叢部/叢書類/自著之屬

西堂全集四種附一種　（清）尤侗撰　清刻本　二册　存二種

330000－1719－0002133　39－8　類叢部/叢書類/自著之屬

湘綺樓全書十八種　王闓運撰　清光緒至宣統刻本　六册　存一種

330000－1719－0002134　166－48　新學/報章

湘報類纂六集　（清）覺睡齋主人彙編　清光緒二十八年（1902）上海編譯印書館鉛印本　四册　存三集（甲、丙、丁）

330000－1719－0002135　99－6　類叢部/叢書類/自著之屬

湘綺樓全書十八種　王闓運撰　清光緒至宣統刻本　四册　存一種

330000－1719－0002136　66－21、157－34　新學/報章

湘學報類編西政叢鈔 （清）養春堂主人編 清末石印本 四冊 存四種

330000－1719－0002137 99－43、99－44、99－55 集部/别集類
湘綺樓全集三十卷 王闓運撰 清宣統二年(1910)上海國學扶輪社石印本 九冊 缺五卷(箋啟一至五)

330000－1719－0002138 51－6 史部/地理類/山川之屬/山志
京口三山志 （清）□□輯 清同治至光緒刻本 十冊 存二種

330000－1719－0002139 77－48 經部/易類/易占之屬
焦氏易林十六卷 （漢）焦贛撰 **易林元籥十測一卷** （明）盛如林撰 清味經堂刻本 一冊 缺十五卷(二至十六)

330000－1719－0002140 113－46 集部/總集類/選集之屬/通代
咏物詩選註釋八卷 （清）俞琰輯 （清）易開縉 （清）孫洊鳴註 清嘉慶十年(1805)藜照樓刻本 三冊 存六卷(一至四、七至八)

330000－1719－0002141 98－24 集部/總集類/選集之屬/斷代
國朝十家四六文鈔十一卷 王先謙輯 清刻本 一冊 存三卷(一至三)

330000－1719－0002142 146－2 集部/别集類/清别集
畬經堂詩續集三卷 （清）朱景英撰 清刻本 一冊

330000－1719－0002143 75－9 子部/醫家類/兒科之屬/痘疹
增補痘疹玉髓金鏡錄真本四卷 （明）翁仲仁輯撰 清刻本 一冊 存二卷(三至四)

330000－1719－0002144 165－28 子部/醫家類/兒科之屬/痘疹
增補痘疹玉髓金鏡錄真本四卷 （明）翁仲仁輯撰 清末石印本 一冊 存二卷(三至四)

330000－1719－0002146 147－19 子部/醫家類/溫病之屬/痧症
痧脹玉衡書三卷後卷一卷 （清）郭志邃撰 清毓賢堂刻本 三冊 缺一卷(二)

330000－1719－0002147 189－49 子部/醫家類/針灸之屬/針法灸法
痧驚合璧四卷 陳汝銈撰 清宣統三年(1911)石印本 一冊 存一卷(四)

330000－1719－0002148 160－47 集部/總集類/課藝之屬
登瀛社稿續刊一卷 清同治九年(1870)吳下刻本 二冊

330000－1719－0002149 155－2 子部/宗教類/佛教之屬/諸宗
禪門日誦一卷 清刻本 一冊

330000－1719－0002150 136－3 類叢部/類書類/通類之屬
策論觀海□□卷 清末經世文社石印本 三十八冊 存八十一卷(三至四、六至八、十四至十五、二十二至四十四、五十一至七十、七十三至九十四、一百至一百四、一百七至一百九、一百十二)

330000－1719－0002151 136－6、136－10 類叢部/類書類/通類之屬
策學新纂八卷策式一卷策佐一卷拾遺二卷 （清）方懋朝編 清刻本 二冊 存四卷(二至三、拾遺一至二)

330000－1719－0002152 136－1 類叢部/類書類/通類之屬
策學備纂三十二卷首一卷 （清）蔡啟盛 （清）吳熲炎等輯 清光緒十四年(1888)上海點石齋石印本 四十八冊

330000－1719－0002153 136－7 類叢部/類書類/通類之屬
策學淵萃四十六卷目錄二卷 清刻本 一冊 存五卷(十一至十五)

330000－1719－0002154 136－8 類叢部/類書類/通類之屬

策學新纂八卷策式一卷策佐一卷拾遺二卷 （清）方懋朝編　清刻本　一冊　存二卷（四至五）

330000－1719－0002155　136－9　類叢部/類書類/通類之屬
策學新纂八卷策式一卷策佐一卷拾遺二卷 （清）方懋朝編　清刻本　三冊　存六卷（一至四、七至八）

330000－1719－0002156　175－99　類叢部/類書類/通類之屬
策學纂要十六卷 （清）戴朋　（清）黄卷輯　清刻本　一冊　存四卷（八至十一）

330000－1719－0002157　136－5　類叢部/類書類/通類之屬
策學纂要十六卷 （清）戴朋　（清）黄卷輯　清刻本　一冊　存三卷（一至三）

330000－1719－0002158　176－60　類叢部/類書類/通類之屬
策府統宗六十五卷目錄一卷 （清）劉昌齡輯　清末蜚英館石印本　五冊　存二十卷（一至二、三十八至五十一、五十六至五十九）

330000－1719－0002159　81－18　類叢部/類書類/通類之屬
策府統宗六十五卷目錄一卷 （清）劉昌齡輯　清末鉛印本　十冊　存二十六卷（三、六至九、十二至十六、三十七至三十九、四十五至五十三、六十二至六十五）

330000－1719－0002160　81－19　類叢部/類書類/通類之屬
策府統宗六十五卷目錄一卷 （清）劉昌齡輯　清光緒十九年（1893）蜚英館石印本　九冊　存三十卷（四至五、八至十二、十七至二十、三十四至三十七、四十一至五十一、五十六至五十九）

330000－1719－0002162　114－16　集部/總集類/課藝之屬
粤東試牘一卷 清刻本　一冊

330000－1719－0002163　65－15　史部/政書類/律令之屬/律例
粤東省例新纂八卷 （清）黄恩彤撰　清刻本　三冊　缺二卷（三至四）

330000－1719－0002164　162－26　集部/别集類/清别集
紫竹山房詩集十二卷文集二十卷 （清）陳兆崙著　**年譜一卷** （清）陳玉繩編　清乾隆刻本　一冊　存六卷（一至五、年譜）

330000－1719－0002165　158－4　集部/總集類/課藝之屬
紫陽課藝不分卷 （清）高學治　（清）駱金藻　（清）陸宗翰編次　清同治六年（1867）刻本　四冊

330000－1719－0002166　171－29　集部/總集類/課藝之屬
紫陽書院課藝九集不分卷 （清）王同伯鑒定　（清）沈壽慈　（清）楊振鑣編校　清光緒二十年（1894）刻本　一冊

330000－1719－0002167　157－8　集部/總集類
紫琅書院會課不分卷 （清）徐宗幹等撰　清刻本　三冊

330000－1719－0002168　160－19　集部/總集類/課藝之屬
崇川紫琅書院課藝二集不分卷 清嘉慶二十三年（1818）庚嘯樓刻本　四冊

330000－1719－0002169　189－13　類叢部/叢書類/自著之屬
盧菊人所著書七種 （清）盧標撰　清道光映台樓刻本　一冊　存三種

330000－1719－0002170　88－26　類叢部/類書類/專類之屬
四書典制類聯音註三十三卷 （清）閻其淵輯　清嘉慶四年（1799）刻本　十冊　存二十九卷（一至九、十四至三十三）

330000－1719－0002172　161－59　集部/總集類/選集之屬/通代
新鐫五言千家詩箋註二卷 （清）王相選注

諸名家百花詩二卷　清刻本　一册

330000－1719－0002173　91－1、91－3　集部/別集類/清別集

謙齋詩集八卷首一卷遺集十二卷首一卷　(清)蔡仲光撰　清咸豐三年(1853)蕭山蔡氏篤慶堂刻本　九册　存十八卷(首、詩集一至八,遺集三至十、十二)

330000－1719－0002174　109－12　集部/總集類/選集之屬/通代

賦學正鵠十卷　(清)李元度輯　清刻本　六册　存九卷(二至十)

330000－1719－0002175　110－13　集部/總集類/選集之屬/通代

賦學正鵠集釋十一卷　(清)李元度輯　清光緒十七年(1891)竹素書局刻本　一册　存一卷(一)

330000－1719－0002176　111－9　集部/總集類/選集之屬/通代

賦學正鵠集釋十一卷　(清)李元度輯　清光緒十七年(1891)經綸書局刻本　二册　存一卷(一)

330000－1719－0002177　190－56　集部/總集類/選集之屬/通代

賦學正鵠集釋十一卷　(清)李元度輯　清光緒十八年(1892)上海煥文局石印本　一册　存四卷(一至四)

330000－1719－0002178　82－19　集部/總集類/選集之屬/通代

分類賦學雞跖集三十卷附錄一卷　(清)張維城輯　清道光二十五年(1845)張維城棃花吟館刻本　七册　缺四卷(十六至十九)

330000－1719－0002179　111－24　集部/總集類/選集之屬/通代

賦學指南十六卷　(清)余丙照編輯　清道光二十三年(1843)刻本　一册　存七卷(一至七)

330000－1719－0002180　159－71　集部/總集類/選集之屬

賦選菁莪二卷　(清)杜聯選評　清同治五年(1866)藤花軒刻本　一册　存一卷(一)

330000－1719－0002182　96－5　史部/地理類/專志之屬/古跡

越中名勝賦一卷　(清)李壽朋撰　清乾隆四十年(1775)刻本　一册

330000－1719－0002183　96－5－1　史部/地理類/專志之屬/古跡

越中名勝賦一卷　(清)李壽朋撰　清乾隆四十年(1775)刻本　一册

330000－1719－0002184　68－17　史部/金石類/郡邑之屬/文字

越中金石記十卷越中金石目二卷　(清)杜春生撰　清道光十年(1830)山陰杜春生詹波館刻本　一册　存二卷(五至六)

330000－1719－0002186　190－20　集部/總集類/郡邑之屬

越郡詩賦題解十四卷　(清)胡肖岩輯　清刻本　一册　缺五卷(一至五)

330000－1719－0002187　190－35　集部/總集類/郡邑之屬

越郡詩賦題解十四卷　(清)胡肖岩輯　清刻本　一册　缺五卷(一至五)

330000－1719－0002188　20－12　經部/小學類/訓詁之屬/方言

越諺三卷附越諺賸語二卷　(清)范寅撰　清光緒八年(1882)谷應山房刻本　三册

330000－1719－0002189　20－12－1　經部/小學類/訓詁之屬/方言

越諺三卷附越諺賸語二卷　(清)范寅撰　清光緒八年(1882)谷應山房刻本　三册

330000－1719－0002190　175－71　集部/別集類/清別集

越雪盦集□□卷　(清)李嶽生撰　清光緒三十一年(1905)邵陽魏氏石印本　一册　存一卷(三)

330000－1719－0002191　89－3、150－6　子

部/雜著類/雜説之屬
輟耕録三十卷 (明)陶宗儀撰 明末刻本 五册 存二十卷(三至六、十一至二十二、二十七至三十)

330000－1719－0002192 155－7、160－61 集部/别集類/清别集
道生堂小題制藝初集二卷二集二卷三集一卷 (清)鍾聲撰 清咸豐五年(1855)陔華居刻本 四册 存二卷(初集一至二)

330000－1719－0002193 171－47 集部/别集類/清别集
道生堂小題制藝初集二卷二集二卷三集一卷 (清)鍾聲撰 清陔華居刻本 二册 存二卷(初集一至二)

330000－1719－0002194 131－1 史部/地理類/方志之屬/郡縣志
[道光]嵊縣志十四卷首一卷末一卷 (清)李式圃修 (清)朱涤等纂 清道光八年(1828)刻本 八册

330000－1719－0002195 131－6 史部/地理類/方志之屬/郡縣志
[道光]嵊縣志十四卷首一卷末一卷 (清)李式圃修 (清)朱涤等纂 清道光八年(1828)刻本 四册 存九卷(二至三、六至七、十一至十四,末)

330000－1719－0002197 87－6 集部/别集類/宋别集
道鄉先生文集四十卷補遺一卷 (宋)鄒浩撰 **道鄉集附録一卷** 清道光十三年(1833)刻本 八册

330000－1719－0002198 91－2 子部/道家類
老子道德經解二卷首一卷觀老莊影響論一卷 (明)釋德清撰 清光緒十二年(1886)金陵刻經處刻本 二册

330000－1719－0002199 113－30 集部/總集類/選集之屬/通代
蘭言詩鈔□□卷 (清)李瑞編 清刻本 一册 存一卷(二)

330000－1719－0002200 176－38 集部/總集類/課藝之屬
隔章小搭文鯖不分卷 清光緒六年(1880)寧城羣玉山房書莊刻本 一册

330000－1719－0002201 96－16 集部/别集類/清别集
集虚齋學古文十二卷附離騷經解畧一卷 (清)方桑如撰 清光緒十年(1884)李詩、竺士彦淳安縣署刻本 四册

330000－1719－0002202 115－45 集部/别集類/清别集
養雲山館試帖四卷 (清)許球撰 清刻本 一册 存一卷(四)

330000－1719－0002203 57－1、59－1、60－8、60－1、60－2、61－1、139－1、181－1、186－6 史部/政書類
九通二千三百二十一卷 (清)□□輯 清光緒八年至二十二年(1882－1896)浙江書局刻本 九百五十五册 缺九十六卷(皇朝通典四十六至四十七,欽定續通志一百五十六至一百五十九、四百三至四百五,皇朝通志七十,文獻通考一百二至一百三、二百六十二至二百六十四,欽定續文獻通考一百一至一百七十七,皇朝文獻通考七十、一百八、二百十六至二百十七)

330000－1719－0002204 85－23 集部/别集類/唐五代别集
韓昌黎先生全集四十卷外集十卷補集一卷 (唐)韓愈撰 (宋)廖瑩中校正 **朱子校昌黎先生集傳一卷** (宋)朱熹撰 (明)陳仁錫評 明崇禎七年(1634)陳仁錫刻本 十六册

330000－1719－0002207 73－7 子部/法家類
韓非子集解二十卷首一卷 (清)王先慎撰 清光緒二十二年(1896)刻本 五册 缺三卷(三、七至八)

330000－1719－0002208 73－13 子部/法

家類

韓非子集解二十卷首一卷　（清）王先慎撰　清光緒二十二年（1896）刻本　一冊　缺十七卷（四至二十）

330000－1719－0002209　151－1　史部/編年類/通代之屬

鼎鍥葉太史彙纂玉堂鑑綱七十二卷首一卷　（明）葉向高彙纂　（明）李京訂義　明萬曆三十年（1602）書林熊體忠等刻本　二十冊

330000－1719－0002213　129－13　集部/總集類/郡邑之屬

國朝嵊詩鈔四卷　（清）黄晃等輯　清光緒十六年（1890）鉛印本　三冊　缺一卷（二）

330000－1719－0002214　129－14　集部/總集類/郡邑之屬

國朝嵊詩鈔四卷　（清）黄晃等輯　清光緒十六年（1890）鉛印本　二冊　存二卷（一、三）

330000－1719－0002215　156－49　子部/宗教類/道教之屬/戒律

太上感應篇直講一卷　清同治十二年（1873）杭城瑪瑙經房刻本　一冊

330000－1719－0002216　129－25　集部/別集類/清別集

慎餘軒課藝一卷　（清）張景星撰　清末刻本　一冊

330000－1719－0002217　1－10　經部/易類/傳説之屬

周易本義四卷附圖説一卷卦歌一卷筮儀一卷　（宋）朱熹撰　清末善成堂刻本　二冊

330000－1719－0002218　17－27　經部/四書類/總義之屬/傳説

新訂四書補註備旨十卷　（明）鄧林撰　（清）杜定基增訂　清刻本　一冊　存二卷（孟子一至二）

330000－1719－0002219　175－8　經部/四書類/總義之屬/傳説

新訂四書補註備旨十卷　（明）鄧林撰　（清）杜定基增訂　清刻本　一冊　存二卷（論語三至四）

330000－1719－0002220　17－34、17－35　經部/四書類/總義之屬/傳説

新訂四書補註備旨十卷　（明）鄧林撰　（清）杜定基增訂　清刻本　七冊　存八卷（論語一至四、孟子一至四）

330000－1719－0002221　17－35－1　經部/四書類/總義之屬/傳説

新訂四書補註備旨十卷　（明）鄧林撰　（清）杜定基增訂　清刻本　一冊　存一卷（孟子三）

330000－1719－0002222　10－10　經部/春秋左傳類/傳説之屬

曲江書屋新訂批註左傳快讀十八卷首一卷　（清）李紹崧輯　清宣統元年（1909）上海書局石印本　十六冊

330000－1719－0002223　175－84　子部/小説家類/諧謔之屬

新訂解人頤廣集八卷　（清）胡澹菴輯　（清）錢德蒼重訂　清刻本　一冊　存二卷（一至二）

330000－1719－0002226　147－14　子部/農家農學類/獸醫之屬

新刊纂圖類方元亨療馬集六卷　（明）喻仁（明）喻傑撰　清刻本　四冊　存四卷（一至二、五至六）

330000－1719－0002228　46－20　新學/報章

新民叢報選編不分卷　（清）新民叢報社編　清光緒二十八年（1902）石印本　一冊

330000－1719－0002231　175－26　子部/宗教類/其他宗教之屬/基督教

新約全書不分卷　清同治七年（1868）香港英華書院鉛印本　一冊

330000－1719－0002234　159－53　新學/地學/地志學

新譯輿地通考□□卷　清末石印本　一冊　存一卷（四）

330000－1719－0002236　143－3　集部/別集類/宋別集

新刻臨川王介甫先生詩文集一百卷目錄二卷　（宋）王安石撰　明萬曆四十年（1612）王鳳翔、王承宗金陵光啓堂刻本　十六冊　缺五十卷（五十一至一百）

330000－1719－0002237　55－15　史部/政書類/邦計之屬/貿易

新定各國通商條約十六卷附辛丑各國和約一卷　（清）吳梅溪輯　清光緒二十八年（1902）上海書局刻本　四冊

330000－1719－0002241　190－51　集部/總集類/選集之屬/通代

得月樓賦甲編不分卷乙編不分卷丙編不分卷丁編不分卷　（清）張元灝選評　清刻本　一冊

330000－1719－0002242　79－36　新學/議論/論政

新政真詮六卷　何啟　胡禮垣撰　清光緒二十七年（1901）格致新報鉛印本　五冊　存四卷（三至六）

330000－1719－0002243　160－7　史部/傳記類/科舉録之屬

新科鄉墨衡裁不分卷　清刻本　一冊

330000－1719－0002244　70－14　子部/儒家類/儒家之屬

新語二卷　（漢）陸賈撰　（明）鍾惺評　**韓詩外傳十卷**　（漢）韓嬰撰　明刻本　一冊　缺七卷（韓詩外傳四至十）

330000－1719－0002245　77－35　子部/天文曆算類/算書之屬

學算筆談十二卷　（清）華蘅芳撰　清光緒三十一年（1905）廣益書局石印本　二冊

330000－1719－0002246　69－9　史部/史評類/史論之屬

史論彙選甲編八卷乙編八卷　呂景端編　清光緒二十七年（1901）上海書局石印本　五冊　缺二卷（乙編七至八）

330000－1719－0002247　14－14　經部/叢編

新選精義五經備旨五卷　（清）湖山外史撰　清光緒二十八年（1902）晉記書莊石印本　八冊

330000－1719－0002249　75－51　子部/醫家類/方書之屬/單方驗方

驗方新編十六卷　（清）鮑相璈輯　清刻本　一冊　存二卷（十五至十六）

330000－1719－0002250　155－32　史部/政書類/軍政之屬

新策吉光□□卷　（清）任以治　（清）陳元圻編　清刻本　二冊　存三卷（二、四至五）

330000－1719－0002251　190－28　史部/政書類/軍政之屬

新策舉意四卷首一卷　清刻本　一冊　存一卷（二）

330000－1719－0002252　190－45　類叢部/類書類/通類之屬

新編詩句題解續集五卷　（清）東閣主人編　清光緒十四年（1888）石印本　二冊

330000－1719－0002253　82－27　類叢部/類書類/專類之屬

新增月日紀古十二卷　（清）蕭智漢撰　清聽濤山房刻本　二十四冊

330000－1719－0002254　158－3　史部/編年類/通代之屬

鼎鍥趙田了凡袁先生編纂古本歷史大方綱鑑補三十九卷　（明）袁黃纂　清刻本　二冊　存二卷（十二、三十一）

330000－1719－0002255　63－22　史部/雜史類/外紀之屬

史學二卷　清光緒二十八年（1902）石印本　一冊

330000－1719－0002256　176－54　集部/小說類/長篇之屬

新編前明正德白牡丹傳八卷四十六回　（清）翁山撰　清末石印本　三冊　存六卷（三至

八)

330000－1719－0002257　34－10　史部/編年類/通代之屬
御批增補了凡綱鑑十卷首一卷　(宋)劉恕外紀　(宋)金履祥前編　(明)袁黄編纂　**附御撰資治通鑑綱目三編二卷**　清光緒二十九年(1903)上海書局石印本　九册　存十一卷(御批增補了凡綱鑑首、一至十)

330000－1719－0002258　38－23　史部/編年類/通代之屬
新增加批綱鑑補註二十四卷首一卷　(明)袁黄編纂　清光緒二十年(1894)上海文盛書局石印本　十二册

330000－1719－0002259　154－27　史部/編年類/通代之屬
御批增補了凡綱鑑四十卷首一卷　(明)袁黄纂　清光緒二十八年(1902)上海慎記書莊石印本　三册　存十三卷(首,一至四、十三至十六、三十三至三十六)

330000－1719－0002260　165－29　史部/編年類/通代之屬
御批增補了凡綱鑑十卷首一卷　(宋)劉恕外紀　(宋)金履祥前編　(明)袁黄編纂　**附御撰資治通鑑綱目三編二卷**　清末石印本　六册　存七卷(四至十)

330000－1719－0002261　85－5　子部/儒家類/儒學之屬/蒙學
幼學珠璣四卷　(清)程登吉撰　(清)張嘉彦參訂　清文富堂刻本　一册

330000－1719－0002262　154－19、168－10　子部/儒家類/儒學之屬/蒙學
寄傲山房塾課新增幼學故事瓊林四卷首一卷　(清)程登吉撰　(清)鄒聖脈增補　清敬義堂刻本　二册　缺二卷(二至三)

330000－1719－0002263　88－25　經部/小學類/文字之屬/字書/訓蒙
較正幼學須知成語考二卷　(明)邱濬撰　清佛山文光樓刻本　一册

330000－1719－0002264　47－4　史部/傳記類/總傳之屬
新輯廿四史尚友錄十六卷　(明)廖用賢編　(清)張伯琮補輯　(清)張亮基續編　(清)倉山主人再續編　清光緒二十五年(1899)上海富強齋石印本　十三册　存十三卷(一至十三)

330000－1719－0002267　168－22　子部/儒家類/儒學之屬/蒙學
新增繪圖幼學故事瓊林四卷首一卷　(清)程登吉撰　(清)鄒聖脈增補　清光緒三十年(1904)上海鴻寶齋石印本　五册

330000－1719－0002268　168－15　子部/儒家類/儒學之屬/蒙學
新增繪圖幼學故事瓊林四卷首一卷　(清)程登吉撰　(清)鄒聖脈增補　清光緒三十年(1904)上海鴻寶齋石印本　四册　缺一卷(三)

330000－1719－0002269　168－19　子部/儒家類/儒學之屬/蒙學
新增繪圖幼學故事瓊林四卷首一卷　(清)程登吉撰　(清)鄒聖脈增補　清末石印本　三册　存三卷(二至四)

330000－1719－0002270　168－21　子部/儒家類/儒學之屬/蒙學
新增繪圖幼學故事瓊林四卷首一卷　(清)程登吉撰　(清)鄒聖脈增補　清上海鴻寶齋石印本　四册　存四卷(新增繪圖幼學故事瓊林一至四)

330000－1719－0002271　160－54　集部/總集類/課藝之屬
新墨一隅不分卷　(清)陳長春等評輯　清嘉慶九年(1804)浥露堂刻本　一册

330000－1719－0002272　160－23　集部/總集類/課藝之屬
新墨文翔不分卷　(清)屠湘之編次　清道光十二年(1832)裕文堂刻本　二册

330000－1719－0002273　160－23－1　集

部/總集類/課藝之屬
新墨文翔不分卷　(清)屠湘之編次　清道光十二年(1832)裕文堂刻本　一册

330000－1719－0002274　160－22　集部/總集類/課藝之屬
新墨正鵠不分卷　(清)張沂元評選　清道光十五年(1835)刻本　二册

330000－1719－0002275　160－55　集部/總集類/課藝之屬
新墨校玉不分卷　(清)王端履評選　清道光十四年(1834)文盛堂刻本　一册

330000－1719－0002276　157－6　集部/總集類/課藝之屬
新墨經畬不分卷　(清)葉道春編次　清道光二年(1822)刻本　一册

330000－1719－0002277　160－24　集部/總集類/課藝之屬
新墨鳴盛不分卷　清刻本　一册

330000－1719－0002278　150－25　類叢部/類書類/專類之屬
新鐫分類評註文武合編百子金丹十卷　(明)郭偉選注　(明)郭中吉編　(明)王星聚校訂　清末刻本　八册　缺二卷(六、十)

330000－1719－0002279　132－21　類叢部/類書類/專類之屬
新纂氏族箋釋八卷　(清)熊峻運撰　清刻本　一册　存二卷(三至四)

330000－1719－0002282　155－36　子部/宗教類/佛教之屬/經
大佛頂如來密因修證了義諸菩薩萬行首楞嚴經十卷　(唐)釋般剌密帝譯　(唐)釋彌伽釋迦譯語　(唐)房融筆授　(明)王應乾參標　清刻本　一册　存三卷(一至三)

330000－1719－0002283　82－21　子部/藝術類/遊藝之屬/聯語
楹聯叢話十二卷楹聯續話四卷　(清)梁章鉅輯　清刻本　二册　存五卷(十至十二、楹聯續話一至二)

330000－1719－0002286　158－22　史部/政書類/通制之屬
熙朝紀政八卷　(清)王慶雲撰　清光緒二十八年(1902)上海書局鉛印本　四册

330000－1719－0002287　147－6　史部/政書類/律令之屬/律例
督捕則例二卷　(清)徐本等修　(清)唐紹祖等纂　清刻本　二册

330000－1719－0002288　65－18　史部/政書類/律令之屬/律例
督捕則例附纂二卷　清刻本　一册

330000－1719－0002289　65－19　史部/政書類/律令之屬/律例
督捕則例附纂二卷　清刻本　一册

330000－1719－0002290　65－19－1　史部/政書類/律令之屬/律例
督捕則例附纂二卷　清刻本　一册

330000－1719－0002292　189－46　集部/曲類/寶卷之屬
繪圖賽娥寶卷二卷新刻說唱金鳳寶卷二卷　清上海惜陰書局石印本　一册

330000－1719－0002294　79－15　新學/議論/通論
羣學肄言十六卷　(英國)斯賓塞爾撰　嚴復翻譯　清光緒二十九年(1903)上海文明編譯書局鉛印本　四册

330000－1719－0002295　99－11　集部/別集類/清別集
蓉湖草堂存稿一卷　(清)陳滋撰　清光緒三年(1877)刻本　一册

330000－1719－0002296　133－22　集部/總集類/尺牘之屬
蓬萊仙館尺牘六卷　(清)瞿國棟輯　清光緒十三年(1887)涇川半舫草堂刻本　五册　存五卷(一、三至六)

330000－1719－0002297　89－24　子部/小說家類/雜事之屬

虞初新志二十卷虞初續志十二卷 （清）張潮輯 （清）鄭澍若編 清咸豐元年(1851)小嫏嬛山館刻本 十一冊 缺三卷(虞初續志一至三)

330000－1719－0002298 155－13 子部/宗教類/其他宗教之屬/基督教
新約聖書不分卷 （英國）坎伯摩根撰 （清）詹正義譯 清宣統元年(1909)漢鎮英漢書館鉛印本 一冊

330000－1719－0002299 41－5 史部/雜史類
路史四十七卷 （宋）羅泌撰 （宋）羅苹注 清同治四年(1865)刻本 十六冊

330000－1719－0002300 41－7 史部/雜史類
路史四十七卷 （宋）羅泌撰 （宋）羅苹注 清刻本 十三冊 存三十五卷(前紀六至九,後紀一至三、五至十一,國名紀一至九,發揮五至六,餘論一至十)

330000－1719－0002302 164－27 子部/雜著類/雜纂之屬
酬世寶要全書七卷 （清）姚時勉輯 清末刻本 一冊 存二卷(六至七)

330000－1719－0002304 163－25 子部/雜著類/雜纂之屬
酬世錦囊稱呼帖式四卷 （清）鄧景揚輯 清雲林別墅刻本 二冊 存二卷(一、四)

330000－1719－0002305 164－34 子部/雜著類/雜纂之屬
雲林別墅新輯酬世錦囊全集十九卷 （清）鄒景揚編 清光緒二十六年(1900)石印本 二冊

330000－1719－0002306 164－34－1 子部/雜著類/雜纂之屬
雲林別墅新輯酬世錦囊全集十九卷 （清）鄒景揚編 清光緒二十六年(1900)石印本 二冊 缺四卷(三集一至二、四集一至二)

330000－1719－0002307 99－10 集部/別集類/清別集
錦霞閣詩集五卷詞集一卷 （清）包蘭瑛撰 清宣統二年(1910)杭州刻本 二冊

330000－1719－0002308 23－18、165－32 經部/小學類/音韻之屬/韻書
詩韻含英題解十卷 （清）甘蘭友撰 清刻本 四冊

330000－1719－0002309 75－21 子部/醫家類/本草之屬/本草藥性
雷公炮製藥性解六卷 （明）李中梓撰 清刻本 一冊 存四卷(一至四)

330000－1719－0002310 75－71 子部/醫家類/本草之屬/本草藥性
增補雷公炮製藥性解六卷 （明）李中梓撰 清末石印本 一冊 存三卷(一至三)

330000－1719－0002311 75－70 子部/醫家類/本草之屬/本草藥性
雷公炮製藥性解六卷 （明）李中梓撰 清末石印本 一冊

330000－1719－0002312 189－45 子部/醫家類/本草之屬/本草藥性
雷公炮製藥性解六卷 （明）李中梓撰 清末石印本 一冊

330000－1719－0002314 42－2 類叢部/叢書類/彙編之屬
邵武徐氏叢書二十三種 （清）徐榦編 清光緒邵武徐氏刻本 一冊 存一種

330000－1719－0002315 96－22、171－22 集部/別集類/清別集
韞山堂時文初集二卷二集四卷三集二卷 （清）管世銘撰 清刻本 二冊 存四卷(二集一至二、三集一至二)

330000－1719－0002316 111－20 集部/總集類/選集之屬/斷代
韻蘭集賦鈔不分卷 （清）陸雲槎輯 （清）宋淮三考典 清刻本 一冊

330000－1719－0002317 144－4 經部/詩

類/傳說之屬
詩瀋二十卷 (清)范家相撰 清乾隆三十九年(1774)古趣亭刻本 四冊

330000－1719－0002318 76－5 子部/醫家類/溫病之屬/瘟疫
鼠疫抉微四卷 (清)余德壎輯 (清)曹炳章圈校 清宣統二年(1910)滬瀆素盦鉛印本 一冊

330000－1719－0002319 156－15 子部/術數類/相宅相墓之屬
地理參贊玄機僊婆集十三卷 (明)張鳴鳳編集 (明)呂元 (明)杜詩評選 (明)張希堯參補 清刻本 一冊 存二卷(十一至十二)

330000－1719－0002320 52－8 史部/地理類/方志之屬/郡縣志
[光緒]嘉興府志八十八卷首二卷 (清)許瑤光修 (清)吳仰賢等纂 清光緒三年至四年(1877－1878)鴛湖書院刻本 三冊 存六卷(二十七至二十九、五十六、七十至七十一)

330000－1719－0002323 190－54 集部/別集類/清別集
思樂書屋截搭課存不分卷 (清)李應詔撰 清咸豐六年(1856)思樂書屋刻本 二冊

330000－1719－0002324 44－5 史部/傳記類/總傳之屬/通代
學統五十六卷 (清)熊賜履撰 清光緒二十九年(1903)靈峰精舍鉛印本 十冊

330000－1719－0002325 44－5－1 史部/傳記類/總傳之屬/通代
學統五十六卷 (清)熊賜履撰 清光緒二十九年(1903)靈峰精舍鉛印本 十冊

330000－1719－0002326 44－5－2 史部/傳記類/總傳之屬/通代
學統五十六卷 (清)熊賜履撰 清光緒二十九年(1903)靈峰精舍鉛印本 十冊

330000－1719－0002327 44－5－3 史部/傳記類/總傳之屬/通代
學統五十六卷 (清)熊賜履撰 清光緒二十九年(1903)靈峰精舍鉛印本 十冊

330000－1719－0002328 44－6 史部/傳記類/總傳之屬/通代
學統五十六卷 (清)熊賜履撰 清光緒二十九年(1903)靈峰精舍鉛印本 九冊 缺十一卷(二十二至三十二)

330000－1719－0002329 97－6 類叢部/叢書類/自著之屬
榕園全集六種 (清)李彥章撰 清道光二十六年(1846)刻本 八冊 存一種

330000－1719－0002330 97－7 類叢部/叢書類/自著之屬
榕園全集六種 (清)李彥章撰 清刻本 一冊 存一種

330000－1719－0002331 99－5 集部/別集類/明別集
熊魚山先生文集二卷首一卷末一卷 (明)熊開元撰 清光緒二十一年(1895)泠然閣刻本 二冊

330000－1719－0002332 190－12 史部/政書類/通制之屬
熙朝紀政六卷 (清)王慶雲撰 清光緒二十七年(1901)上海天章書局石印本 六冊

330000－1719－0002333 77－3 子部/術數類/相宅相墓之屬
撼龍經批注校補不分卷疑龍經批注校補三卷 (唐)楊筠松撰 清刻本 一冊 存一卷(疑龍經批注校補三)

330000－1719－0002334 115－1 集部/總集類/選集之屬/斷代
碧湖詩社詩鈔不分卷 清末鉛印本 一冊

330000－1719－0002335 171－32 子部/天文曆算類/算書之屬
新纂簡捷易明算法四卷首一卷 (清)沈士桂纂輯 清刻本 一冊 存一卷(三)

330000－1719－0002336 156－52 類叢部/

叢書類/自著之屬

疇隱廬叢書 丁福保撰 清光緒二十五年(1899)無錫竢實學堂刻本 一冊

330000－1719－0002337 77－24 子部/天文曆算類/算書之屬

新編筭學啓蒙三卷總括一卷 (元)朱世傑撰 清道光十九年(1839)刻本 一冊 缺二卷(二至三)

330000－1719－0002338 159－88 子部/天文曆算類/算書之屬

行素軒算稿九種 (清)華蘅芳撰 清末石印本 一冊 存一種

330000－1719－0002339 175－53 子部/天文曆算類/算書之屬

算法指掌大全四卷 清光緒三十三年(1907)汲綆書莊石印本 一冊 存二卷(一至二)

330000－1719－0002340 153－1 子部/天文曆算類

算經十書十種附刻一種 (清)孔繼涵輯 清光緒二十二年(1896)上海鴻寶齋石印本 五冊 存七種

330000－1719－0002341 73－8 子部/法家類

管子二十四卷 (明)趙用賢 (明)朱長春等評 明萬曆四十八年(1620)西吳凌汝亨刻朱墨套印本 八冊 存十八卷(一至十二、十九至二十四)

330000－1719－0002344 77－41 子部/天文曆算類/天文之屬

管窺輯要八十卷 (清)黃鼎撰 清刻本 十四冊 存二十七卷(十二至十五、二十二至二十七、三十至三十一、三十五至三十七、四十一至四十四、五十一至五十七、八十)

330000－1719－0002345 96－23 集部/別集類/清別集

管靜山時文彙編不分卷未刻續稿不分卷 清嘉慶二十三年(1818)三槐堂刻本 四冊

330000－1719－0002346 157－9 集部/別集類/清別集

管靜山三續稿不分卷 (清)顧辰輯 清刻本 一冊

330000－1719－0002347 74－19 子部/醫家類/類編之屬

南雅堂醫書全集十六種 (清)陳念祖撰 清同治五年(1866)南雅堂刻本 一冊 存一種

330000－1719－0002348 176－24 集部/總集類/課藝之屬

精選小題文雅不分卷 清刻本 二冊

330000－1719－0002349 190－53 類叢部/類書類/專類之屬

精選空策二卷 (清)王芳洲輯 清同治十一年(1872)刻本 一冊

330000－1719－0002350 82－26 類叢部/類書類/專類之屬

精選策學四百卷 清末石印本 三十四冊 缺七十六卷(一至十、二十一至八十六)

330000－1719－0002354 111－6 類叢部/類書類/專類之屬

縮本精選大題文彙不分卷 清末石印本 三冊

330000－1719－0002355 49－6 新學/地學/地理學

經心書院課程輿地學不分卷戊戌遊記一卷 (清)姚炳奎撰 清刻本 十三冊 缺一卷(戊戌遊記)

330000－1719－0002356 70－32 集部/總集類/氏族之屬

蔡氏九儒書九種 (清)蔡有鵾編 (清)蔡重補編 清同治七年(1868)盱南蔡學蘇三餘書屋刻本 六冊

330000－1719－0002357 96－19 集部/別集類/清別集

俟採副草八卷 (清)蔡東軒撰 清道光十七年(1837)克峻堂刻本 一冊

330000－1719－0002359 125－13 集部/詩

文評類/詩評之屬

靜志居詩話二十四卷　(清)朱彝尊撰　(清)姚祖恩輯　清嘉慶二十四年(1819)錢塘姚祖恩扶荔山房刻本　十冊　存十七卷(二至五、八至十三、十六至十七、二十至二十四)

330000－1719－0002360　160－45　集部/別集類/清別集

靜軒遺草不分卷　(清)吳榮撰　清道光二十四年(1844)刻本　一冊

330000－1719－0002361　115－8　史部/傳記類/別傳之屬/事狀

韜厂蹈海錄四卷　徐良弼等撰　清末鉛印本　一冊　存二卷(三至四)

330000－1719－0002363　175－11　子部/術數類/陰陽五行之屬

增廣玉匣記通書六卷　清刻本　一冊　存二卷(三至四)

330000－1719－0002364　14－9　類叢部/類書類/專類之屬

五經類典囊括六十四卷　(清)吟香主人輯　清光緒十九年(1893)上海古香閣石印本　五冊　存五十四卷(一至四十一、五十二至六十四)

330000－1719－0002365　133－32　集部/總集類/尺牘之屬

增廣尺牘句解初集二卷二集二卷附增補音郡音義百家姓一卷增補重訂音義千字文一卷　(清)槐蔭館主撰　(清)少溪氏編次　清末石印本　一冊

330000－1719－0002366　69－15　史部/傳記類/總傳之屬/通代

增廣古今人物論三十六卷續編十二卷　(明)鄭賢　(清)願學齋同人輯　清末石印本　六冊　存二十五卷(八至十六、二十一至二十四、三十一至三十六,續編一至二、六至九)

330000－1719－0002367　69－16　史部/傳記類/總傳之屬/通代

增廣古今人物論三十六卷續編十二卷　(明)鄭賢　(清)願學齋同人輯　清光緒二十八年(1902)富文書局石印本　六冊　存二十三卷(七至十、十五至二十二、二十六至三十六)

330000－1719－0002369　16－8　類叢部/類書類/通類之屬

增廣四書五經典林十二卷　(清)江永　(清)胡松編　清光緒十五年(1889)上洋積山書局石印本　六冊

330000－1719－0002370　19－6　經部/四書類/總義之屬/傳說

四書題鏡味根合編三十九卷　(清)金瀓　(清)汪鯉翔撰　清光緒二十一年(1895)上海寶文書局石印本　八冊

330000－1719－0002371　190－32　新學/議論/通論

增廣時務新策□□卷　清末石印本　二冊　存五卷(八至十二)

330000－1719－0002372　47－3　史部/傳記類/總傳之屬/通代

增廣尚友錄統編二十二卷　應祖錫輯　清光緒二十八年(1902)鴻寶齋石印本　十四冊

330000－1719－0002373　190－41　集部/總集類/課藝之屬

增廣經藝備體不分卷　清末石印本　一冊

330000－1719－0002374　190－42　集部/總集類/課藝之屬

增廣經藝備體不分卷　清末石印本　一冊

330000－1719－0002375　190－52　集部/總集類/課藝之屬

增廣試律大觀彙編□□卷　清末石印本　一冊　存一卷(三)

330000－1719－0002376　190－47　集部/總集類/選集之屬/通代

增廣詩句題解彙編四卷姓氏考一卷　(清)同文書局編　清光緒二十一年(1895)積山書局石印本　四冊

330000－1719－0002377　190－48、190－50

集部/總集類/選集之屬/通代

增廣詩句題解彙編四卷姓氏考一卷 (清)同文書局編 清光緒二十一年(1895)積山書局石印本 四冊

330000－1719－0002378 164－5 經部/小學類/音韻之屬/韻書

增廣詩韻全璧五卷 (清)湯祥瑟輯 清宣統元年(1909)上海江左書林石印本 一冊 存一卷(一)

330000－1719－0002379 23－19 經部/小學類/音韻之屬/韻書

增廣詩韻全璧五卷 (清)湯祥瑟輯 **初學檢韻袖珍一卷** (清)姚文登撰 **虛字韻藪一卷** (清)潘維城輯 清光緒十七年(1891)上海錦章圖書局石印本 五冊

330000－1719－0002380 81－16 史部/政書類/軍政之屬

新策畢意四卷首一卷 清道光二十九年(1849)自有樂地刻本 一冊 缺三卷(二至四)

330000－1719－0002381 81－8 集部/總集類/課藝之屬

增廣群策匯源五十卷首一卷 (清)張甦卿輯 清光緒十五年(1889)上海檢古齋石印本 四冊

330000－1719－0002382 142－10 經部/四書類/論語之屬/傳說

增訂二論詳解四卷 (清)劉忠輯 清漁古山房刻本 四冊

330000－1719－0002383 17－36 經部/四書類/論語之屬/傳說

增訂二論詳解四卷 (清)劉忠輯 清漁古山房刻本 一冊 存一卷(四)

330000－1719－0002384 17－33 經部/四書類/論語之屬/傳說

增訂二論詳解四卷 (清)劉忠輯 清光緒十七年(1891)紫英山房刻本 二冊

330000－1719－0002385 148－7 類叢部/類書類/專類之屬

初學行文語類四卷 (清)孫埏編 清乾隆三十一年(1766)四美堂刻本 四冊

330000－1719－0002386 148－8 類叢部/類書類/專類之屬

初學行文語類四卷 (清)孫埏編 清乾隆三十一年(1766)四美堂刻本 一冊 存二卷(一至二)

330000－1719－0002387 153－2 經部/叢編

增批五經備旨 (清)鄒聖脈纂輯 清末石印朱墨套印本 二冊 存二種

330000－1719－0002390 160－36 集部/總集類/課藝之屬

增批考卷約選不分卷 清刻本 一冊

330000－1719－0002391 109－5 集部/總集類/選集之屬/通代

增批繪圖古文觀止十二卷 (清)吳乘權 (清)吳大職輯 清宣統三年(1911)浙紹明達書莊鉛印本 六冊

330000－1719－0002392 11－22 經部/春秋左傳類/傳說之屬

評點春秋綱目左傳句解彙雋六卷 (清)韓菼重訂 清末石印本 一冊 存一卷(六)

330000－1719－0002393 159－79 類叢部/類書類/通類之屬

增補萬寶全書二十卷 (明)陳繼儒撰 (清)毛煥文增補 清刻本 一冊 存四卷(十一至十四)

330000－1719－0002394 33－27 經部/叢編

五經備旨四十五卷 (清)鄒聖脈纂輯 清光緒五年(1879)星沙韞玉山房刻本 一冊 存一卷(易經一)

330000－1719－0002395 42－17 史部/雜史類/通代之屬

增補支那通史十卷 (日本)那珂通世編 (日本)狩野良知補 清光緒三十年(1904)文

學圖書公司石印本　六冊

330000－1719－0002396　42－13　史部/雜史類/通代之屬
增補支那通史十卷　(日本)那珂通世編　(日本)狩野良知補　清光緒三十年(1904)文學圖書公司石印本　四冊　存七卷(一至五、八至九)

330000－1719－0002397　42－22　史部/雜史類/通代之屬
增補支那通史十卷　(日本)那珂通世編　(日本)狩野良知補　清光緒三十年(1904)文學圖書公司石印本　四冊　存六卷(一至二、六至九)

330000－1719－0002398　19－17　經部/四書類/總義之屬/傳說
增補四書人物聚考二十二卷　(明)鍾惺增訂　(明)黃澍条訂　清乾隆龍江書屋修文堂刻本　十四冊　存二十一卷(一至三、五至二十二)

330000－1719－0002399　19－1　經部/四書類/總義之屬/傳說
增補四書人物聚考二十二卷　(明)鍾惺增訂　(明)黃澍条訂　清乾隆龍江書屋修文堂刻本　四冊　存八卷(一、八至九、十六至二十)

330000－1719－0002400　166－37　子部/術數類/相宅相墓之屬
增補地理直指原真三卷首一卷　(清)釋如玉撰　清宣統三年(1911)石印本　一冊　存二卷(二至三)

330000－1719－0002401　154－35　子部/醫家類/綜合之屬/通論
醫宗必讀五卷首一卷　(明)李中梓撰　清尚友堂刻本　二冊　存三卷(首、一至二)

330000－1719－0002402　17－1　經部/四書類/孟子之屬/傳說
增補蘇批孟子二卷孟子年譜一卷　(宋)蘇洵撰　(清)趙大浣增補　清同治十二年(1873)兩儀堂刻朱墨套印本　四冊

330000－1719－0002403　175－94　集部/總集類/課藝之屬
增補闈題大全二卷　清刻本　一冊

330000－1719－0002404　176－57　史部/傳記類/總傳之屬/通代
尚友錄二十二卷補遺一卷　(明)廖用賢輯　(清)張伯琮補輯　清末鉛印本　六冊

330000－1719－0002405　171－74　子部/術數類/命書相書之屬
新刊合併官板音義評註淵海子平五卷　(宋)徐升編　清末石印本　一冊　存一卷(一)

330000－1719－0002406　41－19　新學/史志
增補普通新歷史十一卷歷代帝王總紀一卷　(清)施勛頌增編　清末刻本　一冊

330000－1719－0002407　77－40　子部/術數類/陰陽五行之屬
增補曆法鰲頭通書大全十卷　(明)熊宗立撰　清刻本　一冊　存二卷(七至八)

330000－1719－0002408　89－20　集部/小說類/長篇之屬
增評加批金玉緣圖說十六卷一百二十回首一卷　(清)曹霑　(清)高鶚撰　(清)蝶薌仙史評訂　清末石印本　二冊　存八卷(五至八、十三至十六)

330000－1719－0002409　89－20－1　集部/小說類/長篇之屬
增評加批金玉緣圖說十六卷一百二十回首一卷　(清)曹霑　(清)高鶚撰　(清)蝶薌仙史評訂　清末石印本　一冊　存四卷(十三至十六)

330000－1719－0002410　89－20－2　集部/小說類/長篇之屬
增評加批金玉緣圖說十六卷一百二十回首一卷　(清)曹霑　(清)高鶚撰　(清)蝶薌仙史評訂　清末石印本　一冊　存一卷(三)

330000－1719－0002411　19－14、159－86　經部/四書類/總義之屬/傳說

增註四書人物類典串珠四十卷首一卷 (清)臧志仁輯　清光緒二十二年(1896)上海慎記書局石印本　四册

330000－1719－0002412　18－17　經部/四書類/總義之屬/傳說

四書體註合講十九卷附圖考一卷孔子年譜一卷 (清)翁復編　清同治九年(1870)森寶堂刻本　六册

330000－1719－0002413　95－15　集部/别集類/清别集

韞山堂時文初集二卷二集四卷三集二卷 (清)管世銘撰　清韞山堂刻本　四册　存五卷(二、二集一至二、三集一至二)

330000－1719－0002414　79－31　類叢部/叢書類/彙編之屬

經訓堂叢書二十二種 (清)畢沅編　清乾隆至嘉慶鎮洋畢氏刻彙印本　二册　存一種

330000－1719－0002415　154－40　史部/傳記類/科舉録之屬

[道光癸卯科]墨卷大醇三編不分卷附試帖一卷 (清)高敏編　清道光二十九年(1849)刻本　二册

330000－1719－0002416　189－35　史部/傳記類/科舉録之屬

[道光甲辰科]墨卷大醇四編不分卷 (清)徐德周等撰　清刻本　一册

330000－1719－0002417　160－56　史部/傳記類/科舉録之屬

[嘉慶戊寅科]墨約續刊不分卷 (清)李錫瓚編　清嘉慶二十四年(1819)淵淵堂刻本　二册

330000－1719－0002418　189－34　史部/傳記類/科舉録之屬

[咸豐戊午科]墨卷揀金四集不分卷 (清)陳兆翰等撰　清咸豐八年(1858)文林堂刻本　二册

330000－1719－0002419　189－34－1　史部/傳記類/科舉録之屬

墨卷揀金三集不分卷 (清)蔣為春等撰　清刻本　一册

330000－1719－0002420　160－16　史部/傳記類/科舉録之屬

[道光戊子科]墨卷鴻裁不分卷 (清)董詔編　清道光八年(1828)尺木堂刻本　二册

330000－1719－0002421　171－40　集部/總集類/課藝之屬

試草不分卷 (清)周翰臣撰　清光緒四年(1878)刻本　一册

330000－1719－0002422　79－9　史部/傳記類/總傳之屬/技藝

墨林今話十八卷 (清)蔣寶齡撰　**墨林今話續編一卷** (清)蔣茝生撰　清宣統三年(1911)掃葉山房石印本　六册

330000－1719－0002423　79－10　類叢部/叢書類/彙編之屬

埽葉山房叢鈔二十六種 (清)席威編　清同治至光緒刻光緒九年(1883)彙印本　六册　存一種

330000－1719－0002424　166－30　集部/總集類/課藝之屬

心香閣墨商不分卷 (清)郁鼎鐘編　清刻本　一册

330000－1719－0002425　160－27　集部/總集類/彙編之屬

墨商五編不分卷 (清)李鳴珂等撰　清刻本　一册

330000－1719－0002426　166－76　史部/傳記類/科舉録之屬

墨醇二編不分卷 (清)杜聯選評　清同治四年(1865)求是齋刻本　二册

330000－1719－0002427　190－55　史部/傳記類/科舉録之屬

墨醇二編不分卷 (清)杜聯選評　清刻本　二册

330000－1719－0002428　66－20　新學/政

治法律/制度

德國議院章程一卷德國合盟紀事本末一卷　(清)徐建寅譯述　清光緒八年(1882)石印本　一冊

330000－1719－0002429　160－39　集部/總集類/課藝之屬

三院課藝不分卷　清刻本　一冊

330000－1719－0002430　64－3　史部/政書類/公牘檔冊之屬

樊山政書二十卷　樊增祥撰　清末上海政學社石印本　十冊

330000－1719－0002433　150－23　集部/總集類/尺牘之屬

名賢書札不分卷　(清)李鴻章等撰　清光緒十九年(1893)上海學有根柢齋石印本　四冊

330000－1719－0002434　99－29　集部/別集類/清別集

潛廬篋存草四卷　(清)沈景謨撰　清光緒二十一年(1895)武昌刻本　二冊

330000－1719－0002435　95－5　類叢部/叢書類/彙編之屬

趙氏藏書十六種　(清)趙承恩編　清同治至光緒金谿趙氏紅杏山房補刻重印本　五冊　存一種

330000－1719－0002436　98－3　集部/別集類/清別集

潛穎詩十卷文四卷　(清)何維棣撰　清刻本　一冊　存五卷(一至五)

330000－1719－0002437　23－3　經部/小學類/文字之屬/字書/訓蒙

澄衷蒙學堂字課圖說四卷檢字一卷類字一卷　(清)劉樹屏撰　(清)吳子城繪圖　清光緒二十七年(1901)澄衷蒙學堂印書處石印本　五冊　缺一卷(一)

330000－1719－0002438　23－7　經部/小學類/文字之屬/字書/訓蒙

澄衷蒙學堂字課圖說四卷檢字一卷類字一卷　(清)劉樹屏撰　(清)吳子城繪圖　清末石印本　一冊　存一卷(二)

330000－1719－0002439　159－58　集部/總集類/選集之屬/斷代

畿輔試牘不分卷　(清)劉福姚輯評　清宣統元年(1909)北京龍文閣石印本　一冊

330000－1719－0002442　160－35　集部/總集類/課藝之屬

蕺山課藝不分卷　清刻本　四冊

330000－1719－0002443　69－21　史部/雜史類/斷代之屬

豫立軒管窺不分卷　(清)陳杞撰　清刻本　一冊

330000－1719－0002444　160－18　集部/總集類/選集之屬

豫園賦鈔不分卷　清刻本　二冊

330000－1719－0002445　127－3　史部/紀傳類/正史之屬

二十四史　清同治至光緒五省官書局據汲古閣本等合刻光緒五年(1879)湖北書局彙印本　七冊　存一種

330000－1719－0002446　159－52　類叢部/類書類/通類之屬

詩句題解韻編續集六卷　(清)葉蘭纂輯　清刻本　一冊　存一卷(四)

330000－1719－0002447　79－22　子部/叢編

子書百家　(清)崇文書局編　清光緒元年(1875)湖北崇文書局刻民國元年(1912)鄂官書處重印本　一冊　存一種

330000－1719－0002448　79－27　集部/詩文評類/詩評之屬

詩品三卷　(南朝梁)鍾嶸撰　**書品一卷**　(南朝梁)庾肩吾撰　**顏氏家訓七卷**　(北齊)顏之推撰　**攷證一卷**　(宋)沈揆撰　清刻本　一冊

330000－1719－0002449　156－57　集部/別集類/清別集

鷗堂詩三卷 （清）馬賡良撰 清光緒五年(1879)會稽馬氏刻本 一冊

330000－1719－0002450 95－8、95－9 集部/別集類/清別集

鶴侶齋詩一卷文稿四卷 （清）孫勷撰 清道光二十三年(1843)延綠吟館刻本 三冊 缺一卷(文稿一)

330000－1719－0002454 76－13 新學/醫學

儒門醫學三卷附一卷 （英國）海得蘭撰 （英國）傅蘭雅口譯 （清）趙元益筆述 清光緒江南製造總局刻本 四冊

330000－1719－0002456 91－11 經部/叢編

石齋先生經傳九種 （明）黃道周撰 （清）鄭開極重訂 清刻本 二冊 存一種

330000－1719－0002457 90－6 集部/小說類/長篇之屬

齊省堂增訂儒林外史五十六回 （清）吳敬梓撰 清同治十三年(1874)齊省堂刻本 二冊 存七回(一至三、三十五至三十八)

330000－1719－0002458 48－8 史部/地理類/山川之屬/合志

寰瀛山水畧四卷首一卷 （清）葛銘撰 清光緒五年(1879)葛氏家塾刻本 一冊 缺二卷(三至四)

330000－1719－0002459 161－51 子部/術數類/相宅相墓之屬

撼龍經批注校補不分卷疑龍經批注校補三卷 （唐）楊益撰 （清）高其倬批點 （清）寇宗集注 榮錫勳校補 清刻本 一冊 缺三卷(疑龍經批注校補一至三)

330000－1719－0002460 190－34 集部/別集類/清別集

橘蔭軒時藝二編不分卷 （清）陳錦撰 清光緒二年(1876)刻本 一冊

330000－1719－0002461 156－56 集部/總集類/選集之屬/斷代

七家試帖輯註彙鈔七種九卷 （清）張熙宇輯評 （清）王植桂輯註 清光緒十七年(1891)潛研山房刻本 一冊 存一種

330000－1719－0002463 160－43 集部/總集類/課藝之屬

燕山制義不分卷 （清）宓如椿撰 清嘉慶十八年(1813)取斯堂刻本 二冊

330000－1719－0002464 149－20 集部/別集類/清別集

璞齋集詩四卷詞一卷 （清）諸可寶撰 清光緒十四年(1888)長洲黃氏流芳閣木活字印本 二冊

330000－1719－0002465 93－4 集部/別集類/清別集

穆堂別稿五十卷 （清）李紱撰 清刻本 一冊 存三卷(十二至十四)

330000－1719－0002466 129－36 史部/叢編

蓬萊軒輿地學叢書十一種 丁謙撰 清光緒石印本 四冊

330000－1719－0002467 129－36－1 史部/叢編

蓬萊軒輿地學叢書十一種 丁謙撰 清光緒石印本 四冊

330000－1719－0002468 129－36－2 史部/叢編

蓬萊軒輿地學叢書十一種 丁謙撰 清光緒石印本 四冊

330000－1719－0002469 80－21 類叢部/叢書類/自著之屬

薛文清公集九種 （明）薛瑄撰 清雍正至乾隆刻本 四冊 存一種

330000－1719－0002470 163－29 子部/宗教類/其他宗教之屬/基督教

讚美詩一卷 清光緒三十一年(1905)上海美華書館鉛印本 一冊

330000－1719－0002471 72－3 子部/儒家

類/儒學之屬/勸學

輶軒語一卷　(清)張之洞撰　清光緒三年(1877)濠上書齋刻本　一册

330000－1719－0002472　72－22　子部/儒家類/儒學之屬/勸學

輶軒語七卷　(清)張之洞撰　清光緒八年(1882)江西書局木活字印本　一册

330000－1719－0002473　156－23　子部/醫家類/綜合之屬/通論

辨證奇聞十卷　(清)陳士鐸撰　(清)錢松刪定　清刻本　一册　存一卷(七)

330000－1719－0002474　80－26　子部/雜著類/雜説之屬

避暑録話二卷　(宋)葉夢得撰　清刻本　一册　存一卷(二)

330000－1719－0002475　159－49　子部/儒家類/儒學之屬/禮教

醒迷忠告一卷　清光緒元年(1875)虞西唫花書屋顧興麟堂刻本　一册

330000－1719－0002476　160－75　集部/别集類/清别集

懋齋時藝不分卷　(清)來宗敏撰　清嘉慶二十四年(1819)選桂堂刻本　二册

330000－1719－0002477　97－12　集部/别集類/清别集

戴簡恪公遺集八卷　(清)戴敦元撰　(清)胡次瑶編　清道光二十六年(1846)吴鍾駿浙江督學使署刻本　三册　存六卷(一至二、五至八)

330000－1719－0002479　165－9　集部/小説類/長篇之屬

繪圖包公奇案十卷　清末石印本　一册　存三卷(五至七)

330000－1719－0002480　163－55　集部/曲類/彈詞之屬

繡像玉蜻蜓前傳六卷二十八回後傳八卷三十二回　清末石印本　一册　存一卷(後傳三)

330000－1719－0002481　165－20　集部/小説類/長篇之屬

繪像結水滸全傳八卷　(清)俞萬春撰　(清)范辛來　(清)邵祖恩評　清末石印本　一册　存一卷(八)

330000－1719－0002482　54－5　史部/地理類/水利之屬

襄隄成案四卷　(清)天門紳衿士庶輯　清光緒二十年(1894)竟陵閣邑木活字印本　六册

330000－1719－0002483　54－5－1　史部/地理類/水利之屬

襄隄成案四卷　(清)天門紳衿士庶輯　清光緒二十年(1894)竟陵閣邑木活字印本　六册

330000－1719－0002484　54－5－2　史部/地理類/水利之屬

襄隄成案四卷　(清)天門紳衿士庶輯　清光緒二十年(1894)竟陵閣邑木活字印本　二册　存二卷(一至二)

330000－1719－0002485　94－10　類叢部/叢書類/彙編之屬

張氏適園叢書第一集　張鈞衡輯　清宣統三年(1911)上海國學扶輪社鉛印本　一册

330000－1719－0002486　146－10　史部/紀傳類/正史之屬

二十四史附考證　清末石印本　二册　存一種

330000－1719－0002488　99－20　集部/别集類/清别集

彝壽軒詩鈔十二卷寄庵雜著二卷煙波漁唱四卷　(清)張應昌撰　清同治二年(1863)南昌旅舍刻本　一册　存三卷(一至三)

330000－1719－0002489　190－30　集部/總集類/課藝之屬

崇辨堂墨選不分卷　清刻本　三册

330000－1719－0002490　156－45　集部/總集類/選集之屬

覆瓿文存三集□□卷　清末石印本　一册　存三卷(九至十一)

330000－1719－0002491　77－46　子部/術數類/陰陽五行之屬

新鐫曆法總覽合節鰲頭通書大全十卷　(明)熊宗立纂輯　清末上海廣益書局石印本　六冊　存五卷(一至五)

330000－1719－0002492　171－36　類叢部/叢書類/自著之屬

留書種閣集九種　(清)黄炳垕撰　清同治六年至光緒二十年(1867－1894)餘姚黄氏留書種閣刻本　一冊　存一種

330000－1719－0002493　95－4、95－14　集部/别集類/清别集

曝書亭集八十卷附錄一卷　(清)朱彝尊撰　**笛漁小槀十卷**　(清)朱昆田撰　清康熙五十三年(1714)朱稻孫刻乾隆重修本　二十冊

330000－1719－0002494　95－11　集部/别集類/清别集

曝書亭集箋注二十三卷　(清)朱彝尊撰　(清)孫銀槎輯注　清刻本　五冊　存五卷(六至十)

330000－1719－0002495　95－18　集部/别集類/清别集

曝書亭集八十卷附錄一卷　(清)朱彝尊撰　**笛漁小槀十卷**　(清)朱昆田撰　清刻本　一冊　存五卷(五十六至六十)

330000－1719－0002496　176－34　史部/地理類/外紀之屬

瀛環志略十卷　(清)徐繼畬撰　清末石印本　一冊　存二卷(六至七)

330000－1719－0002497　65－4　集部/别集類/清别集

疆恕齋□□種　(清)惲祖翼撰　清光緒二十年(1894)刻本　一冊　存一種

330000－1719－0002498　190－2　集部/總集類/選集之屬/斷代

韻蘭集賦鈔六卷　(清)陸雲槎輯　(清)宋淮三考典　清刻本　一冊　存一卷(二)

330000－1719－0002499　83－1、85－9　類叢部/類書類/專類之屬

佩文韻府一百六卷　(清)張玉書　(清)蔡升元等輯　**韻府拾遺一百六卷**　(清)汪灝　(清)何焯等輯　清刻本　三十四冊　存九十卷(十一至十二、十五、十九至二十三、四十四、五十五、六十三、六十六、七十二至七十三、七十六、八十一、九十二、九十四至九十五、九十九、一百一至一百二，韻府拾遺五至十九、三十六至五十九、七十三至九十五、一百一至一百六)

330000－1719－0002500　185－14　類叢部/類書類/專類之屬

新增說文韻府羣玉二十卷　(元)陰時夫輯　(元)陰中夫注　清刻本　一冊　存一卷(十九)

330000－1719－0002501　85－21　類叢部/類書類/專類之屬

新增說文韻府羣玉二十卷　(元)陰時夫輯　(元)陰中夫注　清三讓堂刻本　二十冊

330000－1719－0002502　99－19　集部/别集類/清别集

嚼梅吟二卷　(清)釋敬安撰　清光緒七年(1881)四明刻本　一冊

330000－1719－0002503　76－10　子部/醫家類/類編之屬

徐氏醫書八種　(清)徐大椿撰　清刻本　二冊　存一種

330000－1719－0002504　96－17　集部/别集類/清别集

蘭韻堂詩集八卷文集五卷經進文稿二卷御覽集六卷　(清)沈初撰　清乾隆四十九年(1784)刻五十九年(1794)增刻本　一冊　存二卷(文集一至二)

330000－1719－0002505　98－26　集部/别集類

蠡城吟草四卷　傅崇黻撰　清宣統元年(1909)鉛印本　一冊

330000－1719－0002506　160－59　史部/史

抄類

鑑略不分卷 （清）李韻鈞撰　清刻本　一冊

330000－1719－0002507　47－9　史部/史抄類

鑑撮四卷 （清）曠敏本撰　清光緒二十八年（1902）亦西齋石印本　二冊

330000－1719－0002508　83－2、85－10　類叢部/類書類/專類之屬

佩文韻府一百六卷 （清）張玉書　（清）蔡升元等輯　**韻府拾遺一百六卷** （清）汪灝　（清）何焯等輯　清光緒十二年（1886）上海同文書局石印本　六十冊

330000－1719－0002509　55－27　新學/史志/諸國史

萬國史記二十卷 （日本）岡本監輔撰　清光緒二十七年（1901）上海同文信記書局石印本　八冊

330000－1719－0002510　150－50　集部/別集類/清別集

轀山堂時文初集一卷二集二卷三集一卷 （清）管世銘撰　清光緒六年（1880）湖南書局刻本　一冊　存一卷（初集）

330000－1719－0002511　94－18　史部/職官類/官箴之屬

福惠全書三十二卷 （清）黃六鴻撰　清同文堂刻本　十二冊

330000－1719－0002512　81－20　類叢部/類書類/通類之屬

策府統宗六十五卷目錄一卷 （清）劉昌齡輯　清末同文書局石印本　十二冊　存二十五卷（一至四、六至九、十一、三十至三十七、四十一至四十四、五十八至五十九、六十一至六十二）

330000－1719－0002513　38－3、38－4、39－5　類叢部/類書類/通類之屬

增補事類統編九十三卷首一卷 （清）黃葆真輯　清刻本　三十三冊　存六十二卷（二至六、十五至十六、十八至二十七、二十九至四十二、四十七至五十一、五十八至六十一、六十四至六十七、六十九至七十四、七十八至八十一、八十四至九十一）

330000－1719－0002514　82－28　集部/總集類/選集之屬/通代

雞跖賦續刻二十八卷擬古二卷 （清）應泰泉輯　清光緒二年（1876）海陵書屋刻本　八冊　存二十卷（一至十、十五至二十四）

330000－1719－0002515　38－4－1　類叢部/類書類/通類之屬

增補事類統編九十三卷首一卷 （清）黃葆真輯　清刻本　一冊　存二卷（六十至六十一）

330000－1719－0002516　38－6　類叢部/類書類/通類之屬

增補事類統編九十三卷首一卷 （清）黃葆真輯　清刻本　一冊　存一卷（二十六）

330000－1719－0002517　37－14　類叢部/類書類/通類之屬

事類賦三十卷 （宋）吳淑撰並注　清刻本　四冊

330000－1719－0002518　38－7　類叢部/類書類/通類之屬

事類賦三十卷 （宋）吳淑撰並注　清龍江書屋刻本　六冊

330000－1719－0002519　37－15　集部/總集類/課藝之屬

京華同人詩課二卷 （清）徐榦編輯　清光緒五年（1879）杭州刻本　二冊

330000－1719－0002520　37－15－1　集部/總集類/課藝之屬

京華同人詩課二卷 （清）徐榦編輯　清光緒五年（1879）杭州刻本　二冊

330000－1719－0002521　37－16　集部/總集類/課藝之屬

京華同人詩課二卷 （清）徐榦編輯　清光緒五年（1879）杭州刻本　一冊　存一卷（一）

330000－1719－0002522　84－3　類叢部/類

書類/專類之屬

佩文韻府一百六卷 (清)張玉書 (清)蔡升元等輯 **韻府拾遺一百六卷** (清)汪灝 (清)何焯等輯 清刻本 九十册 存五十一卷(一至九、二十、二十二至二十三、二十五、三十一至三十四、四十六至四十七、四十九至五十、五十二至五十三、五十五、五十八至五十九、六十三、六十六至六十八、七十、七十三、七十五至七十七、八十二至八十三、八十五、八十八至八十九、九十三至九十五、九十七至一百三、一百六)

330000－1719－0002523 158－19 類叢部/類書類/專類之屬

佩文韻府一百六卷 (清)張玉書 (清)蔡升元等輯 **韻府拾遺一百六卷** (清)汪灝 (清)何焯等輯 清刻本 一册 存一卷(五十八)

330000－1719－0002524 55－32 史部/政書類/邦交之屬

使俄日記八卷 (清)王之春撰 清光緒二十二年(1896)上海石印本 六册

330000－1719－0002525 161－33 子部/雜著類/雜説之屬

俠德千言一卷 (清)陸紹明著 清光緒三十一年(1905)刻本 一册

330000－1719－0002526 161－33－1 子部/雜著類/雜説之屬

俠德千言一卷 (清)陸紹明著 清光緒三十一年(1905)刻本 一册

330000－1719－0002527 156－66 新學/雜著/小説

偵探小説毒血蛇一卷 清末大公報館鉛印本 一册

330000－1719－0002528 175－87 集部/總集類/課藝之屬

典制小題逢年一卷 清刻本 一册

330000－1719－0002529 115－35 類叢部/類書類/專類之屬

典制詳註分類崇雅集十卷 (清)湯慶蓀評選 清刻本 一册 存二卷(柒字類、捌字類)

330000－1719－0002530 115－36 類叢部/類書類/專類之屬

典制備類初編不分卷 清刻本 一册

330000－1719－0002534 127－1 類叢部/叢書類/彙編之屬

函海一百五十二種 (清)李調元編 清乾隆綿州李氏萬卷樓刻嘉慶十四年(1809)李鼎元重校印本 四十七册 存五十二種

330000－1719－0002535 38－26、160－33 集部/總集類/課藝之屬

制義約選不分卷二編不分卷 清刻本 四册

330000－1719－0002536 159－69 集部/總集類/課藝之屬

制藝鄉嬛不分卷 清刻本 一册

330000－1719－0002537 33－12 集部/總集類/課藝之屬

制藝鎔裁□□卷 清刻本 二册 存四卷(一至二、五至六)

330000－1719－0002539 3－25 經部/周禮類/傳説之屬

周禮六卷 (漢)鄭玄注 (唐)陸德明音義 清刻本 五册 存五卷(二至六)

330000－1719－0002540 3－8 經部/周禮類/傳説之屬

周禮十二卷 (漢)鄭玄注 (唐)陸德明音義 清刻本 一册 存二卷(七至八)

330000－1719－0002541 4－21 經部/叢編

十三經注疏 (明)□□輯 清刻本 一册 存一種

330000－1719－0002542 3－31 經部/周禮類/傳説之屬

周禮註疏刪翼三十卷 (明)王志長撰 明崇禎刻本 三册 存六卷(十五至十六、二十四至二十七)

330000－1719－0002543 4－13 經部/周禮

類/傳說之屬

周禮政要二卷 (清)孫詒讓撰 清刻本 一冊 存一卷(二)

330000－1719－0002544 4－15 經部/周禮類/傳說之屬

評點周禮政要二卷 (清)孫詒讓撰 清光緒三十年(1904)上海同文社鉛印本 二冊

330000－1719－0002545 4－14 經部/周禮類/傳說之屬

周禮政要二卷 (清)孫詒讓撰 清刻本 二冊

330000－1719－0002546 4－17 經部/周禮類/傳說之屬

周禮政要二卷 (清)孫詒讓撰 清光緒二十八年(1902)瑞安普通學堂刻本 二冊

330000－1719－0002547 4－17－1 經部/周禮類/傳說之屬

周禮政要二卷 (清)孫詒讓撰 清光緒二十八年(1902)瑞安普通學堂刻本 二冊

330000－1719－0002548 4－16 經部/周禮類/傳說之屬

周禮政要二卷 (清)孫詒讓撰 清光緒二十八年(1902)瑞安普通學堂刻本 二冊

330000－1719－0002549 4－7 經部/周禮類/傳說之屬

周禮旁訓經疏節要六卷 (清)孟一飛輯 清道光六年(1826)刻本 四冊

330000－1719－0002550 144－15 經部/叢編

十三經旁訓讀本六十八卷 (清)周樽輯 清乾隆五十八年(1793)留餘堂刻本 二冊 存一種

330000－1719－0002551 144－5 經部/叢編

九經補注八種 (清)姜兆錫撰 清雍正至乾隆寅清樓刻本 三冊 存一種

330000－1719－0002552 4－9 經部/叢編

七經精義七種 (清)黄淦撰 清刻本 二冊 存一種

330000－1719－0002553 4－10 經部/周禮類/傳說之屬

周禮精華六卷 (清)陳龍標輯 清光韙堂刻本 六冊

330000－1719－0002554 4－11 經部/周禮類/傳說之屬

周禮精華六卷 (清)陳龍標輯 清光韙堂刻本 四冊 存四卷(二至五)

330000－1719－0002555 4－5、4－18 經部/周禮類/傳說之屬

周禮精華六卷 (清)陳龍標輯 清光韙堂刻本 四冊 存四卷(二、四至六)

330000－1719－0002556 4－12 經部/周禮類/傳說之屬

周禮精華六卷 (清)陳龍標輯 清嘉慶十八年(1813)集古堂刻本 四冊 存四卷(一至四)

330000－1719－0002557 4－2、192－7 經部/叢編

御纂七經二百九十四卷 (清)李光地等撰 清刻本 二十四冊 存二種

330000－1719－0002558 155－3 經部/周禮類/傳說之屬

周官心解二十八卷 (清)蔣載康撰 清嘉慶十一年(1806)經簏堂刻本 四冊 存十一卷(一至十一)

330000－1719－0002559 4－19 經部/周禮類/傳說之屬

周官經疏備要六卷首一卷 (清)顧大治編 清嘉慶十年(1805)刻本 一冊 存一卷(六)

330000－1719－0002560 4－3 經部/周禮類/傳說之屬

周官精義十二卷 (清)連斗山輯 清道光七年(1827)刻本 六冊

330000－1719－0002561 144－9 經部/周

禮類/傳説之屬

周官精義十二卷 (清)連斗山輯 清道光十六年(1836)刻本 六冊

330000－1719－0002562 4－4 經部/周禮類/傳説之屬

周官精義十二卷 (清)連斗山輯 清道光十六年(1836)刻本 六冊

330000－1719－0002563 3－29、171－41 經部/周禮類/傳説之屬

周官精義十二卷 (清)連斗山輯 清刻本 二冊 存四卷(四至七)

330000－1719－0002565 1－3 經部/易類/傳説之屬

周易本義四卷附圖説一卷卦歌一卷筮儀一卷 (宋)朱熹撰 清文星堂刻本 二冊

330000－1719－0002566 1－7 經部/易類/傳説之屬

周易本義四卷附圖説一卷新增圖説一卷卦歌一卷 (宋)朱熹撰 清光緒十一年(1885)會稽徐氏八杉齋融經館刻本 一冊 存三卷(二至四)

330000－1719－0002567 1－11 經部/易類/傳説之屬

周易本義四卷附圖説一卷卦歌一卷筮儀一卷 (宋)朱熹撰 清刻本 一冊 存三卷(二至四)

330000－1719－0002568 1－8 經部/易類/傳説之屬

周易本義四卷附圖説一卷新增圖説一卷卦歌一卷 (宋)朱熹撰 清光緒十九年(1893)浙江書局刻本 二冊

330000－1719－0002569 1－5 經部/易類/傳説之屬

周易本義四卷附圖説一卷卦歌一卷筮儀一卷 (宋)朱熹撰 清同治三年(1864)浙江撫署刻本 二冊

330000－1719－0002570 1－2 經部/易類/傳説之屬

周易本義四卷附圖説一卷卦歌一卷筮儀一卷 (宋)朱熹撰 清同治十三年(1874)江西書局刻本 二冊

330000－1719－0002571 1－28 經部/易類/傳説之屬

周易後傳八卷易互卦圖一卷 (清)朱兆熊撰 清刻本 三冊

330000－1719－0002572 91－19 子部/宗教類/道教之屬

周易參同契分章註解三卷 (元)陳致虛撰 (清)傅金銓批 清道光二十七年(1847)河東敦本堂刻本 一冊

330000－1719－0002573 1－37 經部/易類/傳説之屬

周易述四十卷 (清)惠棟集注並疏 清乾隆二十五年(1760)德州盧見曾雅雨堂刻本(卷八、二十一、二十六、二十九至三十原缺,卷二十四至二十五、二十七至二十八、三十一至四十未刻) 六冊

330000－1719－0002574 2－3 經部/易類/傳説之屬

周易便蒙襯解四卷 (清)李盤撰 清文化居刻本 三冊

330000－1719－0002575 1－14 經部/易類/傳説之屬

易經增訂旁訓三卷 (清)徐立綱撰 清乾隆四十七年(1782)吳郡張氏刻本 二冊

330000－1719－0002576 91－15 子部/道家類

劉一明道書彙集二十二種 (清)劉一明撰 清刻本 一冊 存一種

330000－1719－0002577 1－38 經部/叢編

五經揭要 (清)許寶善編 清刻本 一冊 存一種

330000－1719－0002578 1－31 經部/易類/傳説之屬

周易審義四卷 (清)張惠言撰 清咸豐七年(1857)文選樓刻本 四冊

330000－1719－0002579　3－23、4－8、4－9、5－6、12－29、154－22、197－13　經部/叢編
七經精義七種　(清)黄淦撰　清嘉慶七年至十二年(1802－1807)尊德堂刻本　十一册　缺八卷(周易精義三至四,書經精義首、一至二,春秋精義首、一至二)

330000－1719－0002580　159－21　集部/別集類/清別集
蒙香草堂時文全集不分卷　(清)周景藝撰　清同治十二年(1873)寧波陳氏刻管周合稿二種刻本　二册

330000－1719－0002581　161－15　子部/儒家類/儒學之屬/性理
呻吟語六卷　(明)吕坤撰　清乾隆五十九年(1794)吕燕昭江寧刻本　一册　存一卷(一)

330000－1719－0002582　98－43　經部/小學類/文字之屬/字書
和文漢譯讀本八卷　(日本)坪內雄藏編輯　(日本)長尾槙太郎譯校　清光緒二十八年(1902)上海商務印書館石印本　六册　存六卷(二至七)

330000－1719－0002583　166－60　經部/小學類/文字之屬/字書
增訂第三版和文漢讀法不分卷　清光緒二十七年(1901)無錫丁氏疇隱廬石印本　一册

330000－1719－0002584　115－20、164－11　集部/詩文評類/詩評之屬
帖體詩錄十六卷　(清)吴照編　清刻本　四册

330000－1719－0002585　112－38　集部/總集類/選集之屬/通代
咏物詩選註釋八卷　(清)俞琰輯　(清)易開縉　(清)孫溍鳴註　清三讓堂刻本　二册　存四卷(一至二、七至八)

330000－1719－0002586　156－32　集部/總集類/選集之屬/通代
咏物詩選註釋八卷　(清)俞琰輯　(清)易開縉　(清)孫溍鳴註　清刻本　一册　存二卷(五至六)

330000－1719－0002587　38－10　集部/總集類/選集之屬/通代
咏物詩選註釋八卷　(清)俞琰輯　(清)易開縉　(清)孫溍鳴註　清刻本　二册　存四卷(三至六)

330000－1719－0002588　38－11　集部/總集類/選集之屬/通代
咏物詩選註釋八卷　(清)俞琰輯　(清)易開縉　(清)孫溍鳴註　清刻本　一册　存二卷(五至六)

330000－1719－0002591　146－6　史部/雜史類/斷代之屬
重訂國語國策合註三十一卷　(三國吴)韋昭　(宋)鮑彪註　清乾隆四十八年(1783)武林三餘堂刻本　四册　存二十一卷(國語一至二十一)

330000－1719－0002592　146－5　史部/雜史類/斷代之屬
重訂國語國策合註三十一卷　(三國吴)韋昭　(宋)鮑彪註　清乾隆四十八年(1783)武林三餘堂刻本　四册　存二十一卷(國語一至二十一)

330000－1719－0002593　42－16　史部/雜史類/斷代之屬
國語二十一卷　(三國吴)韋昭注　(宋)宋庠補音　**戰國策十卷**　(宋)鮑彪校注　清姑蘇書業堂刻本　四册　存二十一卷(國語一至二十一)

330000－1719－0002594　42－11　史部/雜史類/斷代之屬
國語韋解補正二十一卷　吴曾祺撰　朱元善校訂　清宣統三年(1911)上海商務印書館鉛印本　四册

330000－1719－0002595　42－15　史部/雜史類/斷代之屬
國語二十一卷　(三國吴)韋昭注　**校刊明道本韋氏解國語札記一卷**　(清)黄丕烈撰　清

光緒二十一年(1895)實善堂刻本　六冊

330000－1719－0002596　158－1　類叢部/叢書類/自著之屬
振綺堂遺書五種　(清)汪遠孫撰　清道光刻民國十一年(1922)錢塘汪氏彙印本　一冊　存一種

330000－1719－0002597　42－21　史部/雜史類/斷代之屬
國語選四卷　(清)儲欣評　清刻本　二冊

330000－1719－0002599　108－23　集部/總集類/選集之屬/斷代
國朝二十四家文鈔二十四卷　(清)徐斐然輯　清道光十年(1830)文光堂刻本　六冊

330000－1719－0002600　42－21－1　史部/雜史類/斷代之屬
國語選四卷　(清)儲欣評　清刻本　一冊　存二卷(三至四)

330000－1719－0002601　166－11　集部/總集類/課藝之屬
明文才調集不分卷國朝文才調集不分卷　(清)許振禕輯　清末石印本　一冊

330000－1719－0002602　111－15　集部/總集類/選集之屬/斷代
國朝文匯甲前集二十卷甲集六十卷乙集七十卷丙集三十卷丁集二十卷　(清)上海國學扶輪社輯　清宣統元年(1909)上海國學扶輪社石印本　十三冊　存四十卷(甲集一至三、十至十五、十九至二十一、三十一至三十三、四十二至四十四、四十六至四十八、五十二至五十七,乙集六十七至七十,丙集二十八至三十,丁集五至八、十九至二十)

330000－1719－0002603　110－1　集部/總集類/選集之屬/斷代
國朝文錄八十二卷　(清)姚椿輯　清咸豐元年(1851)張祥河終南山館刻本　三十二冊

330000－1719－0002604　45－12　史部/傳記類/總傳之屬/斷代
國朝先正事略六十卷首一卷　(清)李元度撰　清光緒二十八年(1902)上海仁昌成記石印本　八冊

330000－1719－0002605　45－13　史部/傳記類/總傳之屬/斷代
國朝先正事略六十卷首一卷　(清)李元度撰　清光緒二十八年(1902)上海仁昌成記石印本　六冊　缺十四卷(十五至二十、二十七至三十四)

330000－1719－0002606　45－18　史部/傳記類/總傳之屬/斷代
國朝先正事略六十卷　(清)李元度撰　清光緒二十五年(1899)上海圖書集成印書局鉛印本　八冊

330000－1719－0002607　46－14　史部/傳記類/總傳之屬/斷代
國朝先正事略六十卷　(清)李元度撰　清漢鎮森寶齋刻本　二十一冊　存五十一卷(一、三至二十六、三十至四十四、五十至六十)

330000－1719－0002608　45－1　史部/傳記類/總傳之屬/斷代
國朝先正事略六十卷　(清)李元度撰　清同治五年至八年(1866－1869)循陔草堂刻本　二十四冊

330000－1719－0002609　46－17　史部/傳記類/總傳之屬/斷代
國朝先正事略八卷　(清)李元度撰　**續編四卷**　朱孔彰撰　清光緒二十八年(1902)廣益書局石印本　八冊

330000－1719－0002610　45－11、46－24　史部/傳記類/總傳之屬/斷代
國朝先正事略八卷　(清)李元度撰　**續編四卷**　朱孔彰撰　清末石印本　二冊　存三卷(七、續編三至四)

330000－1719－0002611　110－18　集部/總集類/尺牘之屬
國朝名人書札二卷　吳曾祺編纂　清宣統元年(1909)上海商務印書館鉛印本　四冊

330000－1719－0002612　110－18－1　集

部/總集類/尺牘之屬

國朝名人書札二卷　吴曾祺編纂　清宣統元年(1909)上海商務印書館鉛印本　四册

330000－1719－0002613　69－14　史部/史評類/史論之屬

國朝名家史論彙鈔四卷　(清)四知齋校訂　清光緒二十四年(1898)四知齋石印本　四册

330000－1719－0002614　159－54　集部/總集類/選集之屬/斷代

國朝制藝春霆集不分卷　清末雲香閣鉛印本　一册

330000－1719－0002615　113－44　集部/總集類/選集之屬/斷代

國朝試律匯海新選前集□□卷　(清)黄爵滋編輯　清刻本　一册　存一卷(二)

330000－1719－0002616　113－47　集部/總集類/選集之屬/斷代

欽定國朝詩別裁集三十二卷　(清)沈德潛纂評　清刻本　十六册

330000－1719－0002617　45－9　史部/傳記類/總傳之屬/斷代

國朝先正事略六十卷　(清)李元度撰　清光緒二十八年(1902)益元書局刻本　四十册

330000－1719－0002618　111－5　集部/總集類/選集之屬/斷代

國朝文錄初編四十種　(清)李祖陶編　清道光十九年(1839)瑞州府鳳儀書院刻本　三十三册　存三十八種

330000－1719－0002619　111－1　集部/總集類/選集之屬/斷代

國朝文錄續編四十九種附一種　(清)李祖陶編　清同治七年(1868)敖陽李氏刻本　三十四册　存四十五種

330000－1719－0002620　110－12　集部/總集類/選集之屬/斷代

國朝文錄續編四十九種附一種　(清)李祖陶編　清同治七年(1868)敖陽李氏刻本　四册　存三種

330000－1719－0002621　113－10　集部/總集類/選集之屬/斷代

國朝六家詩鈔八卷　(清)劉執玉選編　清刻本　三册　存五卷(三、五至八)

330000－1719－0002622　110－21　集部/總集類/選集之屬/斷代

國朝駢體正宗十二卷　(清)曾燠輯　清光緒二十三年(1897)上海文淵山房石印本　五册　缺二卷(十一至十二)

330000－1719－0002623　109－3　集部/總集類/選集之屬/斷代

國朝駢體正宗十二卷　(清)曾燠輯　清同治十三年(1874)聚賢堂刻本　六册

330000－1719－0002624　109－16　集部/總集類/選集之屬/斷代

國朝駢體正宗十二卷　(清)曾燠輯　清光緒十九年(1893)善化章氏鴻運樓刻本　六册

330000－1719－0002625　33－1　集部/詩文評類/詩評之屬

國朝註釋排律序時不分卷　(清)嚴永齡輯註　清刻本　一册

330000－1719－0002626　149－16　集部/總集類/選集之屬/斷代

國朝賦選同聲集四卷　(清)胡浚評選　清乾隆二十三年(1758)刻本　四册

330000－1719－0002628　161－62　子部/醫家類/類編之屬

圖註八十一難經辨真四卷圖註脈訣辨真四卷脈訣附方一卷　(明)張世賢撰　清光緒浙江亦西齋刻本　四册　缺一卷(脈訣附方)

330000－1719－0002629　161－62－1　子部/醫家類/類編之屬

圖註八十一難經辨真四卷圖註脈訣辨真四卷脈訣附方一卷　(明)張世賢撰　清光緒浙江亦西齋刻本　一册　存二卷(脈訣辨真一至二)

330000－1719－0002630　19－21、71－3　經部/四書類/總義之屬/傳說

圖畫四書白話解二十卷 王有宗 施崇恩校 清末彪蒙書室石印本 十四册

330000－1719－0002631 90－7 集部/小説類/長篇之屬
圖像三國志演義第一才子書六十卷首一卷一百二十回 (明)羅貫中撰 (清)金聖嘆評 (清)毛宗崗增評 清末廣百宋齋鉛印本 六册 存三十四卷(一至十八、二十五至三十、四十一至四十五、五十一至五十五)

330000－1719－0002632 75－32 子部/農家農學類/獸醫之屬
圖像水黄牛經合併大全二卷附駝經一卷 (明)喻仁 (明)喻傑撰 清末石印本 一册

330000－1719－0002633 175－85 集部/小説類/長篇之屬
圖像鏡花緣二十卷一百回首一卷 (清)李汝珍撰 清末石印本 一册 存三卷(十四至十六)

330000－1719－0002634 77－47、176－33 子部/術數類/陰陽五行之屬
奇門遁甲秘笈大全三十卷 (明)劉基校訂 清末石印本 七册 存十四卷(三至六、十五至十八、二十二至二十六、三十)

330000－1719－0002635 155－29 子部/醫家類/針灸之屬/經絡腧穴
奇經八脉考□□卷 (明)李時珍撰 清刻本 一册 存一卷(三)

330000－1719－0002636 75－78 子部/醫家類/針灸之屬/經絡腧穴
奇經八脈考一卷校正瀕湖脈學一卷 (明)李時珍撰 清末鴻寶齋書局石印本 一册

330000－1719－0002638 156－61 集部/戲劇類/總集之屬/傳奇
笠翁傳奇十種 (清)李漁撰 清刻本 一册 存一種

330000－1719－0002639 172－13 經部/四書類/總義之屬/傳說
四書集註(四書章句集註、四書)十九卷 (宋)朱熹撰 清光緒浙江書局刻本 二册 存五卷(孟子一至五)

330000－1719－0002640 172－14 經部/四書類/總義之屬/傳說
四書集註(四書章句集註、四書)十九卷 (宋)朱熹撰 清光緒三十二年(1906)上海商務印書館鉛印本 一册 存七卷(孟子一至七)

330000－1719－0002641 172－27 經部/四書類/總義之屬/傳說
四書集註(四書章句集註、四書)十九卷 (宋)朱熹撰 清光緒三十二年(1906)上海商務印書館鉛印本 二册 存五卷(孟子一至五)

330000－1719－0002643 172－21 經部/四書類/總義之屬/傳說
四書集註(四書章句集註、四書)十九卷 (宋)朱熹撰 清步雲閣刻本 一册 存二卷(孟子四至五)

330000－1719－0002644 172－16 經部/四書類/總義之屬/傳說
四書集註(四書章句集註、四書)十九卷 (宋)朱熹撰 清遵訓堂刻本 七册 存七卷(孟子一至七)

330000－1719－0002645 172－20 經部/四書類/總義之屬/傳說
四書集註(四書章句集註、四書)十九卷 (宋)朱熹撰 清刻本 二册 存四卷(孟子四至七)

330000－1719－0002646 172－19 經部/四書類/總義之屬/傳說
四書集註(四書章句集註、四書)十九卷 (宋)朱熹撰 清刻本 一册 存三卷(孟子一至三)

330000－1719－0002647 172－22 經部/四書類/總義之屬/傳說
四書集註(四書章句集註、四書)十九卷 (宋)朱熹撰 清刻本 一册 存二卷(孟子

六至七）

330000－1719－0002648　172－22－1　經部/四書類/總義之屬/傳説

四書集註（四書章句集註、四書）十九卷　（宋）朱熹撰　清自怡軒刻本　一册　存二卷（孟子六至七）

330000－1719－0002649　172－25　經部/四書類/總義之屬/傳説

四書集註（四書章句集註、四書）十九卷　（宋）朱熹撰　清刻本　三册　存七卷（孟子一至七）

330000－1719－0002650　172－24　經部/四書類/總義之屬/傳説

四書集註（四書章句集註、四書）十九卷　（宋）朱熹撰　清刻本　三册　存七卷（孟子一至七）

330000－1719－0002651　172－23　經部/四書類/總義之屬/傳説

四書集註（四書章句集註、四書）十九卷　（宋）朱熹撰　清刻本　三册　存七卷（孟子一至七）

330000－1719－0002652　172－26　經部/四書類/總義之屬/傳説

四書集註（四書章句集註、四書）十九卷　（宋）朱熹撰　清刻本　二册　存四卷（孟子四至七）

330000－1719－0002653　172－17　經部/四書類/總義之屬/傳説

四書集註（四書章句集註、四書）十九卷　（宋）朱熹撰　清永思堂刻本　二册　存三卷（孟子四至六）

330000－1719－0002654　172－30　經部/四書類/總義之屬/傳説

四書集註（四書章句集註、四書）十九卷　（宋）朱熹撰　清末石印本　一册　存二卷（孟子六至七）

330000－1719－0002655　172－31　經部/四書類/總義之屬/傳説

四書集註（四書章句集註、四書）十九卷　（宋）朱熹撰　清刻本　三册　存七卷（孟子一至七）

330000－1719－0002656　33－14　經部/四書類/孟子之屬/傳説

孟子文椒不分卷　清刻本　一册

330000－1719－0002657　172－10　經部/四書類/孟子之屬/傳説

孟子四考四卷　（清）周廣業撰　清乾隆六十年（1795）周氏省吾廬刻本　二册

330000－1719－0002658　172－12　經部/叢編

十三經札記二十二卷附十六卷　（清）朱亦棟撰　清刻本　一册　存二種

330000－1719－0002662　172－8　經部/四書類/孟子之屬/專著

孟子講義二卷　夏震武撰　清末開封新民總社石印本　二册

330000－1719－0002664　154－32　經部/四書類/總義之屬/傳説

四書集註（四書章句集註、四書）十九卷　（宋）朱熹撰　清刻本　二册　存八卷（論語六至十、孟子一至三）

330000－1719－0002666　172－2　經部/叢編

通志堂經解一百四十種　（清）納蘭成德輯　清通志堂刻本　三册　存一種

330000－1719－0002667　172－3、172－4　經部/叢編

通志堂經解一百四十種　（清）納蘭成德輯　清通志堂刻本　三册　存一種

330000－1719－0002669　88－29　類叢部/類書類/專類之屬

文學典林六卷　（清）鄭文煥輯　清聚盛堂刻本　四册

330000－1719－0002672　2－11　經部/易類/傳説之屬

學易隨筆六卷續編四卷　(清)張元灝撰　清乾隆五十八年(1793)二銘書屋刻本　二册　缺二卷(五至六)

330000－1719－0002673　56－16　史部/叢編

入幕須知五種附一種　(清)張廷驤輯　清刻本　一册　存一種

330000－1719－0002674　44－8　史部/傳記類/總傳之屬/儒林

學案小識十四卷首一卷末一卷　(清)唐鑑撰　清刻本　三册　存三卷(六至七、十)

330000－1719－0002675　115－29　集部/總集類/課藝之屬

學海堂七集不分卷　清刻本　一册

330000－1719－0002676　161－29　子部/術數類/相宅相墓之屬

重鐫官板地理天機會元增補地學剖秘萬金琢玉斧三卷　(明)徐之鏌撰　明末刻清文林堂重修本　一册　存一卷(一)

330000－1719－0002677　150－21　子部/雜著類/雜説之屬

定香亭筆談四卷　(清)阮元撰　清刻本　一册　存一卷(二)

330000－1719－0002678　37－12、37－23　集部/別集類/清別集

定盦文集三卷續集四卷續録一卷古今體詩二卷己亥雜詩一卷詞選一卷詞録一卷　(清)龔自珍撰　清刻本　四册　缺三卷(文集一至三)

330000－1719－0002679　37－20　集部/別集類/清別集

定盦文集三卷續集四卷文集補編四卷續録一卷古今體詩二卷己亥雜詩一卷詞選一卷詞録一卷　(清)龔自珍撰　清刻本　一册　存四卷(文集補編一至四)

330000－1719－0002680　37－7、37－22　集部/別集類/清別集

定盦文集三卷續集四卷文集補編四卷續録一卷古今體詩二卷己亥雜詩一卷詞選一卷詞録一卷　(清)龔自珍撰　清光緒二十九年(1903)文瑞樓石印本　四册

330000－1719－0002681　37－9　集部/別集類/清別集

定盦文集三卷續集四卷補編四卷餘集一卷續録一卷　(清)龔自珍撰　清光緒二十八年(1902)浙省文彙書局鉛印本　二册

330000－1719－0002682　37－21　集部/別集類/清別集

定盦文集三卷續集四卷續録一卷古今體詩二卷雜詩一卷詞選一卷詞録一卷文集補一卷文集補編四卷文拾遺一卷　(清)龔自珍撰　清末鉛印本　一册　存四卷(續集一至四)

330000－1719－0002683　95－28　類叢部/叢書類/彙編之屬

金峨山館叢書(望三益齋叢書)十一種　(清)郭傳璞編　清光緒八年至十六年(1882－1890)鄞郭氏刻二十年(1894)鎮海邵氏彙印本　四册　存一種

330000－1719－0002685　82－2　新學/報章

實學報不分卷　(清)實學報館編　清光緒二十三年(1897)上海實學報館鉛印本　十一册

330000－1719－0002686　75－11　子部/醫家類/眼科之屬

傅氏眼科審視瑤函六卷首一卷　(明)傅仁宇撰　(明)林長生校補　清刻本　一册　存一卷(五)

330000－1719－0002688　63－19　史部/政書類/律令之屬/律例

審看擬式四卷首一卷末一卷　(清)剛毅輯　清光緒十三年(1887)晉□課吏館刻本　四册

330000－1719－0002689　65－22　史部/政書類/律令之屬/律例

審看擬式四卷首一卷末一卷　(清)剛毅輯　清刻本　一册　存二卷(三至四)

330000－1719－0002694　2－14　經部/書類/傳説之屬

書經集傳六卷　(宋)蔡沈撰　清同治十三年(1874)江西書局刻本　四冊

330000－1719－0002695　2－27　經部/叢編
四書五經九種　(清)鮑氏輯　清同治三年(1864)浙江撫署刻本　一冊　存一種

330000－1719－0002696　2－30　經部/書類/傳說之屬
尚書離句六卷　(清)錢在培輯解　清光緒掃葉山房刻本　三冊　存四卷(三至六)

330000－1719－0002697　175－3　史部/傳記類/總傳之屬/通代
尚友錄二十二卷　(明)廖用賢輯　清刻本　一冊　存目録

330000－1719－0002698　46－21　史部/傳記類/總傳之屬/通代
尚友錄二十二卷　(明)廖用賢輯　清刻本　二十三冊

330000－1719－0002699　46－22　史部/傳記類/總傳之屬/通代
尚友錄二十二卷補遺一卷　(明)廖用賢輯　(清)張伯琮補輯　清刻本　十六冊

330000－1719－0002700　46－23　史部/傳記類/總傳之屬/通代
尚友錄二十二卷補遺一卷　(明)廖用賢輯　(清)張伯琮補輯　清刻本　二冊　存二卷(一至二)

330000－1719－0002701　47－6　史部/傳記類/總傳之屬/通代
尚友錄二十二卷補遺一卷　(明)廖用賢輯　(清)張伯琮補輯　清末石印本　二冊　存八卷(十六至二十二、補遺)

330000－1719－0002702　97－17　集部/別集類/清別集
嶺南集七卷山左集一卷續集一卷中州集一卷嶺南續集一卷　(清)程含章撰　清道光刻本　一冊　存二卷(三至四)

330000－1719－0002703　46－6　史部/地理類/專志之屬/祠墓
岳廟志略十卷首一卷　(清)馮培輯　清光緒五年(1879)浙江書局刻本　四冊

330000－1719－0002705　87－4　集部/別集類/宋別集
岳忠武王文集八卷首一卷末一卷　(宋)岳飛撰　清刻本　二冊　存四卷(一至二、五至六)

330000－1719－0002706　164－38　集部/詩文評類/詩評之屬
帖體詩存詳註八卷　(清)宓如椿撰　清刻本　二冊　存四卷(三至六)

330000－1719－0002707　164－1　集部/詩文評類/詩評之屬
帖體詩存註釋八卷　(清)宓如椿撰　(清)吳傳鍇註　清刻本　二冊　存四卷(三至六)

330000－1719－0002708　33－15　集部/總集類/課藝之屬
庚辰集五卷　(清)紀昀輯　清刻本　一冊　存一卷(五)

330000－1719－0002709　154－13　集部/總集類/課藝之屬
庚辰集五卷附唐人試律說一卷　(清)紀昀輯　清三槐堂刻本　六冊

330000－1719－0002710　91－33　子部/宗教類/佛教之屬/經疏
彌陀畧解圓中鈔二卷　(明)釋大佑撰　(明)釋傳燈鈔　清昭慶慧空經房刻本　二冊

330000－1719－0002711　176－16　集部/曲類/寶卷之屬
彌勒佛說地藏十王寶卷二卷　清刻本　一冊　存一卷(二)

330000－1719－0002712　86－17　集部/別集類/宋別集
新雕徂徠石先生文集二十卷補遺一卷附錄一卷　(宋)石介撰　清光緒九年(1883)濰縣張氏尚志堂刻本　四冊

330000－1719－0002713　171－66　子部/儒家類/儒學之屬/蒙學

小學集註六卷　(明)陳選集注　**忠經一卷**　(漢)鄭玄集注　**孝經一卷**　(明)陳選集注　清末石印本　一册　存二卷(忠經、孝經)

330000－1719－0002714　108－2　史部/地理類/專志之屬/祠墓

忠武祠墓志七卷首一卷末一卷　(清)李復心編　清同治五年至六年(1866－1867)山陰莫增奎沔署刻本　四册

330000－1719－0002715　33－16　子部/儒家類/儒學之屬/性理

性理精義十二卷　清刻本　一册　存二卷(二至三)

330000－1719－0002716　91－10　子部/宗教類/道教之屬/雜著

抱朴子内篇二十卷外篇五十卷　(晉)葛洪撰　清刻本　一册　存二卷(外篇三至四)

330000－1719－0002718　149－7　集部/別集類/清別集

擔峯詩四卷　(清)孫淦撰　清刻本　三册　缺一卷(四)

330000－1719－0002733　152－1　史部/金石類/總志之屬

金石摘十卷　(清)陳善墀輯　清刻本　九册

330000－1719－0002734　152－2　經部/春秋左傳類/傳說之屬

春秋經傳集解三十卷　(晉)杜預撰　(唐)陸德明音義　清影印本　一册　存一卷(三)

330000－1719－0002736　152－11　子部/藝術類/書畫之屬/法帖

渤海藏真帖八卷　(明)陳甫伸編　(明)吳章鏞摹勒　清末影印本　一册　存一卷(六)

330000－1719－0002754　86－8　集部/別集類/唐五代別集

重刊五百家註音辯昌黎先生文集四十卷　(唐)韓愈撰　(宋)魏仲舉輯注　清刻本　十二册　存三十二卷(五至十九、二十四至四十)

330000－1719－0002755　86－10　集部/別集類/唐五代別集

昌黎先生集四十卷外集十卷遺文一卷　(唐)韓愈撰　(宋)廖瑩中校正　**朱子校昌黎先生集傳一卷**　(宋)朱熹撰　**韓集點勘四卷**　(清)陳景雲撰　清同治八年至九年(1869－1870)江蘇書局刻本　十一册

330000－1719－0002756　160－30　集部/總集類/選集之屬/斷代

注釋明文必自集選本不分卷　(清)王惟梅編次　清藜照樓刻本　四册

330000－1719－0002757　108－5　集部/總集類/選集之屬/斷代

陸太史批點明文明四卷　(清)陸閏生批點　清咸豐二年(1852)經元堂刻本　四册

330000－1719－0002758　108－5－1　集部/總集類/選集之屬/斷代

陸太史批點明文明四卷　(清)陸閏生批點　清咸豐二年(1852)經元堂刻本　三册　存三卷(一至三)

330000－1719－0002759　124－22　史部/紀傳類/正史之屬

二十四史　清刻本　一册　存一種

330000－1719－0002760　123－5　史部/紀傳類/正史之屬

二十四史　清刻本　七十四册　存一種

330000－1719－0002761　122－6　史部/紀傳類/正史之屬

明史稿三百十卷目錄三卷　(清)王鴻緒撰　清雍正敬慎堂刻本　九册　存三十五卷(列傳一百四十六至一百八十)

330000－1719－0002762　39－1　史部/史抄類

明史擥要八卷　(清)姚培謙　(清)張景星輯　清刻本　三册　存三卷(二、六、八)

330000－1719－0002763　70－2　子部/儒家

類/儒學之屬/經濟

明夷待訪錄一卷 (清)黄宗羲撰　清光緒二十三年(1897)上海鴻文局石印本　二册

330000－1719－0002765　146－9　史部/雜史類/斷代之屬

明季北略二十四卷 (清)計六奇撰　清都城琉璃廠半松居士木活字印本　十四册

330000－1719－0002766　42－18　史部/雜史類/斷代之屬

明季北略二十四卷 (清)計六奇撰　清刻本　二册　存二卷(十九至二十)

330000－1719－0002767　33－18　集部/總集類/選集之屬/斷代

明詩别裁集十二卷 (清)沈德潛　(清)周準輯　清小西山房刻本　六册

330000－1719－0002768　33－19　集部/總集類/選集之屬/斷代

明詩别裁集十二卷 (清)沈德潛　(清)周準輯　清刻本　四册　存八卷(三至四、七至十二)

330000－1719－0002769　33－20　集部/總集類/選集之屬/斷代

明詩别裁集十二卷 (清)沈德潛　(清)周準輯　清刻本　三册　存六卷(七至十二)

330000－1719－0002770　33－21、175－1　集部/總集類/選集之屬/斷代

明詩别裁集十二卷 (清)沈德潛　(清)周準輯　清刻本　二册　存三卷(十至十二)

330000－1719－0002771　87－39　集部/别集類/明别集

清江楊忠節公遺集八卷 (明)楊廷麟撰　清光緒五年至六年(1879－1880)蕭江書院刻本　八册

330000－1719－0002772　87－10　子部/儒家類/儒學之屬

二程全書□□種 (宋)程顥　(宋)程頤撰　清刻本　一册　存一種

330000－1719－0002773　194－10　史部/編年類/通代之屬

尺木堂綱鑑易知録九十二卷明鑑易知録十五卷 (清)吴乘權　(清)周之炯　(清)周之燦輯　清光緒三十年(1904)上海吴雲記鉛印本　二册　存十五卷(明鑑易知録一至十五)

330000－1719－0002774　194－12　史部/編年類/通代之屬

尺木堂綱鑑易知録九十二卷明鑑易知録十五卷 (清)吴乘權　(清)周之炯　(清)周之燦輯　清光緒十五年(1889)上海廣百宋齋石印本　二册　存十五卷(明鑑易知録一至十五)

330000－1719－0002776　169－11　史部/傳記類/總傳之屬/儒林

明儒學案六十二卷師説一卷附案一卷 (清)黄宗羲撰　清康熙三十年(1691)萬言、三十二年(1693)賈樸、雍正十三年至乾隆四年(1735－1739)慈溪鄭性二老閣刻光緒八年(1882)馮全垓修補本　二十四册

330000－1719－0002777　1－29　經部/易類/傳説之屬

易義無忘録三卷首一卷 (清)蔣珣撰　清道光二十一年(1841)姚江蔣氏齒德堂刻本　二册

330000－1719－0002778　1－29－1　經部/易類/傳説之屬

易義無忘録三卷首一卷 (清)蔣珣撰　清道光二十一年(1841)姚江蔣氏齒德堂刻本　二册

330000－1719－0002779　156－33、159－46　經部/易類/傳説之屬

漢儒易義針度四卷 (清)朱昌壽撰　**附近科文式一卷** (清)希鼓等撰　清同治九年(1870)珍研齋刻本　二册

330000－1719－0002780　171－80　經部/易類/傳説之屬

易外偶記四卷 (清)周源淋輯　清乾隆刻本　一册

330000－1719－0002781　2－9　經部/易類/傳說之屬

易傳三卷　清刻本　一冊　存二卷(二至三)

330000－1719－0002783　77－28　經部/易類/易占之屬

易林補遺四集十二卷　(明)張世賓撰　清金閶綠蔭堂刻本　四冊　存四卷(一至四)

330000－1719－0002784　175－4　經部/易類/傳說之屬

易經增訂旁訓三卷　(清)徐立綱撰　清刻本　一冊　存二卷(二至三)

330000－1719－0002785　1－30　經部/易類/傳說之屬

周易本義四卷附圖說一卷卦歌一卷筮儀一卷　(宋)朱熹撰　清浙紹墨潤堂刻本　二冊

330000－1719－0002786　2－12　經部/易類

易經文捷訣一卷　(清)鴻寶齋主人編　清光緒十八年(1892)鴻寶齋石印本　一冊

330000－1719－0002787　1－1－1　經部/易類/傳說之屬

周易本義四卷附圖說一卷卦歌一卷筮儀一卷　(宋)朱熹撰　清同治十三年(1874)江西書局刻本　二冊

330000－1719－0002788　1－6　經部/易類/傳說之屬

周易本義四卷附圖說一卷卦歌一卷筮儀一卷　(宋)朱熹撰　清刻本　一冊　存三卷(二至四)

330000－1719－0002789　1－26　經部/易類/傳說之屬

易經體註合參四卷　(清)來爾繩纂輯　清嘉慶四年(1799)刻本　二冊

330000－1719－0002790　1－19　經部/易類/傳說之屬

來瞿唐先生易註十五卷首一卷末一卷附圖像一卷　(明)來知德撰　清嘉慶十四年(1809)寧遠堂刻本　八冊

330000－1719－0002791　33－25　經部/叢編

五經備旨四十五卷　(清)鄒聖脈纂輯　清刻本　一冊　存一卷(易經三)

330000－1719－0002792　33－28　經部/叢編

五經旁訓增訂精義　(清)徐立綱旁訓　(清)竺靜甫　(清)竺子壽增訂　(清)黃淦精義　清光緒十年(1884)四明竺氏毓秀草堂刻本　一冊　存一種

330000－1719－0002793　1－17　經部/叢編

五經旁訓辨體合訂　(清)徐立綱輯　清循陔堂刻本　二冊　存一種

330000－1719－0002794　33－26　經部/叢編

五經讀五卷四書讀六卷　(明)陳大士著　(清)黃暹參訂　(清)夏枝芳校讎　清刻本　一冊　存二卷(易經讀、書經讀)

330000－1719－0002795　1－33　經部/易類/傳說之屬

易經精華六卷首一卷末一卷　(清)薛嘉穎輯　清同治四年(1865)刻本(卷首原缺)　三冊

330000－1719－0002796　1－34　經部/叢編

三經精華　(清)薛嘉穎輯　清光緒二年(1876)浙寧簡香齋刻本　三冊　存一種

330000－1719－0002797　1－35　經部/叢編

三經精華　(清)薛嘉穎輯　清光緒二年(1876)浙寧簡香齋刻本　三冊　存一種

330000－1719－0002798　1－21　經部/叢編

三經精華　(清)薛嘉穎輯　清光緒二年(1876)浙寧簡香齋刻本　三冊　存一種

330000－1719－0002799　1－22　經部/叢編

三經精華　(清)薛嘉穎輯　清光緒二年(1876)浙寧簡香齋刻本　三冊　存一種

330000－1719－0002800　1－22－1　經部/叢編

三經精華　(清)薛嘉穎輯　清光緒二年

(1876)浙寧簡香齋刻本　三册　存一種

330000－1719－0002801　1－13　經部/叢編
五經旁訓　(清)徐立綱旁訓　清乾隆四十七年(1782)吳郡張氏匠門書屋刻本　二册　存一種

330000－1719－0002802　1－15　經部/叢編
五經旁訓　(清)徐立綱旁訓　清乾隆四十七年(1782)吳郡張氏匠門書屋刻本　二册　存一種

330000－1719－0002803　1－18　經部/叢編
五經旁訓　(清)徐立綱旁訓　清刻本　一册　存一種

330000－1719－0002804　2－2　經部/易類/傳說之屬
易經辨體不分卷　(清)徐揚貢撰　清景福堂刻本　一册

330000－1719－0002805　77－43　經部/易類/易占之屬
易隱八卷首一卷　(明)曹九錫輯　(明)曹璿演　清上海千頃堂官刻本　四册

330000－1719－0002806　77－44　經部/易類/易占之屬
易隱八卷首一卷　(明)曹九錫輯　(明)曹璿演　清刻本　一册　存二卷(首、一)

330000－1719－0002807　77－45　經部/易類/易占之屬
易隱八卷首一卷　(明)曹九錫輯　(明)曹璿演　清光緒十一年(1885)祥麟書屋刻本　六册

330000－1719－0002809　52－19　史部/地理類/方志之屬/郡縣志
[乾隆]杭州府志一百十卷首六卷　(清)鄭澐修　(清)邵晉涵等纂　清乾隆四十九年(1784)刻本　一册　存二卷(二十九至三十)

330000－1719－0002813　93－12　集部/別集類/清別集
鄭板橋全集五種　(清)鄭燮撰　清刻本　二册　存三種

330000－1719－0002814　92－6　集部/別集類/清別集
板橋集五種　(清)鄭燮撰　清刻本　一册　存二種

330000－1719－0002815　161－58　集部/別集類/清別集
枕善堂雜著二卷詩鈔二卷尺牘一隅二十卷　(清)陳大溶撰　清道光六年至十六年(1826－1836)刻本　一册　存一卷(詩鈔二)

330000－1719－0002816　43－2　史部/詔令奏議類/奏議之屬
林文忠公政書三集三十七卷蒐遺一卷　(清)林則徐撰　清刻本　十册

330000－1719－0002817　87－12　集部/別集類/宋別集
林和靖詩集四卷拾遺一卷　(宋)林逋撰　清同治十二年(1873)長洲朱氏抱經堂刻本　二册

330000－1719－0002818　55－28　新學/史志/諸國史
歐羅巴通史不分卷　(日本)箕作元八　(日本)峰岸米造撰　(清)胡景伊等譯　清光緒二十六年(1900)東亞譯書會鉛印本　二册

330000－1719－0002819　63－5　新學/政治法律
政學叢書　清光緒上海商務印書館鉛印本　一册　存一種

330000－1719－0002820　73－4　子部/叢編
武備新書十種　(清)廖壽豐輯　清光緒二十三年(1897)浙江書局刻本　一册　存四種

330000－1719－0002821　52－12　類叢部/叢書類/郡邑之屬
武林掌故叢編一百九十種　(清)丁丙編　清光緒三年至二十六年(1877－1900)錢塘丁氏嘉惠堂刻本([乾道]臨安志卷四至十五、南宋館閣錄卷一原缺)　八册　存十種

330000－1719－0002822　73－6　子部/兵家類/兵法之屬

孫吳司馬法八卷　(清)孫星衍輯　**武經集要一卷**　(清)徐亦訂　清光緒十五年(1889)浙江書局刻本　一册　存一卷(武經集要)

330000－1719－0002823　54－10　史部/地理類/山川之屬/水志

河上語一卷　(清)蔣楷輯　清光緒刻本　一册

330000－1719－0002824　62－19　史部/政書類/邦計之屬/賦稅

河南廳州縣契稅明細表四卷河南廳州縣倉穀表一卷河南財政説明書三卷　清末石印本　八册

330000－1719－0002825　63－8　子部/儒家類/儒學之屬

治事文編二卷　湯壽潛輯　清末鉛印本　二册

330000－1719－0002826　109－4　集部/別集類/清別集

治經齋制義一卷詩鈔一卷文鈔一卷　(清)費庚吉撰　清同治六年(1867)山東濟寧州署刻本　二册

330000－1719－0002827　70－6　子部/儒家類/儒學之屬/禮教/家訓

治家格言類證一卷　(清)曹顯偉輯　清光緒十一年(1885)刻本　一册

330000－1719－0002828　73－20　子部/儒家類/儒學之屬/禮教/家訓

重刊張運青先生治鏡録二卷　(清)鵬雲閣集解　清仕學齋刻本　二册

330000－1719－0002829　55－4　新學/史志/別國史

法蘭西志六卷　(日本)高橋二郎譯述　(日本)岡千仞删定　清光緒二十二年(1896)上海書局刻本　二册

330000－1719－0002830　167－3　子部/宗教類/佛教之屬

佛説大乘通玄法華真經十卷　清刻本　一册　存三卷(八至十)

330000－1719－0002832　66－18　史部/政書類/邦計之屬/貿易

各國通商條約稅則章程二十種　(清)總理各國事務衙門輯　清光緒刻本　一册　存一種

330000－1719－0002833　165－23　新學/政治法律

法學通論二卷　孫智敏編　清宣統二年(1910)姚江圖書公司石印本　一册

330000－1719－0002834　162－8　子部/宗教類/佛教之屬/總録

教乘法數十二卷　(明)釋圓瀞撰　明崇禎九年(1636)錢塘昭慶貝葉齋釋妙燈刻本　一册　存一卷(三)

330000－1719－0002835　154－41　集部/總集類/課藝之屬

八銘堂塾鈔初集不分卷二集不分卷　(清)吳懋政編　清道光六年(1826)桐石山房刻本　四册

330000－1719－0002836　176－22　集部/總集類/課藝之屬

注釋小題文鈔不分卷　(清)游蓴園評選　清道光十六年(1836)以文居刻本　四册

330000－1719－0002837　164－3　集部/別集類/清別集

注釋水竹居賦不分卷　(清)盛石卿著　清刻本　一册

330000－1719－0002838　163－30　集部/總集類/課藝之屬

試律青雲集四卷　(清)楊逢春輯　(清)沈品華　(清)沈品全　(清)沈品三等注　清大文堂刻本　四册

330000－1719－0002839　163－60　集部/總集類/課藝之屬

試律青雲集四卷　(清)楊逢春輯　(清)沈品華　(清)沈品全　(清)沈品三等注　清刻本　三册　存三卷(二至四)

330000－1719－0002840　163－19　集部/總集類/課藝之屬
試律青雲集四卷　(清)楊逢春輯　(清)沈品華　(清)沈品全　(清)沈品三等注　清道光二十二年(1842)古越永思堂刻本　一册　存二卷(一至二)

330000－1719－0002841　115－19　集部/總集類/課藝之屬
試律青雲集四卷　(清)楊逢春輯　(清)沈品華　(清)沈品全　(清)沈品三等注　清道光十六年(1836)靈蘭堂刻本　三册　存三卷(一、三至四)

330000－1719－0002842　115－18　集部/總集類/課藝之屬
試律青雲集四卷　(清)楊逢春輯　(清)沈品華　(清)沈品全　(清)沈品三等注　清道光七年(1827)古越敬藝堂刻本　四册

330000－1719－0002843　115－16　集部/總集類/課藝之屬
試律青雲集四卷　(清)楊逢春輯　(清)沈品華　(清)沈品全　(清)沈品三等注　清道光二十五年(1845)慈谿養正堂、寧城汲綆齋刻本　三册　缺一卷(三)

330000－1719－0002844　115－17　集部/總集類/課藝之屬
試律青雲集四卷　(清)楊逢春輯　(清)沈品華　(清)沈品全　(清)沈品三等注　清道光二十五年(1845)慈谿養正堂、寧城汲綆齋刻本　一册　存一卷(一)

330000－1719－0002845　149－9　集部/別集類/清別集
思綺堂文集十卷　(清)章藻功撰　清康熙六十一年(1722)善成堂刻本　八册　存八卷(一至二、四、六至十)

330000－1719－0002847　112－19　集部/總集類/選集之屬/斷代
唐詩別裁集引典備註二十卷　(清)沈德潛輯　(清)俞汝昌注　清富春堂刻本　十二册

330000－1719－0002848　159－70　集部/總集類/課藝之屬
泮林寶笈一卷　(清)高名遙等撰　清光緒四年(1878)刻本　二册

330000－1719－0002849　176－39　集部/總集類/課藝之屬
泮林擷秀初編不分卷　(清)戴惇禧輯　清刻本　一册

330000－1719－0002850　56－11　史部/職官類/官箴之屬
牧令經驗方一卷　(清)方戊昌撰　清光緒十四年(1888)一拳石齋刻本　一册

330000－1719－0002851　163－15　新學/格致總
物理學上編四卷中編四卷下編四卷　(日本)飯盛挺造撰　(日本)藤田豐八譯　王季烈編　清刻本　四册　存三卷(一至三)

330000－1719－0002852　99－2　集部/別集類/清別集
環翠軒古文二卷詩存三卷　(清)張得僑撰　清光緒二十七年(1901)木活字印本　二册

330000－1719－0002853　161－46　集部/曲類/寶卷之屬
現世寶卷二卷　清刻本　一册

330000－1719－0002856　148－6　子部/藝術類/書畫之屬/總論
畫禪室隨筆四卷　(明)董其昌撰　清康熙五十九年(1720)大魁堂刻本　一册

330000－1719－0002857　75－38　子部/醫家類/外科之屬/通論
瘍醫大全四十卷　(清)顧世澄撰　清刻本　一册　存一卷(二十二)

330000－1719－0002859　63－4　史部/政書類/邦計之屬
直隸賑捐請獎章程一卷　(清)直隸籌賑總局輯　清刻本　一册

330000－1719－0002860　175－89　史部/傳

記類/科舉録之屬
直省鄉墨不分卷　清刻本　一冊

330000－1719－0002861　160－25　集部/總集類/課藝之屬
直省考卷所見集不分卷　清刻本　一冊

330000－1719－0002862　166－24　集部/總集類/課藝之屬
直省考卷新編不分卷　清刻本　一冊

330000－1719－0002863　114－11　史部/傳記類/科舉録之屬
[光緒庚子辛丑恩正並行壬寅]直省鄉墨十二卷　清光緒二十九年(1903)通文書局石印本　二冊　存四卷(一至二、五至六)

330000－1719－0002864　160－21　史部/傳記類/科舉録之屬
[道光壬辰科]直省墨準一卷　(清)徐辛菴編次　清道光十八年(1838)賦梅書屋刻本　一冊

330000－1719－0002865　96－41　集部/別集類/清別集
知味軒啟事四卷稟言四卷　(清)陳毓靈撰　清道光十三年(1833)謙益堂刻本　三冊　存三卷(稟言一、三至四)

330000－1719－0002866　2－4　經部/易類/傳說之屬
知非齋易注三卷首一卷末一卷　(清)陳懋侯撰　清光緒十四年(1888)陳懋侯刻本　一冊　存二卷(三、末)

330000－1719－0002868　81－9　子部/雜著類/雜纂之屬
空策從新二卷　清刻本　一冊

330000－1719－0002869　73－30　子部/兵家類/操練之屬
練兵實紀九卷雜集六卷　(明)戚繼光撰　清光緒二十一年(1895)上海醉經樓石印本　四冊

330000－1719－0002870　73－12　子部/兵家類/操練之屬
練兵實紀九卷雜集六卷　(明)戚繼光撰　清光緒京都琉璃廠刻本　四冊

330000－1719－0002871　73－37　子部/兵家類/操練之屬
練兵實紀九卷雜集六卷　(明)戚繼光撰　清刻本　四冊　存十卷(一至五、雜集一至五)

330000－1719－0002872　76－38　子部/醫家類/類編之屬
紹興醫藥學報□□卷　裘慶元編　清光緒三十四年至宣統元年(1908－1909)紹興醫藥學報社鉛印本　二冊　存二卷(七、十四)

330000－1719－0002874　80－24　子部/儒家類/儒學之屬/經濟
繹志十九卷　(清)胡承諾撰　清刻本　一冊　存二卷(十四至十五)

330000－1719－0002875　80－23　子部/儒家類/儒學之屬/經濟
繹志十九卷　(清)胡承諾撰　清刻本　六冊　存十三卷(七至十九)

330000－1719－0002876　18－11　經部/群經總義類/傳說之屬
經義問對初編一卷　(清)張元灝撰　清刻本　一冊

330000－1719－0002877　33－32　集部/總集類/課藝之屬
經文三編一卷　(清)蔣丹林鑒定　清刻本　一冊

330000－1719－0002878　33－30　集部/總集類/課藝之屬
近科經文四編不分卷　清刻本　二冊

330000－1719－0002879　33－31、159－25　集部/總集類/課藝之屬
經文新編不分卷二編不分卷三編不分卷四編不分卷　(清)顧達尊彙輯　清刻本　三冊　存新編

330000－1719－0002880　146－1　史部/紀

事本末類/通代之屬

繹史一百六十卷世系圖一卷年表一卷 （清）馬驌撰　清康熙刻本　四十八冊

330000－1719－0002881　33－13　集部/詩文評類

經藝標新不分卷 （清）古草堂主人輯　清刻本　一冊　存春秋

330000－1719－0002882　159－60　集部/總集類/課藝之屬

經藝類腋□□卷 清末石印本　一冊　存二卷（十至十一）

330000－1719－0002883　159－30　集部/總集類/課藝之屬

經藝選腴初編不分卷 清道光十七年（1837）浣溪草舍刻本　二冊

330000－1719－0002884　159－32　集部/總集類/課藝之屬

經藝選腴初編不分卷 清同治六年（1867）浣溪草舍刻本　一冊

330000－1719－0002885　159－31　集部/總集類/課藝之屬

經藝選腴續編不分卷 清道光二十四年（1844）浣溪草舍刻本　二冊

330000－1719－0002886　33－6　經部/群經總義類/傳說之屬

經秇榷不分卷 （清）劉芷人輯　清同治十二年（1873）刻本　三冊

330000－1719－0002887　99－53　集部/總集類/選集之屬/通代

經史百家雜鈔二十六卷 （清）曾國藩輯　清光緒三十二年（1906）上海商務印書館鉛印本　八冊　存十五卷（一至二、九至十一、十五至十六、十九至二十六）

330000－1719－0002888　99－50　集部/總集類/選集之屬/通代

詳註經史百家雜鈔二十六卷 （清）曾國藩纂　清末上海會文堂書局石印本　八冊　存十一卷（一至十一）

330000－1719－0002889　115－23　集部/總集類/課藝之屬

經正書院小課四卷 （清）徐榦輯　清光緒七年（1881）刻本　四冊

330000－1719－0002890　154－9　集部/總集類/課藝之屬

經正書院小課四卷 （清）徐榦輯　清光緒七年（1881）刻本　四冊

330000－1719－0002891　188－4　類叢部/叢書類/自著之屬

西河合集一百十九種 （清）毛奇齡撰　清刻本　一冊　存二種

330000－1719－0002892　82－16　子部/雜著類/雜纂之屬

經餘必讀八卷二編八卷三編四卷 （清）雷琳等輯　清咸豐元年（1851）至成堂刻本　三冊　存六卷（一至二、五至八）

330000－1719－0002893　82－16－1　子部/雜著類/雜纂之屬

經餘必讀八卷二編八卷三編四卷 （清）雷琳等輯　清嘉慶十六年（1811）四友堂刻本　二冊　存四卷（二編一至四）

330000－1719－0002894　82－16－2　子部/雜著類/雜纂之屬

經餘必讀八卷二編八卷三編四卷 （清）雷琳等輯　清嘉慶十二年（1807）、十三年（1808）聚星堂刻本　二冊　存四卷（二編一至四）

330000－1719－0002895　82－15　子部/雜著類/雜纂之屬

經餘必讀八卷二編八卷三編四卷 （清）雷琳等輯　清刻本　一冊　存二卷（二編三至四）

330000－1719－0002896　82－17　子部/雜著類/雜纂之屬

經餘必讀八卷二編八卷三編四卷 （清）雷琳等輯　清刻本　一冊　存二卷（三編一至二）

330000－1719－0002897　144－22　經部/群經總義類/傳說之屬

經學不厭精五卷 （德國）花之安撰　清光緒

二十四年(1898)上海鴻寶齋石印本　六册　存二卷(一至二)

330000－1719－0002898　63－25　類叢部/類書類/專類之屬
經濟類考約編二卷　(清)顧九錫輯　清刻本　四册

330000－1719－0002899　14－1、189－1、189－2、189－3　類叢部/叢書類/自著之屬
授堂遺書七種　(清)武億撰　清乾隆至嘉慶偃師武氏刻本　十一册　存四種

330000－1719－0002901　54－13　史部/地理類/水利之屬
經野規畧二卷正卷一卷　(明)劉光復撰　清嘉慶十八年(1813)劉肇紳木活字印本　四册

330000－1719－0002902　14－2　經部/群經總義類/傳說之屬
經窺十六卷　(清)蔡啟盛撰　清光緒十七年(1891)諸暨蔡氏刻本　四册

330000－1719－0002903　38－12　集部/總集類/選集之屬/斷代
國朝文録續編四十九種附一種　(清)李祖陶編　清刻本　一册　存三種

330000－1719－0002904　176－61　經部/群經總義類/文字音義之屬
經籍籑詁一百六卷首一卷　(清)阮元撰　清末石印本　二册　存十六卷(七至十五、三十四至四十)

330000－1719－0002905　21－1　經部/群經總義類/文字音義之屬
經籍籑詁一百六卷首一卷　(清)阮元撰　清光緒十四年(1888)上海鴻寶齋石印本　十二册

330000－1719－0002906　21－13　經部/群經總義類/文字音義之屬
經籍籑詁一百六卷首一卷　(清)阮元撰　清末石印本　一册　存八卷(二十三至三十)

330000－1719－0002907　77－6　子部/術數類/相宅相墓之屬
地理大成五種四十九卷　(清)葉泰輯　清經綸堂刻本　三册　存一種

330000－1719－0002908　77－5　子部/術數類/相宅相墓之屬
地理大成五種四十九卷　(清)葉泰輯　清刻本　二册　存一種

330000－1719－0002909　77－4　子部/術數類/相宅相墓之屬
羅經解定七卷附羅經問答一卷　(清)胡國楨撰　清刻本　三册

330000－1719－0002910　75－68　新學/醫學/衛生學
育兒與衛生四卷　(日本)大橋又太郎撰　清光緒二十九年(1903)鉛印本　一册

330000－1719－0002911　111－12　集部/總集類/選集之屬/斷代
苕岑集賦初集二卷　(清)雷葆廉輯　清同治七年(1868)刻本　二册

330000－1719－0002912　151－6　新學/學校
英字指南六卷　(清)楊勳輯譯　清末鉛印本　六册

330000－1719－0002913　159－68　集部/總集類/課藝之屬
範圍補選不分卷　清刻本　二册

330000－1719－0002914　171－25　集部/總集類
試卷不分卷　清刻本　一册

330000－1719－0002915　171－68　集部/總集類/課藝之屬
試帖仙様集裁書十法□□卷　(清)麓峰居士輯評　清道光二十四年(1844)英秀堂刻本　一册　存一卷(一)

330000－1719－0002916　156－25　集部/總集類
試帖金鍼□□卷　(清)陸文彬編註　清刻本

二册　存四卷（三至六）

330000－1719－0002918　33－4　類叢部/類書類/專類之屬

試律大觀□□卷　（清）竹屏居士手輯　（清）王家相定本　清刻本　一册　存二卷（一至二）

330000－1719－0002919　159－44　集部/别集類/清别集

試帖不分卷　清刻本　一册

330000－1719－0002920　156－69　集部/總集類

試讀立誠編不分卷　清末刻本　三册

330000－1719－0002921　156－26　集部/總集類/課藝之屬

試策度津筏不分卷　清咸豐元年（1851）刻本　一册

330000－1719－0002922　161－63　集部/總集類/課藝之屬

試草不分卷　清刻本　一册

330000－1719－0002923　114－18　集部/總集類/選集之屬/通代

應酬詩文彙選二卷　清刻本　一册

330000－1719－0002924　117－19　集部/詞類/總集之屬

詩餘廣選十六卷　（清）卓人月輯　清刻本　二册　存四卷（五至八）

330000－1719－0002925　129－37　集部/總集類

詩學一隅□□卷　（清）喻坤註　清刻本　三册　存八卷（三至七、十至十二）

330000－1719－0002926　159－6　類叢部/類書類/專類之屬

新增詩句題解彙編二十二卷　（清）陳劍芝　（清）葉湘秋　（清）顧芷卿編　（清）朱春舫增輯　清同治海陵書屋刻本　十八册　存十八卷（一至五、七至十、十二、十四至十七、十九至二十二）

330000－1719－0002927　156－30　類叢部/類書類/專類之屬

詩學含英十四卷　（清）劉文蔚輯　清刻本　四册

330000－1719－0002928　38－20　類叢部/類書類/專類之屬

詩學含英十四卷　（清）劉文蔚輯　清上洋珍藝書局石印本　四册

330000－1719－0002929　169－2　集部/總集類/選集之屬/通代

詩林韶濩選二十卷　（清）顧嗣立輯　（清）周煌重輯　清乾隆二十九年（1764）漱潤堂刻本　四册

330000－1719－0002930　169－2－1　集部/總集類/選集之屬/通代

詩林韶濩選二十卷　（清）顧嗣立輯　（清）周煌重輯　清乾隆二十九年（1764）漱潤堂刻本　四册

330000－1719－0002931　169－4　集部/總集類/選集之屬/通代

詩林韶濩選二十卷　（清）顧嗣立輯　（清）周煌重輯　清刻本　一册　存五卷（七至十一）

330000－1719－0002932　169－16　經部/叢編

四書五經九種　（清）鮑氏輯　清同治三年（1864）浙江撫署刻本　四册　存一種

330000－1719－0002933　169－1　經部/詩類/傳說之屬

詩經集傳八卷　（宋）朱熹撰　清尺木堂刻本　一册　存三卷（六至八）

330000－1719－0002934　169－3　經部/詩類/傳說之屬

詩經集傳八卷　（宋）朱熹撰　清博古堂刻本　一册　存三卷（六至八）

330000－1719－0002935　169－5　經部/詩類/傳說之屬

詩經集傳八卷　（宋）朱熹撰　清立言堂刻本　三册　存六卷（三至八）

330000－1719－0002936　169－15　經部/詩類/傳說之屬

詩經集傳八卷　(宋)朱熹撰　清刻本　四冊

330000－1719－0002937　169－6　經部/詩類/傳說之屬

詩經集傳八卷　(宋)朱熹撰　清函青閣刻本　三冊　存四卷(一至四)

330000－1719－0002938　169－8　經部/詩類/傳說之屬

詩經集傳八卷　(宋)朱熹撰　清函青閣刻本　二冊　存三卷(二至四)

330000－1719－0002939　169－7　經部/詩類/傳說之屬

詩經集傳八卷　(宋)朱熹撰　清墨潤堂刻本　二冊　存四卷(五至八)

330000－1719－0002940　3－3　經部/詩類/傳說之屬

詩經集傳八卷　(宋)朱熹撰　清簡香齋刻本　三冊　存四卷(一至四)

330000－1719－0002941　3－2　經部/詩類/傳說之屬

詩經集傳八卷　(宋)朱熹撰　清道光九年(1829)鴛湖金博古堂、遵義堂刻本　三冊　存三卷(一至三)

330000－1719－0002942　3－6　經部/詩類/傳說之屬

詩經集傳八卷　(宋)朱熹撰　清刻本　一冊　存一卷(一)

330000－1719－0002943　3－4　經部/叢編

五經旁訓　(清)徐立綱旁訓　清咸豐二年(1852)寧郡汲綆齋刻本　四冊　存一種

330000－1719－0002944　3－7　經部/叢編

五經旁訓　(清)徐立綱旁訓　清寧郡簡香齋刻本　四冊　存一種

330000－1719－0002945　3－20　經部/叢編

五經體注大全五種七十二卷　(清)嚴氏家塾主人輯　清學者堂刻本　一冊　存一種

330000－1719－0002946　3－21　經部/叢編

五經體注大全五種七十二卷　(清)嚴氏家塾主人輯　清刻本　三冊　存一種

330000－1719－0002947　3－18　經部/叢編

五經旁訓辨體合訂　(清)徐立綱輯　清奎照樓刻本　二冊　存一種

330000－1719－0002948　3－17　經部/叢編

五經旁訓辨體合訂　(清)徐立綱輯　清循陔堂刻本　四冊　存一種

330000－1719－0002949　3－16　經部/叢編

五經旁訓辨體合訂　(清)徐立綱輯　清茹古齋刻本　四冊　存一種

330000－1719－0002950　3－5　經部/叢編

五經體注大全五種七十二卷　(清)嚴氏家塾主人輯　清末石印本　一冊　存一種

330000－1719－0002951　3－19　經部/叢編

五經體注大全五種七十二卷　(清)嚴氏家塾主人輯　清咸豐二年(1852)刻本　三冊　存一種

330000－1719－0002952　144－7　經部/叢編

五經揭要　(清)許寶善編　清乾隆刻本　三冊　存一種

330000－1719－0002953　2－8　經部/詩類/傳說之屬

初刻黃維章先生詩經嫏嬛體註八卷　(明)黃文煥輯著　(清)范翔重訂　清同治元年(1862)寧城三益齋泉記刻本　四冊

330000－1719－0002954　2－5　經部/詩類/傳說之屬

初刻黃維章先生詩經嫏嬛體註八卷　(明)黃文煥輯著　(清)范翔重訂　清留香閣刻本　三冊　存六卷(三至八)

330000－1719－0002955　3－11　經部/詩類/傳說之屬

詩經精華十卷　(清)薛嘉穎輯　清光緒二十年(1894)聚奎堂刻本　四冊

330000－1719－0002956　3－1　經部/詩類/傳說之屬
詩經精華十卷　(清)薛嘉穎輯　清刻本　一冊　存二卷(五至六)

330000－1719－0002957　3－14　經部/詩類/傳說之屬
詩經精華十卷　(清)薛嘉穎輯　清光緒二十年(1894)明達莊刻本　二冊　存四卷(一至四)

330000－1719－0002958　3－13　經部/詩類/傳說之屬
詩經精華十卷　(清)薛嘉穎輯　清蘇州綠潤堂刻本　五冊　缺一卷(五)

330000－1719－0002959　3－12　經部/詩類/傳說之屬
詩經精華十卷首一卷　(清)薛嘉穎輯　清刻本　四冊

330000－1719－0002960　3－15　經部/詩類/傳說之屬
詩經精華十卷首一卷　(清)薛嘉穎輯　清光緒二年(1876)寧郡簡香齋刻本　四冊

330000－1719－0002961　3－10　經部/詩類/傳說之屬
詩經精華十卷首一卷　(清)薛嘉穎輯　清光緒二年(1876)寧郡簡香齋刻本　五冊

330000－1719－0002962　2－37　經部/叢編
五經旁訓　(清)徐立綱旁訓　清紹城墨潤堂刻本　四冊　存一種

330000－1719－0002963　2－34　經部/叢編
五經旁訓　(清)徐立綱旁訓　清紹城墨潤堂刻本　一冊　存一種

330000－1719－0002964　144－8　經部/詩類/傳說之屬
詩經審鵠要解六卷　(清)林錫齡輯　清乾隆九年至十四年(1744－1749)刻本　四冊　存五卷(一、三至六)

330000－1719－0002965　116－16　經部/叢編
五經體注大全五種七十二卷　(清)嚴氏家塾主人輯　清刻本　一冊　存一種

330000－1719－0002966　117－8　集部/詩文評類/詩評之屬
司空詩品註釋一卷　(唐)司空圖撰　清同治九年(1870)常熟遵古堂刻本　一冊

330000－1719－0002967　117－8－1　集部/詩文評類/詩評之屬
司空詩品註釋一卷　(唐)司空圖撰　清同治九年(1870)常熟遵古堂刻本　一冊

330000－1719－0002968　164－8　集部/詩文評類/詩評之屬
司空圖詩品一卷　(唐)司空圖撰　**詩課鈔一卷**　(清)鍾寶撰　清刻本　一冊

330000－1719－0002969　196－24　集部/總集類/選集之屬/斷代
國朝試律匯海新選後集□□卷　(清)黃爵滋編輯　清刻本　一冊　存二卷(二至三)

330000－1719－0002970　116－18　類叢部/類書類/通類之屬
詩料集錦詳註六卷　(清)伴鶴居士輯釋　清刻本　一冊　存二卷(五至六)

330000－1719－0002971　23－5　類叢部/類書類/專類之屬
詩賦駢字類珠八卷　(清)蕭熿輯　清刻本　一冊

330000－1719－0002972　23－21　經部/小學類/音韻之屬/韻書
詩韻合璧五卷　(清)湯祥瑟輯　**虛字韻藪一卷**　(清)潘維城輯　清光緒十二年(1886)積山書局石印本　六冊

330000－1719－0002974　23－22　經部/小學類/音韻之屬/韻書
詩韻全璧五卷　(清)湯祥瑟輯　**初學檢韻袖珍一卷**　(清)姚文登撰　**虛字韻藪一卷**　(清)潘維城輯　清光緒十一年(1885)上海同文書局石印本　六冊

330000－1719－0002975　23－12　經部/小學類/音韻之屬/韻書

詩韻合璧五卷　(清)湯祥瑟輯　清末石印本　四冊　存四卷(一至四)

330000－1719－0002976　23－12－1　經部/小學類/音韻之屬/韻書

詩韻合璧五卷　(清)湯祥瑟輯　清末石印本　二冊　存二卷(三至四)

330000－1719－0002977　23－17　經部/小學類/音韻之屬/韻書

詩韻合璧五卷　(清)湯祥瑟輯　清末石印本　四冊　存四卷(二至五)

330000－1719－0002978　23－16　經部/小學類/音韻之屬/韻書

詩韻合璧五卷　(清)湯祥瑟輯　**三場程式一卷**　清光緒元年(1875)海陵書局石印本　二冊

330000－1719－0002979　196－25　經部/小學類/音韻之屬/韻書

詩韻指掌□□卷　清刻本　一冊　存一卷(下)

330000－1719－0002980　158－25、176－29　類叢部/類書類/專類之屬

詩韻類錦十二卷　(清)郭化霖編　清刻本　二冊　存二卷(五、十)

330000－1719－0002981　23－14　經部/小學類/音韻之屬/韻書

詩韻集成十卷附詞林典腋一卷　(清)余照輯　清光緒十九年(1893)成文堂石印本　四冊

330000－1719－0002982　23－15　經部/小學類/音韻之屬/韻書

詩韻集成十卷附詞林典腋一卷　(清)余照輯　清光緒四年(1878)羣玉山房刻本　五冊

330000－1719－0002983　158－59　經部/小學類/音韻之屬/韻書

詩韻全璧五卷　(清)湯祥瑟輯　**初學檢韻袖珍一卷**　(清)姚文登撰　**虚字韻藪一卷**　(清)潘維城輯　清末暢懷書屋石印本　五冊　缺一卷(一)

330000－1719－0002984　159－63　經部/小學類/音韻之屬/韻書

詩韻合璧五卷　(清)湯祥瑟輯　清末石印本　一冊　存一卷(三)

330000－1719－0002985　23－11　經部/小學類/音韻之屬/韻書

詩韻合璧五卷　(清)湯祥瑟輯　**虚字韻藪一卷**　(清)潘維城輯　清光緒十二年(1886)鉛印本　三冊　缺二卷(三至四)

330000－1719－0002986　196－19　經部/小學類/音韻之屬/韻書

詩韻集成十卷附詞林典腋一卷　(清)余照輯　清刻本　二冊　存九卷(一至九)

330000－1719－0002987　196－22　經部/小學類/音韻之屬/韻書

詩韻集成不分卷　(清)余照輯　**詩韻集成廣東事蹟一卷**　清末育文書局石印本　三冊

330000－1719－0002988　113－37　集部/總集類/彙編之屬

七家詩詳註七卷　(清)張熙宇評選　(清)石暉甲箋註　清廣百宋齋鉛印本　一冊　存二卷(六至七)

330000－1719－0002989　196－14　子部/儒家類/儒學之屬

張百川先生訓子三十篇不分卷　(清)張江撰　清嘉慶十八年(1813)敬藝堂刻本　二冊

330000－1719－0002992　155－34　集部/曲類/寶卷之屬

趙氏賢孝寶卷二卷　清光緒二十七年(1901)樂善齋刻本　一冊

330000－1719－0002993　171－75　集部/曲類/寶卷之屬

賢良詞一卷　清末明善書局石印本　一冊

330000－1719－0002994　98－46　集部/別集類/清別集

效學樓述文三卷　(清)馬絅章撰　清光緒三

十三年(1907)紹興越新石印本　一冊　存一卷(一)

330000－1719－0002995　82－9　類叢部/類書類/專類之屬

述古分類聯珠六卷　(清)朱銓　(清)王曰睿輯　清嘉慶十五年(1810)秋崖書屋刻本　二冊

330000－1719－0002996　43－1　類叢部/叢書類/彙編之屬

舊雨草堂叢書□□種　清光緒刻本　五冊　存三種

330000－1719－0002997　196－23　經部/易類/傳說之屬

鄭氏爻辰補六卷圖一卷　(清)戴棠撰　清刻本　一冊　存二卷(五至六)

330000－1719－0002999　155－24　子部/宗教類/道教之屬

金仙証論(華陽金仙證論)十八卷　(清)柳華陽撰　清同治九年(1870)栖寉山館刻本　一冊

330000－1719－0003000　163－24　集部/總集類/課藝之屬

金臺書院課士錄不分卷　(清)張集馨輯　清光緒四年(1878)京都琉璃廠刻本　二冊

330000－1719－0003001　196－3　史部/紀傳類/正史之屬

二十四史　清刻本　一冊　存一種

330000－1719－0003002　68－15　類叢部/叢書類/彙編之屬

結一廬朱氏賸餘叢書四種　(清)朱澂編　清光緒三十一年(1905)仁和朱氏刻本　四冊　存二種

330000－1719－0003003　68－13　史部/金石類/總志之屬

金石索十二卷首一卷　(清)馮雲鵬　(清)馮雲鵷輯　清道光元年(1821)雙桐書屋刻本　十二冊

330000－1719－0003005　115－13　集部/總集類/課藝之屬

金鈴續集十卷首一卷　(清)朱文杏編　清道光二十年(1840)刻本　四冊

330000－1719－0003006　154－39　子部/醫家類/傷寒金匱之屬/金匱要略

金匱心典三卷　(清)尤怡撰　清末上海文瑞樓石印本　三冊

330000－1719－0003007　74－25　子部/醫家類/傷寒金匱之屬/金匱要略

金匱玉函經八卷　(漢)張機撰　(晉)王叔和錄　(宋)林億校　清刻本　一冊　存四卷(五至八)

330000－1719－0003008　74－39　子部/醫家類/類編之屬

丹溪全書十種　(元)朱震亨撰　清光緒二十六年(1900)刻本　一冊　存一種

330000－1719－0003010　156－17　集部/總集類/課藝之屬

青雲集分韻試帖詳註四卷　(清)楊逢春　(清)蕭應櫆輯　(清)沈品華等註　清光緒十二年(1886)浙蘭裕源堂刻本　三冊　存三卷(一至二、四)

330000－1719－0003011　156－17－1　集部/總集類/課藝之屬

青雲集分韻試帖詳註四卷　(清)楊逢春　(清)蕭應櫆輯　(清)沈品華等註　清裕源堂刻本　一冊　存一卷(二)

330000－1719－0003012　115－47　集部/總集類/課藝之屬

青雲集分韻試帖詳註四卷　(清)楊逢春　(清)蕭應櫆輯　(清)沈品華等註　清道光二十九年(1849)文華堂刻本　四冊

330000－1719－0003015　75－36　子部/醫家類/本草之屬/本草藥性

太醫院增補青囊藥性賦直解八卷首一卷末一卷　(明)羅必煒訂　清大鏊堂刻本　一冊　存二卷(首、一)

330000－1719－0003016　93－3　集部/別集類/清別集

鳴鶴堂詩集十一卷文集十卷　(清)任源祥撰　(清)瞿源洙集評　(清)任道鎔彙輯　清光緒十五年(1889)刻本　六冊

330000－1719－0003018　193－22　子部/醫家類/醫案之屬

臨證指南醫案十卷種福堂公選溫熱論醫案四卷　(清)葉桂撰　(清)徐大椿評　清同治三年(1864)刻本　十一冊　缺二卷(種福堂公選溫熱論醫案三至四)

330000－1719－0003019　193－23　子部/醫家類/醫案之屬

臨證指南醫案十卷種福堂公選溫熱論醫案四卷　(清)葉桂撰　(清)徐大椿評　清刻本　九冊　存十卷(二至七、九至十,種福堂公選溫熱論醫案一至二)

330000－1719－0003020　193－24　子部/醫家類/醫案之屬

臨證指南醫案十卷種福堂公選溫熱論醫案四卷　(清)葉桂撰　(清)徐大椿評　清刻本　一冊　存一卷(二)

330000－1719－0003021　63－23　類叢部/叢書類/自著之屬

侯官嚴氏叢刻五種　嚴復撰　清光緒二十八年(1902)石海書局石印本　二冊

330000－1719－0003025　55－1　新學/史志/別國史

俄史輯譯四卷　(英國)闞斐迪譯　(清)徐景羅重譯　清光緒二十三年(1897)湖南上海書局刻本　五冊

330000－1719－0003026　66－19　史部/政書類/邦交之屬

俄國條款俄國陸路通商章程不分卷　清刻本　一冊

330000－1719－0003027　76－15　新學/醫學

保全生命論一卷　(英國)古蘭肥勒撰　(英國)秀耀春口譯　(清)趙元益筆述　清光緒二十七年(1901)上海製造局刻本　一冊

330000－1719－0003028　75－12　子部/醫家類/兒科之屬/通論

保嬰活法一卷　清咸豐二年(1852)刻本　一冊

330000－1719－0003029　161－16　集部/別集類/清別集

養雲山館試帖四卷　(清)許球撰　清刻本　一冊　存一卷(三)

330000－1719－0003030　161－28　子部/術數類/相宅相墓之屬

陽宅大成四種　(清)魏青江撰　清刻本　一冊　存一種

330000－1719－0003031　96－32　集部/總集類/選集之屬/斷代

七家試帖輯註彙鈔七種九卷　(清)張熙宇輯評　(清)王植桂輯註　清刻本　一冊　存一種

330000－1719－0003032　193－29　集部/別集類/清別集

養雲山館試帖四卷　(清)許球撰　清刻本　一冊　存一卷(三)

330000－1719－0003033　75－50　子部/醫家類/方書之屬/單方驗方

經驗百方一卷　(清)汪氏叢桂堂輯　**武林毛楓山先生濟世養生合集選要良方一卷**　清刻本　一冊

330000－1719－0003035　129－19　集部/別集類/明別集

喻中卿稿八卷　(明)喻安性撰　明崇禎刻本　一冊　存一卷(二)

330000－1719－0003036　193－2　經部/小學類/文字之屬/字書/訓蒙

養蒙針度五卷　(清)潘子聲撰　清光緒十年(1884)古越墨潤堂刻本　五冊

330000－1719－0003037　71－2　子部/儒家

類/儒學之屬/蒙學

養蒙金鑑二卷首一卷 (清)林之望編 清光緒元年(1875)鄂垣藩署刻本 二冊

330000－1719－0003038 71－2－1 子部/儒家類/儒學之屬/蒙學

養蒙金鑑二卷首一卷 (清)林之望編 清光緒元年(1875)鄂垣藩署刻本 二冊

330000－1719－0003039 24－7 史部/紀傳類/正史之屬

二十四史 清光緒二十一年(1895)上海畊餘主人石印本 十六冊 存一種

330000－1719－0003040 24－6 史部/紀傳類/正史之屬

二十四史附考證 清光緒十四年(1888)上海鴻文書局石印本 十五冊 存二種

330000－1719－0003041 22－12 史部/紀傳類/正史之屬

四史 清光緒十四年(1888)上海蜚英館石印本 十六冊 存一種

330000－1719－0003042 118－6 史部/紀傳類/正史之屬

二十四史 清同治至光緒五省官書局據汲古閣本等合刻光緒五年(1879)湖北書局彙印本 十六冊 存一種

330000－1719－0003043 122－4 史部/紀傳類/正史之屬

二十四史附考證 清末石印本 一冊 存一種

330000－1719－0003044 24－8、25－4 史部/紀傳類/正史之屬

二十四史附考證 清末石印本 七冊 存二種

330000－1719－0003045 47－19 史部/史抄類

前漢書精華錄四卷後漢書精華錄二卷 (清)高嵣撰 清光緒二十六年(1900)上海書局石印本 三冊 存三卷(一、四,後漢書精華錄一)

330000－1719－0003046 87－9 集部/別集類/宋別集

劍南詩鈔六卷 (宋)陸游撰 (清)楊大鶴選 清刻本 一冊

330000－1719－0003047 193－3 類叢部/叢書類/自著之屬

陸放翁全集六種 (宋)陸游撰 明末海虞毛氏汲古閣刻清初毛扆增刻彙印本 一冊 存一種

330000－1719－0003048 47－1 史部/史抄類

南北史捃華八卷 (清)周嘉猷輯 清同治四年(1865)鑑止水齋刻本 四冊

330000－1719－0003050 50－1 史部/地理類/方志之屬/通志

[雍正]敕修浙江通志二百八十卷首三卷 (清)李衛 (清)嵇曾筠等修 (清)沈翼機 (清)傅王露等纂 清刻本 八十七冊 存二百十一卷(七至十、十三至十八、二十三至三十四、四十六至七十九、八十三至八十九、九十二至九十四、九十九至一百三十、一百三十四至一百三十八、一百四十一至一百五十九、一百六十三至一百七十一、一百七十五至一百八十二、一百八十五至一百八十六、一百九十至二百五、二百八至二百九、二百十四至二百十八、二百二十一至二百四十二、二百四十四至二百四十八、二百五十一至二百六十、二百六十二至二百六十三、二百六十六、二百六十九至二百七十五)

330000－1719－0003051 32－6 史部/紀傳類/正史之屬

二十四史附考證 清末石印本 九冊 存一種

330000－1719－0003052 91－13 子部/道家類

南華發覆八卷 (明)釋性通撰 清乾隆十四年(1749)雲林懷德堂刻本 六冊

330000－1719－0003053 91－26 子部/道家類

南華真經解四卷 （清）宣穎撰　清末上海會文堂書局石印本　四冊

330000－1719－0003056　97－11　集部/別集類/清別集

南厓詩集十二卷 （清）陳承然撰　清嘉慶七年(1802)晚香書屋刻本　二冊　存六卷(一至三、十至十二)

330000－1719－0003059　157－28　新學/理學

南洋創辦測繪之經過不分卷　清末鉛印本　一冊

330000－1719－0003060　94－2　類叢部/叢書類/家集之屬

長洲彭氏家集九種 （清）彭祖賢編　清同治至光緒刻本　一冊　存一種

330000－1719－0003061　129－30　集部/別集類/清別集

南榮詩稿十二卷 （清）施爕撰　清咸豐七年(1857)世壽堂刻本　一冊　存六卷(一至六)

330000－1719－0003062　129－30－1　集部/別集類/清別集

南榮詩稿十二卷 （清）施爕撰　清咸豐七年(1857)世壽堂刻本　一冊　存六卷(一至六)

330000－1719－0003063　98－15　史部/地理類/雜志之屬

南湖百詠一卷 （清）吳苹恩撰　清同治五年(1866)嘉興吳氏小匏庵刻本　一冊

330000－1719－0003064　91－4　集部/別集類/清別集

變雅堂文集八卷詩集十卷附録二卷 （清）杜濬撰　清光緒二十年(1894)黄岡沈氏刻本　六冊

330000－1719－0003065　110－15　集部/總集類/選集之屬

奎壁齋選訂詳註古文初集□□卷 （清）王相選注　清刻本　一冊　存二卷(二至三)

330000－1719－0003066　89－10　子部/小說家類/瑣語之屬

客窗閒話八卷續八卷 （清）吳熾昌撰　清刻本　三冊　存十二卷(三至八、續一至六)

330000－1719－0003067　165－42　集部/小說類/長篇之屬

新刻鍾伯敬先生批評封神演義十九卷一百回 （明）許仲琳撰　（明）鍾惺評　清康熙四雪草堂刻經綸堂印本　一冊　存二卷(一至二)

330000－1719－0003068　99－30　集部/別集類/清別集

幽光草一卷 （清）連研香撰　清光緒十二年(1886)古虞連氏枕湖樓刻本　一冊

330000－1719－0003069　32－23　史部/政書類/律令之屬/律例

律例便覽八卷諸圖一卷 （清）蔡嵩年　（清）蔡逢年編　**處分則例圖要六卷** （清）蔡逢年編　清刻本　三冊　存四卷(三至六)

330000－1719－0003070　32－24　史部/政書類/律令之屬/律例

律例便覽八卷諸圖一卷 （清）蔡嵩年　（清）蔡逢年編　**處分則例圖要六卷** （清）蔡逢年編　清同治四年(1865)刻本　五冊　缺二卷(處分則例圖要五至六)

330000－1719－0003071　110－14　集部/總集類/選集之屬/斷代

國朝律賦揀金錄初刻十二卷 （清）朱一飛輯　清刻本　一冊　存四卷(九至十二)

330000－1719－0003072　163－23　集部/總集類/選集之屬/斷代

本朝律賦集腋八集 （清）馬俊良輯　清刻本　三冊　存三集(夏集、冬集、物集)

330000－1719－0003073　111－11　集部/總集類/選集之屬

律賦新編箋註不分卷 （清）趙子舟等輯　（清）夏彥葆注　清同治九年(1870)金閶小西山房刻本　四冊

330000－1719－0003074　111－16　集部/總集類/選集之屬/斷代

國朝律賦新機初集一卷二集一卷 （清）孫理評輯 清道光十四年(1834)三多堂刻本 一冊 存一卷(初集)

330000－1719－0003075 166－45 集部/總集類/選集之屬
律賦聚星集箋註不分卷 清道光二十二年(1842)書有堂刻本 五冊

330000－1719－0003076 97－22、165－22、171－(84－92) 類叢部/叢書類/自著之屬
春在堂全書三十六種 （清）俞樾撰 清末石印本 二十一冊 存二十六種

330000－1719－0003077 97－25 類叢部/叢書類/自著之屬
春在堂全書三十六種 （清）俞樾撰 清同治至光緒刻光緒末彙印本 三十八冊 存十一種

330000－1719－0003078 155－12、165－22－1、171－(84－92)－1 類叢部/叢書類/自著之屬
春在堂全書三十六種 （清）俞樾撰 清末石印本 六冊 存十一種

330000－1719－0003079 96－15 集部/別集類/清別集
思補齋文集四卷 （清）劉星煒撰 清光緒二十年(1894)刻本 四冊

330000－1719－0003080 94－11 集部/別集類/清別集
思綺堂文集十卷 （清）章藻功撰 清刻本 二冊 存二卷(八至九)

330000－1719－0003081 75－4 子部/醫家類/方書之屬/單方驗方
急救良方一卷 清光緒二十七年(1901)紹城俞文奎堂刻本 一冊

330000－1719－0003083 43－6、43－7 史部/詔令奏議類/奏議之屬
左恪靖侯奏稿初編三十八卷續編七十六卷三編六卷 （清）左宗棠撰 清光緒刻本 六十冊 存一百卷(初編一至三十八、續編一至六十二)

330000－1719－0003084 42－28 史部/雜史類/斷代之屬
戰國策十卷 （宋）鮑彪校注 （元）吴師道補正 清姑蘇書業堂刻本 六冊

330000－1719－0003085 42－6 史部/雜史類/斷代之屬
戰國策十卷 （宋）鮑彪校注 （元）吴師道補正 清刻本 七冊 存八卷(一至八)

330000－1719－0003086 42－6－1 史部/雜史類/斷代之屬
戰國策十卷 （宋）鮑彪校注 （元）吴師道補正 清刻本 一冊 存一卷(三)

330000－1719－0003087 42－19 史部/雜史類/斷代之屬
戰國策十卷 （宋）鮑彪校注 （元）吴師道補正 清刻本 一冊 存一卷(六)

330000－1719－0003088 34－33 史部/雜史類/斷代之屬
戰國策十卷 （宋）鮑彪校注 （元）吴師道補正 清武林二餘堂刻本 八冊

330000－1719－0003089 42－7 史部/雜史類/斷代之屬
戰國策三十三卷 （漢）高誘注 **札記三卷** （清）黄丕烈撰 清末石印本 一冊 存十卷(九至十八)

330000－1719－0003090 42－4 史部/雜史類/斷代之屬
戰國策三十三卷 （漢）高誘注 **札記三卷** （清）黄丕烈撰 清刻本 五冊 存三十三卷(戰國策一至三十三)

330000－1719－0003093 42－8 史部/雜史類/斷代之屬
戰國策補注三十三卷 吴曾祺撰 清宣統三年(1911)上海商務印書館鉛印本 四冊

330000－1719－0003094 42－12 史部/雜史類/斷代之屬
戰國策補注三十三卷 吴曾祺撰 清宣統二年(1910)上海商務印書館鉛印本 四冊

330000－1719－0003095　42－20　史部/史抄類

戰國策選四卷　(清)儲欣評選　清尺木堂刻本　二册

330000－1719－0003096　42－20－1　史部/史抄類

戰國策選不分卷　(清)儲欣評選　清刻本　一册

330000－1719－0003097　96－34　集部/總集類/選集之屬

莽亭詩草十六卷　(清)商嘉言編　清道光二十一年(1841)刻本　四册

330000－1719－0003098　157－35　子部/醫家類/兒科之屬

拯嬰彙編不分卷　清寧郡拯嬰會刻本　一册

330000－1719－0003099　66－5　子部/醫家類/兒科之屬

拯嬰圖編一卷　清同治三年(1864)慈溪余楚三等刻七年(1868)武進朱日升章安印本　一册

330000－1719－0003100　158－39　子部/小說家類/異聞之屬

拾遺記十卷　(晉)王嘉撰　(南朝梁)蕭綺錄　清刻本　二册

330000－1719－0003101　164－19　子部/小說家類/異聞之屬

拾遺記十卷　(晉)王嘉撰　(南朝梁)蕭綺錄　清刻本　一册

330000－1719－0003102　32－2　史部/政書類/律令之屬/律例

拾遺備考一卷　清刻本　一册

330000－1719－0003103　32－4　史部/政書類/律令之屬/律例

拾遺備考一卷　清刻本　一册

330000－1719－0003104　171－15　子部/叢編

武備新書十種　(清)廖壽豐輯　清刻本　一册　存二種

330000－1719－0003105　166－14　集部/別集類/宋別集

施註蘇詩四十二卷　(宋)蘇軾撰　(宋)施元之　(宋)顧禧注　(清)顧嗣立　(清)邵長蘅　(清)宋至删補　清末石印本　一册　存三卷(二十六至二十八)

330000－1719－0003106　32－18　經部/春秋左傳類/傳說之屬

春秋□□卷　清青蓮書屋刻本　一册　存六卷(八至十三)

330000－1719－0003107　159－59　經部/叢編

五經揭要　(清)許寶善編　清刻本　一册　存一種

330000－1719－0003108　12－17　經部/春秋左傳類/傳說之屬

春秋大事表五十卷讀春秋偶筆一卷輿圖一卷附錄一卷　(清)顧棟高輯　清乾隆十三年至十四年(1748－1749)錫山顧氏萬卷樓刻本　十二册　存四十四卷(七至五十)

330000－1719－0003109　142－3　經部/春秋左傳類/傳說之屬

春秋大事表五十卷讀春秋偶筆一卷輿圖一卷附錄一卷　(清)顧棟高輯　清乾隆十三年至十四年(1748－1749)錫山顧氏萬卷樓刻本　十六册

330000－1719－0003110　72－16　類叢部/叢書類/彙編之屬

德育叢書　清光緒十四年(1888)上海掃葉山房石印本　一册　存一種

330000－1719－0003111　72－16－1　類叢部/叢書類/彙編之屬

德育叢書　清光緒十四年(1888)上海掃葉山房石印本　一册　存一種

330000－1719－0003112　129－33　集部/別集類/清別集

穀詒堂詩存二卷　(清)錢溥撰　清光緒十九

年(1893)剡溪沈氏刻本　二冊

330000－1719－0003113　8－20　經部/春秋左傳類/傳說之屬

左繡三十卷首一卷　(清)馮李驊　(清)陸浩評輯　清刻本　十一冊　存二十四卷(三至十二、十五至二十四、二十七至三十)

330000－1719－0003114　12－26　經部/春秋左傳類/傳說之屬

春秋左傳杜注三十卷首一卷　(清)姚培謙撰　清光緒十九年(1893)浙江書局刻本　一冊　缺三十卷(春秋左傳杜注一至三十)

330000－1719－0003115　8－15　經部/春秋左傳類/傳說之屬

春秋左傳五十卷提要一卷　(晉)杜預　(宋)林堯叟註釋　(唐)陸德明音義　(明)鍾惺　(明)孫鑛　(明)韓范評點　**春秋列國圖說一卷**　(宋)蘇軾撰　清康熙大文堂刻本　十二冊　缺二卷(四十九至五十)

330000－1719－0003117　8－14　經部/春秋左傳類/傳說之屬

春秋左傳五十卷　(晉)杜預　(宋)林堯叟註釋　(唐)陸德明音義　(明)鍾惺　(明)孫鑛　(明)韓范評點　清刻本　十冊　存四十三卷(四至四十六)

330000－1719－0003118　8－16　經部/春秋左傳類/傳說之屬

春秋左傳五十卷　(晉)杜預　(宋)林堯叟註釋　(唐)陸德明音義　(明)鍾惺　(明)孫鑛　(明)韓范評點　清刻本　八冊　存三十四卷(四至二十九、三十八至四十一、四十七至五十)

330000－1719－0003119　8－17　經部/春秋左傳類/傳說之屬

春秋左傳五十卷　(晉)杜預　(宋)林堯叟註釋　(唐)陸德明音義　(明)鍾惺　(明)孫鑛　(明)韓范評點　清刻本　五冊　存二十卷(十至十四、十八至二十、三十九至五十)

330000－1719－0003120　8－18　經部/春秋左傳類/傳說之屬

春秋左傳五十卷提要一卷　(晉)杜預　(宋)林堯叟註釋　(唐)陸德明音義　(明)鍾惺　(明)孫鑛　(明)韓范評點　**春秋列國圖說一卷**　(宋)蘇軾撰　清慈谿養正堂刻本　八冊　缺二十一卷(九至二十、二十九至三十三、四十至四十三)

330000－1719－0003121　9－1　經部/春秋左傳類/傳說之屬

春秋左傳五十卷　(晉)杜預　(宋)林堯叟註釋　(唐)陸德明音義　(明)鍾惺　(明)孫鑛　(明)韓范評點　清光緒三十四年(1908)上海商務印書館石印本　十一冊　存四十六卷(一至二十七、三十二至五十)

330000－1719－0003122　8－19　經部/春秋左傳類/傳說之屬

春秋左傳五十卷　(晉)杜預　(宋)林堯叟註釋　(唐)陸德明音義　(明)鍾惺　(明)孫鑛　(明)韓范評點　清刻本　五冊　存十四卷(一至二、十六、二十一至二十四、四十二至四十八)

330000－1719－0003123　142－5　經部/春秋左傳類/傳說之屬

春秋左傳分類賦四卷　(清)夏大觀撰　(清)夏大鼎箋注　清富春堂刻本　二冊

330000－1719－0003124　10－12　經部/春秋左傳類/傳說之屬

春秋左傳五十卷　(晉)杜預　(宋)林堯叟註釋　(唐)陸德明音義　(明)鍾惺　(明)孫鑛　(明)韓范評點　清松盛堂刻本　九冊　存三十七卷(一至七、十三至二十一、二十六至三十三、三十八至五十)

330000－1719－0003125　10－11　經部/春秋左傳類/傳說之屬

春秋左傳杜注三十卷首一卷　(清)姚培謙撰　清光緒九年(1883)湖南書局刻本　十一冊　缺七卷(二至三、九至十一、十六至十七)

330000－1719－0003126　140－2　經部/春秋左傳類/傳說之屬

評點春秋綱目左傳句解彙雋六卷 （清）韓菼重訂　清刻本　一冊　存一卷（二）

330000－1719－0003127　12－27　經部/春秋總義類/傳說之屬

春秋體註大全四卷 （清）徐寅賓纂　清刻本　一冊　存一卷（一）

330000－1719－0003128　12－35　經部/春秋總義類/傳說之屬

春秋擬題集傳二卷 清道光二十六年（1846）一正堂刻本　一冊

330000－1719－0003130　12－34　經部/春秋左傳類/傳說之屬

春秋備題彙說□□卷 清光緒二年（1876）古五岳軒刻本　二冊　存四卷（首，一、八至九）

330000－1719－0003131　9－5　經部/春秋左傳類/傳說之屬

左繡三十卷首一卷 （清）馮李驊　（清）陸浩評輯　清刻本　十一冊　存二十三卷（六至二十四、二十七至三十）

330000－1719－0003132　9－2　經部/春秋左傳類/傳說之屬

左繡三十卷首一卷 （清）馮李驊　（清）陸浩評輯　清三益堂刻本　十二冊　缺八卷（二十三至三十）

330000－1719－0003133　9－8　經部/春秋左傳類/傳說之屬

左繡三十卷首一卷 （清）馮李驊　（清）陸浩評輯　清康熙五十九年（1720）大文堂刻本　十冊　存二十二卷（首，一至二、十至十五、十八至三十）

330000－1719－0003134　9－7　經部/春秋左傳類/傳說之屬

左繡三十卷首一卷 （清）馮李驊　（清）陸浩評輯　清末石印本　七冊　存二十八卷（三至三十）

330000－1719－0003135　9－11　經部/春秋左傳類/傳說之屬

左繡三十卷首一卷 （清）馮李驊　（清）陸浩評輯　清華川書屋刻本　四冊　存九卷（十二至十三、十八至十九、二十六至三十）

330000－1719－0003136　9－13　經部/春秋左傳類/傳說之屬

左繡三十卷首一卷 （清）馮李驊　（清）陸浩評輯　清刻本　六冊　存十四卷（七至八、十一至十二、十七至二十三、二十六至二十八）

330000－1719－0003137　9－14　經部/春秋左傳類/傳說之屬

左繡三十卷首一卷 （清）馮李驊　（清）陸浩評輯　清華川書屋刻本　四冊　存十卷（四至六、十八至二十一、二十六至二十八）

330000－1719－0003138　9－9　經部/春秋左傳類/傳說之屬

左繡三十卷首一卷 （清）馮李驊　（清）陸浩評輯　清華川書屋刻本　十冊　存二十卷（一至十、十二至十八、二十二至二十四）

330000－1719－0003139　9－12　經部/春秋左傳類/傳說之屬

左繡三十卷首一卷 （清）馮李驊　（清）陸浩評輯　清華川書屋刻本　六冊　存十三卷（四至六、九至十、十三至十四、十八至二十一、二十九至三十）

330000－1719－0003140　9－3　經部/春秋左傳類/傳說之屬

左繡三十卷首一卷 （清）馮李驊　（清）陸浩評輯　清刻本　十四冊　存二十五卷（首、一至二十四）

330000－1719－0003141　9－6　經部/春秋左傳類/傳說之屬

左繡三十卷首一卷 （清）馮李驊　（清）陸浩評輯　清刻本　十二冊　存二十七卷（二至九、十二至三十）

330000－1719－0003142　9－10　經部/春秋左傳類/傳說之屬

左繡三十卷首一卷 （清）馮李驊　（清）陸浩評輯　清刻本　三冊　存六卷（十三至十四、二十二至二十五）

330000－1719－0003143　12－12　經部/春秋總義類/傳說之屬

春秋胡傳三十卷　(宋)胡安國撰　(宋)林堯叟音註　**春秋傳綱領一卷春秋提要一卷春秋諸國興廢說一卷　春秋列國圖說一卷**　(宋)蘇軾撰　清刻本　五冊　缺六卷(三、十至十四)

330000－1719－0003144　12－31　經部/春秋總義類/傳說之屬

春秋旁訓辨體合訂四卷　(清)徐立綱撰　清循陔堂刻本　一冊　存二卷(一至二)

330000－1719－0003145　12－28　經部/春秋總義類/傳說之屬

春秋旁訓辨體合訂四卷　(清)徐立綱撰　清循陔堂刻本　一冊　存二卷(一至二)

330000－1719－0003146　12－13　經部/春秋總義類/傳說之屬

春秋新義十三卷春秋表三卷　(清)朱兆熊撰　**星新經一卷**　(清)朱軾之撰　清刻本　三冊

330000－1719－0003147　151－5　經部/春秋總義類/傳說之屬

春秋簡融四卷　(清)胡序撰　清乾隆五十六年(1791)木活字印本　二冊

330000－1719－0003148　12－10　經部/春秋穀梁傳類/傳說之屬

春秋穀梁傳十二卷　(晉)范甯集解　(唐)陸德明音義　清刻本　三冊　存八卷(五至十二)

330000－1719－0003149　12－11　經部/春秋穀梁傳類

穀梁傳十二卷　(明)鍾惺評　清刻本　二冊

330000－1719－0003150　12－32　經部/春秋總義類/傳說之屬

春秋增訂旁訓四卷　清厚德堂刻本　二冊

330000－1719－0003151　12－16　經部/春秋總義類/傳說之屬

春秋增訂旁訓四卷　清厚德堂刻本　一冊　存二卷(一至二)

330000－1719－0003152　132－6　經部/叢編

重刊宋本十三經注疏四百十六卷附十三經注疏校勘記四百十六卷　(清)阮元撰　(清)盧宣旬摘錄　**校勘記識語四卷**　(清)汪文臺撰　清嘉慶二十年(1815)南昌府學刻本　四冊　存一種

330000－1719－0003153　12－33　經部/春秋公羊傳類/專著之屬

春秋繁露十七卷　(漢)董仲舒撰　(明)孫鑛評　**附錄一卷**　清花齋刻本　三冊　缺四卷(一至四)

330000－1719－0003155　163－48　集部/別集類/清別集

春暉堂試帖詳註□□卷　(清)徐福辰撰　清刻本　一冊　存一卷(三)

330000－1719－0003156　194－7　經部/春秋左傳類/傳說之屬

左繡三十卷首一卷　(清)馮李驊　(清)陸浩評輯　清三槐書屋刻本　一冊　存三卷(二十六至二十八)

330000－1719－0003157　159－76　集部/總集類/選集之屬

新選春景詩二卷　清琉璃廠銅活字印本　一冊

330000－1719－0003158　102－10　集部/總集類/選集之屬/通代

昭明文選集成六十卷首二卷　(南朝梁)蕭統輯　(清)方廷珪評注　清乾隆三十二年(1767)古榕方氏倣范軒刻本　二十四冊

330000－1719－0003160　156－35、159－41　集部/別集類/清別集

增訂柏蘊皋全稿不分卷　(清)王鈞鰲撰　(清)汪雲液增輯　清光緒二年(1876)四明茹古齋刻本　三冊

330000－1719－0003161　20－7　經部/小學類/文字之屬/說文

説文解字注十五卷附六書音韻表五卷　（清）段玉裁撰　**説文部目分韻一卷**　（清）陳煥編　清乾隆至嘉慶段氏經韻樓刻同治六年至十一年（1867－1872）蘇州保息局補刻本　二十四册

330000－1719－0003162　20－13　經部/叢編

皇清經解一千四百八卷　（清）阮元輯　清道光九年（1829）廣東學海堂刻咸豐十一年（1861）補刻本　十三册　存三種

330000－1719－0003163　175－6　子部/天文曆算類/算書之屬

嶔緯瑣言一卷　（清）厲之鍔撰　清刻本　一册

330000－1719－0003164　176－18　子部/宗教類/佛教之屬/律

毘尼日用切要一卷　（清）釋讀體輯　**沙彌律儀要略一卷**　（明）釋袾宏輯　清刻本　一册

330000－1719－0003165　63－16　新學/議論/通論

洋務經濟通考十六卷　應祖錫撰　清光緒二十八年（1902）鴻寶齋石印本　二册　存三卷（八、十一至十二）

330000－1719－0003166　73－10　史部/政書類/律令之屬/法驗

洗冤録詳義四卷首一卷　（清）許槤輯　**洗冤録摭遺二卷**　（清）葛元煦輯　清光緒四年（1878）楊氏刻本　五册

330000－1719－0003167　73－11　史部/政書類/律令之屬/法驗

洗冤録詳義四卷首一卷　（清）許槤輯　**洗冤録摭遺二卷**　（清）葛元煦輯　**洗冤録摭遺補一卷經驗方一卷**　（清）張開運輯　清光緒十年（1884）刻本　六册

330000－1719－0003168　73－9　史部/政書類/律令之屬/法驗

洗冤録詳義四卷首一卷　（清）許槤輯　**洗冤録摭遺二卷**　（清）葛元煦輯　**洗冤録摭遺補一卷經驗方一卷**　（清）張開運輯　清光緒十六年（1890）湖北官書處刻本　六册

330000－1719－0003169　3－27、80－5、80－7、80－9　類叢部/叢書類/自著之屬

崔東壁先生遺書八種附一種　（清）崔述撰　清嘉慶至道光陳履和刻本　六册　存二種

330000－1719－0003170　147－17　子部/醫家類/外科之屬/癰疽、疔瘡

洞天奥旨十六卷　（清）陳士鐸撰　（清）陶式玉評　清大雅堂刻本　四册

330000－1719－0003171　76－64　子部/醫家類/外科之屬/癰疽、疔瘡

洞天奥旨十六卷　（清）陳士鐸撰　（清）陶式玉評　清末石印本　一册　存四卷（一至四）

330000－1719－0003172　116－29　子部/小説家類/異聞之屬

洞冥記十卷　（清）吕惟一輯　清刻本　一册　存二卷（一至二）

330000－1719－0003176　170－52　子部/宗教類/佛教之屬/諸宗

淨業知津一卷　（清）釋悟開撰　清光緒二十二年（1896）蘇城元妙觀刻本　一册

330000－1719－0003178　171－1　史部/地理類/輿圖之屬/郡縣

浙江測繪輿圖章程一卷附圖解一卷　（清）宗源瀚等撰　清光緒十六年（1890）刻本　一册

330000－1719－0003180　75－40、75－55　子部/醫家類/婦科之屬/通論

濟陰綱目十四卷　（明）武之望撰　（清）汪淇箋釋　**保生碎事一卷**　（清）汪淇輯　清刻本　四册　存六卷（五至七、十至十一、十四）

330000－1719－0003182　99－48　史部/政書類/公牘檔册之屬

癸戊紀念録一卷　清末鉛印本　一册

330000－1719－0003183　13－4　經部/叢編

皇清經解一千四百八卷　（清）阮元輯　清光緒十三年（1887）上海書局石印本　五十九册

缺九十七卷(春秋簡書刊誤一至二,春秋屬辭比事記一至四,經問一至十四、補一,論語稽求篇一至七,四書賸言一至四、補一至二,詩說一至三、附錄一,尚書集注音疏一至十三,尚書經師系表一,尚書後案一至十五,尚書釋天一至六,讀書脞錄一至二、續編一至二,弁服釋例一至八,釋繒一,六書音均表一至五,經韻樓集一至六)

330000－1719－0003184　188－2　經部/叢編

皇清經解一千四百八卷　(清)阮元輯　清光緒十四年(1888)滬上石印本　十八冊　缺四百八十卷(禹貢錐指十三至二十、例畧圖一,學禮質疑一至二,學春秋隨筆一至十,毛詩稽古編一至三十,仲氏易一至三十,春秋毛氏傳一至三十六,春秋簡書刊誤一至二,春秋屬辭比事記一至四,經問一至十四、補一,論語稽求篇一至七,四書賸言一至四、補一至二,詩說一至三、附錄一,湛園札記一,經義雜記一至十,周禮疑義舉要二至七,深衣考誤一,春秋地理考實一至三,釋蟲小記一,禮箋一至三,毛鄭詩考正一至四,杲溪詩經補注一至二,考工記圖一至二,戴東原集一至二,古文尚書撰異一至三十二,毛詩故訓傳一至三十,詩經小學一至四,禮經釋例一至十三,校禮堂文集一,劉氏遺書一,述學一至二,經義知新記一,大戴禮記正誤一,曾子注釋一至四,十三經注疏校勘記一至一百四十一,爾雅義疏一至十九,春秋左傳補注一至三,春秋公羊經何氏釋例一至十,公羊春秋何氏解詁箋一,發墨守評一,穀梁廢疾申何一至二,左氏春秋考證一至二,箴膏肓評一,論語述何一至二,燕寢考一至三,研六室雜著一,春秋異文箋一至十三,實甓齋札記一,實甓齋文集一)

330000－1719－0003185　49－3　史部/地理類/輿圖之屬/全國

皇朝一統輿地全圖一卷　(清)六承如輯　(清)馮焌光增補　(清)欸乃軒主人續增　清光緒二十四年(1898)上海順成書局石印本　三冊

330000－1719－0003186　13－7　經部/群經總義類/傳說之屬

皇朝五經彙解二百七十卷　(清)朱鏡清輯　清末石印本　二十八冊　缺三十卷(易經十四至二十二,禮記六至二十、四十四至四十九)

330000－1719－0003187　193－21　史部/政書類/通制之屬

三通考輯要　湯壽潛輯　清末石印本　十冊　存一種

330000－1719－0003188　193－16　史部/政書類/通制之屬

三通考輯要　湯壽潛輯　清末石印本　十四冊　存一種

330000－1719－0003189　157－18　史部/政書類/通制之屬

三通考輯要　湯壽潛輯　清末石印本　一冊　存一種

330000－1719－0003190　146－8　類叢部/叢書類/自著之屬

甌北全集八種　(清)趙翼撰　清乾隆至嘉慶湛貽堂刻本　二冊　存一種

330000－1719－0003191　106－9　子部/儒家類/儒學之屬/經濟

皇朝經世文三編八十卷　(清)陳忠倚輯　清末石印本　八冊

330000－1719－0003192　106－5　子部/儒家類/儒學之屬/經濟

皇朝經世文三編八十卷　(清)陳忠倚輯　清末石印本　八冊

330000－1719－0003193　106－6　子部/儒家類/儒學之屬/經濟

皇朝經世文三編八十卷　(清)陳忠倚輯　清光緒二十七年(1901)上海書局石印本　十六冊

330000－1719－0003194　106－2　子部/儒家類/儒學之屬/經濟

皇朝經世文三編八十卷　(清)陳忠倚輯　清

光緒二十七年(1901)上海書局石印本　十六冊

330000－1719－0003195　107－3　子部/儒家類/儒學之屬/經濟

皇朝經世文四編五十二卷　(清)何良棟輯　清光緒二十八年(1902)上海鴻寶書局石印本　十二冊

330000－1719－0003196　107－4　子部/儒家類/儒學之屬/經濟

皇朝經世文四編五十二卷　(清)何良棟輯　清光緒二十八年(1902)上海鴻寶書局石印本　十二冊

330000－1719－0003197　133－4　子部/儒家類/儒學之屬/經濟

皇朝經世文四編五十二卷　(清)何良棟輯　清光緒二十八年(1902)上海鴻寶書局石印本　十一冊　存四十七卷(一至三十六、四十二至五十二)

330000－1719－0003198　106－8　子部/儒家類/儒學之屬/經濟

皇朝經世文續編一百二十卷　(清)葛士濬輯　清光緒二十四年(1898)上海書局石印本　二十冊

330000－1719－0003199　105－7　子部/儒家類/儒學之屬/經濟

皇朝經世文續編一百二十卷　(清)葛士濬輯　清光緒十七年(1891)上海廣百宋齋鉛印本　二十四冊

330000－1719－0003200　106－1　子部/儒家類/儒學之屬/經濟

皇朝經世文編一百二十卷姓名總目二卷　(清)賀長齡輯　清光緒十五年(1889)上海廣百宋齋鉛印本　二十四冊

330000－1719－0003201　112－43　子部/儒家類/儒學之屬/經濟

皇朝經世文編一百二十卷姓名總目二卷　(清)賀長齡輯　清末鉛印本　八冊　存三十七卷(二十至二十三、三十至四十五、五十六至六十四、九十九至一百一、一百十六至一百二十)

330000－1719－0003202　106－3　子部/儒家類/儒學之屬/經濟

皇朝經世文編一百二十卷姓名總目二卷　(清)賀長齡輯　清末鉛印本　三冊　存三卷(十四、三十、五十二)

330000－1719－0003203　105－4　子部/儒家類/儒學之屬/經濟

皇朝經世文編一百二十卷姓名總目二卷　(清)賀長齡輯　清光緒二十五年(1899)上海中西書局石印本　二十四冊

330000－1719－0003204　105－3　子部/儒家類/儒學之屬/經濟

皇朝經世文編一百二十卷姓名總目二卷　(清)賀長齡輯　清光緒二十八年(1902)上海詞源閣書局石印本　十六冊

330000－1719－0003205　105－2　子部/儒家類/儒學之屬/經濟

皇朝經世文編一百二十卷姓名總目二卷　(清)賀長齡輯　清刻本　四十九冊　存九十卷(二至四、十一至十二、十四、十六至十八、二十一至二十四、二十七至二十九、三十四至四十九、五十一至五十三、五十六、五十八至六十一、六十三至六十五、六十八、七十至七十五、七十八至八十四、八十八至一百二十)

330000－1719－0003206　105－1　子部/儒家類/儒學之屬/經濟

皇朝經世文編一百二十卷姓名總目二卷　(清)賀長齡輯　清刻本　二冊　存三卷(四至五、十七)

330000－1719－0003207　106－7　子部/儒家類/儒學之屬/經濟

皇朝經世文三編八十卷　(清)陳忠倚輯　清光緒二十四年(1898)浙省書局石印本　八冊　存四十卷(一至五、十六至三十、三十六至四十、五十一至六十五)

330000－1719－0003208　166－4、175－66

子部/儒家類/儒學之屬/經濟

皇朝經世文新編二十一卷首一卷 麥仲華輯 清光緒二十八年(1902)上海鍊石書局石印本 六册 存七卷(首,十、十三至十四、十六至十八)

330000－1719－0003209 106－14 子部/儒家類/儒學之屬/經濟

皇朝經世文新編二十一卷 麥仲華輯 清末石印本 三册 存二卷(一、十八)

330000－1719－0003210 107－8 子部/儒家類/儒學之屬/經濟

皇朝經世文新編二十一卷 麥仲華輯 清末石印本 三册 存四卷(五、十四、十六至十七)

330000－1719－0003212 106－13 子部/儒家類/儒學之屬/經濟

皇朝經世文新編二十一卷 麥仲華輯 清光緒二十八年(1902)瑤林書館石印本 十二册

330000－1719－0003213 111－13 子部/儒家類/儒學之屬/經濟

皇朝經濟文新編□□種 (清)宜今室主人輯 清末浙東宜今室石印本 十二册 存十五種

330000－1719－0003214 111－18 子部/儒家類/儒學之屬/經濟

皇朝經濟文新編□□種 (清)宜今室主人輯 清末浙東宜今室石印本 七册 存七種

330000－1719－0003215 13－5 經部/叢編

皇朝經解一百九十卷 (清)阮元輯 清末學海堂石印本 三册 存二十九卷(十七至二十五、五十九至七十八)

330000－1719－0003216 38－18 史部/編年類/斷代之屬

皇朝政典挈要八卷 (日本)增田貢撰 (清)毛淦補編 清光緒二十八年(1902)上海書局石印本 四册

330000－1719－0003217 38－16 史部/編年類/斷代之屬

皇朝政典挈要八卷 (日本)增田貢撰 (清)毛淦補編 清光緒二十八年(1902)上海書局石印本 五册

330000－1719－0003218 38－17 史部/編年類/斷代之屬

皇朝政典挈要八卷 (日本)增田貢撰 (清)毛淦補編 清光緒二十八年(1902)上海書局石印本 四册 存七卷(一至六、八)

330000－1719－0003219 38－13 史部/編年類/斷代之屬

皇朝政典挈要八卷 (日本)增田貢撰 (清)毛淦補編 清光緒二十八年(1902)上海書局石印本 一册 存二卷(一至二)

330000－1719－0003220 48－3 史部/地理類/總志之屬/斷代

皇朝輿地通考二十三卷 (清)通文書局主人輯 清光緒二十九年(1903)上海通文書局石印本 二十册

330000－1719－0003221 48－7 史部/地理類

李氏五種 (清)李兆洛撰 清光緒十八年(1892)長沙竹素書局刻本 三册 存一種

330000－1719－0003222 53－7 史部/地理類

皇朝藩屬輿地叢書六集二十八種 (清)浦□編 清光緒二十九年(1903)金匱浦氏靜寄東軒石印本 二十二册 存九種

330000－1719－0003223 47－13 集部/別集類/清別集

省吾齋稿不分卷 (清)竇光鼐撰 清刻本 一册

330000－1719－0003224 88－13 類叢部/類書類/通類之屬

省軒考古類編十二卷 (清)柴紹炳撰 (清)姚廷謙評 清雍正四年(1726)澹成堂雲間刻本 四册

330000－1719－0003225 18－16 經部/四書類/總義之屬/傳說

四書人物類典串珠四十卷　(清)臧志仁輯　清刻本　七冊　存二十二卷(三至四、十四至二十四、三十二至四十)

330000－1719－0003226　113－40　子部/儒家類/儒學之屬/蒙學

神童詩一卷　清寧郡大酉山房刻本　一冊

330000－1719－0003227　112－32　子部/儒家類/儒學之屬/蒙學

神童詩一卷　清刻本　一冊

330000－1719－0003228　112－32－1　子部/儒家類/儒學之屬/蒙學

神童詩一卷　清聚奎堂書坊刻本　一冊

330000－1719－0003230　64－7　史部/政書類/律令之屬

秋審實緩比較條款不分卷　(清)謝誠鈞撰　清光緒十三年(1887)京都擷華書局鉛印本　二冊

330000－1719－0003231　113－50　集部/總集類/課藝之屬

試帖分韻秋景詩集二卷　(清)清華主人輯　清同治六年(1867)刻本　二冊

330000－1719－0003232　64－2　史部/政書類/律令之屬

秋讞輯要六卷　(清)剛毅輯　清光緒十二年(1886)山西濬文書局刻本　七冊　缺一卷(五)

330000－1719－0003233　64－1　史部/政書類/律令之屬

秋讞輯要六卷　(清)剛毅輯　清光緒十二年(1886)山西濬文書局刻本　四冊　存四卷(一至四)

330000－1719－0003234　194－16　子部/醫家類/方書之屬/單方驗方

種福堂公選良方四卷　(清)葉桂撰　清刻本　一冊　存二卷(三至四)

330000－1719－0003235　162－13　集部/別集類/清別集

篤素堂文集四卷　(清)張英撰　清同治七年(1868)刻本　一冊

330000－1719－0003236　88－21　類叢部/類書類/通類之屬

類對集材六卷　(清)胡雲煥編　清嘉慶二十年(1815)古虞亦愛軒刻本　五冊　存五卷(一至二、四至六)

330000－1719－0003237　46－13　類叢部/叢書類/彙編之屬

祕書廿一種　(清)汪士漢編　清刻本　一冊　存一種

330000－1719－0003238　18－15　經部/四書類/總義之屬/傳說

四書人物類典串珠四十卷　(清)臧志仁輯　清刻本　四冊　存二十二卷(一至三、十九至二十二、二十六至四十)

330000－1719－0003239　18－14　經部/四書類/總義之屬/傳說

四書人物類典串珠四十卷　(清)臧志仁輯　清刻本　七冊　存三十卷(八至二十二、二十六至四十)

330000－1719－0003240　18－13　經部/四書類/總義之屬/傳說

四書人物類典串珠四十卷　(清)臧志仁輯　清末刻本　四冊　存二十卷(六至十二、十六至二十一、二十九至三十五)

330000－1719－0003241　18－12　經部/四書類/總義之屬/傳說

四書人物類典串珠四十卷　(清)臧志仁輯　清刻本　六冊　存二十三卷(一至二、六至十三、二十一至二十七、三十五至四十)

330000－1719－0003242　88－11　類叢部/類書類/通類之屬

類林新詠三十六卷　(清)姚之駰撰　清康熙四十七年(1708)刻本　六冊　存二十二卷(一至四、十至二十三、三十三至三十六)

330000－1719－0003243　88－12　類叢部/類書類/通類之屬

類林新詠三十六卷　(清)姚之駰撰　清刻本　七册　存十九卷(十至二十三、二十八至三十二)

330000－1719－0003244　148－16　類叢部/類書類/通類之屬

類腋五十五卷　(清)姚培謙　(清)張卿雲輯　**類腋補遺一卷**　(清)張隆孫輯　清乾隆聚業堂刻本　十六册

330000－1719－0003245　88－27　類叢部/類書類/通類之屬

類纂精華三十卷　(清)吳壽昌　(清)高大爵　(清)吳壽國纂　清刻本　一册　存五卷(二十六至三十)

330000－1719－0003246　148－11　類叢部/類書類/通類之屬

類纂精華三十卷　(清)吳壽昌　(清)高大爵　(清)吳壽國纂　清乾隆二十三年(1758)豐玉堂刻本　一册　存四卷(一至四)

330000－1719－0003247　171－69　子部/儒家類/儒學之屬/蒙學

繪圖一字數音解釋課本二卷　(清)求是學社編輯　清光緒三十二年(1906)刻本　一册　存一卷(一)

330000－1719－0003248　90－21　集部/小說類/長篇之屬

繪圖評點女仙外史八卷一百回　(清)呂熊撰　清光緒二十一年(1895)上海積山書局石印本　十六册

330000－1719－0003251　90－37、175－51　集部/小說類/長篇之屬

繪圖增像第五才子書水滸全傳十卷七十回首一卷　(元)施耐庵撰　(清)金人瑞評　清末上海廣益書局石印本　二册　存二卷(五至六)

330000－1719－0003252　90－5　集部/小說類/長篇之屬

繪圖增像第五才子書水滸全傳十卷七十回首一卷　(元)施耐庵撰　(清)金人瑞評　清末石印本　七册　存七卷(二至三、五至九)

330000－1719－0003255　17－28　經部/四書類/總義之屬/傳說

繪圖四子書十九卷　(宋)朱熹撰　清光緒三十三年(1907)紹興明達書莊石印本　六册

330000－1719－0003256　11－2　經部/春秋左傳類/傳說之屬

評點春秋綱目左傳句解彙雋六卷　(清)韓菼重訂　清宣統元年(1909)石印本　二册

330000－1719－0003257　11－3　經部/春秋左傳類/傳說之屬

評點春秋綱目左傳句解彙雋六卷　(清)韓菼重訂　清宣統元年(1909)石印本　四册　存四卷(一至四)

330000－1719－0003258　176－50　集部/小說類/長篇之屬

新鐫繪圖第一奇書鍾情傳六卷一百回首一卷　(明)王世貞撰　清光緒三十二年(1906)香港書局石印本　一册　缺五卷(二至六)

330000－1719－0003260　176－52　集部/小說類/長篇之屬

武則天四大奇案六卷六十四回　清末上海錦章圖書局石印本　二册　存二卷(一、五)

330000－1719－0003261　176－48　集部/小說類/長篇之屬

繡像京本雲合奇蹤玉茗英烈全傳十卷八十回　(明)徐渭編　清末石印本　一册　存一卷(一)

330000－1719－0003263　113－33　子部/儒家類/儒學之屬/蒙學

繪圖神童詩不分卷　清末石印本　一册

330000－1719－0003264　132－14　集部/小說類/長篇之屬

繪圖說岳全傳八卷八十回　(清)錢彩撰　清光緒三十二年(1906)上海商務印書館鉛印本　二册　存二卷(一、六)

330000－1719－0003268　164－39　集部/小

說類/長篇之屬

繪圖海公大紅袍全傳四卷六十回　(明)李春芳編　清末鉛印本　一冊　存一卷(四)

330000－1719－0003269　176－53　集部/曲類/彈詞之屬

笑中緣圖說六卷　清光緒三十二年(1906)石印本　四冊　存四卷(一、三、五至六)

330000－1719－0003273　176－45　集部/小說類

蜃樓外史六卷　(清)夢花居士編　清末石印本　二冊　存二卷(五至六)

330000－1719－0003274　176－55　集部/小說類

繪圖蜃樓志六卷　(清)禹山老人編　清光緒三十一年(1905)香港書局石印本　四冊　存四卷(一至二、五至六)

330000－1719－0003275　193－33　集部/小說類/長篇之屬

增訂繪圖精忠說岳全傳八卷八十回　(清)錢彩撰　清光緒三十二年(1906)上海書局石印本　一冊　存一卷(一)

330000－1719－0003276　159－61　集部/曲類/彈詞之屬

繪圖增像雙珠球十二卷四十九回　(清)黄予貞編　清末石印本　一冊　存一卷(二)

330000－1719－0003280　75－14　子部/醫家類/方書之屬/單方驗方

絳雪園古方選註不分卷　(清)王子接輯　清雍正刻本　二冊

330000－1719－0003281　81－6　子部/小說家類/雜事之屬

耐冷譚十六卷　(清)宋咸熙撰　**癡人說夢四卷**　(清)王寶畬撰　清刻本　一冊　存四卷(十一至十二、癡人說夢三至四)

330000－1719－0003282　75－26　子部/醫家類/婦科之屬/産科

胎產集要三卷附幼科摘要一卷　(清)黄惕齋輯　清刻本　一冊

330000－1719－0003283　95－30　集部/別集類/清別集

石筍山房文集五卷補遺一卷　(清)胡天游撰　清宣統元年(1909)上海國學扶輪社鉛印本　二冊　存四卷(一至四)

330000－1719－0003284　193－20　集部/別集類/清別集

胡文忠公遺集八十六卷首一卷　(清)胡林翼撰　(清)鄭敦謹　(清)曾國荃輯　(清)胡鳳丹重編　清光緒二十七年(1901)上海圖書集成印書局石印本　八冊

330000－1719－0003285　193－12　集部/別集類/清別集

胡文忠公遺集八十六卷首一卷　(清)胡林翼撰　(清)鄭敦謹　(清)曾國荃輯　(清)胡鳳丹重編　清刻本　一冊　存二卷(八十五至八十六)

330000－1719－0003286　193－13　集部/別集類/清別集

胡文忠公遺集十卷首一卷　(清)胡林翼撰　(清)閻敬銘　(清)厲雲官　(清)盛康輯　清刻本　十冊

330000－1719－0003287　193－14　集部/別集類/清別集

胡文忠公遺集十卷首一卷　(清)胡林翼撰　(清)閻敬銘　(清)厲雲官　(清)盛康輯　清同治七年(1868)醉六堂刻本　二冊　缺八卷(三至十)

330000－1719－0003288　193－11　集部/別集類/清別集

胡文忠公遺集十卷首一卷　(清)胡林翼撰　(清)閻敬銘　(清)厲雲官　(清)盛康輯　清同治五年(1866)刻本　八冊

330000－1719－0003289　193－10　集部/別集類/清別集

胡文忠公遺集十卷首一卷　(清)胡林翼撰　(清)閻敬銘　(清)厲雲官　(清)盛康輯　清同治七年(1868)醉六堂刻本　八冊

330000－1719－0003290　193－10－1　集部/别集類/清别集

胡文忠公遺集十卷首一卷　(清)胡林翼撰　(清)閻敬銘　(清)厲雲官　(清)盛康輯　清同治七年(1868)醉六堂刻本　八册

330000－1719－0003291　149－2　類叢部/叢書類/彙編之屬

正誼堂全書六十三種續刻五種　(清)張伯行編　(清)楊浚重編　清同治五年(1866)福州正誼書院刻同治八年至光緒十三年(1869－1887)續刻本　二册　存一種

330000－1719－0003292　161－57　子部/醫家類/針灸之屬/經絡腧穴

奇經八脈考一卷瀕湖脈學一卷脈訣考證一卷　(明)李時珍撰　**脈訣附方一卷**　(明)張世賢編　清刻本　一册　存三卷(瀕湖脈學、脈訣考證、脈訣附方)

330000－1719－0003293　155－46　子部/醫家類/針灸之屬/經絡腧穴

奇經八脈考一卷瀕湖脈學一卷脈訣考證一卷　(明)李時珍撰　**脈訣附方一卷**　(明)張世賢編　清刻本　一册　存三卷(瀕湖脈學、脈訣考證、脈訣附方)

330000－1719－0003294　80－25、92－2、97－24　類叢部/叢書類/自著之屬

春在堂全書三十六種　(清)俞樾撰　清同治至光緒刻光緒末彙印本　二十一册　存三種

330000－1719－0003295　192－13　子部/儒家類/儒家之屬

荀子二十卷校勘補遺一卷　(唐)楊倞注　(清)盧文弨　(清)謝墉輯校並補遺　清光緒二十三年(1897)新化三味書室刻本　六册

330000－1719－0003296　192－8　子部/儒家類/儒家之屬

荀子二十卷校勘補遺一卷　(唐)楊倞注　(清)盧文弨　(清)謝墉輯校並補遺　清刻本　一册　存二卷(二十、校勘補遺)

330000－1719－0003297　192－5　子部/儒家類/儒家之屬

荀子二十卷首一卷　(唐)楊倞注　王先謙集解　清光緒十七年(1891)刻本　一册　存二卷(首、一)

330000－1719－0003298　192－9　子部/儒家類/儒家之屬

荀子二十卷校勘補遺一卷　(唐)楊倞注　(清)盧文弨　(清)謝墉輯校並補遺　清乾隆五十一年(1786)嘉善謝墉安雅堂刻本　五册　存十八卷(四至二十、校勘補遺)

330000－1719－0003300　79－12　子部/藝術類/書畫之屬/法帖

草書集成五卷　(清)石梁書　(日本)莊門熙輯　清光緒十二年(1886)上海書局石印本　四册

330000－1719－0003301　91－14　子部/道家類

南華發覆八卷　(明)釋性通撰　清文秀堂刻本　四册　存五卷(一至五)

330000－1719－0003303　161－64　集部/總集類/課藝之屬

蔭葛軒制藝二卷　(清)錢祐昌　(清)錢祚昌撰　清刻本　一册

330000－1719－0003304　165－33　子部/醫家類/本草之屬/歷代綜合本草

增補珍珠囊指掌藥性賦四卷雷公炮製藥性解六卷附藥性歌括四百種一卷　(金)李杲　(明)李中梓輯　清宣統三年(1911)上海會文堂石印本　一册　存二卷(一至二)

330000－1719－0003306　158－35　子部/道家類

關帝覺世篇註證□□卷　(清)夏綸輯　清鳳巢刻本　一册　存一卷(下)

330000－1719－0003307　160－34　類叢部/叢書類/家集之屬

觀古閣叢刻十五種　(清)鮑康編　清嘉慶十一年至光緒二十一年(1806－1895)歙縣鮑氏刻本　一册　存一種

330000－1719－0003308　158－16　子部/宗教類/道教之屬/雜著

覺岸同登錄一卷　（清）蓮池大師注　清光緒十六年(1890)京口善化堂刻本　一冊

330000－1719－0003309　72－19　類叢部/類書類/專類之屬

初學行文語類三卷　（清）孫埏編　清刻本　一冊　存二卷(二至三)

330000－1719－0003310　80－27、99－25　類叢部/叢書類/家集之屬

富陽夏氏叢刻七種　夏震武　夏鼎武撰　清光緒刻本　二冊　存二種

330000－1719－0003311　22－9　經部/小學類/文字之屬/說文/專著

許氏說文解字雙聲疊韻譜一卷　（清）鄧廷楨撰　清光緒九年(1883)上海同文書局石印本　一冊

330000－1719－0003313　192－1　經部/小學類/文字之屬/說文/傳說

說文解字句讀三十卷　（清）王筠撰　清刻本　八冊　存十二卷(二至三、六至八、二十至二十三、二十八至三十)

330000－1719－0003314　22－4　經部/小學類/文字之屬/說文/傳說

說文解字句讀三十卷　（清）王筠撰　清光緒八年(1882)四川尊經書局刻本　二十冊

330000－1719－0003315　22－7　經部/小學類/文字之屬/說文/傳說

說文解字句讀三十卷　（清）王筠撰　清光緒八年(1882)四川尊經書局刻本　十六冊

330000－1719－0003316　142－12　類叢部/叢書類/彙編之屬

龍威秘書一百六十九種　（清）馬俊良編　清乾隆五十九年至嘉慶元年(1794－1796)浙江石門馬氏大酉山房刻本　八冊　存一種

330000－1719－0003317　22－3　經部/小學類/文字之屬/說文

說文通訓定聲十八卷分部柬韻一卷說雅一卷古今韻準一卷　（清）朱駿聲撰　（清）朱鏡蓉參訂　**行述一卷**　朱孔彰撰　清石印本　三冊　存六卷(四至七、十三至十四)

330000－1719－0003318　21－10　經部/小學類/文字之屬/說文

說文通訓定聲十八卷分部柬韻一卷說雅一卷古今韻準一卷　（清）朱駿聲撰　（清）朱鏡蓉參訂　**行述一卷**　朱孔彰撰　清道光二十九年(1849)刻同治九年(1870)朱孔彰臨嘯閣補刻本　二十二冊　缺三卷(一至三)

330000－1719－0003319　22－11　經部/小學類/文字之屬/說文

說文通訓定聲十八卷分部柬韻一卷說雅一卷古今韻準一卷　（清）朱駿聲撰　（清）朱鏡蓉參訂　**行述一卷**　朱孔彰撰　清光緒十三年(1887)上海積山書局石印本　八冊

330000－1719－0003321　22－6　經部/小學類/文字之屬/說文

說文釋例二十卷　（清）王筠撰　清光緒十三年(1887)上海積山書局石印本　六冊

330000－1719－0003322　188－8　經部/小學類/文字之屬/說文

說文解字注十五卷附六書音韻表五卷　（清）段玉裁撰　**說文部目分韻一卷**　（清）陳煥編　清刻本　二十三冊　缺二卷(一至二)

330000－1719－0003323　20－9　經部/小學類/文字之屬/說文

說文解字注十五卷附六書音韻表五卷　（清）段玉裁撰　**說文部目分韻一卷**　（清）陳煥編　清刻本　五冊　存四卷(七至十)

330000－1719－0003324　20－6　經部/小學類/文字之屬/說文

說文解字注十五卷附六書音韻表五卷　（清）段玉裁撰　**說文部目分韻一卷**　（清）陳煥編　清乾隆至嘉慶段氏經韻樓刻同治六年至十一年(1867－1872)蘇州保息局補刻本　十五冊　缺五卷(六書音韻表一至五)

330000－1719－0003325　20－1　經部/小學

類/文字之屬/說文

說文解字注十五卷附六書音韻表五卷 （清）段玉裁撰 **說文部目分韻一卷** （清）陳煥編 清刻本 十二冊 存十三卷(三至八、十至十五,部目分韻)

330000－1719－0003326 22－1 經部/小學類/文字之屬/說文

說文解字注十五卷附六書音韻表五卷 （清）段玉裁撰 **說文部目分韻一卷** （清）陳煥編 清刻本 二十一冊 存十五卷(二至十五、部目分韻)

330000－1719－0003327 19－25 經部/小學類/文字之屬/說文/傳說

說文解字句讀三十卷 （清）王筠撰 清光緒八年(1882)四川尊經書局刻本 十二冊 存十八卷(一、四至五、九至十九、二十四至二十七)

330000－1719－0003328 155－22 經部/小學類/文字之屬/說文

說文解字十五卷標目一卷 （漢）許慎撰 （宋）徐鉉等校定 清嘉慶十二年(1807)額勒布藤花榭刻本 五冊 存二卷(十四至十五)

330000－1719－0003329 21－5 經部/小學類/文字之屬/說文/傳說

說文解字句讀三十卷 （清）王筠撰 清刻本 一冊 存二卷(五至六)

330000－1719－0003332 64－18、163－50 史部/政書類/律令之屬

說帖類編三十六卷簡明目錄六卷 （清）律例館編 清道光十五年(1835)刻本 四冊 存四卷(五、三十五,簡明目錄一至三)

330000－1719－0003333 148－14 類叢部/叢書類/彙編之屬

說鈴前集三十七種後集十六種 （清）吳震方編 清刻本 二十三冊 存五十種

330000－1719－0003334 148－13 類叢部/叢書類/彙編之屬

說鈴前集三十七種後集十六種 （清）吳震方編 清刻本 二冊 存二種

330000－1719－0003335 146－13 史部/傳記類/總傳之屬/仕宦

貳臣傳十二卷逆臣傳四卷 （清）國史館撰 清都城琉璃廠半松居士刻本 十六冊

330000－1719－0003336 164－18 集部/總集類/課藝之屬

貽經堂試帖全稾四卷 （清）鄧城撰 清刻本 一冊 存二卷(三至四)

330000－1719－0003338 73－33 子部/兵家類/兵法之屬

趙註孫子四卷 （明）趙本學撰 清光緒三十二年(1906)北洋陸軍編譯局鉛印本 四冊

330000－1719－0003339 161－27 子部/術數類/陰陽五行之屬

選時四卷 （清）問萬珍編 清刻本 二冊 存二卷(二、四)

330000－1719－0003341 163－11 集部/總集類/選集之屬/通代

六朝唐賦讀本不分卷 （清）馬傳庚選注 清末石印本 一冊

330000－1719－0003342 148－3 類叢部/類書類/通類之屬

廣事類賦四十卷 （清）華希閔撰 清乾隆二十九年(1764)劍光閣刻本 八冊

330000－1719－0003343 107－16 集部/總集類/選集之屬/通代

重訂文選集評十五卷首一卷末一卷 （清）于光華輯 清刻本 七冊 存八卷(一、四至五、八、十、十二、十五,末)

330000－1719－0003344 110－7 集部/總集類/選集之屬/通代

重訂古文雅正十四卷 （清）蔡世遠輯 清道光八年(1828)崇陽楊氏刻本 六冊

330000－1719－0003345 110－8 集部/總集類/選集之屬/通代

重訂古文雅正十四卷 （清）蔡世遠輯 清刻

本　二冊　存七卷(五至七、十一至十四)

330000－1719－0003347　11－23　經部/春秋左傳類/傳說之屬

重訂批點春秋左傳詳節句解□□卷　(宋)朱申注釋　(明)孫鑛批點　清刻本　五冊　存十二卷(七至八、十六至十八、二十四至三十)

330000－1719－0003348　148－9　類叢部/類書類/通類之屬

事類賦三十卷　(宋)吳淑撰並注　清乾隆三十年(1765)華氏劍光閣刻本　六冊

330000－1719－0003349　141－2　子部/農家農學類/總論之屬

重訂增補陶朱公致富全書四卷　(明)陳繼儒輯　(清)石巖逸叟增補　清刻本　四冊

330000－1719－0003350　192－3　經部/叢編

重刊宋本十三經注疏四百十六卷附十三經注疏校勘記四百十六卷　(清)阮元撰　(清)盧宣旬摘錄　**校勘記識語四卷**　(清)汪文臺撰　清刻本　一冊　存一種

330000－1719－0003351　76－63　子部/醫家類/醫話醫論之屬

重慶堂隨筆二卷　(清)王學權撰　(清)王國祥注　清末石印本　一冊　存一卷(二)

330000－1719－0003354　141－4　子部/小說家類/雜事之屬

世說新語補二十卷附釋名一卷　(南朝宋)劉義慶撰　(南朝梁)劉孝標注　(明)何良俊增補　(明)王世貞刪定　(明)王世懋批釋　(明)張文柱校注　清乾隆二十七年(1762)黃氏茂清書屋刻本　六冊

330000－1719－0003355　102－4　集部/總集類/選集之屬/通代

文選六十卷　(南朝梁)蕭統輯　(唐)李善注　(清)何焯評　清乾隆三十七年(1772)長洲葉樹藩海錄軒刻朱墨套印本　十一冊　存五十六卷(一至二十一、二十六至六十)

330000－1719－0003356　34－34　類叢部/叢書類/彙編之屬

士禮居黃氏叢書二十種　(清)黃丕烈編　清嘉慶至道光吳縣黃氏刻本　一冊　存一種

330000－1719－0003357　65－6　史部/政書類/律令之屬/刑制

重修名法指掌圖四卷　(清)沈辛田撰　(清)徐灝重訂　清刻本　三冊　存三卷(二至四)

330000－1719－0003359　154－18　子部/儒家類/儒學之屬/蒙學

寄傲山房塾課新增幼學故事瓊林四卷首一卷　(清)程登吉撰　(清)鄒聖脈增補　清道光二十一年(1841)寧波三益德記刻本　一冊　缺一卷(四)

330000－1719－0003360　58－3　史部/政書類/通制之屬

欽定三通考證七卷　清光緒二十年(1894)浙江書局刻本　六冊

330000－1719－0003361　60－5　史部/政書類/通制之屬

欽定大清會典一百卷　(清)張廷玉等纂修　清刻本　二十二冊　存九十二卷(一至四十三、五十二至一百)

330000－1719－0003362　62－2　史部/政書類/通制之屬

欽定大清會典一百卷　(清)張廷玉等纂修　清刻本　十冊　存五十五卷(七至三十、三十七至四十六、五十九至六十八、八十二至九十二)

330000－1719－0003363　111－10　集部/總集類/選集之屬/通代

斯文精萃不分卷　(清)尹繼善輯　清刻本　三冊

330000－1719－0003364　173－75　新學/農政/農務

普通農學淺說一卷　陳樹涵　蔣黼編　清光緒三十年(1904)江蘇通州翰墨林鉛印本　一冊

330000－1719－0003365　76－72　子部/醫

家類/針灸之屬/針法灸法
備急灸法不分卷 (宋)張涣撰 (宋)李耆年輯 清光緒十六年(1890)上杭羅氏十瓣同心蘭室刻本 一冊

330000－1719－0003367 56－4 史部/政書類/律令之屬/律例
欽定吏部則例八種八十七卷 清光緒十年(1884)刻本 四冊 存一種

330000－1719－0003368 56－2 史部/政書類/律令之屬/律例
欽定吏部則例八種八十七卷 清刻本 三十冊 存一種

330000－1719－0003369 108－10、108－11、108－12、108－13 集部/總集類/選集之屬/通代
欽定四書文三十二卷 (清)方苞輯 清刻本 十九冊

330000－1719－0003370 192－2 史部/政書類/律令之屬/律例
欽定戶部則例一百卷首一卷 (清)載齡等修 (清)惠祥等纂 清同治十三年(1874)刻本 一冊 存一卷(八十三)

330000－1719－0003371 58－1 史部/政書類
九通 (清)□□輯 清光緒八年至二十二年(1882－1896)浙江書局刻本 二十九冊 存一種

330000－1719－0003372 5－2、6－4 經部/叢編
御纂七經二百九十四卷 (清)李光地等撰 清刻本 六十冊 存二種

330000－1719－0003373 4－22 經部/叢編
御纂七經二百九十四卷 (清)李光地等撰 清刻本 十七冊 存一種

330000－1719－0003374 5－1 經部/叢編
御纂七經二百九十四卷 (清)李光地等撰 清刻本 二十一冊 存一種

330000－1719－0003375 5－3 經部/叢編
御纂七經二百九十四卷 (清)李光地等撰 清刻本 十六冊 存一種

330000－1719－0003376 147－4 史部/目録類/總録之屬/官修
欽定四庫全書簡明目錄二十卷 (清)紀昀等撰 清刻本 十二冊

330000－1719－0003377 68－11 史部/目録類/總録之屬/官修
欽定四庫全書簡明目錄二十卷 (清)紀昀等撰 清刻本 十一冊 缺一卷(一)

330000－1719－0003378 141－3 史部/紀傳類/正史之屬
二十四史 清刻本 十二冊 存一種

330000－1719－0003379 6－1、144－1 經部/叢編
御纂七經二百九十四卷 (清)李光地等撰 清刻本 十九冊 存二種

330000－1719－0003380 2－10、6－2 經部/叢編
御纂七經二百九十四卷 (清)李光地等撰 清刻本 十三冊 存二種

330000－1719－0003381 144－23 經部/叢編
御纂七經二百九十四卷 (清)李光地等撰 清刻本 六冊 存一種

330000－1719－0003382 103－104 集部/總集類/選集之屬/斷代
欽定全唐文一千卷目錄三卷 (清)董誥等輯 清嘉慶十九年(1814)內府刻本 一百九十八冊 存九百九十二卷(一至二百九十三、二百九十九至八百八十四、八百九十一至一千,目錄一至三)

330000－1719－0003384 70－2－1 子部/儒家類/儒學之屬/經濟
明夷待訪錄一卷 (清)黃宗羲撰 清末刻本 一冊

330000－1719－0003385　191－1　史部/政書類/律令之屬/律例

欽定吏部處分則例五十二卷　清刻本　十冊　存二十八卷(一至二、七至十六、二十至二十二、二十九至三十四、四十一至四十五、五十一至五十二)

330000－1719－0003386　191－2　史部/政書類/律令之屬/律例

欽定吏部處分則例五十二卷　清刻本　十二冊　存二十八卷(二十五至五十二)

330000－1719－0003387　191－3　史部/政書類/律令之屬/律例

欽定吏部處分則例五十二卷　清道光十三年(1833)刻本　二十冊

330000－1719－0003388　167－23、191－4　史部/政書類/律令之屬/律例

欽定吏部處分則例五十二卷　清刻本　三冊　存二卷(五至六)

330000－1719－0003389　99－22　集部/別集類/清別集

鷗堂詩三卷　(清)馬賡良撰　清光緒五年(1879)會稽馬氏刻本　一冊

330000－1719－0003390　1－23、2－15、3－30、11－19、191－7　經部/叢編

御纂七經二百九十四卷　(清)李光地等撰　清同治六年至九年(1867－1870)浙江書局刻本　七十八冊　存五種

330000－1719－0003391　1－24、2－42、11－18、132－16、144－10、191－8　經部/叢編

御纂七經二百九十四卷　(清)李光地等撰　清同治六年至九年(1867－1870)浙江書局刻本　五十二冊　存五種

330000－1719－0003392　144－2、191－5　經部/叢編

御纂七經二百九十四卷　(清)李光地等撰　清康熙至乾隆內府刻本　六十冊　存二種

330000－1719－0003393　113－42　集部/總集類/選集之屬/通代

五朝詩別裁集　(清)□□輯　清刻本　八冊　存一種

330000－1719－0003394　191－13　史部/政書類/儀制之屬/專志/科舉校規

欽定學堂章程不分卷　(清)張百熙等編　清鉛印本　一冊

330000－1719－0003395　191－12　史部/政書類/儀制之屬/專志/科舉校規

欽定學堂章程不分卷　(清)張百熙等編　清鉛印本　一冊

330000－1719－0003396　1－25、155－44、156－37、191－9、191－10　經部/叢編

御纂七經二百九十四卷　(清)李光地等撰　清同治六年至九年(1867－1870)浙江書局刻本　十六冊　存三種

330000－1719－0003397　190－38、190－39　經部/叢編

御纂七經二百九十四卷　(清)李光地等撰　清刻本　五冊　存二種

330000－1719－0003398　11－10、11－11　經部/叢編

御纂七經二百九十四卷　(清)李光地等撰　清同治十年(1871)湖北崇文書局刻本　二冊　存一種

330000－1719－0003399　51－2　史部/地理類/方志之屬/郡縣志

欽定皇輿西域圖志四十八卷首四卷　(清)傅恒等修　(清)褚廷璋等纂　(清)英廉等增纂　清光緒十九年(1893)杭州便益書局石印本　九冊　缺十卷(三至十、二十五、四十八)

330000－1719－0003400　34－7、200－4　史部/編年類/通代之屬

御批歷代通鑑輯覽一百二十卷　(清)傅恒等撰　清同治十年(1871)浙江書局刻朱墨套印本　十九冊　存四十五卷(一至十、二十一至二十三、四十五至五十四、五十九至六十二、六十七至七十、七十三至七十四、七十九至八十、八十三至八十五、八十八至九十一、一百

八至一百十）

330000－1719－0003401　155－55　類叢部/類書類/通類之屬
淵鑑類函四百五十卷目錄四卷　（清）張英（清）王士禛等輯　清末石印本　一冊　存三十六卷（珍寶部一至三十六）

330000－1719－0003402　60－4　史部/政書類/通制之屬
三通考輯要　湯壽潛輯　清末鉛印本　二十冊　存一種

330000－1719－0003403　62－7　史部/政書類/通制之屬
三通考輯要　湯壽潛輯　清鉛印本　十冊　存一種

330000－1719－0003404　58－6　史部/政書類/通制之屬
三通考輯要　湯壽潛輯　清鉛印本　十五冊　存一種

330000－1719－0003405　56－10　史部/政書類/律令之屬/律例
欽定吏部處分則例五十二卷　清刻本　三冊　存七卷（十五至十六、十九至二十、四十三至四十五）

330000－1719－0003406　56－9　史部/政書類/律令之屬/律例
欽定吏部處分則例五十二卷　清光緒十年（1884）刻本　十六冊　存三十六卷（一至二、七、十三至四十五）

330000－1719－0003409　162－21　子部/宗教類/佛教之屬
重刻觀世音菩薩本行經簡集二卷　（宋）釋普明撰　（清）釋淨宏簡集　清同治十年（1871）刻本　一冊　存一卷（一）

330000－1719－0003410　93－27　集部/別集類/清別集
卍竹山莊存稿二十卷　（清）徐燊撰　清刻本　六冊

330000－1719－0003411　132－13　類叢部/叢書類/彙編之屬
申報館叢書正集五十七種附錄三種　（清）尊聞閣主編　**續集一百四十二種**　蔡爾康編　清同治至光緒上海申報館鉛印本　一冊　存一種

330000－1719－0003412　148－12　集部/別集類/清別集
香屑集十八卷首一卷末一卷　（清）黃之雋撰（清）陳邦直注　清雍正十二年（1734）陳邦直刻遂初園印本　四冊

330000－1719－0003413　166－27　集部/別集類/清別集
駱蓮橋時文不分卷　（清）駱奎祺撰　清刻本　三冊

330000－1719－0003414　110－11　集部/總集類/選集之屬/通代
駢體文鈔三十一卷　（清）李兆洛輯　清光緒八年（1882）上海刻本　十冊

330000－1719－0003415　111－26　類叢部/類書類/通類之屬
駢體典林富豔二十八卷　清刻本　一冊　存七卷（十一至十七）

330000－1719－0003416　175－41　子部/雜家類
鬼谷子三卷　（南朝梁）陶弘景注　（清）秦恩復校　**篇目考一卷附錄一卷**　（清）秦恩復撰輯　清嘉慶十年（1805）江都秦氏石研齋刻本　一冊

330000－1719－0003417　99－21　集部/別集類/清別集
鷗堂遺稾三卷　（清）馬賡良撰　清光緒十五年（1889）會稽馬氏刻本　一冊

330000－1719－0003418　129－15　集部/別集類/清別集
借廬詩存二卷　（清）周錫瓚撰　清末石印本　一冊

330000－1719－0003419　129－15－1　集

部/別集類/清別集
借廬詩存二卷　(清)周錫璜撰　清末石印本　一册

330000－1719－0003420　129－15－2　集部/別集類/清別集
借廬詩存二卷　(清)周錫璜撰　清末石印本　一册

330000－1719－0003421　129－15－3　集部/別集類/清別集
借廬詩存二卷　(清)周錫璜撰　清末石印本　一册

330000－1719－0003423　99－33　類叢部/叢書類/自著之屬
倭文端公遺書八種　(清)倭仁撰　清刻本　一册　存一種

330000－1719－0003424　158－41　集部/總集類/課藝之屬
剡山書院小課一卷　(清)徐榦選訂　清光緒十一年(1885)刻本　一册

330000－1719－0003425　130－12－2　史部/地理類/方志之屬/郡縣志
[嘉定]剡録十卷　(宋)史安之修　(宋)高似孫纂　清同治九年(1870)刻本　二册

330000－1719－0003426　130－12　史部/地理類/方志之屬/郡縣志
[嘉定]剡録十卷　(宋)史安之修　(宋)高似孫纂　清同治九年(1870)刻本　二册

330000－1719－0003427　130－12－1　史部/地理類/方志之屬/郡縣志
[嘉定]剡録十卷　(宋)史安之修　(宋)高似孫纂　清同治九年(1870)刻本　二册

330000－1719－0003428　130－12－3　史部/地理類/方志之屬/郡縣志
[嘉定]剡録十卷　(宋)史安之修　(宋)高似孫纂　清同治九年(1870)刻本　二册

330000－1719－0003429　130－12－4　史部/地理類/方志之屬/郡縣志
[嘉定]剡録十卷　(宋)史安之修　(宋)高似孫纂　清同治九年(1870)刻本　二册

330000－1719－0003430　130－12－5　史部/地理類/方志之屬/郡縣志
[嘉定]剡録十卷　(宋)史安之修　(宋)高似孫纂　清同治九年(1870)刻本　二册

330000－1719－0003431　130－12－6　史部/地理類/方志之屬/郡縣志
[嘉定]剡録十卷　(宋)史安之修　(宋)高似孫纂　清同治九年(1870)刻本　二册

330000－1719－0003432　130－12－7　史部/地理類/方志之屬/郡縣志
[嘉定]剡録十卷　(宋)史安之修　(宋)高似孫纂　清同治九年(1870)刻本　二册

330000－1719－0003433　130－7　史部/地理類/方志之屬/郡縣志
[嘉定]剡録十卷　(宋)史安之修　(宋)高似孫纂　清道光八年(1828)李式圃刻本　二册

330000－1719－0003435　129－35　集部/總集類/酬唱之屬
剡溪唱和詩一卷　(清)徐元綬輯　清光緒二十九年(1903)鉛印本　一册

330000－1719－0003436　46－19　集部/總集類/尺牘之屬
名賢手札八種　(清)郭慶藩輯　清光緒十一年(1885)上海同文書局石印本　四册

330000－1719－0003437　62－17　新學/商務/商學
原富八卷表一卷　(英國)斯密亞丹撰　嚴復譯　清光緒二十七年(1901)上海南洋公學譯書院刻本　五册　存五卷(甲一至二、丁一、戊一至二)

330000－1719－0003438　156－5　新學/理學/理學
哲學妖怪百談不分卷續不分卷　(日本)井上圓了輯　(清)徐渭臣譯　清光緒二十九年(1903)上海文明書局鉛印本　一册　存哲學

妖怪百談

330000－1719－0003439　112－11　集部/詩文評類/詩評之屬

唐人五言排律詩論三卷　(清)蔣鵬翮編釋　清康熙寒三草堂刻本　一册　存一卷(一)

330000－1719－0003440　112－11－1　集部/詩文評類/詩評之屬

唐人五言排律詩論三卷　(清)蔣鵬翮編釋　清康熙寒三草堂刻本　一册　存一卷(一)

330000－1719－0003441　81－14　類叢部/叢書類/彙編之屬

唐人説薈一百六十五種　(清)陳世熙編　清同治三年(1864)緯文堂刻本　十五册　存一百三十五種

330000－1719－0003442　32－14、47－11、141－1　史部/史抄類

新舊唐書合鈔二百六十卷首一卷　(清)沈炳震輯　**唐書宰相世系表訂譌十二卷**　(清)沈炳震撰　**唐書合鈔補正六卷**　(清)丁子復撰　清嘉慶十五年至十八年(1810－1813)吳門海昌查世倓刻本　六十册　存一百八十六卷(一至二十七、三十五至八十六、九十五至一百三、一百二十一至一百四十四、一百五十至一百五十六、一百六十二至一百七十一、一百八十三至一百八十六、二百十四至二百二十九、二百三十四至二百五十、二百五十六至二百五十九,唐書宰相世系表訂譌一至十,唐書合鈔補正一至六)

330000－1719－0003443　160－4　集部/總集類/彙編之屬

七種古文選　(清)儲欣選評　清刻本　十二册　存一種

330000－1719－0003446　109－1　集部/總集類/選集之屬/斷代

文粹一百卷　(宋)姚鉉輯　**補遺二十六卷**　(清)郭麐輯　清光緒十六年(1890)杭州許增榆園刻本　十六册　存一百卷(文粹一至一百)

330000－1719－0003448　108－20　集部/總集類/選集之屬/通代

唐宋八家文讀本三十卷　(清)沈德潛輯　清乾隆十五年(1750)刻嘉慶十八年(1813)、光緒十四年(1888)蘇州綠蔭堂補刻本　十一册　存二十八卷(一至四、七至三十)

330000－1719－0003449　108－9　集部/總集類/選集之屬/通代

唐宋八大家古文正矩四卷　清刻本　一册　存一卷(一)

330000－1719－0003450　108－6　類叢部/叢書類/彙編之屬

稗海四十八種續集二十二種　(明)商濬編　明萬曆商氏半埜堂刻清康熙振鷺堂重編補刻本　四册　存八種

330000－1719－0003451　108－16　集部/總集類/選集之屬/通代

唐宋八家文讀本三十卷首一卷　(清)沈德潛輯　清光緒二十四年(1898)上海江左書林石印本　六册

330000－1719－0003452　149－13　集部/總集類/選集之屬/通代

唐宋八家文讀本三十卷　(清)沈德潛輯　清乾隆十五年(1750)小爵林刻本　十五册　存二十八卷(一至十五、十八至三十)

330000－1719－0003453　108－18　集部/總集類/選集之屬/通代

唐宋八家文讀本三十卷　(清)沈德潛輯　清末石印本　一册　存二卷(七至八)

330000－1719－0003455　143－1　集部/別集類/唐五代別集

唐陸宣公奏草七卷附制誥十卷　(唐)陸贄撰　清刻本　四册　缺四卷(制誥七至十)

330000－1719－0003456　86－12　集部/別集類/唐五代別集

唐陸宣公集二十二卷　(唐)陸贄撰　清光緒二十四年(1898)上海著易堂石印本　三册　存十七卷(一至十三、十九至二十二)

330000－1719－0003457　86－31　集部/別集類/唐五代別集
唐陸宣公集二十二卷　(唐)陸贄撰　(清)年羹堯重訂　清刻本　一册　存四卷(十七至二十)

330000－1719－0003458　112－5　集部/總集類/選集之屬/斷代
唐詩三百首六卷　(清)孫洙編　清刻本　二册

330000－1719－0003459　112－10　集部/總集類/選集之屬/斷代
唐詩三百首六卷　(清)孫洙編　清光緒十八年(1892)刻本　二册

330000－1719－0003460　112－44　集部/總集類/選集之屬/斷代
唐詩三百首註疏六卷　(清)孫洙編　(清)章燮注　清道光十五年(1835)永言堂刻本　五册　存五卷(一至四、六)

330000－1719－0003461　112－22　集部/總集類/選集之屬/斷代
唐詩三百首註疏六卷　(清)孫洙編　(清)章燮注　清刻本　四册　存五卷(二至六)

330000－1719－0003462　112－26　集部/總集類/選集之屬/斷代
唐詩三百首六卷　(清)孫洙編　清刻本　二册

330000－1719－0003463　112－39　集部/總集類/選集之屬/斷代
唐詩三百首注釋六卷　(清)孫洙編　清光緒十一年(1885)浙紹墨潤堂刻本　一册　存二卷(一至二)

330000－1719－0003464　112－28　集部/總集類/選集之屬/斷代
註釋唐詩三百首六卷　(清)蘅塘退士(孫洙)編　清光緒十九年(1893)京口善化書局刻本　二册

330000－1719－0003466　112－23　集部/總集類/選集之屬/斷代
唐詩三百首注釋六卷　(清)孫洙編　清浙紹墨潤堂刻本　二册

330000－1719－0003467　112－17　集部/總集類/選集之屬/斷代
唐詩三百首六卷　(清)孫洙編　清姑蘇文萃堂刻本　二册

330000－1719－0003468　112－18　集部/總集類/選集之屬/斷代
唐詩三百首六卷　(清)孫洙編　清刻本　二册

330000－1719－0003469　112－27　集部/總集類/選集之屬/斷代
唐詩三百首注釋六卷　(清)孫洙編　清浙紹墨潤堂刻本　二册

330000－1719－0003470　112－29　集部/總集類/選集之屬/斷代
唐詩三百首六卷　(清)孫洙編　清刻本　二册

330000－1719－0003471　112－41　集部/總集類/選集之屬/斷代
唐詩三百首六卷　(清)孫洙編　清道光十九年(1839)三槐堂刻本　二册

330000－1719－0003472　112－42　集部/總集類/選集之屬/斷代
註釋唐詩三百首六卷　(清)蘅塘退士(孫洙)編　清道光六年(1826)聚奎堂刻本　二册　存四卷(一至四)

330000－1719－0003473　132－27　集部/總集類/選集之屬/斷代
唐詩三百首註疏六卷　(清)孫洙編　(清)章燮注　清咸豐九年(1859)永言堂刻本　六册

330000－1719－0003474　154－8　集部/總集類/選集之屬/斷代
唐詩三百首註疏六卷　(清)孫洙編　(清)章燮注　清宛委山莊刻本　六册

330000－1719－0003475　112－25、117－3　集部/總集類/選集之屬/斷代

唐詩三百首注釋六卷 (清)孫洙編 **唐詩三百首續選一卷姓氏小傳一卷** (清)于慶元輯 清光緒十三年(1887)湖南共賞書局刻本 六冊 缺一卷(續選)

330000－1719－0003476 112－21、112－31 集部/總集類/選集之屬/斷代
唐詩三百首註疏六卷 (清)孫洙編 (清)章燮注 **唐詩三百首續選一卷姓氏小傳一卷** (清)于慶元輯 清永言堂刻本 六冊 缺一卷(續選)

330000－1719－0003477 161－13 集部/總集類/選集之屬/斷代
唐詩三百首註疏六卷 (清)孫洙編 (清)章燮注 清刻本 一冊 存一卷(二)

330000－1719－0003478 112－24 集部/總集類/選集之屬/斷代
唐詩三百首注釋六卷 (清)孫洙編 **唐詩三百首續選一卷姓氏小傳一卷** (清)于慶元輯 清光緒十三年(1887)湖南共賞書局刻本 一冊 存一卷(續選)

330000－1719－0003479 112－15 集部/總集類/選集之屬/斷代
唐詩三百首續選一卷 (清)于慶元編 清刻本 二冊

330000－1719－0003480 112－13 集部/總集類/選集之屬/斷代
唐詩合選詳解十二卷 (清)劉文蔚注 清啟元堂刻本 一冊 存二卷(五至六)

330000－1719－0003481 68－1 集部/總集類/選集之屬/斷代
唐詩諧律二卷 (清)沈寶青選 清光緒十六年(1890)溧陽沈氏刻本 二冊

330000－1719－0003482 68－3 集部/總集類/選集之屬/斷代
唐詩諧律二卷 (清)沈寶青選 清光緒十六年(1890)溧陽沈氏刻本 二冊

330000－1719－0003483 68－3－1 集部/總集類/選集之屬/斷代
唐詩諧律二卷 (清)沈寶青選 清光緒十六年(1890)溧陽沈氏刻本 二冊

330000－1719－0003484 68－3－2 集部/總集類/選集之屬/斷代
唐詩諧律二卷 (清)沈寶青選 清光緒十六年(1890)溧陽沈氏刻本 二冊

330000－1719－0003485 112－2 集部/總集類/選集之屬/斷代
唐詩諧律二卷 (清)沈寶青選 清光緒十六年(1890)溧陽沈氏刻本 二冊

330000－1719－0003486 65－3 史部/政書類/律令之屬/律例
故唐律疏議三十卷 (唐)長孫無忌等撰 **律音義一卷** (宋)孫奭等撰 **宋提刑洗冤集錄五卷** (宋)宋慈編 清光緒十七年(1891)江蘇書局刻本 六冊 存二十三卷(一至六、十二至二十八)

330000－1719－0003488 160－29 集部/總集類/選集之屬/斷代
唐詩直解□□卷 (清)李攀龍原選 (清)葉羲昂直解 **庚補箋釋批評□□卷** (清)蔣一葵箋釋 (清)鍾伯敬批評 (清)葉岑翁庚補 清刻本 三冊 存十六卷(一至八、庚補箋釋批評一至八)

330000－1719－0003489 112－12、112－14 集部/總集類/選集之屬/斷代
唐詩選勝直解八卷 (清)吳烶輯 清刻本 二冊 存一卷(七言古詩一)

330000－1719－0003490 73－23 子部/兵家類/兵法之屬
唐荊川先生纂輯武前編六卷武後編六卷 (明)唐順之編 清刻本 九冊 存六卷(後編一至六)

330000－1719－0003491 190－40 集部/總集類/選集之屬/斷代
重訂唐詩別裁集二十卷 (清)沈德潛輯 清刻本 七冊 存十卷(一至四、七至八、十五至十八)

330000－1719－0003492　89－1　史部/雜史類/斷代之屬

唐語林八卷附校勘記一卷　（宋）王讜撰　附**校勘記一卷**　（清）錢熙祚撰　清光緒十九年(1893)湖北官書處刻本　二冊　存四卷(一至四)

330000－1719－0003493　89－31　子部/小說家類/異聞之屬

埋憂集十卷續集二卷　（清）朱翊清著　清光緒元年(1875)文元堂刻本　六冊

330000－1719－0003494　7－25　經部/大戴禮記類/分篇之屬

夏小正戴氏傳訓解四卷考異一卷通論一卷　（清）王寶仁撰　清刻本　一冊

330000－1719－0003495　7－26　經部/大戴禮記類/分篇之屬

夏小正通釋一卷　（清）梁章鉅撰　清光緒十三年(1887)浙江書局刻本　一冊

330000－1719－0003496　93－23　集部/別集類/清別集

夏峯先生集十四卷　（清）孫奇逢撰　清刻本　八冊　存十一卷(二至六、九至十四)

330000－1719－0003498　70－20　子部/儒家類/儒學之屬/禮教/家訓

家庭講話三卷　（清）陸一亭撰　清刻本　一冊

330000－1719－0003499　53－2　史部/地理類/雜志之屬

宸垣識畧十六卷　（清）吳長元撰　清乾隆五十三年(1788)池北草堂刻本　二冊　存四卷(一至二、五至六)

330000－1719－0003500　95－27、96－38　集部/別集類/清別集

容齋詩集二十八卷補遺一卷古香詞一卷文鈔十卷　（清）茹綸常撰　清乾隆三十五年(1770)、五十二年(1787)，嘉慶四年(1799)、十三年(1808)刻本　九冊　缺五卷(十一至十五)

330000－1719－0003501　91－23　類叢部/叢書類/自著之屬

徐氏雜著四種　（清）徐大椿撰　清光緒十九年(1893)上海圖書集成印書局鉛印本　一冊

330000－1719－0003506　161－12　子部/術數類/相宅相墓之屬

地理參贊玄機僊婆集十三卷　（明）張鳴鳳編集　（明）呂元　（明）杜詩評選　（明）張希堯參補　清刻本　一冊　存三卷(八至十)

330000－1719－0003509　32－5、32－7　史部/紀傳類/正史之屬

二十四史附考證　清光緒上海圖書集成印書局鉛印本　二十三冊　存二種

330000－1719－0003510　41－6　史部/雜史類/斷代之屬

晉畧六十六卷　（清）周濟撰　清刻本　九冊　存五十八卷(表二至五、列傳二至三十六、國傳一至十一、彙傳一至七、序目)

330000－1719－0003511　46－16　史部/傳記類/別傳之屬/事狀

晏子春秋七卷　（清）蘇輿校注　清光緒十八年(1892)思賢講舍刻本　一冊　存四卷(四至七)

330000－1719－0003512　48－11　子部/叢編

二十二子(二十二子彙函)　（清）浙江書局編　清刻本　一冊　存一種

330000－1719－0003513　97－1　集部/別集類/清別集

晚聞居士遺集九卷首一卷　（清）王宗炎撰　清道光十年至十一年(1830－1831)杭州陸貞一愛日軒刻本　四冊

330000－1719－0003514　53－6　史部/政書類/軍政之屬/邊政

朔方備乘六十八卷首十二卷　（清）何秋濤撰　清光緒石印本　八冊

330000－1719－0003515　19－9　經部/四書類/總義之屬

校正四書古註群義九種　清光緒二十九年(1903)上海簡青齋石印本　十二册　存四種

330000－1719－0003516　47－7　史部/傳記類/總傳之屬/通代
校正尚友錄二十二卷補遺一卷　(明)廖用賢編纂　(清)張伯琮補輯　**校正尚友錄續集二十二卷**　(清)張亮基編纂　清光緒二十年(1894)上海書局石印本　六册　存三十二卷(五至二十二、續集一至十四)

330000－1719－0003518　75－60　子部/醫家類/方書之屬/單方驗方
重訂驗方新編十八卷　(清)鮑相璈等輯　清末上海廣益書局石印本　二册　存六卷(九至十一、十六至十八)

330000－1719－0003519　166－61　子部/醫家類/本草之屬/歷代綜合本草
珍珠囊指掌補遺藥性賦四卷　(金)李杲輯
雷公炮製藥性解六卷　(明)李中梓輯　清末石印本　一册　存二卷(三至四)

330000－1719－0003521　81－11　史部/政書類
校邠廬抗議二卷　(清)馮桂芬著　清光緒十年(1884)刻本　二册

330000－1719－0003525　72－10　子部/雜著類/雜纂之屬
格言聯璧一卷　(清)金纓輯　清同治十三年(1874)上海翼化堂石印本　一册

330000－1719－0003526　157－36　子部/雜著類/雜纂之屬
格言聯璧一卷　(清)金纓輯　清同治十三年(1874)上海翼化堂石印本　一册

330000－1719－0003527　190－22　集部/總集類/課藝之屬
格致書院課藝不分卷　(清)王韜編　清光緒二十三年(1897)上海書局石印本　一册

330000－1719－0003528　66－17　新學/格致總
格致彙編不分卷　(英國)傅蘭雅輯　清光緒二年至十八年(1876－1892)上海格致書室鉛印本　二册

330000－1719－0003529　190－23　新學/格致總
格致初學入門四卷　(清)江標編　清光緒二十二年(1896)石印本　一册　存一卷(二)

330000－1719－0003530　157－24　新學/雜著/叢編
西學啓蒙十六種　(英國)赫德編　(英國)艾約瑟譯　清光緒二十四年(1898)上海圖書集成印書局鉛印本　一册　存一種

330000－1719－0003531　115－48　集部/總集類/課藝之屬
格致課藝彙編十三卷　(清)王韜編　清光緒二十三年(1897)上海書局石印本　五册　存十一卷(一至三、六至十三)

330000－1719－0003532　175－68　新學/格致總
格致精華錄四卷　王仁俊撰　(清)江標編次
德國議院章程合盟紀事本末一卷　(清)徐建寅編　清光緒二十二年(1896)石印本　一册　存一卷(一)

330000－1719－0003533　73－5　新學/兵制/槍炮
格魯森五十三七米粒密達快放礮操法一卷　清刻本　一册

330000－1719－0003534　157－25　子部/藝術類/遊藝之屬/棋弈
桃花泉奕譜二卷　(清)范世勳撰　清刻本　二册

330000－1719－0003535　115－7　集部/別集類/清別集
桐雲閣試帖輯註二卷　(清)楊庚撰　(清)張熙宇輯評　(清)王植輯注　清刻本　一册　存一卷(一)

330000－1719－0003538　115－4　類叢部/叢書類/彙編之屬
漸西村舍彙刊(漸西村舍叢刻)四十四種

(清)袁昶編　清光緒十六年至二十四年(1890－1898)桐廬袁氏刻本　一册　存二種

330000－1719－0003539　189－24　新學/史志/諸國史
節本泰西新史攬要八卷　(英國)李提摩太譯　周慶雲節錄　清光緒二十七年(1901)周慶雲夢坡室刻本　二册

330000－1719－0003540　189－24－1　新學/史志/諸國史
節本泰西新史攬要八卷　(英國)李提摩太譯　周慶雲節錄　清光緒二十七年(1901)周慶雲夢坡室刻本　二册

330000－1719－0003541　189－24－2　新學/史志/諸國史
節本泰西新史攬要八卷　(英國)李提摩太譯　周慶雲節錄　清光緒二十七年(1901)周慶雲夢坡室刻本　二册

330000－1719－0003542　189－24－3　新學/史志/諸國史
節本泰西新史攬要八卷　(英國)李提摩太譯　周慶雲節錄　清光緒二十七年(1901)周慶雲夢坡室刻本　二册

330000－1719－0003543　189－24－4　新學/史志/諸國史
節本泰西新史攬要八卷　(英國)李提摩太譯　周慶雲節錄　清光緒二十七年(1901)周慶雲夢坡室刻本　二册

330000－1719－0003544　189－30　新學/史志/諸國史
泰西新史攬要二十四卷　(英國)馬懇西撰　(英國)李提摩太譯　清光緒上海廣學會石印本　八册

330000－1719－0003545　189－53　新學/史志/諸國史
泰西新史攬要二十四卷　(英國)馬懇西撰　(英國)李提摩太譯　清光緒石印本　六册　缺三卷(一至三)

330000－1719－0003546　190－36　新學/史志/諸國史
泰西新史攬要二十四卷　(英國)馬懇西撰　(英國)李提摩太譯　清光緒二十四年(1898)上海美華書館鉛印本　六册　存十九卷(一至十九)

330000－1719－0003547　190－37　新學/史志/諸國史
泰西新史攬要二十四卷　(英國)馬懇西撰　(英國)李提摩太譯　清光緒二十四年(1898)上海美華書館鉛印本　五册　存十五卷(一至九、十四至十九)

330000－1719－0003548　189－51　新學/史志/諸國史
泰西新史攬要二十四卷　(英國)馬懇西撰　(英國)李提摩太譯　清光緒上海美華書館鉛印本　八册

330000－1719－0003549　189－52　新學/史志/諸國史
泰西新史攬要二十四卷　(英國)馬懇西撰　(英國)李提摩太譯　清光緒上海美華書館鉛印本　八册

330000－1719－0003553　171－37、175－9、175－57、175－59、189－18、189－19　史部/傳記類/科舉録之屬/歷科鄉試録
[咸豐壬子科]浙江鄉試硃卷不分卷　(清)葉寶衡撰　清刻本　六册

330000－1719－0003554　171－17　史部/傳記類/科舉録之屬/歷科鄉試録
[光緒二年丙子正科]浙江鄉試錄一卷　清光緒刻本　一册

330000－1719－0003555　189－21　史部/傳記類/科舉録之屬/歷科鄉試録
道光甲辰恩科浙江鄉試硃卷不分卷　(清)趙光佐撰　清刻本　一册

330000－1719－0003556　189－20　史部/傳記類/科舉録之屬/歷科鄉試録
光緒二十年甲午科浙江鄉試硃卷一卷　(清)陳脩榆撰　清光緒刻本　一册

330000－1719－0003557　164－12　集部/總集類

浙江立誠編試律古今體詩五卷　(清)汪廷珍輯　清友益齋刻本　三冊

330000－1719－0003558　150－26　集部/總集類/郡邑之屬

浙江形勝試帖□□卷二刻不分卷　清刻本　一冊　存二刻

330000－1719－0003559　147－1　史部/地理類/雜志之屬

浙江全省輿圖並水陸道里記不分卷　(清)宗源瀚等纂　清光緒二十年(1894)石印本　七十五冊

330000－1719－0003560　150－11、189－60　史部/傳記類/科舉録之屬

[光緒甲午科]浙江闈墨不分卷　清光緒二十年(1894)聚奎堂刻本　四冊

330000－1719－0003561　158－2　史部/傳記類/科舉録之屬

光緒十九年癸巳恩科浙江闈墨一卷　(清)王夢魁等撰　清光緒刻本　一冊

330000－1719－0003562　162－19、168－35、168－36、168－37、168－38、168－39、169－12　新學/學校

浙江陸軍小學堂講義不分卷　清刻本　十一冊

330000－1719－0003564　171－55、189－58　集部/總集類/課藝之屬

浙江試牘立誠編不分卷四刻不分卷　(清)汪廷珍輯　清嘉慶十九年(1814)、二十一年(1816)刻本　三冊

330000－1719－0003565　68－16　史部/目録類/總録之屬/官修

浙江採集遺書總錄十一卷　(清)沈初等輯　清刻本　二冊　存二卷(戊、癸)

330000－1719－0003568　159－95　集部/總集類/課藝之屬

浙江校士錄不分卷　清末石印本　二冊

330000－1719－0003569　53－13　史部/地理類/雜志之屬

浙江海島表一卷　清末石印本　一冊

330000－1719－0003570　171－33　集部/總集類/課藝之屬

浙江紫陽書院課藝二集不分卷　(清)錢楞仙評選　清咸豐三年(1853)刻本　二冊

330000－1719－0003571　99－23　集部/別集類/清別集

浮玉山房賦鈔不分卷　(清)丁紹周撰　清同治十年(1871)刻本　一冊

330000－1719－0003572　163－61　集部/別集類/清別集

海上鴻泥偶存八卷　(清)羅鳳藻撰　清道光二十八年(1848)文光堂刻本　八冊

330000－1719－0003573　98－21　集部/別集類/清別集

海上鴻泥偶存八卷　(清)羅鳳藻撰　清道光二十八年(1848)文光堂刻本　三冊　存三卷(一至二、四)

330000－1719－0003574　149－1　集部/別集類/明別集

海剛峯先生文集二卷　(明)海瑞撰　(清)張伯行編訂　清正誼堂刻本　二冊

330000－1719－0003575　190－24　史部/傳記類/總傳之屬

海國名人類類韻編二十四卷首二卷　(清)阮丙炎等輯　清光緒二十九年(1903)文來書局石印本　六冊

330000－1719－0003576　190－25　史部/傳記類/總傳之屬

海國名人類類韻編二十四卷首二卷　(清)阮丙炎等輯　清光緒二十九年(1903)文來書局石印本　四冊　存二十二卷(首,一至二、六至二十四)

330000－1719－0003577　55－22　史部/地理類/外紀之屬

海國圖志一百卷首一卷　(清)魏源撰　清光

緒二十一年(1895)上海積山書局石印本　十六冊

330000－1719－0003578　55－23　史部/地理類/外紀之屬

海國圖志一百卷首一卷　(清)魏源撰　清光緒二十一年(1895)上海積山書局石印本　十冊　存五十四卷(首,一至四、十一至十八、二十六至二十九、五十七至九十三)

330000－1719－0003579　55－25　史部/地理類/外紀之屬

海國圖志一百卷　(清)魏源撰　清光緒二十一年(1895)上海積山書局石印本　三冊　存二十四卷(二十三至三十、五十八至六十五、七十九至八十六)

330000－1719－0003580　55－26　史部/地理類/外紀之屬

海國圖志一百卷　(清)魏源撰　**續集二十五卷首一卷**　(英國)麥高爾撰　(美國)林樂知　(清)瞿昂來譯　清光緒二十一年(1895)上海書局石印本　一冊　存十一卷(首、續集一至十)

330000－1719－0003583　54－14　新學/地學/地志學

海道圖說十五卷長江圖說一卷　(英國)金約翰輯　(英國)傅蘭雅口譯　(清)王德均筆述　清光緒二十二年(1896)上海書局石印本　七冊　缺二卷(三至四)

330000－1719－0003584　98－31　集部/別集類/清別集

燼餘存稿□□卷　(清)俞汝本撰　清刻本　一冊　存五卷(六至十)

330000－1719－0003585　94－3　集部/別集類/清別集

絣水齋詩集十七卷別集二卷詩話一卷附錄一卷　(清)舒位撰　清光緒十二年(1886)邊保樞刻十七年(1891)增修本　八冊

330000－1719－0003586　95－16　集部/總集類/選集之屬/通代

憑山閣增輯留青新集三十卷　(清)陳枚選　(清)陳德裕增輯　清刻本　六冊　存八卷(四、七至八、十、十六至十八、二十一)

330000－1719－0003587　109－23　集部/總集類/選集之屬/通代

憑山閣增輯留青新集三十卷　(清)陳枚選　(清)陳德裕增輯　清聚文堂刻本　二十八冊

330000－1719－0003588　173－74　子部/農家農學類/畜牧之屬

畜產叢書八種　(清)黃毅輯　清末上海新學會社石印本　一冊　存一種

330000－1719－0003589　2－20　經部/書類/傳說之屬

書經集傳六卷　(宋)蔡沈撰　清嘉慶十八年(1813)敬藝堂刻本　二冊　存四卷(一至四)

330000－1719－0003590　2－21　經部/書類/傳說之屬

書經集傳六卷　(宋)蔡沈撰　清嘉慶十八年(1813)敬藝堂刻本　一冊　存二卷(一至二)

330000－1719－0003591　18－4　經部/四書類/總義之屬/傳說

監本四書四種　(宋)朱熹撰　清尺木堂刻本　一冊　存三種

330000－1719－0003592　7－10　經部/禮記類/傳說之屬

禮記集說十卷　(元)陳澔撰　清刻本　一冊　存一卷(一)

330000－1719－0003594　2－39　經部/詩類/傳說之屬

詩經集傳八卷　(宋)朱熹撰　清永言堂刻本　二冊　存三卷(三至五)

330000－1719－0003596　75－8　子部/醫家類/眼科之屬

秘傳眼科龍木醫書總論十卷附葆光道人秘傳眼科一卷　(明)葆光道人撰　清刻本　一冊　存三卷(八至十)

330000－1719－0003598　22－5　史部/金石

類/金之屬/文字

積古齋鐘鼎彝器款識十卷　(清)阮元　(清)朱爲弼撰　清光緒二十三年(1897)上海醉六堂石印本　二册　存四卷(一至二、七至八)

330000－1719－0003599　145－8　史部/史抄類

積經堂增定課兒鑑畧妥註善本五卷　(明)李廷機撰　清長沙積經堂刻本　一册　存二卷(一至二)

330000－1719－0003600　160－2　集部/總集類/課藝之屬

筆花書院詩課選不分卷　清刻本　二册

330000－1719－0003601　76－39　子部/醫家類/綜合之屬/雜著

筆花醫鏡四卷　(清)江涵暾撰　清刻本　一册　存二卷(一至二)

330000－1719－0003602　76－58　子部/醫家類/綜合之屬/雜著

筆花醫鏡四卷　(清)江涵暾撰　清刻本　一册　存二卷(三至四)

330000－1719－0003603　166－58　新學/算學/數學

筆算數學三卷　(美國)狄考文輯　(清)鄒立文述　清光緒二十四年(1898)上海美華書館鉛印本　一册

330000－1719－0003604　166－58－1　新學/算學/數學

筆算數學三卷　(美國)狄考文輯　(清)鄒立文述　清光緒三十二年(1906)上海美華書館鉛印本　一册　存一卷(一)

330000－1719－0003605　74－9、74－29、74－35　子部/醫家類/傷寒金匱之屬/傷寒論

劉河間傷寒三書二十卷　(金)劉完素撰　清刻本　四册　存三種

330000－1719－0003607　74－9－1　子部/醫家類/傷寒金匱之屬/傷寒論

劉河間傷寒三書二十卷　(金)劉完素撰　清刻本　二册　存一種

330000－1719－0003608　74－14　子部/醫家類/醫經之屬/内經

黄帝内經素問集注九卷　(清)張志聰撰　清光緒十六年(1890)浙江書局刻本　六册

330000－1719－0003609　74－14－1　子部/醫家類/醫經之屬/内經

黄帝内經素問集注九卷　(清)張志聰撰　清光緒十六年(1890)浙江書局刻本　六册

330000－1719－0003612　149－6　集部/小説類/長篇之屬

東周列國全志二十三卷一百八回　(清)蔡奡評點　清富春堂刻本　十七册　存十六卷(一至五、七、九、十一至十六、十九至二十、二十二)

330000－1719－0003613　170－79　集部/小説類/長篇之屬

繡像東周列國志二十七卷一百八回　(清)蔡奡評點　清光緒三十一年(1905)上海商務印書館鉛印本　一册　存三卷(二十二至二十四)

330000－1719－0003615　90－2　集部/曲類/彈詞之屬

來生福彈詞三十六回　(清)橘中逸叟撰　清鑄記書局石印本　二册

330000－1719－0003616　190－49　集部/小説類/長篇之屬

繡像征東全傳四卷四十二回　清末石印本　一册　存一卷(四)

330000－1719－0003617　72－21　子部/儒家類/儒學之屬/禮教/女範

聶氏重編家政學二卷　曾紀芬編　清光緒三十年(1904)浙江官書局刻本　二册

330000－1719－0003618　98－22　類叢部/類書類/專類之屬

胭脂牡丹六卷　(清)韓鄂撰　清道光十九年(1839)刻本　二册　存二卷(一、四)

330000－1719－0003619　80－31　集部/詩文評類/制藝之屬

增選加註能與集不分卷　(清)李秬香改本　(清)金研香評　清古越聚奎堂刻本　二册

330000－1719－0003620　189－36、189－37　集部/詩文評類/制藝之屬

增選加註能與集不分卷　(清)李秬香改本　(清)金研香評　清古越聚奎堂刻本　二册

330000－1719－0003621　160－20　集部/詩文評類/制藝之屬

能與集不分卷　(清)李秬香改本　(清)金研香評　清寶翰堂刻本　一册

330000－1719－0003622　171－9　新學/雜著/叢編

江南製造局譯書一百五十四種　(清)江南製造局編　清光緒江南製造局刻本暨鉛印本　一册　存一種

330000－1719－0003623　157－1　新學/船政/行船事宜

航海簡法四卷　(英國)那麗撰　(美國)金楷理口譯　(清)王德均筆述　清光緒江南製造局刻本暨鉛印本　二册

330000－1719－0003624　190－3　集部/別集類/明別集

荷亭辯論八卷荷亭書二卷荷亭集後錄六卷　(明)盧格撰　清嘉慶七年(1802)刻本　四册

330000－1719－0003625　165－65　集部/別集類/清別集

莪園白話不分卷　(清)彭澧撰　清咸豐十一年(1861)丹陽文會堂刻本　一册

330000－1719－0003626　165－65－1　集部/別集類/清別集

莪園白話不分卷　(清)彭澧撰　清光緒十年(1884)刻本　一册

330000－1719－0003627　51－4　史部/地理類/山川之屬/水志

莫愁湖志六卷首一卷　(清)馬士圖撰　清光緒八年(1882)、十七年(1891)刻本　二册

330000－1719－0003628　51－4－1　史部/地理類/山川之屬/水志

莫愁湖志六卷首一卷　(清)馬士圖撰　清光緒八年(1882)、十七年(1891)刻本　二册

330000－1719－0003629　51－5　史部/地理類/山川之屬/水志

莫愁湖志六卷首一卷　(清)馬士圖撰　清光緒八年(1882)、十七年(1891)刻本　一册　缺二卷(五至六)

330000－1719－0003630　162－37　子部/宗教類/佛教之屬

佛説大乘通玄法華真經十卷　清光緒二十三年(1897)刻本　三册

330000－1719－0003631　166－67　子部/農家農學類/蠶桑之屬

蠶外紀二卷首一卷末一卷　陳壽彭譯輯　清光緒二十三年(1897)上海務農會石印本　一册

330000－1719－0003632　156－41　新學/醫學

蠶體病理學不分卷　清末石印本　一册

330000－1719－0003633　156－63　子部/農家農學類/蠶桑之屬

桑蠶輯要一卷　清光緒四年(1878)衡陽刻本　一册

330000－1719－0003634　155－8、155－9　史部/編年類/通代之屬

袁王綱鑑合編三十九卷　(明)袁黄　(明)王世貞編　**明紀綱目二十卷**　(清)張廷玉等輯　清光緒三十年(1904)上海商務印書館鉛印本　十六册

330000－1719－0003635　155－10、155－11　史部/編年類/通代之屬

袁王綱鑑合編三十九卷　(明)袁黄　(明)王世貞編　**明紀綱目二十卷**　(清)張廷玉等輯　清光緒三十年(1904)上海商務印書館鉛印本　十四册　存四十九卷(一至三、五至十、十七至二十、二十四至三十九,明紀綱目一至二十)

330000－1719－0003637　47－21　子部/雜著類/雜纂之屬

諸子品節五十卷　(明)陳深輯　明萬曆刻本　一冊　存三卷(一至三)

330000－1719－0003640　146－3　史部/傳記類/總傳之屬/郡邑

諸暨賢達傳八卷　(清)郭世勳輯　清乾隆三年(1738)刻本　四冊

330000－1719－0003641　166－36　子部/術數類/陰陽五行之屬

諏吉便覽不分卷　(清)俞榮寬輯　清道光十二年(1832)錢唐費淳刻朱墨套印本　一冊

330000－1719－0003642　166－36－1　子部/術數類/陰陽五行之屬

諏吉便覽不分卷　(清)俞榮寬輯　清道光十二年(1832)錢唐費淳刻朱墨套印本　一冊

330000－1719－0003643　38－25　史部/史評類

史論五種　(清)李祖陶撰　清同治十年(1871)敖陽李氏尚友樓刻本　一冊　存一種

330000－1719－0003645　71－5　子部/儒家類/儒學之屬/勸學

讀書說四卷　(清)胡承諾撰　**年譜一卷**　(清)胡玉章撰　清道光二十五年(1845)胡氏刻本　六冊

330000－1719－0003646　70－28　類叢部/叢書類/郡邑之屬

湖北叢書三十種　(清)趙尚輔編　清光緒十七年(1891)三餘草堂刻本　三冊　存一種

330000－1719－0003647　190－7　類叢部/叢書類/彙編之屬

海山仙館叢書五十六種　(清)潘仕成編　清道光二十五年至咸豐元年(1845－1851)番禺潘氏刻光緒十一年(1885)增刻彙印本　二冊　存一種

330000－1719－0003648　49－8　史部/地理類/總志之屬/通代

讀史方輿紀要一百三十卷方輿全圖總說五卷　(清)顧祖禹撰　清光緒二十七年(1901)上海圖書集成局鉛印本　三十二冊

330000－1719－0003649　49－1　史部/地理類/總志之屬/通代

讀史方輿紀要一百三十卷方輿全圖總說五卷　(清)顧祖禹撰　清光緒二十七年(1901)上海圖書集成局鉛印本　二十七冊　缺三卷(三十九至四十一)

330000－1719－0003650　48－21　史部/地理類/總志之屬/通代

讀史方輿紀要歷代州域形勢十卷　(清)顧祖禹撰　**附統論歷朝形勢一卷**　(清)朱棠撰　清道光三十年(1850)長沙黃冕刻本　八冊

330000－1719－0003651　49－9　史部/地理類/總志之屬/通代

讀史方輿紀要詳節二十二卷方輿全圖總說五卷　(清)顧祖禹撰　(清)蔣錫礽輯　清光緒二十八年(1902)紹文石印書局石印本　八冊　存二十二卷(讀史方輿紀要詳節一至二十二)

330000－1719－0003652　132－24　子部/雜著類/雜說之屬

讀史比事五卷　(清)林撝撰　清刻本　一冊

330000－1719－0003653　69－19　史部/史評類/史論之屬

讀史論畧二卷　(清)杜詔撰　清刻本　一冊

330000－1719－0003654　69－19－1　史部/史評類/史論之屬

讀史論畧增註三卷　(清)杜詔撰　(清)唐桂註　(清)傅傳增註　清光緒七年(1881)永嘉徐氏刻本　二冊

330000－1719－0003655　72－7　子部/兵家類/兵法之屬

讀史兵略四十六卷　(清)胡林翼撰　清咸豐十一年(1861)武昌節署刻本　十六冊

330000－1719－0003656　72－23　子部/兵家類/兵法之屬

讀史兵略四十六卷　(清)胡林翼撰　清咸豐十一年(1861)武昌節署刻本　十四冊　存四

十一卷(一至二、六至四十二、四十五至四十六)

330000－1719－0003657　47－16　史部/史評類/史論之屬
讀史提要錄十二卷　(清)夏之蓉編　清刻本　四冊　存七卷(三至七、十、十二)

330000－1719－0003658　11－14　經部/春秋左傳類/傳說之屬
讀左補義五十卷首一卷　(清)姜炳璋輯　清光緒三十年(1904)浙寧汲綆齋刻本　十六冊

330000－1719－0003659　11－15　經部/春秋左傳類/傳說之屬
讀左補義五十卷首一卷　(清)姜炳璋輯　清三多堂刻本　十三冊　存四十一卷(首,一至五、十六至五十)

330000－1719－0003660　11－13　經部/春秋左傳類/傳說之屬
讀左補義五十卷首一卷　(清)姜炳璋輯　清光緒三十年(1904)浙寧汲綆齋刻本　十二冊　存三十七卷(首、一至三十六)

330000－1719－0003661　11－17　經部/春秋左傳類/傳說之屬
讀左補義五十卷首一卷　(清)姜炳璋輯　清光緒三十年(1904)浙寧汲綆齋刻本　七冊　存二十二卷(首,一、五至七、十一至十三、二十一至二十三、三十至四十)

330000－1719－0003662　154－7　經部/春秋左傳類/傳說之屬
讀左補義五十卷首一卷　(清)姜炳璋輯　清刻本　四冊　存十一卷(三十七至四十一、四十四至四十九)

330000－1719－0003663　23－1　經部/春秋左傳類/傳說之屬
讀左補義五十卷首一卷　(清)姜炳璋輯　清刻本　三冊　存十五卷(二十四至三十八)

330000－1719－0003664　142－6　經部/春秋左傳類/傳說之屬
讀左補義五十卷首一卷　(清)姜炳璋輯　清光緒三十年(1904)浙寧汲綆齋刻本　四冊　存九卷(首,一、十至十二、十八至二十一)

330000－1719－0003665　189－22　經部/春秋左傳類/傳說之屬
讀左補義五十卷首一卷　(清)姜炳璋輯　清三多堂刻本　二冊　存七卷(首,一至二、三十七至四十)

330000－1719－0003666　8－9　經部/三禮總義類
讀禮叢鈔十六種十七卷　(清)李輔燿輯　清光緒十七年(1891)湘西李氏鞠園刻本　五冊　存十五種

330000－1719－0003667　189－28　子部/術數類/相宅相墓之屬
讀楊筆記五卷　(清)姜詩安撰　清刻本　一冊　存三卷(三至五)

330000－1719－0003668　70－40　類叢部/叢書類/自著之屬
汪雙池先生叢書二十種附浙刻雙池遺書十二種　(清)汪紱撰　清同治至光緒刻光緒二十三年(1897)長安趙舒翹等彙印本　二冊　存一種

330000－1719－0003671　69－12　史部/史評類/史論之屬
讀通鑑論三十卷末一卷附宋論十五卷　(清)王夫之撰　清光緒二十五年(1899)申昌書莊石印本　四冊

330000－1719－0003672　166－2　史部/政書類/邦計之屬
調查戶口章程不分卷　清宣統二年(1910)姚江圖書公司石印本　一冊

330000－1719－0003673　166－40　新學/天學
談天十八卷首一卷附表一卷　(英國)侯失勒撰　(英國)偉烈亞力口譯　(清)李善蘭筆述　清光緒二十二年(1896)上海著易堂石印本　四冊

330000－1719－0003674　36－1　史部/編年

類/通代之屬

資治通鑑二百九十四卷 (宋)司馬光撰 (元)胡三省音注 **通鑑釋文辯誤十二卷** (元)胡三省撰 清光緒二十八年(1902)上海積山書局刻本 二十四册 存二百四十七卷(一至五十、六十一至一百十、一百二十一至一百三十、一百四十一至一百五十、一百七十一至二百八十五,釋文辯誤一至十二)

330000－1719－0003676 140－1 史部/編年類/通代之屬

資治通鑑綱目五十九卷 (宋)朱熹撰 (明)陳仁錫評 **續編一卷** (明)陳桱撰 **前編二十五卷** (明)南軒撰 (明)陳仁錫評 **續資治通鑑綱目二十七卷** (明)商輅等撰 (明)陳仁錫評 清刻本 八十册 存四十五卷(十五至五十九)

330000－1719－0003677 63－17 史部/政書類/通制之屬

資治新書十四卷首一卷二集二十卷 (清)李漁輯 清康熙芥子園刻本 七册 存十卷(首、一至九)

330000－1719－0003678 76－55 子部/醫家類/養生之屬

衛濟餘編五卷 (清)王纕堂編 清經綸堂刻本 四册 存四卷(一、三至五)

330000－1719－0003679 155－14 子部/術數類/命書相書之屬

新編評注通玄先生張果星宗大全十卷 題(唐)張果撰 (明)陸位刪補 清文奎堂刻本 四册 存四卷(一、七至九)

330000－1719－0003680 99－28 類叢部/類書類/專類之屬

新刻通用尺素見心集四卷 (清)汪文芳輯 清同治九年(1870)浙杭文德堂刻本 二册 存二卷(一至二)

330000－1719－0003681 34－6、69－22 類叢部/類書類/通類之屬

玉海二百四卷附刻十三種 (宋)王應麟撰 **校補玉海瑣記二卷王深寧先生年譜一卷** (清)張大昌撰 清光緒九年至十六年(1883－1890)浙江書局刻本 五册 存十卷(通鑑地理通釋十至十四、通鑑答問一至五)

330000－1719－0003682 35－3 史部/編年類/斷代之屬

明紀六十卷 (清)陳鶴輯 (清)陳克家補 清光緒二十八年(1902)上海積山書局石印本 六册

330000－1719－0003683 77－42 子部/術數類/陰陽五行之屬

通德類情十三卷 (清)沈重華輯 清刻本 一册 存二卷(九至十)

330000－1719－0003684 50－2 史部/地理類/方志之屬/郡縣志

[嘉慶]郴州總志四十三卷首一卷末一卷 (清)朱偓等修 (清)陳昭謀纂 清嘉慶二十五年(1820)刻本 二十七册 存四十四卷(首,一至十四、十六至四十三,末)

330000－1719－0003685 159－36 經部/四書類/總義之屬/傳說

酌雅齋四書遵註合講十九卷附圖說一卷 (清)翁復編 清刻本 三册 存十二卷(論語一至十、孟子四至五)

330000－1719－0003686 189－27 史部/傳記類/科舉録之屬/歷科鄉試録

光緒八年壬午科鄉試墨卷 (清)錢士蘭撰 清光緒刻本 一册

330000－1719－0003687 96－18 集部/總集類/氏族之屬

錢氏傳芳後集五卷 (清)錢泳輯 清刻本 一册 存二卷(四至五)

330000－1719－0003688 96－3 集部/别集類/清别集

錢南園先生遺集五卷 (清)錢灃撰 清光緒十九年(1893)保山劉樹堂浙江書局刻本 二册

330000－1719－0003689 117－7 集部/總集類/課藝之屬

鐵網珊瑚初集不分卷二集不分卷三集不分卷 （清）沈鏡堂輯　清道光二十六年（1846）刻本　二冊　存二集

330000－1719－0003690　79－13　集部/總集類/課藝之屬
鐵網珊瑚初集不分卷二集不分卷三集不分卷 （清）沈鏡堂輯　清光緒十五年（1889）上海積山書局石印本　三冊

330000－1719－0003694　89－34　子部/小說家類/異聞之屬
閱微草堂筆記二十四卷 （清）紀昀撰　清光緒二十四年（1898）宏文閣鉛印本　六冊

330000－1719－0003695　89－4　子部/小說家類/異聞之屬
閱微草堂筆記二十四卷 （清）紀昀撰　清刻本　一冊　存二卷（十三至十四）

330000－1719－0003697　38－15　集部/總集類/選集之屬/斷代
國朝文錄初編四十種 （清）李祖陶編　清刻本　一冊　存二種

330000－1719－0003698　97－3、97－23　集部/別集類/清別集
陶園文集八卷詩集二十四卷詩餘二卷附六如亭傳奇二卷 （清）張九鉞撰　清道光二十三年（1843）張氏賜錦樓刻本　十一冊　存二十五卷（文集一至八，詩集五至六、十至二十四）

330000－1719－0003699　86－27　集部/別集類/漢魏六朝別集
陶淵明集八卷首一卷末一卷 （晉）陶潛撰　清光緒六年（1880）三色刻本　四冊

330000－1719－0003700　86－3　集部/別集類/漢魏六朝別集
陶靖節集十卷總論一卷 （晉）陶潛撰　（宋）湯漢箋注　清刻本　二冊　存三卷（九至十、總論）

330000－1719－0003701　74－36　子部/醫家類/方書之屬/單方驗方
驗方新編十六卷 （清）鮑相璈輯　清光緒三年（1877）紹城鏡清寺前南首近文齋刻字店刻本　八冊

330000－1719－0003702　75－52　子部/醫家類/方書之屬/單方驗方
驗方新編十六卷 （清）鮑相璈輯　清光緒三年（1877）紹城鏡清寺前南首近文齋刻字店刻本　二冊　存二卷（一、九）

330000－1719－0003703　75－52－1　子部/醫家類/方書之屬/單方驗方
驗方新編十六卷 （清）鮑相璈輯　清光緒三年（1877）紹城鏡清寺前南首近文齋刻字店刻本　一冊　存一卷（一）

330000－1719－0003704　75－42　子部/醫家類/方書之屬/單方驗方
驗方新編二十四卷 （清）鮑相璈輯　清光緒四年（1878）杭州東壁齋刻本　十六冊

330000－1719－0003705　75－46　子部/醫家類/方書之屬/單方驗方
驗方新編二十四卷 （清）鮑相璈輯　清刻本　二冊　存二卷（十一、十七）

330000－1719－0003709　49－7　子部/天文曆算類/天文之屬
中西天算蒙求八卷 （清）徐朝俊纂　清光緒二十三年（1897）上海書局石印本　一冊　存一卷（地輿總說）

330000－1719－0003710　37－6　史部/傳記類/別傳之屬/年譜
高祖功臣侯年表□□卷 清刻本　一冊　存二卷（六至七）

330000－1719－0003716　161－1　子部/術數類/相宅相墓之屬
乾坤法竅三卷 （清）范宜賓輯　清刻本　一冊　存一卷（三）

330000－1719－0003717　150－5　史部/地理類/方志之屬/郡縣志
［乾隆］嵊縣志十八卷首一卷末一卷 （清）李以琰修　（清）田實秬等纂　清乾隆七年（1742）刻本　二冊　存五卷（首、一至四）

330000－1719－0003718　147－3　史部/地理類/方志之屬/通志

簡州志八卷　（清）劉如基修　清乾隆五十八年(1793)學署刻本　六冊

330000－1719－0003719　147－7　史部/地理類/山川之屬/山志

廬山志十五卷首一卷　（清）毛德琦撰　清康熙五十九年(1720)順德堂刻乾隆五十八年(1793)龔琰重修本　十二冊

330000－1719－0003722　99－15　集部/別集類/清別集

四安堂詩鈔二卷　（清）夏照撰　清光緒八年(1882)四安堂刻本　一冊

330000－1719－0003724　171－3　史部/政書類/邦計之屬

商辦全浙鐵路有限公司第四屆帳略不分卷（清）商辦全浙鐵路有限公司編　清宣統元年(1909)上海商務印書館鉛印本　一冊

330000－1719－0003725　159－15　集部/總集類/課藝之屬

啜茗軒小題文不分卷　（清）何炳榮　（清）何瀓輯　清同治十年(1871)刻本　二冊

330000－1719－0003728　97－20　集部/別集類/清別集

寄青齋詩稿一卷詞稿一卷　（清）徐虔復撰

綠雲館吟草一卷賦鈔一卷　（清）程芙亭撰　清光緒十三年(1887)徐煥章留餘堂刻本　二冊

330000－1719－0003729　99－17　集部/別集類/清別集

寄春吟詩一卷詞一卷　（清）劉汝藼撰　清光緒三年(1877)劉宗海刻本　一冊

330000－1719－0003730　163－5　集部/別集類/清別集

寄嶽雲齋試體詩選詳註四卷　（清）聶銑敏撰　（清）張學蘇箋　清刻本　二冊

330000－1719－0003731　176－31　集部/別集類/清別集

寄嶽雲齋試體詩選詳註四卷　（清）聶銑敏撰　（清）張學蘇箋　清刻本　一冊　存二卷（一至二）

330000－1719－0003732　171－78　集部/別集類/清別集

寄嶽雲齋試體詩選詳註四卷　（清）聶銑敏撰　（清）張學蘇箋　清刻本　一冊　存一卷（一）

330000－1719－0003733　163－6　集部/別集類/清別集

寄嶽雲齋試體詩選詳註四卷　（清）聶銑敏撰　（清）張學蘇箋　清刻本　二冊　存二卷（二至三）

330000－1719－0003734　98－49　集部/別集類/清別集

增訂寄嶽雲齋試體詩選四卷　（清）聶銑敏撰　（清）朱兆鳳評　清漳文林堂刻本　一冊　存一卷（一）

330000－1719－0003735　171－30　集部/總集類/課藝之屬

崇文書院課藝不分卷　（清）徐恩綬　（清）高人驥　（清）孫詒紳編　清同治六年(1867)刻本　一冊

330000－1719－0003736　52－17　史部/地理類/方志之屬/郡縣志

[光緒]崑新兩縣續修合志五十二卷首一卷末一卷　（清）金吳瀾　（清）李福沂修　（清）汪堃　（清）朱成熙纂　清光緒六年(1880)刻本　二冊　存五卷（十五至十七、三十三至三十四）

330000－1719－0003737　161－60　子部/宗教類/道教之屬/經文

三聖經附刊鸞諭不分卷　清光緒二十六年(1900)集陽樓刻本　一冊

330000－1719－0003738　129－7　集部/別集類/清別集

常惺惺齋文集十卷　（清）錢世瑞撰　清道光三十年(1850)刻本　十冊

330000－1719－0003739　129－11　集部/別集類/清別集

常惺惺齋文集十卷　(清)錢世瑞撰　清道光三十年(1850)刻本　十冊

330000－1719－0003740　130－8　集部/別集類/清別集

常惺惺齋文集十卷　(清)錢世瑞撰　清末刻本　一冊　存一卷(十)

330000－1719－0003742　185－13　經部/小學類/文字之屬/字書/字典

康熙字典十二集三十六卷總目一卷檢字一卷辨似一卷等韻一卷補遺一卷備考一卷　(清)張玉書等纂修　清光緒二十年(1894)上海同文書局石印本　十二冊

330000－1719－0003743　185－1　經部/小學類/文字之屬/字書/字典

康熙字典十二集三十六卷總目一卷檢字一卷辨似一卷等韻一卷補遺一卷備考一卷　(清)張玉書等纂修　清刻本　三十二冊　缺七卷(丑二至三,卯二,巳一,午一、三,未二)

330000－1719－0003744　185－12　經部/小學類/文字之屬/字書/字典

康熙字典十二集三十六卷總目一卷檢字一卷辨似一卷等韻一卷補遺一卷備考一卷　(清)張玉書等纂修　清刻本　二十六冊　缺十七卷(子一至二、丑一、巳一至三、午一至三、未一、申一至三、酉三,等韻,補遺,備考)

330000－1719－0003745　186－1　經部/小學類/文字之屬/字書/字典

康熙字典十二集三十六卷總目一卷檢字一卷辨似一卷等韻一卷補遺一卷備考一卷　(清)張玉書等纂修　清道光七年(1827)刻本　四十冊

330000－1719－0003746　185－2　經部/小學類/文字之屬/字書/字典

康熙字典十二集三十六卷總目一卷檢字一卷辨似一卷等韻一卷補遺一卷備考一卷　(清)張玉書等纂修　清刻本　三十四冊　缺八卷(辰一、未三、申一,總目,檢字,辨似,補遺,備考)

330000－1719－0003747　186－4　經部/小學類/文字之屬/字書/字典

康熙字典十二集三十六卷總目一卷檢字一卷辨似一卷等韻一卷補遺一卷備考一卷　(清)張玉書等纂修　清刻本　三十九冊　缺三卷(總目、檢字、辨似)

330000－1719－0003748　186－3　經部/小學類/文字之屬/字書/字典

康熙字典十二集三十六卷總目一卷檢字一卷辨似一卷等韻一卷補遺一卷備考一卷　(清)張玉書等纂修　清刻本　三十冊　缺十二卷(丑二至三、寅一、巳二至三、戌三,總目,檢字,辨似,等韻,補遺,備考)

330000－1719－0003752　175－36　經部/小學類/文字之屬/字書/字典

康熙字典十二集三十六卷總目一卷檢字一卷辨似一卷等韻一卷補遺一卷備考一卷　(清)張玉書等纂修　清光緒三十四年(1908)上海集成圖書公司鉛印本　二冊　存十卷(子一至三、巳一至三,總目,檢字,辨似,等韻)

330000－1719－0003753　175－38　經部/小學類/文字之屬/字書/字典

康熙字典十二集三十六卷總目一卷檢字一卷辨似一卷等韻一卷補遺一卷備考一卷　(清)張玉書等纂修　清末石印本　二冊　存十四卷(子一至三、丑一、巳一至三、午一至三,總目,檢字,辨似,等韻)

330000－1719－0003754　185－6　經部/小學類/文字之屬/字書/字典

康熙字典十二集三十六卷總目一卷檢字一卷辨似一卷等韻一卷補遺一卷備考一卷　(清)張玉書等纂修　清光緒二十五年(1899)上海慎記書莊石印本　一冊　存十卷(子一至三、丑一至三,總目,檢字,辨似,等韻)

330000－1719－0003755　185－11　經部/小學類/文字之屬/字書/字典

康熙字典十二集三十六卷總目一卷檢字一卷辨似一卷等韻一卷補遺一卷備考一卷　(清)

張玉書等纂修　清刻本　二十七册　缺十五卷(子三,卯三,申一至三,酉一至三,戌二,亥一、三;總目;檢字;辨似;等韻)

330000－1719－0003756　185－4　經部/小學類/文字之屬/字書/字典
康熙字典十二集三十六卷總目一卷檢字一卷辨似一卷等韻一卷補遺一卷備考一卷　(清)張玉書等纂修　清刻本　五册　存五卷(子二、丑一、酉一至二、亥一)

330000－1719－0003757　185－3　經部/小學類/文字之屬/字書/字典
康熙字典十二集三十六卷總目一卷檢字一卷辨似一卷等韻一卷補遺一卷備考一卷　(清)張玉書等纂修　清刻本　六册　存六卷(子三、寅二、巳二至三、酉二,備考)

330000－1719－0003758　185－10　經部/小學類/文字之屬/字書/字典
康熙字典十二集三十六卷總目一卷檢字一卷辨似一卷等韻一卷補遺一卷備考一卷　(清)張玉書等纂修　清刻本　五册　存七卷(子三、申二,總目,檢字,辨似,補遺,備考)

330000－1719－0003759　175－37、175－96、175－97　經部/小學類/文字之屬/字書/字典
康熙字典十二集三十六卷總目一卷檢字一卷辨似一卷等韻一卷補遺一卷備考一卷　(清)張玉書等纂修　清刻本　六册　存六卷(卯一、巳二、亥一至三,補遺)

330000－1719－0003760　185－9　經部/小學類/文字之屬/字書/字典
康熙字典十二集三十六卷總目一卷檢字一卷辨似一卷等韻一卷補遺一卷備考一卷　(清)張玉書等纂修　清刻本　十一册　存十一卷(子一至三、丑一至三、寅一至三、辰二、午一)

330000－1719－0003762　99－42　子部/雜著類/雜説之屬
庸閒齋筆記十二卷　(清)陳其元撰　清末石印本　二册　存四卷(五至八)

330000－1719－0003763　86－9　集部/別集類/漢魏六朝別集
庾子山集十六卷本傳一卷總釋一卷　(北周)庾信撰　(清)倪璠注　**附年譜一卷**　(清)倪璠撰　清刻本　十二册

330000－1719－0003764　86－5　集部/別集類/漢魏六朝別集
庾子山集十六卷本傳一卷總釋一卷　(北周)庾信撰　(清)倪璠注　**附年譜一卷**　(清)倪璠撰　清篤慶堂刻本　十册

330000－1719－0003765　163－10　子部/小説家類/異聞之屬
情史類畧二十四卷　(明)馮夢龍輯　清刻本　二册　存三卷(十四至十六)

330000－1719－0003767　163－8　集部/總集類/郡邑之屬
惜陰書舍賦鈔□□卷　(清)陳兆熙輯　清同治十二年(1873)文慶堂刻本　一册　存一卷(一)

330000－1719－0003768　113－41、171－79　集部/總集類/選集之屬/斷代
排律初津四卷　(清)金鳳沼編並註　清光緒七年(1881)古越求是齋刻本　四册

330000－1719－0003769　189－57　集部/總集類/選集之屬/斷代
排律初津四卷　(清)金鳳沼編並註　清刻本　二册　存二卷(二至三)

330000－1719－0003770　112－37　集部/總集類/選集之屬/斷代
排律偶鈔二卷　(清)沈金鑑編次　(清)華晉德輯註　清嘉慶六年(1801)函三堂刻本　一册

330000－1719－0003771　161－11　子部/雜著類/雜説之屬
救刦回生四卷　清光緒二十三年(1897)上虞顧悟崇刻本　一册　存一卷(一)

330000－1719－0003772　63－2　史部/政書類/邦計之屬/荒政
重刊救荒補遺書二卷　(宋)董煟撰　(元)張

光大增　(明)朱熊補　(明)王崇慶釋斷　清刻本　一冊　存一卷(二)

330000－1719－0003773　171－19　新學/學校

教育心理學一卷　(日本)高島平三郎撰　(清)田吳照譯　清光緒三十一年(1905)上海商務印書館鉛印本　一冊

330000－1719－0003775　45－3　史部/地理類/專志之屬/祠墓

曹江孝女廟誌八卷首一卷末一卷補遺一卷　(清)金廷棟輯　(清)唐煦春增輯　清光緒八年(1882)五社公所刻本　二冊

330000－1719－0003776　45－14　史部/地理類/專志之屬/祠墓

曹江孝女廟誌八卷首一卷末一卷補遺一卷　(清)金廷棟輯　(清)唐煦春增輯　清光緒八年(1882)五社公所刻本　一冊　存四卷(首、一至三)

330000－1719－0003777　94－14　集部/別集類/清別集

望溪先生文集十八卷集外文十卷集外文補遺二卷年譜二卷　(清)方苞撰　清咸豐元年(1851)戴鈞衡刻二年(1852)增刻本　一冊　存一卷(集外文五)

330000－1719－0003778　94－13、94－15　集部/別集類/清別集

望溪先生文集十八卷集外文十卷集外文補遺二卷年譜二卷　(清)方苞撰　清咸豐元年(1851)戴鈞衡刻二年(1852)增刻本　十六冊

330000－1719－0003779　94－16　類叢部/叢書類/自著之屬

抗希堂十六種　(清)方苞撰　清康熙至嘉慶刻彙印本　十二冊　存一種

330000－1719－0003781　164－28　子部/天文曆算類/算書之屬

梅氏叢書輯要三十種首一卷　(清)梅文鼎撰　(清)梅瑴成重編　清末石印本　三冊　存十種

330000－1719－0003782　93－18　集部/別集類/清別集

梅村詩集箋注十八卷　(清)吳偉業撰　(清)吳翌鳳箋注　**吳梅村先生行狀一卷**　(清)顧湄撰　**吳梅村先生墓表一卷**　(清)陳廷敬撰　清光緒二十二年(1896)新化三味堂刻本　十二冊

330000－1719－0003784　96－28　集部/別集類/清別集

夢月巖詩集二十卷詩餘一卷　(清)呂履恒撰　清雍正三年(1725)呂憲曾、呂宣曾昆山刻本　二冊　存十卷(十一至二十)

330000－1719－0003785　98－7　集部/別集類/清別集

夢魚書屋詩草一卷　(清)張蘭著　清咸豐十一年(1861)在我軒刻本　一冊

330000－1719－0003786　129－12　集部/別集類/清別集

夢香存稿二卷　(清)魏蘭汀撰　清咸豐十年(1860)得英書屋刻本　二冊

330000－1719－0003787　129－12－1　集部/別集類/清別集

夢香存稿二卷　(清)魏蘭汀撰　清咸豐十年(1860)得英書屋刻本　二冊

330000－1719－0003788　129－12－2　集部/別集類/清別集

夢香存稿二卷　(清)魏蘭汀撰　清咸豐十年(1860)得英書屋刻本　二冊

330000－1719－0003789　189－25　集部/別集類/清別集

夢香草四卷　(清)魏蘭汀撰　清咸豐十年(1860)得英書屋刻本　二冊

330000－1719－0003791　155－42　子部/雜著類/雜說之屬

欲海回狂集三卷內典字義譯註一卷　(清)周思仁撰　**附刻省庵法師不淨觀頌四念處頌一卷**　(清)熊秉悳選　清光緒三年(1877)昭慶慧空經房刻本　一冊

330000－1719－0003792　157－17　集部/總集類/選集之屬/通代

涵芬樓古今文鈔一百卷　吳曾祺輯　清宣統上海商務印書館鉛印本　二册　存二卷(六十五至六十六)

330000－1719－0003793　95－6　集部/别集類/清别集

涵村詩集十卷　(清)秦文超撰　清光緒六年(1880)秦簧刻本　五册

330000－1719－0003795　165－17　子部/藝術類/書畫之屬/畫譜

點石齋畫報初集十卷二集十二卷三集八卷四集六卷五集四卷六集四卷後附淞隱漫錄十二卷續錄五卷漫遊隨錄三卷風箏誤一卷閨媛叢錄一卷點石齋叢鈔一卷乘龍佳話一卷藹園謎賸一卷　(清)尊聞閣主人輯　清末石印本　一册　存三卷(淞隱漫錄十至十二)

330000－1719－0003796　40－11　史部/雜史類/斷代之屬

淮軍平捻記十二卷　(清)周世澄撰　清光緒三年(1877)上海機器印書局鉛印本　二册

330000－1719－0003797　147－10　子部/雜著類/雜説之屬

淮南子二十一卷　(漢)劉安撰　(漢)高誘注　(清)莊逵吉校　清光緒二年(1876)浙江書局校刻武進莊逵吉本　七册

330000－1719－0003798　79－32　子部/雜著類/雜説之屬

淮南鴻烈解二十一卷　(漢)劉安撰　(漢)高誘註　清刻本　二册　存十二卷(一至十二)

330000－1719－0003799　52－7　史部/地理類/方志之屬/郡縣志

[光緒]淳安縣志十六卷首一卷　(清)劉世寧修　(清)李詩續修　(清)陳中元　(清)竺士彦續纂　清光緒十年(1884)刻本　八册

330000－1719－0003800　87－16　類叢部/叢書類/彙編之屬

武英殿聚珍版書一百三十八種　清刻本　二册　存一種

330000－1719－0003806　175－44　集部/曲類/寶卷之屬

蘭英寶卷二卷　清光緒至宣統上海文益書局石印本　一册

330000－1719－0003812　41－10　史部/編年類/斷代之屬

清史攬要六卷　(日本)增田貢撰　清光緒二十七年(1901)杭州白話報館石印本　六册

330000－1719－0003813　41－8　史部/編年類/斷代之屬

清史攬要六卷　(日本)增田貢撰　清光緒二十七年(1901)杭州白話報館石印本　六册

330000－1719－0003814　41－14　史部/編年類/斷代之屬

清史攬要六卷　(日本)增田貢撰　清光緒二十七年(1901)杭州白話報館石印本　五册　存五卷(一至五)

330000－1719－0003816　157－33　集部/詞類

詞俤試律清華集□□卷　(清)蔣義彬輯　清刻本　一册　存一卷(三)

330000－1719－0003817　95－26　集部/别集類/清别集

清芬樓遺稿四卷　(清)任啓運撰　清光緒十四年(1888)任氏家塾刻本　二册

330000－1719－0003819　66－22　史部/政書類/邦交之屬

清俄關係二卷　(日本)綠岡隱士撰　清光緒二十九年(1903)上海順成書局石印本　二册

330000－1719－0003820　41－9　史部/雜史類/斷代之屬

清朝史畧十一卷　(日本)佐藤楚材編輯　清光緒二十八年(1902)上海書局石印本　六册

330000－1719－0003822　44－3　史部/傳記類/總傳之屬/儒林

學案小識十四卷首一卷末一卷　(清)唐鑑撰

清末光緒上海文瑞樓石印本　六册

330000－1719－0003823　77－38　子部/術數類/命書相書之屬

新刊合併官板音義評註淵海子平五卷　(宋)徐升編　清善成堂刻本　二册

330000－1719－0003824　88－16　類叢部/類書類/通類之屬

淵鑑類函四百五十卷目錄四卷　(清)張英　(清)王士禛等輯　清刻本　八册　存二十二卷(一百四至一百六、一百十八至一百二十、一百二十九至一百三十三、二百二十至二百二十五、三百三十六至三百三十七、四百四十八至四百五十)

330000－1719－0003825　164－36　類叢部/類書類/通類之屬

淵鑑類函四百五十卷目錄四卷　(清)張英　(清)王士禛等輯　清末石印本　九册　存十三卷(天部一至八、十,目錄一至四)

330000－1719－0003826　95－1　集部/總集類/選集之屬/通代

漁洋山人古詩選三十二卷　(清)王士禛輯

惜抱軒今體詩選十八卷　(清)姚鼐輯　清同治七年(1868)湘鄉曾氏刻本　三册　存十三卷(五言詩一至五,七言詩歌行鈔一至四、十二至十五)

330000－1719－0003827　95－2　集部/別集類/清別集

漁洋山人精華錄箋注十二卷補一卷附年譜一卷　(清)王士禛撰　(清)金榮箋注　清康熙五十一年(1712)鳳翽堂刻本　八册

330000－1719－0003828　149－11　集部/別集類/清別集

漁洋山人精華錄箋注十二卷補一卷附年譜一卷　(清)王士禛撰　(清)金榮箋注　清康熙五十一年(1712)鳳翽堂刻本　七册　缺三卷(七至九)

330000－1719－0003829　117－24　集部/詩文評類/詩評之屬

漁洋詩話二卷　(清)王士禛撰　清道光十五年(1835)刻本　二册

330000－1719－0003830　171－23　子部/宗教類/道教之屬/雜著

率性闡微玄洲老人素陽子著西江月調十六首一卷　(□)素陽子撰　(清)自然子注解　清刻本　一册

330000－1719－0003831　171－23－1　子部/宗教類/道教之屬/雜著

率性闡微玄洲老人素陽子著西江月調十六首一卷　(□)素陽子撰　(清)自然子注解　清刻本　一册

330000－1719－0003832　98－18　集部/別集類/清別集

瑯嬛詩集四卷　(清)陳太初撰　清嘉慶八年(1803)抱蘭軒刻本　一册　存一卷(四)

330000－1719－0003833　46－1　史部/傳記類/總傳之屬/儒林

理學宗傳二十六卷　(清)孫奇逢撰　(清)魏一鼇等編　清光緒六年(1880)浙江書局刻本　十一册　存二十五卷(一至二十一、二十三至二十六)

330000－1719－0003834　46－5　史部/傳記類/總傳之屬/儒林

理學宗傳二十六卷　(清)孫奇逢撰　(清)魏一鼇等編　清光緒六年(1880)浙江書局刻本　七册　存十七卷(一至十三、二十至二十一、二十五至二十六)

330000－1719－0003835　115－3　集部/總集類/域外之屬

琉球詩錄二卷　(清)徐幹評定　清同治刻本　一册

330000－1719－0003836　99－12　集部/總集類/域外之屬

琉球詩課二卷　(清)徐幹評定　清同治刻本　一册

330000－1719－0003838　63－28、63－29　子部/雜著類/雜說之屬

盛世危言五卷續編三卷　鄭觀應輯撰　清光緒二十二年至二十四年(1896－1898)上海書局石印本　四册　存五卷(一至二、續編一至三)

330000－1719－0003839　62－6　子部/雜著類/雜説之屬
盛世危言十四卷　鄭觀應輯撰　清末石印本　五册　存十一卷(二至十一、十四)

330000－1719－0003840　62－11　子部/雜著類/雜説之屬
盛世危言十四卷　鄭觀應輯撰　清光緒二十一年(1895)鉛印本　八册　存八卷(一至八)

330000－1719－0003841　75－13　子部/醫家類/眼科之屬
傅氏眼科審視瑶函六卷首一卷　(明)傅仁宇撰　(明)林長生校補　清大文堂刻本　五册　缺一卷(五)

330000－1719－0003842　75－37　子部/醫家類/眼科之屬
眼科秘旨二卷　清紅杏山房刻本　一册　存一卷(一)

330000－1719－0003843　113－29　集部/總集類/選集之屬/斷代
七家詩選(硃批七家詩選箋注)七卷　(清)張熙宇輯評　清末文奎堂刻朱墨套印本　三册　存六卷(一至四、六至七)

330000－1719－0003844　43－5　史部/詔令奏議類/詔令之屬
硃批諭旨不分卷　(清)鄂爾泰等輯　清刻朱墨套印本　一册

330000－1719－0003845　91－9　類叢部/叢書類/自著之屬
章氏遺書二種　(清)章學誠撰　清道光十二年至十三年(1832－1833)章華紱刻本　四册　存九卷(文史通義一至三、六至八,校讐通義一至三)

330000－1719－0003846　90－10　類叢部/叢書類/自著之屬
章氏遺書二種　(清)章學誠撰　清道光十二年至十三年(1832－1833)章華紱刻本　四册　存九卷(文史通義一至三、六至八,校讐通義一至三)

330000－1719－0003847　189－4　集部/小説類/長篇之屬
四大奇書第一種十九卷一百二十回首一卷　(明)羅本撰　(清)毛宗崗評　清刻本　四册　存四卷(首、三至五)

330000－1719－0003848　190－10　集部/小説類/長篇之屬
四大奇書第一種十九卷一百二十回首一卷　(明)羅本撰　(清)毛宗崗評　清刻本　一册　存二卷(八至九)

330000－1719－0003849　90－13　集部/小説類/長篇之屬
四大奇書第一種十九卷一百二十回首一卷　(明)羅本撰　(清)毛宗崗評　清刻本　一册　存一卷(六)

330000－1719－0003850　164－2　集部/戲劇類/傳奇之屬
成裕堂繪像第七才子書六卷四十二齣　(元)高明撰　清刻本　一册　存一卷(四)

330000－1719－0003851　90－11　集部/小説類/長篇之屬
評論出像水滸傳二十卷　(元)施耐庵撰　(清)金人瑞評　清刻本　六册　存八卷(一至四、十五至十八)

330000－1719－0003852　90－18　集部/戲劇類/雜劇之屬
雲林别墅繪像妥註第六才子書六卷　(元)王德信撰　(清)鄒聖脉妥註　清刻本　一册　存一卷(三)

330000－1719－0003853　90－12　集部/戲劇類/雜劇之屬
第六才子書八卷才子西廂文一卷　(元)王德信　(元)關漢卿撰　(清)金人瑞批　清嘉慶二十二年(1817)裕文堂刻本　六册

330000－1719－0003854　88－7、88－10　類叢部/類書類/通類之屬

續廣事類賦三十卷　(清)王鳳喈撰並注　清嘉慶五年(1800)聽竹軒刻本　九冊　存十八卷(一至五、八、十至十一、十三至十四、十八至十九、二十五至三十)

330000－1719－0003855　159－93　子部/藝術類/篆刻之屬/印譜

印譜不分卷嵊縣照捐委員公文四則不分卷　清末鈐印本　一冊

330000－1719－0003856　174－7　史部/政書類/公牘檔冊之屬

保舉廩貢陳錫金孝廉方正稟文彙編不分卷　清宣統三年(1911)抄本　一冊

330000－1719－0003857　51－1　史部/地理類/方志之屬/通志

[光緒]續雲南通志稿一百九十四卷首六卷　(清)王文韶　(清)魏光燾修　(清)唐炯等纂　清光緒二十七年(1901)四川岳池縣刻本　八十七冊　存一百七十九卷(首一至四,一至二十四、二十八至六十九、七十一至九十二、九十五至一百四十一、一百四十三至一百五十八、一百六十九至一百七十、一百七十三至一百九十四)

330000－1719－0003858　89－11　子部/小說家類/異聞之屬

續太平廣記八卷　(清)陸壽名輯　清刻本　二冊　存二卷(一、四)

330000－1719－0003859　165－25　史部/雜史類/通代之屬

續支那通史二卷　(日本)山峯畯藏撰　(清)中國漢陽青年編譯　清末石印本　二冊　存一卷(二)

330000－1719－0003860　58－2　史部/政書類/通制之屬

文獻通考正續合纂四十四卷　(清)郎星等輯　清心遠堂刻本　六冊　存二十二卷(續一至二十二)

330000－1719－0003861　107－6、158－43　集部/總集類/選集之屬/通代

古文辭類纂十五卷　(清)姚鼐輯　**續古文辭類纂十卷**　王先謙輯　清光緒十六年(1890)上海文瑞樓鉛印本　五冊　存二十三卷(三至十五、續古文辭類纂一至十)

330000－1719－0003862　196－12　集部/總集類/選集之屬/通代

古文辭類纂七十四卷　(清)姚鼐輯　**續古文辭類纂三十四卷**　王先謙輯　清光緒三十三年(1907)上海商務印書館鉛印本　一冊　存七卷(續古文辭類纂一至七)

330000－1719－0003863　107－5、107－7　集部/總集類/選集之屬/通代

古文辭類纂十五卷　(清)姚鼐輯　**續古文辭類纂十卷**　王先謙輯　清光緒十六年(1890)上海文瑞樓鉛印本　七冊　存二十三卷(三至十五、續古文辭類纂一至十)

330000－1719－0003864　107－11　集部/總集類/選集之屬/通代

古文辭類纂七十四卷　(清)姚鼐輯　**續古文辭類纂三十四卷**　王先謙輯　清末上海商務印書館鉛印本　四冊　存十五卷(續古文辭類纂一至七、十六至十八、二十四至二十八)

330000－1719－0003865　107－1　集部/總集類/選集之屬/通代

續古文辭類纂三十四卷　王先謙輯　清光緒十年(1884)行素草堂刻本　六冊

330000－1719－0003867　12－14　史部/史評類/史論之屬

續左傳博議四卷　(清)王夫之　(清)朱元英撰　清末石印本　一冊　存二卷(三至四)

330000－1719－0003868　149－18　類叢部/叢書類/自著之屬

隨園三十種　(清)袁枚撰　清乾隆至嘉慶刻本　七冊　存一種

330000－1719－0003869　111－14　類叢部/叢書類/自著之屬

隨園三十種　(清)袁枚撰　清刻本　一冊　存一種

330000－1719－0003870　117－29、117－28　集部/詞類
詞選四種　清光緒四年(1878)張晉德湖北官書處刻本　二冊　存二種

330000－1719－0003871　44－7　史部/傳記類/總傳之屬/通代
續學統内編五十八卷首一卷　(清)張廷琛撰　夏成吉增補　清同治十年(1871)山東養正堂刻本　十六冊　存五十七卷(首,上一至二、中一至三十一、下一至二十三)

330000－1719－0003872　35－1　史部/編年類/通代之屬
續資治通鑑二百二十卷　(清)畢沅撰　清光緒二十八年(1902)上海積山書局石印本　十四冊　存一百四十卷(一至三十、四十一至五十、八十一至一百、一百二十一至一百四十、一百五十一至一百七十、一百八十一至二百二十)

330000－1719－0003873　137－1　史部/編年類/斷代之屬
續資治通鑑長編拾補六十卷　(清)秦緗業輯注　清光緒九年(1883)浙江書局刻本　十六冊

330000－1719－0003874　64－8　史部/政書類/律令之屬/刑制
續增刑案匯覽十六卷　(清)祝慶祺輯　清道光二十年(1840)棠樾慎思堂刻本　四冊　存四卷(一至四)

330000－1719－0003875　94－8　集部/別集類/清別集
綿津山人詩集三十一卷附楓香詞一卷漫堂說詩一卷　(清)宋犖撰　清康熙刻本　二冊　存十二卷(一至六、十五至二十)

330000－1719－0003876　176－36　集部/總集類/課藝之屬
律賦青雲集不分卷　(清)夏同善鑒定　清綠香山館刻本　一冊

330000－1719－0003878　89－16　集部/小說類/短篇之屬
聊齋志異新評十六卷　(清)蒲松齡撰　(清)王士慎評　(清)呂湛恩注　(清)但明倫批　清末石印本　七冊　存十四卷(三至十六)

330000－1719－0003879　175－63　集部/小說類/短篇之屬
聊齋誌異新評十六卷　(清)蒲松齡撰　(清)王士慎評　(清)呂湛恩注　(清)但明倫批　清末朱墨套印本　三冊　存三卷(九至十一)

330000－1719－0003880　163－9、163－44、166－80　集部/小說類/短篇之屬
聊齋誌異新評十六卷　(清)蒲松齡撰　(清)王士慎評　(清)呂湛恩注　(清)但明倫批　清刻本　六冊　存六卷(一、六、八、十三至十四、十六)

330000－1719－0003881　163－45　集部/小說類/短篇之屬
聊齋誌異新評十六卷　(清)蒲松齡撰　(清)王士慎評　(清)呂湛恩注　(清)但明倫批　清刻本　七冊　存七卷(二、五至六、八、十二、十四至十五)

330000－1719－0003882　163－34　集部/小說類/短篇之屬
聊齋誌異新評十六卷　(清)蒲松齡撰　(清)王士慎評　(清)呂湛恩注　(清)但明倫批　清刻本　一冊　存一卷(五)

330000－1719－0003883　163－43　集部/小說類/短篇之屬
聊齋誌異新評十六卷　(清)蒲松齡撰　(清)王士慎評　(清)呂湛恩注　(清)但明倫批　清刻本　一冊　存一卷(十四)

330000－1719－0003884　89－23　集部/小說類/短篇之屬
聊齋志異注十六卷　(清)呂湛恩輯注　清道光五年(1825)刻本　四冊

330000－1719－0003885　89－33　集部/小

說類/短篇之屬

聊齋誌異新評十六卷 （清）蒲松齡撰 （清）王士慎評 （清）呂湛恩注 （清）但明倫批 清末刻朱墨套印本 二冊 存四卷（五至八）

330000－1719－0003886 98－16 集部/別集類/清別集

船山詩草二十卷 （清）張問陶撰 清嘉慶二十年（1815）刻本 三冊 存十二卷（一至八、十三至十六）

330000－1719－0003892 97－13 集部/別集類/清別集

英江古文存四卷詩存三卷附崇祀鄉賢祠錄一卷朋舊詩一卷 （清）陶必銓撰 清嘉慶二十一年（1816）陶氏愛吾廬刻本 一冊 存七卷（文存一至四、詩存一至三）

330000－1719－0003893 167－29 子部/小說家類/異聞之屬

諧鐸十二卷 （清）沈起鳳撰 清刻本 一冊 存二卷（七至八）

330000－1719－0003894 77－26、77－27 子部/天文曆算類/曆法之屬

新鐫曆法便覽象吉備要通書大全三十二卷 （清）魏鑑撰 清武林三餘堂刻本 三冊 存七卷（一至三、十七至二十）

330000－1719－0003896 146－7 類叢部/叢書類/彙編之屬

抱經堂叢書十六種 （清）盧文弨編 清乾隆至嘉慶刻彙印本 二冊 存一種

330000－1719－0003898 75－53 子部/醫家類/眼科之屬

銀海精微四卷 題（唐）孫思邈撰 清刻本 二冊

330000－1719－0003900 115－44、117－13 類叢部/叢書類/自著之屬

隨園三十八種 （清）袁枚撰 清光緒十八年（1892）勤裕堂鉛印本 五冊 存二種

330000－1719－0003901 95－19、95－20、117－21 類叢部/叢書類/自著之屬

隨園三十種 （清）袁枚撰 清刻本 十一冊 存四種

330000－1719－0003902 157－15 集部/別集類/清別集

隨園文集二卷 （清）袁枚撰 清宣統二年（1910）上海國學扶輪社石印本 一冊

330000－1719－0003903 117－11 類叢部/叢書類/自著之屬

隨園三十六種 （清）袁枚撰 清石印本 四冊 存一種

330000－1719－0003906 94－5 類叢部/叢書類/自著之屬

隨園三十八種 （清）袁枚撰 清宣統二年（1910）上海鴻文書局石印本 三十二冊 存三十七種

330000－1719－0003907 117－25 類叢部/叢書類/自著之屬

隨園三十種 （清）袁枚撰 清刻本 十一冊 存二種

330000－1719－0003908 166－33 類叢部/叢書類/自著之屬

隨園三十種 （清）袁枚撰 清道光二十四年（1844）聚盛堂刻本 九冊 存一種

330000－1719－0003909 190－9、190－17 類叢部/叢書類/自著之屬

隨園三十種 （清）袁枚撰 清刻本 四冊 存二種

330000－1719－0003910 190－19 類叢部/叢書類/自著之屬

隨園三十種 （清）袁枚撰 清刻本 三冊 存二種

330000－1719－0003911 162－22 子部/術數類/相宅相墓之屬

雪心賦正解四卷 （唐）卜應天撰 （清）孟浩註 **辯論三十篇一卷** （清）孟浩撰 清聚錦堂刻本 一冊 存一卷（一）

330000－1719－0003912 163－35 子部/術

數類/相宅相墓之屬

雪心賦正解四卷　(唐)卜應天撰　(清)孟浩註　**辯論三十篇一卷**　(清)孟浩撰　清刻本　一冊　缺二卷(一至二)

330000－1719－0003913　13－8　經部/群經總義類/傳說之屬

雪樵經解三十卷附錄三卷　(清)馮世瀛輯　清光緒八年(1882)秋樹根齋刻本　二十五冊　存二十八卷(一至十一、十五至十七、二十至三十,附錄一至三)

330000－1719－0003914　115－41　集部/別集類/清別集

館課詩註不分卷　(清)紀昀撰　清三餘堂刻本　一冊

330000－1719－0003915　115－41－1　集部/別集類/清別集

館課詩註不分卷　(清)紀昀撰　清三餘堂刻本　一冊

330000－1719－0003916　117－38　集部/詩文評類/制藝之屬

宣南鴻雪集輯註四卷　(清)潘星齋鑒定　清同治十二年(1873)京都琉璃廠榮文書坊刻本　四冊

330000－1719－0003938　129－20　史部/地理類/遊記之屬/紀勝

鹿門名勝二卷　(清)□□撰　清道光六年(1826)刻本　一冊

330000－1719－0003939　96－11　類叢部/叢書類/自著之屬

鹿洲全集七種　(清)藍鼎元撰　清刻本　八冊　存一種

330000－1719－0003941　190－21　子部/儒家類/儒學之屬/經濟

黃書七卷　(清)王夫之撰　清光緒二十四年(1898)石印本　一冊

330000－1719－0003942　154－28　子部/醫家類/類編之屬

黃氏醫書八種　(清)黃元御撰　清光緒二十年(1894)上海圖書集成印書局鉛印本　十二冊

330000－1719－0003943　154－28－1　子部/醫家類/類編之屬

黃氏醫書八種　(清)黃元御撰　清光緒二十年(1894)上海圖書集成印書局鉛印本　十一冊　缺六卷(金匱懸解一至六)

330000－1719－0003944　95－3　集部/別集類/清別集

黃葉邨莊詩集八卷續集一卷後集一卷　(清)吳之振撰　清刻本　一冊　存一卷(一)

330000－1719－0003945　74－13　子部/叢編

二十二子(二十二子彙函)　(清)浙江書局編　清光緒元年至三年(1875－1877)浙江書局刻本　一冊　存一種

330000－1719－0003946　74－11、74－12　子部/醫家類/醫經之屬/內經

黃帝內經素問註證發微九卷靈樞註證發微九卷補遺一卷　(明)馬蒔撰　清太醫院刻本　二冊　存二卷(一、八)

330000－1719－0003947　74－47、74－48　子部/叢編

子書二十八種彙函　(清)文瑞樓編　清光緒二十二年至三十四年(1896－1908)鉛印本　二冊　存一種

330000－1719－0003948　74－46　子部/叢編

子書二十八種彙函　(清)文瑞樓編　清光緒二十二年至三十四年(1896－1908)鉛印本　一冊　存一種

330000－1719－0003949　94－17　類叢部/叢書類/自著之屬

黃梨洲遺書十種　(清)黃宗羲撰　清光緒三十一年(1905)杭州羣學社石印本　十二冊

330000－1719－0003950　善1　經部/小學類/音韻之屬/韻書

直音□□卷　明初內府刻本　二冊　存二卷

(一、三)

330000－1719－0003951　70－1　子部/儒家類/儒學之屬/經濟

明夷待訪錄一卷　(清)黃宗羲撰　清光緒二十四年(1898)紹興奎照樓石印本　一冊

330000－1719－0003952　93－11　子部/儒家類/儒學之屬/經濟

明夷待訪錄一卷思舊錄一卷　(清)黃宗羲撰　清光緒五年(1879)餘姚黃氏五桂樓刻本　一冊　存一卷(思舊錄)

330000－1719－0003957　68－7　史部/目録類/書志之屬/提要

善本書室藏書志四十卷附録一卷　(清)丁丙輯　清光緒二十五年至二十七年(1899－1901)錢唐丁立中鄂中刻本　九冊　存二十四卷(一至十四、二十三至三十、三十八至三十九)

330000－1719－0003963　46－15　史部/地理類/方志之屬/郡縣志

[道光]嫠志稡十四卷　(清)盧標纂　清道光十九年(1839)東陽李氏映台樓刻本　一冊　存一卷(三)

330000－1719－0003964　166－39　子部/儒家類/儒學之屬

嫠學治事文編五卷　(清)繼良輯　清光緒二十七年(1901)石印本　一冊　存二卷(一至二)

330000－1719－0003965　189－38　子部/儒家類/儒學之屬

嫠學治事文編五卷　(清)繼良輯　清光緒二十七年(1901)石印本　一冊　存二卷(一至二)

330000－1719－0003966　95－29　集部/別集類/清別集

寓沙詩鈔八卷　(清)樊廷緒撰　清道光二十二年(1842)刻本　二冊

330000－1719－0003967　115－25　集部/總集類/課藝之屬

尊經書院初集十二卷　王闓運輯　清光緒十四年(1888)志遠堂刻本　十二冊

330000－1719－0003968　196－1　史部/編年類/通代之屬

御批歷代通鑑輯覽一百二十卷　(清)傅恒等撰　清同治十年(1871)浙江書局刻朱墨套印本　三十四冊　存六十八卷(一至二、六至十一、三十六至四十四、五十三至五十四、五十七至七十四、七十七至八十五、九十至九十三、九十六至九十七、一百五至一百二十)

330000－1719－0003969　200－3　史部/編年類/通代之屬

御批歷代通鑑輯覽一百二十卷　(清)傅恒等撰　清同治十年(1871)浙江書局刻朱墨套印本　二十五冊　存六十三卷(三十至三十八、四十二至六十八、九十四至一百二十)

330000－1719－0003970　200－1、200－2　史部/編年類/通代之屬

御批歷代通鑑輯覽一百二十卷　(清)傅恒等撰　清同治十三年(1874)湖南書局刻本　三十九冊　存六十七卷(一至十七、二十二至二十五、三十五至三十六、三十九至四十二、五十至五十四、五十八至六十二、六十五至六十七、八十八、九十一至九十二、九十五至一百一、一百四至一百二十)

330000－1719－0003971　199－1　史部/編年類/通代之屬

御批歷代通鑑輯覽一百二十卷　(清)傅恒等撰　清光緒三十年(1904)鉛印本　四十冊

330000－1719－0003972　198－4　史部/編年類/通代之屬

御批歷代通鑑輯覽一百二十卷　(清)傅恒等撰　清光緒三十一年(1905)上海商務印書館鉛印本　二十四冊

330000－1719－0003973　198－6、199－7　史部/編年類/通代之屬

御批歷代通鑑輯覽一百二十卷　(清)傅恒等撰　清光緒三十一年(1905)上海商務印書館鉛印本　二十三冊　存一百十五卷(一至一

百十五)

330000－1719－0003974　198－5、175－30　史部/編年類/通代之屬

御批歷代通鑑輯覽一百二十卷　(清)傅恒等撰　清末上海商務印書館鉛印本　三十五冊　存一百四卷(四至五十、五十四至六十七、七十至八十一、八十五至一百十五)

330000－1719－0003976　199－10　史部/編年類/通代之屬

御批歷代通鑑輯覽一百二十卷　(清)傅恒等撰　清光緒二十九年(1903)上海商務印書館鉛印本　四冊　存二十卷(一至五、十一至十五、七十一至七十五、八十一至八十五)

330000－1719－0003977　199－6　史部/編年類/通代之屬

御批歷代通鑑輯覽一百二十卷　(清)傅恒等撰　清末石印本　一冊　存五卷(七十一至七十五)

330000－1719－0003978　199－9　史部/編年類/通代之屬

御批歷代通鑑輯覽一百二十卷　(清)傅恒等撰　清末石印本　二冊　存十卷(六十九至七十三、九十六至一百)

330000－1719－0003979　199－8　史部/編年類/通代之屬

御批歷代通鑑輯覽一百二十卷　(清)傅恒等撰　清光緒二十五年(1899)美華賓記石印本　一冊　存六卷(一至六)

330000－1719－0003980　199－4　史部/編年類/通代之屬

御批歷代通鑑輯覽一百二十卷　(清)傅恒等撰　清末石印本　十八冊　存一百一卷(七至二十七、四十一至一百二十)

330000－1719－0003981　199－11　史部/編年類/通代之屬

御批歷代通鑑輯覽一百二十卷　(清)傅恒等撰　清末石印本　三冊　存十九卷(七十八至八十三、八十五至八十九、一百十三至一百二十)

330000－1719－0003982　199－5　史部/編年類/通代之屬

御批歷代通鑑輯覽一百二十卷　(清)傅恒等撰　清光緒二十八年(1902)萃文齋石印本　二十冊　存四十一卷(一至十七、九十一至九十二、九十七至一百一、一百四至一百二十)

330000－1719－0003983　176－62、199－3　史部/編年類/通代之屬

御批歷代通鑑輯覽一百二十卷　(清)傅恒等撰　清末石印本　十八冊　存九十三卷(六至十一、二十至二十四、三十至五十八、六十三至七十九、八十五至一百二十)

330000－1719－0003984　198－1　史部/編年類/通代之屬

御批歷代通鑑輯覽一百二十卷　(清)傅恒等撰　清光緒二十八年(1902)上海寶善書局石印本　十三冊　存七十八卷(一至十三、二十至二十五、三十七至七十二、七十四至七十八、九十七至一百十四)

330000－1719－0003985　198－2　史部/編年類/通代之屬

御批歷代通鑑輯覽一百二十卷　(清)傅恒等撰　清刻本　三十一冊　存六十卷(五至九、十三至十四、十七至二十、二十三至二十六、二十九至三十、三十五至三十六、三十九至四十、四十三至四十六、五十一至五十四、五十七至六十九、七十三至七十四、七十六至八十一、九十一、九十四至九十五、九十九、一百四至一百五、一百十至一百十三)

330000－1719－0003986　199－2　史部/編年類/通代之屬

御批歷代通鑑輯覽一百二十卷　(清)傅恒等撰　清光緒二十年(1894)上海書局石印本　二十四冊

330000－1719－0003987　198－3　史部/編年類/通代之屬

御批歷代通鑑輯覽一百二十卷　(清)傅恒等撰　清末石印本　二冊　存十卷(一百四至

一百十三)

330000－1719－0003988　48－19、181－2　新學/雜著/叢編

富強叢書正集七十七種續集一百二十一種　(清)袁俊德編　清光緒二十五年(1899)、二十七年(1901)小倉山房石印本　三十冊　存一百七種

330000－1719－0003989　67－4　新學/雜著/叢編

富強叢書正集七十七種續集一百二十一種　(清)袁俊德編　清末石印本　四冊　存八種

330000－1719－0003990　33－5　史部/編年類/通代之屬

御批資治通鑑綱目全書一百九卷　清康熙刻本　十四冊　存三十五卷(御批資治通鑑綱目四至六、十五至十六、十九至二十九、五十二至五十三,前編外紀,前編一至八、舉要一至三,續綱目一至二、十至十二)

330000－1719－0003991　33－5－1　史部/編年類/斷代之屬

御撰資治通鑑綱目三編四十卷　(清)朱珪等編纂　清刻本　四冊　存十六卷(一至四、十三至十六、二十一至二十八)

330000－1719－0003992　36－2　史部/編年類/通代之屬

御批歷代通鑑輯覽一百二十卷　(清)傅恒等撰　清石印本　二十四冊　存六十五卷(十二至三十、三十四至三十五、五十五至六十三、六十七至六十八、七十一至七十六、八十五至一百三、一百十至一百十二、一百十六至一百二十)

330000－1719－0003993　35－4　史部/編年類/通代之屬

御批增補了凡綱鑑四十卷首一卷　(明)袁黃纂　清光緒二十五年(1899)上海著易堂石印本　十冊　存三十七卷(首,一至二十一、二十六至四十)

330000－1719－0003994　154－26、176－63　史部/編年類/通代之屬

御批增補了凡綱鑑四十卷首一卷　(明)袁黃纂　清光緒二十五年(1899)上海著易堂石印本　四冊　存二十一卷(首,一至四、十八至三十三)

330000－1719－0003995　37－10　史部/編年類/通代之屬

御批增補了凡綱鑑四十卷首一卷　(明)袁黃纂　清光緒二十五年(1899)上海著易堂石印本　五冊　存二十卷(首,一至三、十三至二十一、二十六至三十二)

330000－1719－0003996　116－7　史部/編年類/斷代之屬

御撰資治通鑑綱目三編四十卷　(清)朱珪等編纂　清刻本　一冊　存二十二卷(一至二十二)

330000－1719－0003997　142－14　經部/四書類/總義之屬/傳說

日講四書解義二十六卷　(清)喇沙里　(清)陳廷敬總裁　(清)沈荃等分撰　清初刻本　十六冊

330000－1719－0003998　149－3　集部/別集類/清別集

御製詩五集一百卷目錄十二卷　(清)高宗弘曆撰　清刻本　二冊　存三卷(三集十八、目錄九至十)

330000－1719－0003999　153－5　經部/春秋左傳類/傳說之屬

御案春秋左傳經解備旨十二卷　(清)鄒聖脉纂輯　清刻本　五冊

330000－1719－0004000　159－87　子部/天文曆算類/算書之屬

御製數理精蘊上編五卷下編四十卷表八卷　清末石印本　二冊　存二卷(四至五)

330000－1719－0004001　167－27　子部/天文曆算類/曆法之屬

御定萬年書不分卷　(清)欽天監編　清同治七年(1868)刻本("咸豐元年辛亥至光緒六年

庚辰”配清抄本）　一册

330000－1719－0004002　167－26　子部/天文曆算類/曆法之屬
御定萬年書不分卷　（清）欽天監編　清同治七年(1868)刻本(“咸豐元年辛亥至光緒六年庚辰”配清抄本）　一册

330000－1719－0004003　133－3　集部/總集類/選集之屬/通代
御選唐宋文醇五十八卷目錄一卷　（清）高宗弘曆輯　清光緒三年(1877)浙江書局刻本　二十册

330000－1719－0004004　108－4　集部/總集類/選集之屬/通代
御選唐宋文醇五十八卷目錄一卷　（清）高宗弘曆輯　清光緒三年(1877)浙江書局刻本　十八册　存五十四卷(一至八、十二至四十四、四十七至五十八,目錄)

330000－1719－0004005　144－18　經部/叢編
五經備旨四十五卷　（清）鄒聖脈纂輯　清刻本　九册　存二十卷(易經五至七,禮記六至九,書經一至七,詩經七至八,春秋一至二、八至九)

330000－1719－0004006　12－30、158－56　經部/春秋左傳類/傳說之屬
御案春秋左傳經解備旨十二卷　（清）鄒聖脉纂輯　清刻本　三册　存九卷(一至三、七至十二)

330000－1719－0004007　38－27　史部/編年類/斷代之屬
御撰資治通鑑綱目三編二十卷　（清）張廷玉等撰　清末尺木堂刻本　五册　存十七卷(一至三、七至二十)

330000－1719－0004009　116－6、190－18　史部/編年類/斷代之屬
御撰資治通鑑綱目三編二十卷　（清）張廷玉等撰　清刻本　二册　存六卷(十四至十六、十八至二十)

330000－1719－0004010　34－1　史部/編年類/斷代之屬
御撰資治通鑑綱目三編二十卷　（清）張廷玉等撰　清刻本　四册

330000－1719－0004011　34－2　史部/編年類/斷代之屬
御撰資治通鑑綱目三編二十卷　（清）張廷玉等撰　清刻本　七册　存十八卷(一至十八)

330000－1719－0004012　35－8　史部/編年類/斷代之屬
御撰資治通鑑綱目三編六卷　（清）張廷玉等撰　清光緒二十五年(1899)上海著易堂石印本　二册

330000－1719－0004013　37－13　史部/編年類/斷代之屬
御撰資治通鑑綱目三編六卷　（清）張廷玉等撰　清光緒二十五年(1899)上海著易堂石印本　一册　存三卷(一至三)

330000－1719－0004014　165－30　史部/編年類/斷代之屬
御撰資治通鑑綱目三編六卷　（清）張廷玉等撰　清末石印本　一册　存二卷(一至二)

330000－1719－0004015　165－30－1　史部/編年類/斷代之屬
御撰資治通鑑綱目三編六卷　（清）張廷玉等撰　清末石印本　一册　存二卷(一至二)

330000－1719－0004016　33－17　子部/儒家類/儒學之屬/性理
御纂性理精義十二卷　（清）李光地等纂修　清刻本　六册

330000－1719－0004017　154－36　子部/儒家類/儒學之屬/性理
淵鑒齋御纂朱子全書六十六卷　（宋）朱熹撰（清）李光地等輯　清刻本　一册　存三卷(三十九至四十一)

330000－1719－0004018　175－79　子部/醫家類/綜合之屬/通論
御纂醫宗金鑑九十卷首一卷　（清）吳謙等撰

清末石印本　一册　存五卷(編輯外科心法要訣五至九)

330000－1719－0004019　1－32　經部/易類/傳說之屬
御纂周易折中二十二卷首一卷　(清)李光地等纂　清刻本　一册　存二卷(二十一至二十二)

330000－1719－0004020　2－13　經部/詩類/傳說之屬
御纂詩義折中二十卷　(清)傅恒　(清)陳兆崙等纂　清道光長蘆鹽運使如山刻本　五册　存十七卷(四至二十)

330000－1719－0004021　190－29　經部/叢編
御纂七經二百九十四卷　(清)李光地等撰　清末石印本　二册　存一種

330000－1719－0004022　98－27　類叢部/叢書類/彙編之屬
崧岱山館叢鈔　清宣統鉛印本　六册　存一種

330000－1719－0004026　132－17　子部/儒家類/儒學之屬/性理
敬一錄二卷　(清)趙士麟撰　(清)梁永淳等輯　清康熙十二年(1673)刻本　二册

330000－1719－0004027　171－52　子部/宗教類/道教之屬
敬竈全書不分卷　(清)惕心惘世道人輯　清光緒四年(1878)紹城錢如寶齋刻本　一册

330000－1719－0004028　171－53　子部/宗教類/道教之屬
敬竈全書不分卷　(清)惕心惘世道人輯　清同治十三年(1874)蕭邑文星齋刻字鋪刻本　一册

330000－1719－0004029　91－36　子部/雜著類/雜說之屬
敬信錄不分卷　清刻本　一册

330000－1719－0004031　132－3　集部/總集類/選集之屬/斷代
普天忠憤全集十四卷首一卷　(清)孔廣德編　清光緒二十一年(1895)石印本　十二册

330000－1719－0004033　173－32　經部/小學類/訓詁之屬/字詁
普通百科新大詞典十二卷總目錄一卷分類目錄一卷異名一卷補遺一卷表一卷　(清)黄人編輯　清宣統三年(1911)上海國學扶輪社鉛印本　十三册　存十五卷(一至二、四至八、十至十二,總目錄,分類目錄,異名,補遺,表)

330000－1719－0004034　41－18　新學/史志
普通新歷史十章附歷代帝王總紀一卷　(清)普通學書室編　清光緒二十七年(1901)上海普通學書室鉛印本　一册

330000－1719－0004035　52－2　史部/地理類/方志之屬/郡縣志
[同治]景寧縣志十四卷首一卷末一卷　(清)周杰修　(清)嚴用光等纂　清同治十一年至十二年(1872－1873)刻本　七册　缺二卷(二至三)

330000－1719－0004037　76－61　子部/醫家類/綜合之屬/合刻、合抄
景岳全書六十四卷　(明)張介賓撰　清刻本　一册　存三卷(五十八至六十)

330000－1719－0004038　75－17　子部/醫家類/綜合之屬/合刻、合抄
景岳全書六十四卷　(明)張介賓撰　清刻本　一册　存一卷(四十七)

330000－1719－0004039　76－28　子部/醫家類/綜合之屬/合刻、合抄
景岳全書六十四卷　(明)張介賓撰　清嘉興九思堂刻本　十二册　存二十四卷(一至二、八至十、十八至十九、二十二至二十五、三十三至三十四、四十至四十五、四十七、四十九、五十二至五十四)

書名筆畫字頭索引

一畫

二畫

三畫

四畫

五畫

六畫

七畫

八畫

九畫

十畫

十一畫

十二畫

十三畫

十四畫

十五畫

十六畫

十七畫

十八畫

十九畫

二十畫

二十一畫

二十二畫

二十三畫

二十四畫

二十六畫

書名筆畫索引

一畫

二畫

三畫

四畫

五畫

六畫

七畫

八畫

九畫

十畫

十一畫

十二畫

十三畫

十四畫

十五畫

十六畫

十七畫

十八畫

十九畫

二十畫

二十一畫

二十二畫

二十三畫

二十四畫

二十六畫